Bürgerprivatversicherung

Bürgerprivatversicherung

Ein neuer Weg im Gesundheitswesen

von

Johann Eekhoff
Vera Bünnagel
Susanna Kochskämper
Kai Menzel

Mohr Siebeck

Johann Eekhoff, geboren 1941; seit 1995 Lehrstuhlinhaber für Wirtschaftspolitik und Direktor des Instituts für Wirtschaftspolitik und seit 2002 geschäftsführender Direktor des Otto-Wolff-Instituts für Wirtschaftsordnung an der Universität zu Köln.

Vera Bünnagel, geboren 1976; seit 2004 Wiss. Mitarbeiterin am Otto-Wolff-Institut für Wirtschaftsordnung und am Institut für Wirtschaftspolitik an der Universität zu Köln.

Susanna Kochskämper, geboren 1979; seit 2006 Wiss. Mitarbeiterin am Wirtschaftspolitischen Seminar der Universität zu Köln.

Kai Menzel, geboren 1974; seit 2002 Wiss. Mitarbeiter am Wirtschaftspolitischen Seminar an der Universität zu Köln.

ISBN 978-3-16-149636-3

Die deutsche Nationalbibliothek verzeichnet diese Publikation in der Deutschen Nationalbibliographie; detaillierte bibliographische Daten sind im Internet über *http://dnb.d-nb.de* abrufbar.

© 2008 Mohr Siebeck Tübingen.

Das Werk einschließlich aller seiner Teile ist urheberrechtlich geschützt. Jede Verwertung außerhalb der engen Grenzen des Urheberrechtsgesetzes ist ohne Zustimmung des Verlags unzulässig und strafbar. Das gilt insbesondere für Vervielfältigungen, Übersetzungen, Mikroverfilmungen und die Einspeicherung und Verarbeitung in elektronischen Systemen.

Das Buch wurde von Gulde-Druck in Tübingen aus der Minion gesetzt und auf alterungsbeständiges Werkdruckpapier gedruckt und von der Buchbinderei Held in Rottenburg/N. gebunden.

Vorwort

Die Bürgerprivatversicherung ist ein Konzept, das die Anforderungen an ein modernes, leistungsfähiges und nachhaltig funktionsfähiges Gesundheitssystem erfüllt. Manchem Leser mag das Konzept als radikal oder auch nur als zu wenig vertraut erscheinen. Was die Radikalität betrifft, ist darauf hinzuweisen, dass sich die Vorschläge in überschaubare Pakete zerlegen lassen, die nacheinander eingeführt werden können. Mit einzelnen Elementen wie beispielsweise mit der Übertragbarkeit individueller risikoäquivalenter Altersrückstellungen in der privaten Krankenversicherung und der Ausgliederung der Umverteilung aus der gesetzlichen Krankenversicherung haben sich die zuständigen Politiker, Verbände und Medien zudem bereits intensiv befasst. Diese Teile des Gesamtkonzepts können unmittelbar wieder angefasst und umgesetzt werden. Insbesondere die Einführung übertragbarer individueller Altersrückstellungen in der privaten Krankenversicherung eignet sich dazu, Erfahrungen für den großen Schritt der Umstellung der gesetzlichen Krankenversicherung auf die Bürgerprivatversicherung zu sammeln. Die Radikalität des Konzepts bezieht sich vor allem auf diesen Schritt: Die Umstellung der gesetzlichen Krankenversicherung auf das Kapitaldeckungsverfahren und die damit verbundene Ausstattung der Krankenkassen bzw. der gesetzlich Versicherten mit individuellen Altersrückstellungen. Wir meinen, hierzu einen Vorschlag präsentieren zu können, der es erlaubt, die Vorteile des Wettbewerbs voll nutzbar zu machen, ohne die Umstellungsgeneration doppelt belasten zu müssen.

Damit ist die geringe Vertrautheit mit solchen Konzepten angesprochen. Unser Hauptanliegen ist es, mit dieser Schrift eine sachliche Diskussion über eine echte Reform der gesetzlichen Krankenversicherung zu stimulieren, so dass die Alternativen vorurteilsfrei beurteilt werden können. Das ist wegen der Komplexität der Zusammenhänge nicht ganz einfach und wir muten dem Leser einige Umwege zu, um diese Zusammenhänge darzustellen. Einige dieser Überlegungen sind bezüglich der Tiefe, der Genauigkeit und der Anschaulichkeit an manchen Stellen unbefriedigend geblieben. Viele Aussagen bedürfen einer weiteren Erläuterung und Konkretisierung. Trotzdem legen wir das Konzept in dieser Form vor, nicht zuletzt um die Möglichkeit zu bieten, Kritik zu äußern und an den Details zu feilen.

Eine solche Arbeit entsteht nicht ohne die kräftige Unterstützung vieler Diskussionspartner, die hier nicht alle erwähnt werden können. Einen besonders großen Anteil haben die ehemaligen Mitarbeiter Dr. Jochen Pimpertz, Dr. Markus Jankowski und Dr. Anne Zimmermann, die sich auch in ihren Dissertationen mit diesen Fragen auseinandergesetzt haben. In der Schlussphase haben uns Frau Ina Dinstühler und Herr Diplom-Kaufmann Christian Vossler unterstützt. Frau Diplom-Volkswirtin Christine Wolfgramm stand uns in den letzten Wochen ständig als Diskussionspartnerin zu Verfügung.

Diese Arbeit ist im Otto-Wolff-Institut für Wirtschaftsordnung entstanden und von der Otto-Wolff-Stiftung großzügig finanziert worden. Nur auf diese Weise war es möglich, ein Team zu bilden, das über längere Zeit an diesen Fragen arbeiten konnte. Dafür möchten wir uns herzlich bedanken.

Köln, im April 2008

Johann Eekhoff
Vera Bünnagel
Susanna Kochskämper
Kai Menzel

Inhaltsübersicht

Kurzfassung	1
A. Einführung	16
I. Wer zahlt für Gesundheitsleistungen? – Spontane Regelungen	17
II. Einbindung der Gesundheitspolitik in das Wirtschafts- und Sozialsystem	21
B. Ordnungspolitische Orientierungslinien	23
I. Allgemeine Prinzipien der Steuerung wirtschaftlicher Aktivitäten	23
II. Soziale Absicherung ist Sache des Staates	24
III. Besonderheiten des Gesundheitsmarktes	25
1. Nachfrageentscheidung und Kostenverantwortung fallen auseinander	25
2. Nachfrage und Angebot liegen zu sehr in einer Hand	27
3. Risikoselektion	28
4. Weitere mögliche Marktstörungen	30
C. Analyse des Status quo im deutschen Gesundheitswesen	33
I. Die gesetzliche Krankenversicherung	33
1. Lohnbezogene Beiträge: Steuer auf abhängige Beschäftigung	34
2. Risikoselektion und Risikostrukturausgleich	36
3. Unbefriedigende soziale Wirkungen	44
4. Offene demografische Flanke	51
5. Unzureichender Wettbewerb	52
II. Der Gesundheitsfonds in der gesetzlichen Krankenversicherung	53
1. Grundsätzliche Beurteilung des Fondsmodells	54
2. Probleme der geplanten Ausgestaltung des Gesundheitsfonds	55
III. Die private Krankenversicherung	57
1. Die Bildung von Altersrückstellungen	57
2. Nachteile durch die fehlende Übertragbarkeit von Altersrückstellungen	58

Inhaltsübersicht

  3. Übertragung durchschnittlicher Altersrückstellungen?......... 60
 IV. Beihilfe für Angehörige des öffentlichen Dienstes 61
 V. Status quo auf der Seite der Leistungserbringer............... 63
  1. Ambulante Versorgung............................ 63
  2. Stationäre Versorgung 65
  3. Trennung von ambulanter und stationärer Versorgung......... 66

D. Reformvorschläge zur Fortentwicklung der gesetzlichen
Krankenversicherung............................. 68

 I. Bürgerversicherung.............................. 68
 II. Gesundheitspauschale............................ 71

E. Ein wettbewerblich orientiertes Gesundheitssystem 75

 I. Das Referenzsystem 75
  1. Das Konzept im Überblick......................... 75
  2. Die Komponenten eines marktkonformen Versicherungssystems
   im Einzelnen................................. 76
   2.1 Versicherungspflicht 76
   2.2 Risikoäquivalente Prämien 80
   2.3 Beteiligung an den Risiken und Schäden.............. 89
   2.4 Prämienrückerstattung........................ 100
 II. Ausgliederung der Umverteilung aus der Krankenversicherung 100
  1. Einige Grundsätze.............................. 100
  2. Vorteile des wettbewerblichen Systems nutzen,
   soziale Härten vermeiden......................... 102
 III. Wettbewerb auf dem Versicherungsmarkt durch Übertragung
  individueller risikoäquivalenter Altersrückstellungen 105
  1. Die Grundidee................................ 105
  2. Besteht Regelungsbedarf?......................... 111
  3. Übertragbare Altersrückstellungen und Kostensteigerungen...... 121
  4. Zur praktischen Umsetzung........................ 133
  5. Umstellung der privaten Krankenversicherung 139
 IV. Vom Umlage- zum Kapitaldeckungssystem................. 144
  1. Das Umstellungskonzept.......................... 146
  2. Systemvergleich und Analyse des Doppelbelastungsarguments 151
   2.1 Die „Doppelbelastung" am Beispiel einzelner Versicherter..... 152
    a) Kapitaldeckungssystem....................... 153
    b) Umlagesystem 154
    c) Wechsel vom Umlage- zum Kapitaldeckungssystem....... 156
    d) Schlussfolgerungen zur Frage der Doppelbelastung....... 160

Inhaltsübersicht IX

    2.2 Vorteile durch Kapitalverzinsung im Kapitaldeckungssystem? . . 162
        a) Kapitaldeckungssystem 162
        b) Umlagesystem 164
        c) Der Renditevergleich 167
    2.3 Folgerungen aus dem Systemvergleich 170
V. Wettbewerb auf dem Leistungsmarkt 175
    1. Mehr Wettbewerb durch Verträge zwischen Versicherungen
       und Leistungsanbietern. 175
    2. Marktunvollkommenheiten auf dem Leistungsmarkt? 179
    2.1 Informationsasymmetrien und Qualitätswettbewerb. 179
    2.2 Diskussion von Qualitätsindikatoren. 182
    2.3 Das Angebot an Informationen über die Qualität medizinischer
        Dienstleister 184
    2.4 Nachfrage nach Informationen über die Qualität medizinischer
        Leistungserbringer 188
    2.5 Fazit 189

F. Verzahnung der Gesundheitssysteme in der Europäischen Union. . . 191

    I. Regelungskompetenzen klar zuordnen. 194
       1. Der Mindestleistungskatalog ist Ländersache 195
       2. Grenzüberschreitender Wettbewerb als europäische Aufgabe 197

    II. Handlungsrahmen der Europäischen Union 198
       1. Grenzüberschreitende Leistungsinanspruchnahme durch Patienten . 198
       2. Niederlassungsfreiheit für medizinische Berufe weiter ausbauen . . . 202
       3. Wenige private Versicherungen: wenig Wettbewerb 204

    III. Arbeitnehmerfreizügigkeit erleichtern 206
       1. Wanderung zwischen den europäischen Umlagesystemen
          kann zu Problemen führen. 206
       2. Herkunftsland- oder Bestimmungslandprinzip?. 211
       2.1 Versicherung nach dem Herkunftslandprinzip 211
       2.2 Versicherung nach dem Bestimmungslandprinzip 214

    IV. Ausblick: Ein Referenzmodell für Europa 222

G. Schlussfolgerungen. 225
    1. Altersrückstellungen der privaten Krankenversicherung
       übertragbar gestalten 225
    2. Umstellung der Beiträge zur gesetzlichen Krankenversicherung
       auf eine Gesundheitspauschale. 226
    3. Europatauglichkeit des Gesundheitssystems verbessern 226
    4. Umstellung der gesetzlichen Krankenversicherung
       auf Kapitaldeckung 227
    5. Demografische Risiken verringern 228

Literaturverzeichnis 229

Stichwortverzeichnis 232

Kurzfassung

Auch mit der jüngsten Gesundheitsreform werden die strukturellen Probleme der gesetzlichen Krankenversicherung nicht gelöst. Die Frage der Finanzierung wird sich in kurzer Frist wieder stellen. Die demografischen Probleme werden in den nächsten Jahren voll wirksam. Die unbefriedigende Umverteilung innerhalb des Versicherungssystems lässt sich nicht mehr rechtfertigen. Die Ineffizienzen aufgrund vielfältiger Fehlanreize bestehen fort.

Damit sich die nächste Reformdiskussion nicht wieder auf eine notdürftige Reparatur einzelner Systemkomponenten verengt, wird hier das Konzept der Bürgerprivatversicherung entwickelt. Es passt sich widerspruchsfrei in die bestehende Gesellschafts- und Wirtschaftsordnung ein und ermöglicht es, entscheidende und nachhaltige Verbesserungen bei folgenden Zielen zu erreichen: hochwertige, verlässliche und bezahlbare Gesundheitsleistungen für alle Bürger, Eigenverantwortung von Patienten und Leistungserbringern, Effizienz der Leistungserstellung, gerechte Umverteilung, Stabilität bei demografischen Veränderungen, Freizügigkeit von Versicherten und Gesundheitsdienstleistungen in der Europäischen Union. In all diesen Bereichen weist das deutsche Gesundheitswesen bislang erhebliche Probleme auf.

Probleme im deutschen Gesundheitswesen

Das heutige Krankenversicherungssystem verstößt gegen verschiedene ordnungspolitische Grundsätze, so dass falsche Anreize gesetzt werden und die Interessen der Beteiligten unzureichend koordiniert werden. Dies gilt sowohl für die gesetzliche als auch für die private Krankenversicherung.

Gesetzliche Krankenversicherung

Die lohnabhängigen Beiträge zur gesetzlichen Krankenversicherung wirken wie eine Steuer auf abhängige Beschäftigung und belasten den Arbeitsmarkt. Außerdem machen die vom individuellen Krankheitskostenrisiko unabhängigen Beiträge eine Risikoselektion attraktiv: Die Krankenversicherungen bemühen sich verstärkt darum, Versicherte mit geringem Risiko für sich zu gewinnen, da bei diesen höhere Einnahmen als Ausgaben zu erwarten sind. Umgekehrt versuchen sie, Menschen mit hohem Krankheitskostenrisiko fernzuhalten, da bei solchen Versicherten Verluste drohen. Dieses Verhalten führt zu Ressourcenverschwendung, da die Aufwendungen der Versicherungen für eine Verbesserung ihrer Risikostruktur nicht mehr für die Versorgung der Versicherten zur Verfügung stehen. Vielmehr bestehen Anreize, besonders kranke Menschen eher schlecht zu versorgen, um sie von der eigenen Versicherung fernzuhalten. Auch der für 2009 geplante morbiditätsorientierte Risikostrukturausgleich kann Risikoselektion nicht vollständig verhindern. Überdies entstehen durch den Risikostrukturausgleich Manipulations- und Fehlanreize, die sich u. a. in einer geschwächten Rolle der Krankenkasse bei der Kostenkontrolle niederschlagen können.

Auch die Verteilungswirkungen der lohnabhängigen Beiträge sind in hohem Maße unbefriedigend. Anzustreben ist eine Umverteilung von den leistungsfähigen zu den bedürftigen Bürgern. Das Lohneinkommen einer Person ist heutzutage aber ein schlechter Indikator für die Bedürftigkeit einerseits und die wirtschaftliche Leistungsfähigkeit andererseits. Es ist keine Seltenheit, dass Personen mit hohen Miet- und Zinseinkünften, großem Vermögen oder gut verdienendem Ehepartner deutlich geringere Krankenkassenbeiträge zahlen als wirtschaftlich weniger leistungsfähige Bürger.

Schließlich lädt das Umlageverfahren in der gesetzlichen Krankenversicherung dazu ein, durch Leistungssteigerungen Lasten auf zukünftige Generationen zu verlagern. Dem System fehlt es mithin an Nachhaltigkeit.

Der für das Jahr 2009 geplante Gesundheitsfonds löst keines der angeführten Probleme. Dafür entstehen weitere Probleme und Fehlanreize, unter anderem durch die einkommensabhängige Begrenzung des kassenspezifischen Zusatzbeitrags.

Private Krankenversicherung

Die private Krankenversicherung hat gegenüber der gesetzlichen den Vorteil, dass jeder Versicherte seine erwarteten Gesundheitskosten selbst trägt und so keine Lasten auf zukünftige Generationen verlagert werden können. Ein wesentlicher Nachteil besteht aber darin, dass bei einem Wechsel der Versicherung die zuvor gebildeten Altersrückstellungen nicht mitgegeben werden. Dies führt dazu, dass die Versicherten praktisch bei ihrer Krankenversicherung „eingesperrt" sind und nicht zu günstigeren und/oder qualitativ besseren Versicherungen wechseln können. Wegen des fast völlig fehlenden Wettbewerbs um Bestandsversicherte ist auch das private Krankenversicherungssystem in Deutschland reformbedürftig.

Alternativvorschlag Bürgerprivatversicherung

Als Alternative zum gegenwärtigen Gesundheitssystem in Deutschland schlagen wir daher die Bürgerprivatversicherung vor, deren konstitutive Elemente im Folgenden zusammengefasst werden.

1. Versicherungspflicht

Ein Element des vorgeschlagenen Systems ist die inzwischen eingeführte Krankenversicherungspflicht für alle Bürger. Diese Verpflichtung ist erforderlich, da manche Menschen ohne eine solche Pflicht nicht für den Krankheitsfall vorsorgen würden, obwohl sie über hinreichende Mittel verfügen. Ein solches Verhalten kann rational sein, da diese Menschen davon ausgehen können, dass die Gesellschaft die Kosten für bestimmte Gesundheitsleistungen im Bedarfsfall übernimmt, wenn sie keine hinreichenden Eigenmittel haben. Für die Erfüllung der Versicherungspflicht muss ein Mindestleistungskatalog mit den von jedem Bürger abzusichernden Leistungen festgelegt werden. Der Katalog sollte neben den zu gewährenden Leistungen auch Mindeststandards hinsichtlich der Qualität der Leistungen enthalten. Alle Bürger werden im gleichen System versichert, die Zweiteilung in gesetzliche und private Versicherung entfällt.

2. Ausgliederung der Umverteilung aus der Krankenversicherung

Es ist unbestritten, dass allen Menschen unabhängig von ihrem Einkommen Zugang zu den als notwendig angesehenen Gesundheitsleistungen gewährt werden muss. Es ist aber nicht sinnvoll, die Sicherstellung der medizinischen Versorgung bedürftiger Menschen über ein lohnabhängiges Entgelt für die Krankenversicherungsleistung erreichen zu wollen. Die auf diese Weise geleistete Umverteilung ist zum einen wenig treffsicher. Ein Teil der umverteilten Mittel kommt Versicherten zugute, die keine Unterstützung brauchen. Diese Mittel können eingespart werden. Außerdem verschleiert ein lohnabhängiger Beitrag, der zudem zur Hälfte vom Arbeitgeber gezahlt wird, die tatsächlichen Kosten der Krankenversicherung. Damit verzerrt er die Preissignale.

Alle Versuche, eine treffsichere Umverteilung von wirtschaftlich leistungsfähigen zu bedürftigen Bürgern innerhalb der Krankenversicherung zu organisieren, sind zum Scheitern verurteilt. Im günstigsten Fall würden sie darauf hinauslaufen, die im Steuersystem angelegte Bemessung der Leistungsfähigkeit und die im Transfersystem institutionalisierte Bedürftigkeitsprüfung zu duplizieren. Die Krankenversicherung würde zu einem zweiten Finanz- und Sozialamt mit dem entsprechend vervielfachten administrativen Aufwand.

Da im Steuer-Transfersystem bereits eine treffsichere Umverteilung nach den gesellschaftlich gewünschten Kriterien organisiert wird, sollte der Zugang zu medizinischer Versorgung für Bedürftige über das Transfersystem gesichert werden. Die notwendigen Transfers sollten über das Steuersystem finanziert werden.

Das heißt: Jeder Bürger zahlt eine Prämie für seine Krankenversicherung, die einen echten Preis für diese Leistung darstellt. Wünscht jemand eine höherwertige Versicherung, so muss er die vollen Kosten dafür über eine höhere Prämie tragen. Der Preis kann seine Steuerungsfunktion erfüllen. Menschen, die die Prämie nicht zahlen können, werden im Transfersystem unterstützt. Dies kann dadurch geschehen, dass die Regelsätze für die Sozialhilfe und das Arbeitslosengeld II um eine durchschnittliche Versicherungsprämie erhöht werden. Auf diese Weise bleibt die Krankenversicherung für Bedürftige bezahlbar und für die Transferempfänger besteht ein Anreiz, sich bei einer effizienten Gesellschaft zu versichern. Die Erhöhung der Transfers wird aus Steuern finanziert, die entsprechend der wirtschaftlichen Leistungsfähigkeit der Bürger erhoben werden. Insgesamt kommt es zu einer treffsicheren Umverteilung, ohne die Steuerungsfunktion der Preise für Krankenversicherungsleistungen zu beeinträchtigen. Das Umverteilungsvolumen würde nicht steigen, sondern nur vom Beitrags- auf das Steueraufkommen verlagert. Durch höhere Effizienz könnte es tendenziell sogar sinken – nicht zu Lasten Bedürftiger, sondern zu Lasten derzeit unberechtigt Begünstigter.

Gegen diesen Vorschlag wird zum einen vorgebracht, dass die Transferzahlungen an Bedürftige weniger verlässlich seien und mit größerer Wahrscheinlichkeit gekürzt würden als die Umverteilung innerhalb des Krankenversicherungssystems. Dieses Argument ist alleine schon deshalb nicht stichhaltig, weil die Bezieher von Sozialhilfe und Arbeitslosengeld II bereits heute keine Unterstützung innerhalb des Systems der gesetzlichen Krankenversicherung erhalten. Die pauschalen Krankenkassenbeiträge für diese Personengruppe (derzeit 125 Euro) werden vom jeweiligen Träger der Transferleistung übernommen und somit schon im Status quo aus Steuermitteln finanziert. Eine Kürzung des Existenzminimums oder einzelner Bestandteile des ihm zu Grunde liegenden Warenkorbes würde zudem an verfassungsrechtliche Grenzen stoßen.

Als weiterer Einwand wird geltend gemacht, dass die Beteiligung der Arbeitgeber an den Gesundheitskosten wegfiele. Hierzu ist festzustellen, dass die Verteilung der Zahllast zwischen Arbeitnehmer und Arbeitgeber noch nichts über die ökonomische Traglast der Gesundheitskosten aussagt. Die Arbeitgeber betrachten die gesamten Aufwendungen für einen Arbeitnehmer als Lohnkosten. Letztlich tragen die Arbeitnehmer die gesamten Krankenversicherungskosten, weil der Arbeitgeber entsprechend geringere Löhne auszahlt. Gelingt das nicht, kommt es zu Beschäftigungsverlusten. Ein weiterer Nachteil der Aufteilung in Arbeitnehmer- und Arbeitgeberbeitrag besteht darin, dass die Arbeitnehmer einen Anreiz haben, eine teurere Versicherung (mit umfangreicheren Leistungen) zu wählen und keine oder geringe Selbstbeteiligungen zu akzeptieren, da dem

Arbeitgeber die Hälfte der Ersparnisse zufallen würde. Er kann die Löhne nicht nach den individuellen Krankenversicherungskosten differenzieren und den Vorteil an die Versicherten zurückgeben.

Ein gesondertes Verteilungsproblem ist die bisher unentgeltliche Mitversicherung der Kinder. Diese sollte aufgegeben werden. Wird weiterhin eine solche familienpolitische Leistung gewünscht, sollte das Kindergeld entsprechend erhöht werden. Hierdurch würden Anreize gesetzt, auch für Kinder eine effiziente Versicherung zu wählen.

3. Effizienter Versicherungswettbewerb durch Übertragung individueller risikoäquivalenter Altersrückstellungen

Die Bürgerprivatversicherung weist Ähnlichkeiten mit der privaten Krankenversicherung in Deutschland auf. Sie zeichnet sich durch lebenslange Versicherungsverträge aus, die die Versicherungsunternehmen wie heute in der privaten Krankenversicherung nicht kündigen können. Die Prämien werden so geglättet, dass sie unter der Annahme real unveränderter Gesundheitskosten über das gesamte Leben konstant bleiben. Zur Prämienglättung zahlen die Versicherten in jüngeren Jahren eine Prämie, die über den durchschnittlich erwarteten Gesundheitsaufwendungen liegt. Aus diesem Überschuss werden Altersrückstellungen aufgebaut. In späteren Jahren sind die Prämien im Durchschnitt geringer als die erwarteten Aufwendungen. Zur Deckung dieser Differenz werden die zuvor gebildeten Rückstellungen eingesetzt. Kommt es allerdings zu einem nicht einkalkulierten Anstieg bei den Gesundheitskosten, beispielsweise durch medizinisch-technischen Fortschritt, müssen die Prämien erhöht werden.

Der entscheidende Unterschied zur bisherigen privaten Krankenversicherung besteht darin, dass bei einem Wechsel der Versicherung individuelle risikoäquivalente Altersrückstellungen übertragen werden. Das ermöglicht auch älteren und gesundheitlich belasteten Versicherten einen Wechsel, ohne hohe Prämienzuschläge zu zahlen. Es kommt zu einem selektionsfreien Wettbewerb um alle Bestandsversicherten.

Die Grundidee: Die alte Versicherung gibt jedem Versicherungswechsler so viel an Altersrückstellungen mit, wie dieser unter dem Strich noch kosten würde, wenn er bei ihr bliebe. Dem Wechsler wird also die Differenz aus erwarteten zukünftigen Kosten und erwarteten zukünftigen Prämienzahlungen mitgegeben. Schätzt die Versicherung, dass ein Versicherter bis zum Ende seines Lebens noch Gesundheitsaufwendungen von 200.000 Euro verursachen und 150.000 Euro an Prämien zahlen wird, so könnte sie ihm eine Altersrückstellung in Höhe von 50.000 Euro mitgeben. Diesen Betrag müsste die alte Versicherung auch aufwenden, wenn der Versicherte bei ihr bleibt – schließlich hat sie ihm ein lebenslanges Leistungsversprechen gegeben. Anders ausgedrückt: Die individuelle Altersrückstellung ist der Preis, den eine Versicherung maximal zu zahlen bereit ist, um sich von den Verbindlichkeiten trennen zu können, die sich aus dem lebenslangen Leistungsversprechen ergeben.

Schätzt eine andere Versicherung die Gesundheitskosten ebenfalls auf 200.000 Euro, kann der Versicherte ohne Nachteile zu dieser Versicherung wechseln, wenn er eine Altersrückstellung von 50.000 Euro mitbekommt. Er müsste dort keine höhere Prämie zahlen. Erwartet die andere Versicherung aber geringere Kosten, weil sie beispielsweise effizienter arbeitet, kann sie dem Versicherten eine geringere Prämie anbieten und zusätzlich selbst einen Gewinn aus dem Wechsel erzielen.

In diesem System kann jeder Versicherte unabhängig von seinem Gesundheitszustand in für ihn besser geeignete Versicherungen wechseln. Denn die individuellen risikoäquivalenten Altersrückstellungen sind dem individuellen Gesundheits- und damit Kostenrisiko angepasst: Versicherte mit einem hohen Gesundheitsrisiko erhalten beim Wechsel hohe Altersrückstellungen, Versicherte mit einem geringen Gesundheitsrisiko bekommen niedrige Rückstellungen. Von den mit risikoäquivalenten Altersrückstellungen ausgestatteten Versicherten kann die aufnehmende Versicherung risikoäquivalente Prämien verlangen, so dass auch kranke Menschen interessante Kunden für die Versicherung sind. Die risikoäquivalenten Prämien führen in diesem System aber gerade nicht dazu, dass kranke Menschen besonders hohe Prämien zahlen müssen, da die Risikounterschiede durch die unterschiedlichen Altersrückstellungen ausgeglichen werden.

Die Bürgerprivatversicherung mit der Übertragung risikoäquivalenter Altersrückstellungen bietet somit folgende Vorteile:
- Das langfristige Krankheitskostenrisiko wird verlässlich abgesichert.
- Jeder Versicherte kann unabhängig von seinem Gesundheitszustand die Versicherung wechseln. Alle Versicherten sind interessante Kunden. Risikoselektion wird effektiv verhindert.
- Es kommt zu einem intensiven Wettbewerb um hohe Versorgungsqualität und niedrige Kosten. Gerade kranke Menschen profitieren von diesem Wettbewerb.

Entscheidend für den Wettbewerb ist im Übrigen nicht, dass es zu einem massiven Anstieg der Wechseltätigkeit kommt. Bereits die Möglichkeit des Wechsels führt dazu, dass sich die Unternehmen verstärkt um Effizienz und die Erfüllung der Wünsche ihrer Kunden bemühen werden.

Die Überlegenheit des Systems mit übertragbaren risikoäquivalenten Altersrückstellungen ist weitgehend unbestritten. Es wird aber eingewandt, dass die Versicherungen keine Anreize hätten, die „richtigen" Altersrückstellungen zu übertragen: Die abgebende Versicherung würde stets zu niedrige Rückstellungen mitgeben und die aufnehmende zu hohe haben wollen. Die Versicherungen könnten sich daher nicht einigen und es käme zu ständigen Rechtsstreitigkeiten. Diese Befürchtungen sind aber unbegründet.

Selbst ohne Vorschriften zur Übertragung von Altersrückstellungen bestehen erhebliche Anreize zur Mitgabe der „richtigen" Rückstellungen.[1] Wenn die abgebende Versicherung einem Wechsler genau die unter dem Strich erwarteten Kosten mitgibt ist sie indifferent, ob der Versicherte geht oder bleibt. Sie hätte aus dem Wechsel keinen Nachteil. Wechselt der Versicherte aber bereits bei einem etwas geringeren Betrag, kann die abgebende Versicherung aus dem Wechsel einen Gewinn erzielen. Dieser Fall ist denkbar, wenn die aufnehmende Versicherung effizienter ist und sie dem Versicherten auch bei einer etwas geringeren Altersrückstellung noch eine günstigere Prämie anbieten kann. Versucht die abgebende Versicherung aber, die Altersrückstellung zu weit abzusenken, läuft sie Gefahr, dass der Versicherte nicht wechselt und ihr ansonsten entstehende Gewinne aus dem Wechsel entgehen. Spiegelbildlich verhält es sich bei der aufnehmenden Versicherung: Lehnt sie einen Versicherten mit einer an sich ausreichenden Altersrückstellung ab besteht die Gefahr, dass der Versicherte zu einer dritten Versicherung oder gar nicht wechselt und ihr Gewinne entgehen. Alle Beteiligten haben bei geringerer Effizienz der abgebenden Versicherung grundsätzlich ein Interesse daran, dass sich gebotene und geforderte Altersrückstellung in einem Bereich bewegen, der den Wechsel möglich macht. Dieser Anreiz ist für die Funktionsfähigkeit des Systems ausreichend.

Es kann also durchaus sein, dass sich ein funktionierendes System mit übertragbaren Altersrückstellungen selbst durchsetzt. Allerdings wechselt bereits heute eine nicht unbedeutende Anzahl privat Versicherter trotz der damit verbundenen Nachteile das Versicherungsunternehmen und lässt dabei Altersrückstellungen zurück. Es ist nicht völlig auszuschließen, dass der Gewinn aus diesen zurückgelassenen Altersrückstellungen größer sein könnte als der Vorteil aus der Übertragung der „richtigen" risikoäquivalenten Altersrückstellungen. Dann könnte es für die Versicherungen attraktiv sein, keine oder nur sehr geringe Altersrückstellungen zu übertragen. Außerdem wird bisweilen befürchtet, die Versicherungen könnten die Qualität ihrer Leistungen verringern, um Kosten zu sparen (Hold-up-Problem). Werden gleichzeitig die Altersrückstellungen abgesenkt, könnten die Versicherten nicht mehr ohne Schaden das Versicherungsunternehmen wechseln. Ohne eine Regulierung der Altersrückstellungen könnte eine solche Strategie daher für manche Versicherungen zumindest kurzfristig profitabel sein.

Diese Probleme können aber mit einer vergleichsweise einfachen Regelung verhindert werden: Mit der Summenregel. Die Versicherungen müssten die nach den bisherigen Vorgaben gebildeten und leicht kontrollierbaren bilanziellen Altersrückstellungen ihren einzelnen Versicherten zuweisen, so dass die Summe der

---

[1] In der heutigen privaten Krankenversicherung können diese Anreize nicht wirksam werden, da die Versicherungen verpflichtet sind, einen bestimmten Betrag für die von Wechslern zurückgelassenen Altersrückstellungen bereits bei Vertragsabschluss prämienmindernd zu berücksichtigen.

individuellen Altersrückstellungen den bilanziellen Altersrückstellungen entspricht. Wie die bilanziellen Altersrückstellungen auf die einzelnen Versicherten verteilt werden, kann den Unternehmen überlassen bleiben.

Es liegt im eigenen Interesse der Versicherungen, die Rückstellungen nach bestem Wissen auf die einzelnen Versicherten zu verteilen: Würden sie einem Versicherten höhere Altersrückstellungen zuteilen als eigentlich angemessen, um ihn zum Wechsel zu bewegen, so würde er die abgebende Versicherung bei einem Wechsel mehr kosten als wenn er bliebe. Der Wechsel wäre offensichtlich zu teuer erkauft. Weist eine Versicherung einem Versicherten hingegen eine bewusst zu niedrig angesetzte Altersrückstellung zu, um ihn an einem Wechsel zu hindern, muss sie anderen Versicherten automatisch eine zu hohe Rückstellung zuordnen. Schließlich liegt die Summe der individuellen Altersrückstellungen fest. Dadurch würde sie sich aber wie oben ausgeführt selbst schädigen. Die Altersrückstellungen sind dann richtig auf die Versicherten verteilt, wenn die abgebende Versicherung bei jedem Versicherten indifferent ist, ob er geht oder bleibt. Für die aufnehmende Versicherung und den Versicherten ergeben sich dennoch Vorteile aus einem Wechsel, wenn die andere Versicherung effizienter ist. In anderen Fällen wäre ein Wechsel nicht sinnvoll.

Außer der Summenregel sind prinzipiell keine weiteren Regulierungen erforderlich, um die Zuweisung der „richtigen" Altersrückstellungen sicherzustellen. Eine Schiedsstelle, ein Ombudsmann oder andere Einrichtungen zur Bestimmung der Altersrückstellung sind überflüssig. Es ist auch vorstellbar, dass die Versicherungen im verstärkten Wettbewerb die Reputation aufbauen wollen, dass sie ihre Versicherten fair behandeln, also dauerhaft eine hohe Qualität garantieren und korrekte Altersrückstellungen mitgeben. Eine Regulierung über die Summenregel wäre dann überflüssig. Die Anzahl der autonomen Wechsler, die eine Versicherung auch dann verlassen, wenn ihnen nur geringe oder gar keine Altersrückstellungen mitgegeben werden, dürfte zudem zurückgehen, wenn die Versicherten trotz eines Umzugs ins Ausland oder eines Arbeitsplatzwechsels in der bisherigen Versicherung bleiben können. Die Bürgerprivatversicherung erleichtert die grenzüberschreitende Versicherungstätigkeit und löst die Zweiteilung des deutschen Gesundheitssystems auf – viele autonome Wechsel erfolgen derzeit durch Einkommenseinbußen beim Jobwechsel und die damit verbundene Versicherungspflicht in der gesetzlichen Krankenversicherung. Die oben geschilderte Option der systematischen Zuweisung zu geringer Altersrückstellungen ist bei weniger autonomen Wechslern auch ohne die Summenregel weniger attraktiv.

Praktisch könnte das System so funktionieren, dass den Versicherten zu einem Stichtag die Höhe ihrer individuellen Altersrückstellungen mitgeteilt wird. In einem anschließenden Wechselzeitraum von beispielsweise einem Monat könnten sie Angebote anderer Versicherungen einholen und über einen Wechsel entscheiden.

4. Wettbewerb zwischen Leistungserbringern und Vertragsfreiheit

Die Bürgerprivatversicherung führt schon für sich genommen zu einem effizienteren Versicherungsbetrieb. Sein volles Potenzial könnte dieses wettbewerbliche Versicherungssystem entfalten, wenn die Möglichkeiten zu Vertragsschlüssen mit den Leistungserbringern flexibilisiert würden. Heute sind die Handlungsspielräume der gesetzliche Krankenversicherung und noch mehr der privaten Krankenversicherung stark eingeschränkt.

Die Befürchtung, dass die Qualität der medizinischen Versorgung in einem System mit einzelvertraglich gebundenen Leistungserbringern absinkt, könnte heute durchaus begründet sein – durch die bestehenden Wechselbarrieren in der bestehenden privaten Krankenversicherung und die Anreize zur Risikoselektion in der gesetzlichen Krankenversicherung. Übertragbare Altersrückstellungen lösen jedoch beide Probleme, so dass ein aktives Versorgungsmanagement durch die Krankenversicherungen Qualitäts- und Effizienzsteigerungen erwarten lässt.

In der Bürgerprivatversicherung sollten die Krankenversicherungen mit ausgewählten Leistungserbringern Verträge abschließen und die Vergütung frei vereinbaren können. Zur Erfüllung der Versicherungspflicht müssen die Versicherungen eine Mindestversorgung gewährleisten. Notwendig ist eine Mindestanzahl von Leistungserbringern, die eine qualitativ angemessene Versorgung des jeweiligen Versichertenkollektivs ermöglicht. Natürlich liegt es ohnehin im Interesse der Versicherten, eine Versicherung mit hinreichendem Angebot an Leistungserbringern zu wählen, so dass sich eine ausreichende Versorgung über den Markt ergeben sollte. Allerdings muss verhindert werden, dass Menschen die allgemeine Versicherungspflicht durch den Abschluss unzureichender Versicherungsverträge unterlaufen.

Um Menschen in teurer zu versorgenden Regionen kostendeckend versichern zu können, muss eine regionale Prämiendifferenzierung zugelassen werden. Auf diese Weise dürfte sich ein flächendeckendes Angebot an medizinischen Leistungen sicherstellen lassen. Die staatliche Krankenhausplanung und -finanzierung kann entfallen. Öffentliche, freigemeinnützige und private Häuser konkurrieren um Verträge mit den Versicherungen, wobei zur Schaffung eines fairen Wettbewerbs der Defizitausgleich bei öffentlichen Häusern wegfallen muss. Auch die duale Krankenhausfinanzierung sollte abgeschafft und durch eine ausschließliche Finanzierung über Leistungsentgelte ersetzt werden. Krankenversicherungen können auch selbst Krankenhäuser, Arztpraxen und andere Einrichtungen betreiben.

Lediglich das Vorhalten von Krankenhauskapazitäten für Katastrophenfälle bedarf weiterer staatlicher Eingriffe, da hier aufgrund der sehr unsicheren Nachfrage ein Angebot über den Markt problematisch erscheint. Solche Kapazitäten können beispielsweise die Länder in Ausschreibungsverfahren bereitstellen.

Im ambulanten Bereich würden die Zulassung als Kassenarzt und damit die Niederlassungsbeschränkungen entfallen. Jeder Arzt könnte Verträge mit Versicherungen schließen oder frei praktizieren. Dafür müssten die Patienten privat Zuzahlungen leisten oder in ihrer Krankenversicherung für die freie Arztwahl einen Prämienzuschlag in Kauf nehmen. Die strikte Trennung zwischen ambulantem und stationärem Sektor würde entfallen. Die Versicherungsunternehmen könnten entscheiden, ob ambulante fachärztliche Leistungen weiterhin auch in Facharztpraxen oder nur im Krankenhaus angeboten werden oder ob sie Verträge mit integrierten Anbietern schließen.

Die Funktionsfähigkeit des Marktes für medizinische Dienstleistungen wird dadurch eingeschränkt, dass Patienten die Qualität der Behandlungen und der Leistungserbringer schwer einschätzen können. Daher sollten umfassende Qualitätsindikatoren veröffentlicht werden, um Patienten, einweisenden Ärzten, Krankenversicherungen und Medien die Beurteilung zu erleichtern. Für den Krankenhausbereich existiert bereits ein ausgefeiltes System von Qualitätsindikatoren. Hier sollte an eine allgemein zugängliche Publikation gedacht werden. Vergleichbare Indikatoren-Sets sollten für den ambulanten Sektor entwickelt werden. Für die Wahl der Krankenversicherung wären zudem Qualitätsindikatoren hilfreich, die sich auf die Qualität der gesamten Behandlungskette bei einer Erkrankung beziehen. Auch wenn Qualitätsinformationen über Leistungserbringer veröffentlicht werden, bleiben staatliche Mindestqualitätsstandards unerlässlich.

5. Übergang zum Kapitaldeckungsverfahren

In der Literatur wurde nachgewiesen, dass die reine Umstellung vom Umlage- auf das Kapitaldeckungsverfahren in Rentenversicherungssystemen bei Betrachtung aller Generationen keine Effizienzverluste, aber auch keinerlei Effizienzgewinne bringt. Dies ist in der Krankenversicherung allerdings anders. Zum einen kann in einem Kapitaldeckungssystem durch übertragbare Altersrückstellungen ein funktionstüchtiger Wettbewerb geschaffen werden, der in Umlagesystemen mit Risikostrukturausgleich nicht möglich ist. Zum anderen müssen Leistungsausweitungen von den Generationen bezahlt werden, die sie in Anspruch nehmen. Eine teilweise Verlagerung dieser Kosten auf zukünftige Generationen ist nicht möglich. Daher werden weniger ineffiziente Leistungen mit ungünstigem Kosten-Nutzen-Verhältnis in den Leistungskatalog der Krankenversicherungen aufgenommen.

Gegen eine Umstellung auf ein kapitalgedecktes System wird oft eingewandt, eine Umstellung sei „zu teuer", da die Umstellungsgeneration doppelt belastet werde: Es müssten parallel sowohl die Leistungsansprüche der älteren Generation erfüllt, als auch ein Kapitalstock aufgebaut werden. Dieser Einwand ist unzutreffend.

Im Fall der gesetzlichen Krankenversicherung wird den jüngeren Beitragszahlern die (implizite) Zusage gemacht, dass sie im Alter trotz höherer erwarteter

Kosten keine entsprechend höheren Beiträge zahlen müssen. Diese Nettokosten der älteren Versicherten müssen von den jüngeren Versicherten getragen werden, die wiederum einen Anspruch auf spätere Nettotransfers von den dann jüngeren Generationen erhalten. Dieses Leistungsversprechen ist nichts anderes als eine implizite Verschuldung im Umlageverfahren, die mit zunehmendem Leistungsumfang ständig wächst. In der gesetzlichen Krankenversicherung besteht gegenwärtig eine implizite Verschuldung von etwa 800 Milliarden Euro. Dieser Betrag entspricht den nicht gedeckten Gesundheitsaufwendungen für die gegenwärtig Versicherten, die von künftigen Generationen getragen werden müssen. In der privaten Krankenversicherung wurden zur Finanzierung höherer Gesundheitskosten im Alter Altersrückstellungen gebildet. Im Umlageverfahren der gesetzlichen Krankenversicherung gibt es hingegen keinen Kapitalstock. Die fehlenden Altersrückstellungen müssen bei einem Systemwechsel nachfinanziert werden, damit die Umstellungsgeneration nicht mit extrem hohen Prämien belastet wird.

Das bedeutet jedoch nicht, dass zusätzliche Kosten gegenüber der Fortführung des Umlageverfahrens entstehen. Die anfallenden Gesundheitsausgaben sind in beiden Systemen zunächst die gleichen. Bei einer Umstellung auf die kapitalgedeckte Bürgerprivatversicherung müsste lediglich die bereits bestehende implizite Verschuldung in eine explizite Verschuldung umgewandelt werden, etwa in Form eines Sondervermögens in Höhe der impliziten Verschuldung. Die Höhe der Verschuldung bleibt dadurch zunächst unverändert.

Soll an der im Status quo angelegten Lastverteilung zwischen den Generationen nichts geändert werden, kann folgendes Verfahren für die Umstellung auf das Kapitaldeckungsverfahren gewählt werden: Die Krankenversicherungen erhalten Altersrückstellungen für ihre Versicherten aus einem staatlich garantierten Sondervermögen. Sie können diese Mittel anlegen und erzielen Zinserträge. Die Zinserträge werden dazu genutzt, die Prämien der Versicherten zu senken. Dieser Vorteil verbleibt den Versicherten aber nicht. Sie zahlen eine Abgabe auf die Prämie, mit der die Zinskosten für die offen gelegten Schulden beglichen werden – das Defizit von rund 800 Milliarden Euro in dem Sondervermögen.

Mit diesem Verfahren wird erreicht, dass die gesetzlichen Krankenversicherungen in kapitalgedeckte Versicherungen umgewandelt werden und voll in den Wettbewerb eintreten können. Auch wenn sich an der Lastverteilung zwischen den Generationen nichts ändert, können die Effizienzvorteile eines echten Wettbewerbs genutzt werden.

Ein weiterer Vorteil der Umstellung auf Kapitaldeckung liegt darin, dass die Lasten transparent werden, die auf zukünftige Generationen verschoben worden sind und noch verschoben werden. Sie können nicht mehr innerhalb des Umlageverfahrens verschleiert werden. Dies könnte zum Anlass genommen werden, die bestehende Schuld langsamer anwachsen zu lassen, konstant zu halten oder sogar zu verringern. Die Umstellung könnte zu einem Umdenken führen.

Um die Altersrückstellungen zu ermitteln, die für die Versicherten im bisherigen Umlagesystem angemessen sind, erscheint ein Bieterverfahren sinnvoll. Dazu wird eine Prämie festgesetzt, die sich an der Einstiegsprämie eines heute 20-Jährigen in der privaten Krankenversicherung orientiert. Anschließend können die Versicherungen in einem Ausschreibungsverfahren die Altersrückstellung angeben, die sie für erforderlich halten, um bestimmte Versicherte oder Versichertengruppen zur festgelegten Prämie zu übernehmen. Die effizienteste Versicherung sollte sich bei diesem Verfahren durchsetzen, weil sie die niedrigste Altersrückstellung braucht. Die Versicherten könnten also zu der für alle gleichen Prämie in diese effiziente Versicherung wechseln. Möchte der Versicherte sich bei einer anderen Versicherung versichern, die eine höhere Altersrückstellung verlangt, müsste er eine Einmalzahlung leisten oder eine entsprechend höhere Prämie zahlen.

Das Ausschreibungsverfahren für jeden Versicherten einzeln durchzuführen wäre sehr aufwendig. Deshalb dürfte es zweckmäßig sein, die Versicherten der gesetzlichen Krankenversicherungen in Gruppen zusammenzufassen, möglicherweise in Risikoklassen ähnlich wie im Rahmen des Risikostrukturausgleichs, und im Ausschreibungsverfahren die notwendigen Altersrückstellungen für die jeweilige Klasse von Versicherten zu ermitteln.

6. Verzahnung der Gesundheitssysteme in Europa

Die Wettbewerbs- und Freizügigkeitsregeln des europäischen Binnenmarktes sollten grundsätzlich auch im Gesundheitswesen angewandt werden. Eine Klassifizierung der Gesundheitsleistungen als Ausnahmebereich der so genannten „Daseinsvorsorge" ist einer qualitativ hochwertigen und effizienten medizinischen Versorgung abträglich, da sie den Wettbewerb zwischen den verschiedenen Dienstleistern unnötig beschränkt. Die nationalen Umverteilungsziele, die in den meisten Staaten innerhalb der Gesundheitssysteme angestrebt werden, sollten auch aus diesem Grund wie erläutert außerhalb der Krankenversicherung im Steuer- und Transfersystem verfolgt werden: Umverteilung unterliegt als Teil der Daseinsvorsorge der nationalstaatlichen Zuständigkeit, die Versicherungs- und Gesundheitsleistungen gehören hingegen in den wettbewerblich organisierten und europarechtlich überwachten Bereich des Binnenhandels.

Die Anwendung der Binnenmarktprinzipien bedeutet, dass es eine europaweite Niederlassungs- und Dienstleistungsfreiheit für alle medizinischen Dienstleister geben muss. Auch Krankenversicherungen dürften demnach ihre Leistungen europaweit anbieten und uneingeschränkt Verträge mit von ihnen ausgewählten europäischen Leistungsanbietern schließen.

Die von den Bürgern mindestens abzusichernden Gesundheitsleistungen sollten weiterhin auf nationaler Ebene festgelegt werden, nicht auf europäischer. Gegen eine europäische Lösung sprechen erhebliche Wohlstands- und Präferenzunterschiede sowie die Kostenunterschiede zwischen den einzelnen Mitgliedsländern. Ein europäischer Mindestleistungskatalog, der über die Standards einzelner Länder hinausgeht, kann schnell zur wirtschaftlichen Überforderung dieser Länder führen.

Trotz unterschiedlicher Leistungskataloge sollten die Versicherten medizinische Leistungserbringer innerhalb Europas frei wählen dürfen. Die Erstattung der im europäischen Ausland in Anspruch genommenen Leistungen durch die Krankenversicherungen richtet sich nach den abgesicherten Leistungen und den dafür maximal vorgesehenen Erstattungen im Heimatland. Durch diese Wahlmöglichkeiten der Patienten werden implizite Rationierungsstrategien und Begrenzungen der sozialen Leistungen einzelner Staaten – etwa durch Warteschlangen – unterlaufen.

Bei unterschiedlichen Leistungskatalogen stellt sich im Rahmen der Arbeitnehmerfreizügigkeit allerdings die Frage, ob für im europäischen Ausland lebende Arbeitnehmer das Herkunfts- oder das Bestimmungslandprinzip gelten soll, ob sie also den Mindestleistungskatalog ihres Herkunftslandes oder den ihres Aufenthaltslandes absichern müssen.

Der mittelfristig zu erwartende Anstieg der Mobilität der Arbeitnehmer in Europa kann die nationalen Umlagesysteme (einschließlich der steuerfinanzierten Systeme) in Schwierigkeiten bringen. Unterschiedliche Bedingungen in den jeweiligen Gesundheitssystemen können Auslöser für Wanderungsbewegungen sein. Beispielsweise könnten sich durch unterschiedlich stark betriebene Umverteilungsaktivitäten innerhalb der Gesundheitssysteme Wanderungsanreize ergeben. Menschen mit höherem Einkommen würden in Systeme mit geringer Umverteilungsintensität, Personen mit niedrigem Einkommen in stärker umverteilende Systeme wechseln. Wird die Umverteilung außerhalb der Krankenversicherung organisiert, kann wegen der größeren Treffsicherheit das Umverteilungsvolumen gesenkt und damit der Wanderungsdruck vermindert werden.

Wanderungsanreize und -hemmnisse können sich außerdem durch unterschiedliche Leistungskataloge ergeben. Alte und kranke Menschen würden tendenziell in Systeme mit umfangreichen Leistungen wechseln, während junge gesunde Menschen eher an niedrigen Beiträgen bei einem weniger umfangreichen Leistungskatalog interessiert sind. Systeme mit einem umfangreichen Leistungskatalog kommen durch beide Wanderungsanreize unter Druck. Ausgleichszahlungen zwischen den Systemen können dieses Problem abmildern, aber nicht beseitigen. Für Individuen, die aus einem Land mit umfangreichem Leistungskatalog in ein solches mit weniger umfangreichen Leistungen abwandern möchten, ergeben sich im Umlageverfahren dagegen Wanderungshemmnisse. Sie haben für die umfangreicheren Leistungen im ursprünglichen System hohe Beiträge gezahlt, erhalten aber nach der Abwanderung nur geringere Leistungen in der Lebensphase mit aufgrund ihres höheren Alters gestiegenem Leistungsbedarf.

Kapitaldeckungssysteme werden durch Zu- oder Abwanderung nicht gefährdet. Ein Arbeitnehmer, der in ein Land mit geringerem Leistungskatalog wechselt, kann bei übertragbaren Altersrückstellungen entweder eine geringere Prämie für diesen Leistungskatalog zahlen oder seinen umfangreicheren Versicherungsschutz beibehalten. Er kann grundsätzlich auch bei seiner alten Versicherung versichert bleiben. Für Wechsler in ein Land mit umfangreicherem Leistungskatalog werden allerdings Nachzahlungen fällig, beispielsweise in Form erhöhter Prämien. Eine höhere Prämie ist in diesem Fall nicht unbedingt als Wanderungshindernis zu interpretieren, da ihr ja auch umfangreichere Leistungen gegenüberstehen. Über den Lebenszyklus betrachtet zahlt ein Zuwanderer grundsätzlich nicht mehr für diese Leistung als ein Inländer. Allerdings wird für den Zuwanderer im Gegensatz zum seit Geburt höher versicherten Inländer das Prämienänderungsrisiko wieder relevant. Überdurchschnittlich kranke Zuwanderer müssen mit risikobedingten Prämienzuschlägen für die zuvor nicht versicherten Leistungen rechnen, wodurch vielfach eine Wanderung unmöglich werden dürfte.

Noch problematischer ist die Wanderung aus einem Land mit Umlageverfahren in ein Land mit Kapitaldeckungsverfahren. Die Nettoeinzahlungen in das Umlageverfahren gehen für den Wechsler verloren. Im Kapitaldeckungsverfahren muss er einen Prämiensprung akzeptieren, da die umlagefinanzierte Versicherung keine Altersrückstellungen überträgt. Bleibt die Koexistenz von Umlage- und Kapitaldeckungsverfahren bestehen, ist ebenfalls an ein Ausgleichssystem zu denken, in dem Abwanderern aus dem Umlageverfahren ein Äquivalent zu einer individuellen Altersrückstellung mitgegeben wird, da das Umlagesystem von Nettokosten entlastet wird, die bei einem Verbleib des Versicherten entstanden wären. Für Zuwanderer müsste das Umlagesystem einen Ausgleich erhalten, da normalerweise mit Nettokosten zu rechnen ist.

Schlussfolgerungen für die Reihenfolge der Reformschritte

Ein Wechsel zur Bürgerprivatversicherung ist ein so gravierender Einschnitt in das bestehende System der Krankenversicherung, dass es sinnvoll erscheint, den Übergang in mehreren Schritten zu vollziehen. Dabei kann an Reformvorschläge angeknüpft werden, die bereits ausgiebig diskutiert wurden und deren Auswirkungen überschaubar sind.

Als erster Schritt bietet sich an, die Altersrückstellungen der privaten Krankenversicherung risikoäquivalent zu individualisieren und übertragbar zu gestalten. Auf diese Änderung hatte sich die große Koalition im Grunde schon verständigt.

In einem zweiten Schritt oder auch parallel zum ersten sollten die Beiträge in der gesetzlichen Krankenversicherung auf eine Gesundheitspauschale umgestellt werden. Das ist in dem Gesamtkonzept zwar nur ein Zwischenschritt, aber die Gesundheitspauschalen unterscheiden sich kurzfristig nicht sehr stark von den angestrebten risikoäquivalenten Prämien. Der Hauptvorteil dieses Schritts besteht darin, dass die Umverteilung von der Leistungserstellung getrennt wird und treffsicherer gestaltet werden kann. Damit wäre auch eine wichtige Voraussetzung geschaffen, europaweit Gesundheitsdienstleistungen in Anspruch nehmen zu können.

Der nächste Schritt ist der wirklich anspruchsvolle, nämlich die Umstellung der gesetzlichen Krankenversicherung vom Umlage- auf das Kapitaldeckungssystem. Das ist der Kern der Bürgerprivatversicherung. Dieser Schritt ermöglicht die nachhaltigen Verbesserungen in der Sicherung der Finanzierbarkeit, der Nutzung des effizienzsteigernden Wettbewerbs und der Verringerung negativer demografischer Einflüsse. Sind Erfahrungen mit der Übertragung individueller risikoäquivalenter Altersrückstellungen in der privaten Versicherung gesammelt und die Umverteilungsziele auf anderem Wege gesichert, wird er aber viel überschaubarer erscheinen als heute.

A. Einführung

Mit der jüngsten Gesundheitsreform, dem GKV-Wettbewerbsstärkungsgesetz, sind die großen Aufgaben wie die langfristige Sicherung der Finanzierung, demografische Stabilität, sachgerechte Umverteilung sowie Ausschöpfung der Effizienzreserven letztlich nicht gelöst worden. Mit einem Teil der Beschlüsse werden neue Schwierigkeiten programmiert. So wird mit der Übertragbarkeit durchschnittlicher Altersrückstellungen im Basistarif in der privaten Krankenversicherung der gefährliche Bazillus der Risikoselektion und damit der Gefährdung der Versicherungen auf die privaten Krankenversicherungen übertragen. In der gesetzlichen Krankenversicherung wird die Politik mit dem Gesundheitsfonds, in den die gesamten Beitragseinnahmen fließen sollen, geradezu provoziert, sich eines Teils dieser Mittel zu bemächtigen.

Aufgrund der großen Eigendynamik wird das Gesundheitswesen schnell wieder an die Grenzen der zu engen und zum Teil inkonsistenten Regelungen stoßen. Dann wird sich die Frage stellen, ob das System erneut mit kleinen Reparaturen für einige Jahre stabilisiert werden soll, oder ob es besser wäre, größere Systemkorrekturen vorzunehmen.

Um die nächste Reform nicht gleich wieder auf Notoperationen an einzelnen Systemkomponenten zu verengen ist es notwendig, die Ursachen der ständig wiederkehrenden Probleme genauer zu analysieren und vor allem Handlungsoptionen zu entwickeln, mit denen das Gesundheitssystem stabilisiert und auf dauerhafte Lösungen ausgerichtet werden kann. Dazu ist es sinnvoll, sich einmal losgelöst vom bestehenden System mit Regelungen und Organisationsformen zu befassen, die konsequent auf die Ziele des Gesundheitswesens ausgerichtet sind und die Möglichkeiten der bestehenden Gesellschafts- und Wirtschaftsordnung voll nutzen.

Mit dem Konzept einer Bürgerprivatversicherung wird der ambitionierte Versuch unternommen, das Gesundheitssystem entscheidend und nachhaltig zu verbessern. Im Einzelnen sollen damit die folgenden Ziele erreicht werden:

- Die Bürger sollen hochwertige, verlässliche und bezahlbare Gesundheitsleistungen erhalten. Sie sollen ein hohes Maß an Eigenverantwortung übernehmen können.
- Jeder Bürger soll in der Lage sein, sich eine von der Gesellschaft definierte Mindestversorgung zu leisten. Die dafür notwendige Umverteilung muss sich ein-

deutig an der Bedürftigkeit der Empfänger und der Leistungsfähigkeit der zur Finanzierung Herangezogenen orientieren.
– Das Gesundheitswesen soll einen großen Beitrag zum Wirtschaftswachstum leisten und gute Beschäftigungsmöglichkeiten bieten können.
– Die Abhängigkeit des Gesundheitssystems von demografischen Veränderungen soll verringert, die Automatik dieser Rückwirkungen auf das System soll vermieden werden.
– Das Gesundheitssystem soll europakompatibel sein. Es sind die Voraussetzungen für eine nachteilsfreie Freizügigkeit der Bürger und einen europaweiten Wettbewerb um Gesundheitsdienstleistungen und Gesundheitsprodukte zu schaffen.

Die wichtigste Aufgabe im komplexen Beziehungsgeflecht des Gesundheitswesens besteht darin, die Koordinierungsprobleme zwischen den Akteuren zu lösen. Gefragt ist ein stabiler Steuerungs- und Koordinierungsmechanismus, der die Handlungen der Vielzahl der Akteure – Versicherte, Patienten, Ärzte, Apotheker, Krankenhäuser, Pharmaunternehmen – aufeinander abstimmt. Es gibt kaum einen anderen Bereich, in dem die Koordinierungsaufgabe so schwer zu lösen ist wie im Gesundheitswesen. Im Vordergrund stehen die Interessen, Wünsche und Möglichkeiten der Menschen, die bereits krank sind oder krank werden können. Ihre Nachfrage nach Gesundheitsleistungen muss mit den Möglichkeiten und Fähigkeiten der Anbieter von Gesundheitsleistungen in Einklang gebracht werden. Gleichzeitig ist zu klären, welche Regeln der Staat vorgeben muss, beispielsweise für die Mindestversorgung, die Abwehr von Gesundheitsgefahren und die Umverteilung von Finanzierungslasten. Der dafür notwendige Ordnungsrahmen ist sorgfältig zu konzipieren.

Mit der Bürgerprivatversicherung wird der Anspruch erhoben, das Gesundheitssystem harmonisch in die demokratische Gesellschaftsordnung und das marktwirtschaftliche Wirtschaftssystem einzugliedern, so dass es keine ständigen Friktionen, Fehlsteuerungen und Reibungsverluste gibt. Ausgehend von dieser Grundvoraussetzung gilt es, die Marktpreise als besonders leistungsfähiges Informations- und Steuerungssystem zu nutzen. Nur dieses System gibt den Versicherten und Leistungserbringern die Informationen, die es ihnen ermöglichen, private Verantwortung wahrzunehmen und effiziente Entscheidungen zu treffen – auch im Interesse der Gesamtgesellschaft.

I. Wer zahlt für Gesundheitsleistungen? – Spontane Regelungen

Eine der wichtigsten ordnungspolitischen Fragen ist, ob ein Wirtschaftssystem über Märkte und Preise oder zentral durch staatliche Vorgaben gesteuert werden sollte. Dieser Frage nähert man sich am besten, indem man sich vom bestehenden

Gesundheitssystem löst und sich vorstellt, wie die Bürger den wirtschaftlichen Austausch mit anderen Bürgern regeln würden, wenn der Staat ihnen keine Vorschriften machte, wenn jeder Bürger also grundsätzlich selbst verantwortlich wäre und selbst entscheiden könnte, wofür er seine Fähigkeiten und sein Einkommen einsetzt.

In einem Gesundheitssystem ohne Staatseingriffe kann jeder Bürger bestimmen, welche Gesundheitsleistungen er in Anspruch nehmen will, soweit er bereit und in der Lage ist, die entstehenden Kosten zu tragen. Negativ formuliert kann man davon ausgehen, dass kaum jemand bereit sein wird, die Gesundheitskosten anderer Personen außerhalb der Familie zu übernehmen, wenn er dazu nicht vom Staat gezwungen wird. Nun wird man schnell sehen, dass es unter der einfachen Bedingung der unmittelbaren Bezahlung von Gesundheitsleistungen aus dem laufenden Einkommen für einzelne Personen erhebliche Schwierigkeiten geben kann. Menschen, die überdurchschnittlich häufig und schwer krank werden, müssten einen Großteil ihres Einkommens und ihrer Ersparnisse für die Behandlungen ausgeben. Ein gar nicht so kleiner Kreis von Personen wäre nicht in der Lage, die vollen Kosten der notwendigen Gesundheitsleistungen zu tragen, das heißt sie würden trotz schwerer Krankheit gar nicht oder völlig unzureichend behandelt. Andere Menschen mit guter Gesundheit hätten dagegen das Glück, weitgehend von Belastungen durch Gesundheitsleistungen verschont zu bleiben und ihre Einkommen nahezu ungekürzt für andere Zwecke verbrauchen zu können. Allerdings weiß niemand, in welchem Maße er in seinem Leben auf Gesundheitsleistungen angewiesen sein wird.

Das ist eine gute Ausgangssituation für das Auftreten von Versicherungen. In jungen Jahren – und noch weniger zum Zeitpunkt der Geburt oder früher – ist für die meisten Menschen nicht abzusehen, ob sie zu der Gruppe von Menschen gehören werden, die irgendwann schwer erkranken und mit hohen Aufwendungen rechnen müssen, oder ob sie vergleichsweise wenig von Krankheiten betroffen sein werden und mit geringen Gesundheitskosten davonkommen. Der erste Fall, nämlich von nicht tragbaren Kosten aufgrund schwerer Krankheit getroffen zu werden, wiegt für die meisten Menschen so schwer, dass sie versuchen werden, sich vor diesem Risiko durch eine Versicherung zu schützen. Sie werden in aller Regel eine Versicherung abschließen, obwohl sie im günstigen Fall guter Gesundheit mehr in die Versicherung einzahlen als sie ohne Versicherung an Gesundheitsaufwendungen zu tragen hätten. Dieser mögliche Einkommensverlust wird aber hingenommen, weil damit das Risiko ausgeschlossen wird, aufgrund von Krankheit zu verarmen oder – schlimmer noch – auf lebensnotwendige Behandlungen verzichten zu müssen.

In einer freien Gesellschaft wird es auch ohne staatliche Eingriffe mit größter Wahrscheinlichkeit zu einer *Versicherungslösung* kommen, weil eine Versicherung individuelle Risiken, nicht zuletzt die hohen, in bezahlbare Prämien transformiert. Von unterschiedlichen Versicherungsformen, beispielsweise mit unter-

I. Wer zahlt für Gesundheitsleistungen? – Spontane Regelungen

schiedlichen Selbstbehalten, und von Unterschieden im Umfang der versicherten Leistungen wird hier zunächst abgesehen.

Formal könnte man sagen, dass die Gesundheitsleistungen bei einer Versicherungslösung von den Versicherungen gezahlt werden. Letztlich zahlen aber nach wie vor die Versicherten. Sie haben Prämien zu entrichten, aus denen die Versicherung die Gesundheitsaufwendungen zahlen kann. Eine private, nicht reglementierte Versicherung wird die Prämie an dem Gesundheitsrisiko des einzelnen Versicherten ausrichten und damit im Durchschnitt hinreichende Prämieneinnahmen erzielen, um die vertraglich zugesicherten Leistungen finanzieren zu können.

Das bedeutet: Wer ein hohes Gesundheitsrisiko aufweist, zahlt eine hohe Prämie, wer ein geringes Risiko aufweist, zahlt wenig. Wäre das nicht der Fall, würde keine Versicherung freiwillig die Menschen mit einem hohen Gesundheitsrisiko aufnehmen. Das Problem der unterschiedlich hohen Prämien entsteht nicht, wenn die Risiken beim Eintritt in die Versicherung gleich hoch sind, also wenn der Versicherungsvertrag beispielsweise bereits zum Zeitpunkt der Geburt abgeschlossen wird und keine Besonderheiten vorliegen. Noch weniger Informationen über die Risiken liegen vor, wenn Versicherungen die Zusage geben, zuschlagsfrei den Versicherungsschutz für Kinder zu übernehmen, die ein erwachsener Versicherter möglicherweise später einmal haben wird.

Dabei wird davon ausgegangen, dass eine lebenslange Versicherung abgeschlossen wird und die Prämien später nicht deshalb erhöht werden dürfen, weil überdurchschnittliche Risiken erkennbar werden. Alle Versicherten zahlen *risikoäquivalente Prämien* entsprechend dem erkennbaren Risiko zum Zeitpunkt des Abschlusses des Vertrages. Die Prämien einer Versicherungsgesellschaft in einem bestimmten Tarif werden für Personen eines Altersjahrgangs gleich sein, wenn zum Zeitpunkt der Versicherungszusage keine Unterschiede in den Risiken bestanden haben. Zwischen den Versicherungsanbietern kann es unterschiedliche Prämien für gleiche Risiken geben, wenn die Versicherungen die erforderlichen Leistungen unterschiedlich einschätzen, unterschiedlich effizient sind oder wenn der Wettbewerb behindert ist.

Solange keine unterschiedlichen Risiken erkennbar sind, bilden sich auch ohne staatlichen Eingriff für eine Kohorte grundsätzlich *einheitliche Prämien* innerhalb jeder Versicherung bzw. jedes Versicherungstarifs heraus, die sich an den von der jeweiligen Versicherung erwarteten durchschnittlichen Gesundheitsaufwendungen orientieren. Soweit die Leistungen der Versicherungen als gleichwertig angesehen werden, gleichen sich auch die Prämien der verschiedenen Versicherungen an, weil die Versicherten tendenziell die kostengünstigste Versicherung wählen. Richtig bleibt auch dann die Aussage, dass jeder für seine Gesundheitsrisiken zahlt. Das wird sofort sichtbar, wenn nicht alle Versicherten schon vor oder mit der Geburt versichert werden. Wollen Personen mittleren Alters in eine Versicherung eintreten und sind zu diesem Zeitpunkt unterschiedliche Gesundheitszustände und Risiken erkennbar, wird eine private Versicherung die Prämien entsprechend differenzieren. Unterschiedliche Prämien ergeben sich selbstverständlich auch bei den von Geburt an Versicherten und bei gleichem Risiko, wenn unterschiedliche Versicherungsleistungen vereinbart werden.

Die bestehenden *privaten Krankenversicherungen* in Deutschland entsprechen im Wesentlichen den spontan entstehenden Versicherungen. Sie kommen ohne Versicherungszwang aus. Sie brauchen keinen Risikostrukturausgleich und keine staatlichen Zuschüsse, sondern sie werden vollständig von ihren jeweiligen Versicherten finanziert. Sie schädigen oder begünstigen niemanden, der nicht privat versichert ist. Sie nehmen ausschließlich die Funktion wahr, Gesundheitsrisiken zu marktüblichen Prämien abzusichern. Und sie sind auch in der Lage, den Verlauf der Prämienzahlungen über den Lebenszyklus zu glätten – immer vorausgesetzt der Versicherte kann die gesamten Versicherungskosten (den Barwert der erwarteten durchschnittlichen Gesundheitsaufwendungen für seine Risikoklasse) tragen.

Soviel zu den spontanen Regelungen, die sich vermutlich herausbilden würden. Muss aber der Staat nicht doch eingreifen, damit auch die ärmsten Bürger unmittelbar Gesundheitsleistungen erhalten oder eine Krankenversicherung abschließen können?

In jeder Gesellschaft gibt es Menschen, die ein sehr geringes oder gar kein Einkommen erwirtschaften. Ohne Unterstützung könnten sie sich keine ausreichende oder gar keine Behandlung im Krankheitsfall leisten. Dieses Problem lässt sich in einer anonymen Gesellschaft über freiwillige karitative Hilfen nicht befriedigend lösen, weil nicht gesichert werden kann, dass es für jeden hilfebedürftigen Menschen Organisationen oder Personen gibt, die hinreichende Mittel für den Lebensunterhalt für jeden Hilfebedürftigen bereitstellen. Deshalb gilt es als selbstverständlich, dass der Staat diese Menschen entsprechend ihrer Bedürftigkeit, also auch im Krankheitsfall, unterstützt, und dazu Zwangsabgaben von den leistungsfähigeren Bürgern erhebt.

Die nahe liegende Lösung besteht darin, dass der Staat den Menschen *ergänzende soziale Hilfen* gewährt, indem das selbst erwirtschaftete Einkommen durch öffentliche Leistungen auf ein gesellschaftlich akzeptiertes Minimum aufgestockt wird, das es erlaubt, ein menschenwürdiges Leben zu führen. Darin eingeschlossen sind die Mittel für eine angemessene Krankenversicherung.

Für Empfänger von Sozialhilfe und Arbeitslosengeld II übernimmt der Staat gegenwärtig die gesamten als notwendig angesehenen Gesundheitsleistungen, indem er einen pauschalen Beitrag von zurzeit monatlich 125 Euro an eine gesetzliche Krankenversicherung zahlt. Hinter der Direktzahlung der Beiträge an die Krankenversicherungen durch die Träger der sozialen Hilfen steht die Sorge, die Hilfeempfänger könnten die finanziellen Mittel für andere Zwecke verwenden und dann doch wieder auf den Staat zurückkommen, wenn sie ihre Gesundheitskosten nicht bezahlen können. Die Regelung der unmittelbaren Übernahme der

Versicherungsbeiträge ist in diesen Fällen nicht zu beklagen. Aber der Träger der sozialen Hilfen sollte auch die Möglichkeit haben, dem Empfänger sozialer Hilfen eine angemessene Pauschale zur Verfügung zu stellen, so dass dieser sich selbst bei einer Versicherung seiner Wahl versichern kann. Im Regelfall wird der Hilfeempfänger vorher versichert gewesen sein. Erst wenn der Versicherte seine Prämien nicht zahlt, sollte der Träger der sozialen Hilfe die Pauschale unmittelbar an die Versicherung überweisen.

Im Ergebnis trägt jeder Versicherte die Kosten für die eigenen Gesundheitsaufwendungen (über die Versicherung) in vollem Umfang selbst. Für bedürftige Personen gibt der Staat einen Zuschuss zu einer Standardversicherung.

Ein vorgesehener Selbstbehalt ist von dem Versicherten unmittelbar zu zahlen oder kann vom Sozialtransfer abgezogen werden. Hat der Hilfeempfänger eine Versicherung mit Leistungen abgeschlossen, die über den Mindeststandard hinausgehen, werden trotzdem nur die Beiträge für die Standardleistungen übernommen. Er kann dennoch in dem Tarif bleiben, muss dann aber einen Teil der im Warenkorb zur Berechnung der Regelleistung für anderen Konsum vorgesehenen Mittel für die höhere Prämie aufwenden.

II. Einbindung der Gesundheitspolitik in das Wirtschafts- und Sozialsystem

Der kurze Blick auf ein zu erwartendes spontanes Verhalten der Menschen in einem nicht regulierten Gesundheitsbereich lässt schon sehr gut die Grundzüge einer marktwirtschaftlichen Koordinierung der wirtschaftlichen Betätigung im Gesundheitswesen und damit der Einordnung in ein freiheitliches Wirtschafts- und Gesellschaftssystem erkennen. Die Hauptsäule des deutschen Gesundheitssystems, die gesetzliche Krankenversicherung, baut dagegen nicht auf marktwirtschaftlichen Prinzipien auf. Ihre Ausgestaltung entspricht im Kern einer Steuerung wirtschaftlicher Aktivitäten durch eine zentrale Planung und sehr weitgehende staatliche Regelungen. Damit stellt sie einen Fremdkörper im freiheitlichen Wirtschafts- und Gesellschaftssystem der Bundesrepublik Deutschland dar. Systeme mit zentraler Steuerung stehen im Widerspruch zur Steuerung über Preise. Sie haben sich nirgends als effiziente Steuerungsverfahren für wirtschaftliche Prozesse erwiesen. Deshalb bedarf die staatliche Steuerung im Gesundheitswesen einer besonderen Rechtfertigung. Mit dem Hinweis, dass in der gesetzlichen Krankenversicherung nicht nur Leistungen erbracht werden, sondern auch umverteilt wird, kann man sich nicht zufrieden geben.

Die großen Kontroversen in der Gesundheitspolitik bestehen an diesem Punkt: Sollen auch im Gesundheitswesen die allgemeinen Prinzipien der Sozialen Marktwirtschaft gelten, oder soll die Steuerung über das Preissystem außer Kraft gesetzt und durch zentrale staatliche Vorgaben ersetzt werden?

Der Streit um das richtige Gesundheitssystem wird auf zwei Ebenen geführt: Erstens wird darüber gestritten, ob das marktwirtschaftliche System überhaupt auf das Gesundheitswesen übertragen werden kann. Das ist die wissenschaftlich zu beantwortende Frage. Zu klären ist, ob es so gravierende Marktunvollkommenheiten im Gesundheitssektor gibt, dass die marktwirtschaftlichen Prinzipien grundsätzlich nicht anwendbar sind, weil sie zu nicht hinnehmbaren Fehlsteuerungen führen.

Zweitens wird darüber gestritten, ob das System der Krankenversicherung in den Dienst der sozialen Absicherung und der Umverteilungspolitik gestellt werden soll. Hier könnte man argumentieren, das sei eine ausschließlich politisch zu beantwortende Frage. Das trifft aber in dieser allgemeinen Form nicht zu. Die Politik muss zwar entscheiden, welchen Umfang eine Mindestabsicherung haben soll und wer von Umverteilungsmaßnahmen begünstigt und wer belastet werden soll. Die Wissenschaft kann aber einen wesentlichen Beitrag dazu liefern, die wirksamsten und effizientesten Instrumente zur Erreichung der Umverteilungsziele zu bestimmen. Dabei ist keineswegs sicher, ob das Versicherungssystem überhaupt ein geeignetes Instrument ist, die Verteilungsziele zu erreichen.

Ohne Zweifel ist das Gesundheitswesen in die allgemeine Wirtschaftspolitik und Sozialpolitik einzubinden. Trotz der spezifischen Bedingungen kann das Gesundheitswesen nicht losgelöst von den allgemeinen wirtschaftlichen und sozialen Zielen betrachtet werden. In der Gesundheitspolitik wie in der allgemeinen Wirtschaftspolitik geht es einerseits um die Abgrenzung der Aktivitäten zwischen dem Staat und den privaten Bürgern bzw. Unternehmen und andererseits um die Systemverträglichkeit staatlicher Eingriffe, genauer: um die Frage, inwieweit staatliche Eingriffe die Funktionsfähigkeit der Märkte zerstören oder sogar Wirkungen auslösen, die den Zielen einer staatlichen Maßnahme zuwiderlaufen.

Das Gesundheitswesen zieht die besondere Aufmerksamkeit des Staates und der Gesellschaft auf sich, weil es in den Augen der Bürger als der Teil der Sozialpolitik mit der größten Ausgabendynamik angesehen wird und weil es Ängste bezüglich der Verfügbarkeit und Sicherheit künftiger Gesundheitsleistungen auslöst.

B. Ordnungspolitische Orientierungslinien

I. Allgemeine Prinzipien der Steuerung wirtschaftlicher Aktivitäten

Politisch gesehen haben zentrale Eingriffe in das Wirtschaftssystem eine hohe Attraktivität, weil es vergleichsweise einfach ist, ein bestimmtes Ziel mit den Mitteln zu erreichen, die dem Staat zur Verfügung stehen. Allerdings werden die Kosten eines solchen Eingriffs häufig nicht berücksichtigt oder zumindest nicht unmittelbar sichtbar. Der Staat muss keine Kostendeckung erreichen, weil er nicht im Marktwettbewerb steht. Fehlbeträge werden über Steuern gedeckt, denen sich die Bürger kaum entziehen können. Deshalb besteht die Gefahr, dass das Gesamtergebnis einer staatlichen Maßnahme oder Regelung erheblich schlechter ist als wenn der Eingriff unterblieben wäre. Alle zentral gelenkten Systeme sind letztlich daran gescheitert, den Nutzen der Leistungen für die Bürger richtig einzuschätzen und die Kosten zu begrenzen. Trotzdem gibt es im Gesundheitswesen eine ungebrochene Tendenz, auch dort regulierend einzugreifen, wo eine Preissteuerung möglich wäre. Deshalb ist es so wichtig, sich die Vorzüge der Preis- bzw. Marktsteuerung in Erinnerung zu rufen und nur dort regelnd einzugreifen, wo dies aus Effizienz- und Verteilungsgründen unerlässlich erscheint.

Im Rahmen der Ordnungspolitik werden Regeln formuliert, die das gesellschaftliche Leben erleichtern und ein effizientes wirtschaftliches Handeln ermöglichen sollen. Es wird versucht, die Ziele der Freiheit des Einzelnen, eines möglichst hohen Wohlstands einschließlich des Lebens in einer intakten Umwelt und der sozialen Absicherung miteinander in Einklang zu bringen. Das Regelwerk und die Verfahren sollen möglichst widerspruchsfrei sein. Sie sollen eine breite Zustimmung finden. Und sie sollen gegebenenfalls mit staatlicher Autorität durchgesetzt werden. Kein Regelwerk kommt letztlich ohne Sanktionsmöglichkeiten aus. In einem marktwirtschaftlichen System bestehen die Sanktionen vor allem in dem Verlust von Einkommensquellen und von Vermögen.

In der Marktwirtschaft bestimmen die Konsumenten mit ihrer Nachfrage die Produktionsstruktur. Der Freiheit, über den eigenen Konsum zu entscheiden, steht die Verantwortung für die Kosten gegenüber. Mit der Entscheidung für ein bestimmtes Konsumgut verringert sich das für andere Zwecke verfügbare Einkommen. Dieser Zusammenhang ist auch bei der Abwägung zwischen Gesundheitsleistungen und anderen Dienstleistungen bzw. Konsumgütern unauflösbar.

Die Einkommens- oder Budgetbegrenzung gilt nicht nur für eine Einzelperson, sondern auch für die Familie und für die Gesellschaft insgesamt. Gerade der letzte Punkt wird aber von der Politik gerne ignoriert, indem sie zusätzliche Leistungen verspricht, ohne auf die Kosten hinzuweisen, die den Begünstigten oder Dritten über Steuern und Abgaben auferlegt werden. In einem marktwirtschaftlichen System hat der einzelne Bürger hingegen nicht die Möglichkeit, anderen Bürgern die Kosten seines eigenen Konsums aufzubürden.

Gleichzeitig sorgt der Wettbewerb zwischen den Anbietern für eine effiziente Produktion. Der Wettbewerb ist das zentrale Element eines marktwirtschaftlichen Systems, mit dem der Ressourcenverbrauch und die Kosten gering gehalten werden und mit dem das Angebot an Gütern und Dienstleistungen an den Wünschen der Bürger ausgerichtet wird. Die große Bedeutung des Wettbewerbs im Gesundheitswesen wird daran deutlich, dass hier ein Ansatz gesehen wird, eine möglichst gute Versorgung mit Gesundheitsleistungen bei begrenzten Mitteln zu erreichen. Die Hauptaufgabe für den Staat besteht darin, Regeln für einen funktionsfähigen Wettbewerb zu setzen und deren Einhaltung zu kontrollieren.

II. Soziale Absicherung ist Sache des Staates

In einer demokratischen Gesellschaft verbunden mit einer Sozialen Marktwirtschaft wird grundsätzlich davon ausgegangen, dass jeder Bürger für den eigenen Lebensunterhalt und den seiner Familie verantwortlich ist. Zu den Selbstverständlichkeiten gehört auch, dass den Bürgern, denen dies aus eigener Kraft nicht gelingt, ein Mindestlebensstandard durch öffentliche Unterstützung gewährleistet wird.

Wichtig ist die Feststellung, dass es sich bei der Sicherung eines Mindestlebensstandards um eine öffentliche Hilfe handelt und nicht einzelne Gruppen gezwungen werden, unmittelbare soziale Leistungen zu erbringen. Den Anbietern von wirtschaftlichen Leistungen aus sozialpolitischen Gründen Höchstpreise, Mindestvergütungen oder Preisnachlässe vorzuschreiben, wie beispielsweise nicht kostendeckende Prämien für Versicherungsleistungen, ist aus ordnungspolitischer Sicht nicht zulässig. Es ist ein zentrales ordnungspolitisches Prinzip, dass die Preise in einem Marktsystem die Knappheit des jeweiligen Gutes anzeigen sollen. Staatlich verordnete Preise für privatwirtschaftliche Leistungen ziehen einen Rattenschwanz von Regelungen nach sich, um die schlimmsten Formen der Verschwendung und Angebotszurückhaltung (Unterversorgung) sowie Konflikte zwischen verschiedenen Gruppen (z. B. Belastung künftiger Generationen) zu vermeiden.

Auch im Gesundheitswesen kommt es darauf an, die soziale Absicherung und Umverteilung von der Leistungserbringung zu trennen. Nur dann werden alle Bürger in der gleichen wirtschaftlichen und sozialen Situation die gleiche Unterstützung erhalten und umgekehrt die leistungsfähigen Bürger nach den gleichen Maßstäben mit den Kosten der Umverteilung belastet. Nur dann können die wirtschaftlichen Leistungen an den Präferenzen der Bürger ausgerichtet und mit den geringsten Kosten erstellt werden.

III. Besonderheiten des Gesundheitsmarktes

Während die Zuständigkeit des Staates für die soziale Mindestsicherung unbestritten ist, gilt umgekehrt die Grundregel, dass er sich aus der Produktion von Gütern und Dienstleistungen heraushalten soll. Trotzdem stellt sich die Frage, ob die Märkte für Gesundheitsleistungen hinreichend funktionsfähig sind oder ob der Staat korrigierend eingreifen sollte. Da die Gesundheit als ein besonders wichtiges und empfindliches Gut angesehen wird, ist hier das Unbehagen groß, sich auf anonyme Marktkräfte zu verlassen.

Ist der einzelne Bürger bezüglich seiner Gesundheit überfordert, den Versicherungs- und Behandlungsbedarf einzuschätzen? Werden private Versicherungen sich darauf beschränken, Menschen mit geringen Gesundheitsrisiken zu versichern? Kann ein Versicherter sich darauf verlassen, dass seine Versicherung auch nach mehreren Jahrzehnten noch besteht und für die hohen Gesundheitskosten im Alter aufkommt? Versagt das Preissystem und damit letztlich das Marktsystem? Werden ausreichende Behandlungskapazitäten und Gesundheitsleistungen bereitgestellt? Diese und viele ähnliche Fragen können nur beantwortet werden, wenn man sich mit den Besonderheiten des Gesundheitssektors befasst.

1. Nachfrageentscheidung und Kostenverantwortung fallen auseinander

Im Gesundheitswesen zahlen die Bürger in der Regel nicht unmittelbar für die in Anspruch genommenen Leistungen, sondern sie zahlen Prämien bzw. Beiträge an eine Versicherung, die die Kosten für die versicherten Gesundheitsleistungen übernimmt. In einer echten Versicherung ist mit dem Abschluss des Versicherungsvertrages genau festgelegt, in welchen Fällen und in welchem Umfang der Versicherte Leistungen in Anspruch nehmen kann. Gleichzeitig wird bei einer klassischen Versicherung, wie beispielsweise bei einer Lebensversicherung, Hagel- und Ernteausfallversicherung oder Erdbebenversicherung, unterstellt, dass es sich um Zufallsrisiken handelt, der einzelne Versicherungsnehmer also keinen Einfluss auf den konkreten Eintritt und Umfang des Schadens hat.

Die Krankenversicherung ist im strengen Sinne keine klassische Versicherung, weil es sich nicht um zufällige, unbeeinflussbare Risiken handelt, die versichert werden. Selbstverständlich ist das Krankheitsrisiko nur sehr begrenzt beeinflussbar. Aber die Versicherten und die für sie handelnden Leistungsanbieter haben vielfältige Möglichkeiten, die Aufwendungen der Versicherung durch eigenes Verhalten zu beeinflussen. Die Versicherten und die Ärzte entscheiden mit über die Schadenshäufigkeit – beispielsweise die Häufigkeit der Arztbesuche – und den Schadensumfang bzw. die Kosten, die aufgewendet werden, um den Gesundheitsschaden zu beheben oder zu lindern. Der Versicherte muss die nachgefragten Leistungen nicht gegen andere Leistungen abwägen, da die Kosten von der Versicherung übernommen werden. Mit der Entscheidung für zusätzliche Leistungen übernimmt er also keine Kostenverantwortung. Er unterliegt der Nullkostenillusion.[1]

Wenn eine Versicherung abgeschlossen ist, werden die Versicherten versuchen, möglichst viele Leistungen – die sie nach ihrer Auffassung ja bereits bezahlt haben – in Anspruch zu nehmen, solange sie sich daraus noch einen zumindest geringen persönlichen Vorteil erhoffen (Moral-hazard-Problem). Die von einer Versicherung finanzierten Gesundheitsleistungen werden ausschließlich danach beurteilt, ob sie für den Versicherten einen marginalen positiven Nutzen haben. Welche Kosten mit einer Gesundheitsleistung verbunden sind, interessiert den Versicherten grundsätzlich nicht, da sie von der Gesamtheit der Versicherten getragen werden. Eine Abwägung, ob der Nutzen den Einsatz der Ressourcen, also die Kosten und damit den Verzicht auf andere Güter rechtfertigt, findet nicht statt. Es werden Leistungen nachgefragt, die man nicht nutzen würde, wenn man die Kosten unmittelbar und vollständig tragen müsste. Das Knappheitsproblem wird bei jeder Einzelentscheidung missachtet. Es besteht eine starke Tendenz, die Leistungen zu Lasten Dritter – zu Lasten der Solidargemeinschaft – auszuweiten und umgekehrt eigene Leistungen im Bereich der Vorsorge zu vernachlässigen (ex ante Moral hazard). Der Versicherte verhält sich verschwenderisch und wenig kostenbewusst im Vergleich zu dem Fall, in dem er nicht versichert wäre. Trotzdem muss die Versichertengemeinschaft die vollen Kosten tragen. Die Folge ist, dass die Prämien zu hoch ausfallen. Letztlich zahlen alle mehr als sie wollten.

Die Nullkostenillusion ist nicht spezifisch für die Krankenversicherung, sondern besteht in jeder Versicherung, in der die Versicherten Einfluss auf den Eintritt des Schadensfalls und die Höhe des Schadens (den Umfang der in Anspruch genommenen Leistungen) nehmen können. Das Problem lässt sich nicht vollständig lösen, aber insbesondere durch eine Begrenzung des Leistungskatalogs sowie Selbstbeteiligungs- und Bonusregelungen erheblich abmildern.

---

[1] Allerdings fallen beispielsweise Kosten in Form des zeitlichen Aufwands für den Arztbesuch an.

2. Nachfrage und Angebot liegen zu sehr in einer Hand

Angebot und Nachfrage nach ärztlichen Leistungen sind nicht klar voneinander getrennt. Der Arzt, der die Diagnose stellt, macht in der Regel auch einen Therapievorschlag, mit dem er gleichzeitig die von ihm zu erbringenden Leistungen bestimmt. Die Versicherung hat grundsätzlich die vom Arzt für erforderlich angesehene Behandlung zu bezahlen. Der Patient verfügt vielfach nicht über die nötigen Kenntnisse, um die Krankheit und die notwendige Behandlung zu beurteilen (asymmetrische Information).[2] Der *versicherte* Patient hat darüber hinaus kein großes Interesse, sich Informationen über eine kostengünstige Behandlung zu beschaffen. Budgetobergrenzen und ähnliche Maßnahmen zur Begrenzung der Kosten, wie sie in der gesetzlichen Krankenversicherung genutzt werden, sind systemwidrig, weil dies letztlich darauf hinausläuft, dass zugesagte Versicherungsleistungen nicht erbracht werden.

In einer solchen Konstellation sollte es nicht überraschen, wenn ein Arzt ein breites Leistungsspektrum anbietet und mehr Leistungen erbringt als unbedingt für eine erfolgreiche Behandlung erforderlich, insbesondere wenn er freie Kapazitäten hat. Der Arzt wird, ähnlich wie der Patient, bestrebt sein, alle Behandlungsmöglichkeiten auszuschöpfen, die zur Heilung des Patienten beitragen können. Er wird aber auch daran denken, seine Geräte und die Mitarbeiter der Praxis auszulasten. Die Situation ist vergleichbar mit dem Auftrag an einen Handwerker, sich ein Gebäude anzuschauen und alle Reparaturen und Modernisierungsmaßnahmen durchzuführen, die er für sinnvoll hält. Diesen Spielraum nutzen die Ärzte sehr unterschiedlich.

Eine intensive Behandlung steht nicht im Widerspruch zu den Interessen des jeweiligen Patienten, solange dieser zumindest einen geringen Nutzen davon hat. Die Versicherten nehmen ihre Funktion der Kostenkontrolle nicht hinreichend wahr, weil sie nicht unmittelbar mit den Kosten belastet werden. Den Anbietern von Gesundheitsleistungen steht also kein typischer Nachfrager gegenüber, der die Preise mit dem erwarteten Nutzen vergleicht und den kostengünstigsten Anbieter auswählt.

Es ist auch nicht ausgeschlossen, dass Leistungen erbracht werden, die nicht unbedingt dem Wohl des Patienten dienen. So wird immer wieder darauf hingewiesen, dass manche Operationen durchgeführt werden, die der behandelnde Arzt für die eigene Person oder für nahe Verwandte bei gleichem Gesundheitszustand (noch) nicht in Erwägung ziehen würde.

Eine zunehmende Arztdichte (Angebotssteigerung) hat in einem solchen System nicht die Wirkung, dass die Preise für ärztliche Leistungen sinken, sondern dass die Eigendynamik der Expansion medizinischer Leistungen verstärkt wird.

---

[2] Die Vertrauensgutproblematik und die Qualitätsunsicherheit bei medizinischen Dienstleistungen werden detailliert in Abschnitt E.V.2 behandelt.

Wenn mehr Anbieter nicht genug Patienten haben, werden sie versuchen, die Leistungen pro Patient auszuweiten. Der Wettbewerb um Patienten macht es noch schwerer, unangemessene Wünsche der Patienten zurückzudrängen.

Probleme durch asymmetrische Information auf Versicherungsmärkten

Adverse Selektion
Adverse Selektion kann entstehen, wenn Versicherungsnehmer vor Vertragsabschluss besser über ihr Krankheitskostenrisiko informiert sind als die Versicherungen. Das kann dazu führen, dass Menschen mit hohem Risiko sich umfassend versichern. Könnten Versicherungen die verschiedenen Risiken tatsächlich nicht unterscheiden, würden sie sich dadurch schützen, dass sie von allen hohe Prämien verlangen. Die Versicherungen können von Neuversicherten dann nur dem durchschnittlichen Risiko entsprechende Prämien verlangen. Dann kann es sein, dass Versicherte mit geringen Risiken diese Prämie als zu hoch empfinden und die Versicherung verlassen. Damit steigt das durchschnittliche Risiko und die Versicherten mit dem dann relativ geringeren Risiko könnten die Versicherung verlassen usw. Im Extremfall bricht der gesamte Versicherungsmarkt zusammen.

Adverse Selektion hat keine große Bedeutung, weil die Versicherungsunternehmen aufgrund von medizinischen Untersuchungen, Krankenakten und Erfahrungswerten in aller Regel ebenso gute Informationen über das Krankheitsrisiko eines Versicherten haben wie der Versicherte selbst. Allerdings kann das Problem wieder virulent werden, wenn Krankenversicherer keine aus Gentests gewonnenen Informationen verwenden dürfen und gleichzeitig die Kosten für derartige Untersuchungen so weit sinken, dass sie für die Versicherten lohnend werden.

Von der adversen Selektion unterschieden wird die Risikoselektion, bei der die Versicherung die Risikounterschiede zwischen den Versicherten kennt, die Prämien aber nicht entsprechend differenzieren darf.

Moral hazard
Von Moral hazard wird gesprochen, wenn die Versicherung im Gegensatz zum Versicherten bei bestehenden Verträgen nicht weiß (oder nicht zu vertretbaren Kosten feststellen kann), ob der Schadenseintritt hätte verhindert oder die Schadenshöhe reduziert werden können. Vereinfacht ausgedrückt: Versicherte haben keine hinreichenden Anreize, den Eintritt eines Versicherungsschadens zu verhindern (ex ante Moral hazard) oder den Umfang des Schadens zu begrenzen (ex post Moral hazard), weil sie die Kosten nicht unmittelbar tragen müssen. Ex ante Moral hazard konnte bisher allerdings empirisch nicht nachgewiesen werden. Ex post Moral hazard hat sich dagegen in der Krankenversicherung als empirisch relevant erwiesen. Versicherte nehmen im Krankheitsfall mehr und bessere Leistungen in Anspruch als wenn sie die vollen Kosten für diese Leistungen selbst tragen müssten.

3. Risikoselektion

Risikoselektion kann nur auftreten, wenn keine risikoäquivalenten Prämien erhoben werden dürfen. Werden beispielsweise Einheitsprämien unabhängig vom Krankheitsrisiko erhoben, wird jede Versicherung versuchen, Versicherte mit einem geringen Krankheitsrisiko (gute Risiken) zu halten oder anzuwerben und sich von Versicherten mit hohem Krankheitsrisiko (schlechte Risiken) zu trennen. Das gilt in ähnlicher Form, wenn lohnbezogene Beiträge erhoben werden. In diesem Fall werden die Versicherungen sich um Versicherte bemühen, deren Beiträge oberhalb einer risikoäquivalenten Prämie liegen (gute Risiken); sie werden umgekehrt Versicherte meiden, deren Beiträge unterhalb einer risikoäquivalenten Prämie liegen (schlechte Risiken).

Gutes Risiko
Der Barwert der erwarteten Beitragseinnahmen bzw. Prämien ist höher als der Barwert der erwarteten Gesundheitsaufwendungen.

Schlechtes Risiko
Der Barwert der erwarteten Beitragseinnahmen bzw. Prämien ist geringer als der Barwert der erwarteten Gesundheitsaufwendungen.

Risikoäquivalente Prämie
Der Barwert der erwarteten Prämien entspricht dem Barwert der erwarteten Gesundheitsaufwendungen.

Risikoselektion ist die Folge staatlicher Eingriffe in die Vertragsgestaltung, beispielsweise der Vorgabe einer Einheitsprämie, also eines Verbots, die Prämien nach dem Risiko zu differenzieren, oder durch die Vorgabe anderer Formen der Prämien, die ebenfalls nicht die Risiken widerspiegeln können.

Von einer risikoäquivalenten Prämie kann immer nur zum Zeitpunkt des Abschlusses einer Versicherung gesprochen werden. Auch wenn bei Vertragsabschluss eine risikoäquivalente Prämie vereinbart wird, kann sich im Zeitverlauf herausstellen, dass die Krankheitsrisiken unterschätzt oder überschätzt worden sind, das heißt ein Teil der Versicherten wird zum schlechten Risiko, ein anderer Teil zum guten Risiko. Es ist ja gerade der Zweck der Versicherung, den Versicherten vor unerwarteten hohen Gesundheitsaufwendungen zu schützen. Dazu gehört, dass die Versicherten, die sich später als gute Risiken erweisen, mehr einzahlen als sie verbrauchen. Sie zahlen für die schlechten Risiken. Zum Zeitpunkt des Abschlusses einer Versicherung gibt es jedoch grundsätzlich keine guten und schlechten Risiken. Selbstverständlich gibt es bei einem Vertragsabschluss auch schon Personen mit hohen und niedrigen Risiken. Diese zahlen aber entsprechend dem zu diesem Zeitpunkt erkennbaren individuellen Risiko eine hohe bzw. niedrige Prämie, so dass es für den Versicherer gleichgültig ist, mit welchen Personen er Verträge schließt. Beide Gruppen sind willkommene Kunden.

Da die Versicherungen das Krankheitsrisiko und die erforderlichen Behandlungskosten unterschiedlich einschätzen können, müssen die geforderten risikoäquivalenten Prämien der Versicherungen nicht übereinstimmen.

4. Weitere mögliche Marktstörungen

Wie auf anderen Märkten ist auch im Gesundheitssektor damit zu rechnen, dass *Marktmacht* entstehen kann, dass also Leistungsanbieter sich zusammenschließen, Kartelle bilden oder andere Anbieter verdrängen, um Einfluss auf den Preis nehmen zu können. Beispiele dafür sind das Einkaufskartell der Allgemeinen Ortskrankenkassen, in dem sich die Ortskrankenkassen aller 16 Bundesländer zusammengeschlossen haben, um Rabatte bei Arzneimitteln aushandeln zu können, und die Zulassungsbeschränkungen für Ärzte. Häufig wird zudem vermutet, dass die Arzneimittelhersteller und -vertreiber den Wettbewerb beschränken. Davon zu unterscheiden sind allerdings die hohen Preise in der Phase, in der ein Medikament dem Patentschutz unterliegt.

Wettbewerbsbeschränkungen verringern das Leistungsangebot, erhöhen die Preise und beeinträchtigen die Effizienz, weil sich die Anbieter gegen den potentiellen Wettbewerb abschotten. Sie stellen allerdings kein spezifisches Problem im Gesundheitssektor dar. Somit ist es hier wie in anderen Sektoren Aufgabe der Kartellbehörden und des Staates, für einen funktionierenden Wettbewerb zu sorgen und Verstöße gegen die Wettbewerbsordnung zu unterbinden. Ein schwieriges spezifisches Problem im Arzneimittelbereich ist dagegen die Abwägung zwischen einem ungehinderten Wettbewerb und dem Patentschutz. Die Arzneimittelhersteller brauchen den Patentschutz, um die hohen Kosten der Forschung tragen zu können. Die Patienten haben ein großes Interesse, dass neue Arzneimittel möglichst schnell generell verfügbar werden. Das ist vor allem ein Problem für Entwicklungsländer.

Ein weiterer Grund für staatliche Korrekturen im Gesundheitswesen könnte in der Minderschätzung künftiger Bedürfnisse bzw. der Vorliebe für den Gegenwartskonsum liegen. Prinzipiell ist zwar von der Eigenverantwortung der Bürger auszugehen. Aber im Gesundheitswesen kann es eine systematische Verzerrung geben, die darin besteht, dass junge Menschen leichtfertig vom aktuellen Gesundheitszustand und nicht von möglichen ungünstigen Verläufen in der Zukunft ausgehen und dass sie sich der außerordentlichen Bedeutung der Gesundheitsvorsorge und einer hinreichenden finanziellen Absicherung der hohen Gesundheitsrisiken im Alter noch nicht bewusst sind. Unter diesen Bedingungen würden sie einige ihrer früheren Entscheidungen im Alter mit großer Wahrscheinlichkeit bedauern.

Sicherlich ist es hauptsächlich die Aufgabe der Eltern, ihren Kindern die Folgen von Entscheidungen klarzumachen, ihnen entsprechende Informationen und Anschauung zu verschaffen und sie anzuhalten, über den gesamten Lebenszyklus zu denken. Aber auch der Staat könnte hier ergänzend tätig werden. Dahinter steht die Vorstellung, dass die Eltern und der Staat besser beurteilen können, was dem Interesse eines Menschen dient, als der Betroffene selbst (*meritorische Komponente*). Nach dieser Vorstellung würde der Betroffene der Beeinflussung seiner

Entscheidung im Nachhinein voll zustimmen. Dies mag in Einzelfällen zutreffen. Insbesondere bei Maßnahmen des Staates ist jedoch Vorsicht geboten. Die Präferenzen der Bürger sind sehr unterschiedlich und bei einer zentralen Vorgabe ist die Gefahr groß, dass sie die Bedürfnisse der Bürger nicht trifft. Hinzu kommt, dass der Staat aufgrund fehlender Kostenverantwortung keinen Anreiz hat, Vorgaben auf ein Mindestmaß zu beschränken.

Von diesem Fall des meritorischen Gutes ist der Fall zu unterscheiden, in dem ein Bürger auf eine hinreichende Absicherung gegen die finanziellen Folgen der Gesundheitsrisiken im Alter verzichtet, weil der Staat jedem Bürger einen Mindestlebensstandard garantiert und weil der Bürger sich darauf verlässt, dass der Staat ihn letztlich doch unterstützt, wenn es ganz schlimm kommt *(Freifahrerverhalten)*. Für Bürger und Familien, die sich zwar selbst gegen hohe Gesundheitsaufwendungen im Alter absichern könnten, die aber durch entsprechende Prämien oder Beiträge mit dem verfügbaren Einkommen in die Nähe des Existenzminimums kommen, kann es durchaus rational sein, auf eine Absicherung zu verzichten. Sie können die eingesparten Mittel für den allgemeinen Konsum verwenden. Im Krankheitsfall mögen sie dann nicht in der Lage sein, die Behandlungskosten zu tragen, aber aufgrund der staatlichen Mindestsicherung würde der Lebensstandard nicht wesentlich geringer sein als in der Vergleichssituation, in der sie eine Versicherung abgeschlossen hätten.

In beiden Fällen – Gesundheit als meritorisches Gut und Einkommen in der Nähe des Existenzminimums – ist zu erwägen, ob der Staat sich auf die Bereitstellung von Informationen und auf Appelle an die eigene Verantwortung beschränkt oder ob er finanzielle Anreize setzt bzw. die Bürger verpflichtet, bestimmte Risiken zu versichern. Dabei ist vor allem an das Risiko überdurchschnittlicher Gesundheitsaufwendungen und die Vorsorge zu denken. Bei der Frage, ob der Staat die wahren Bedürfnisse der Bürger besser kennt als diese selbst und inwieweit er die Entscheidungen der Bürger beeinflussen oder vorwegnehmen sollte, ist allerdings Vorsicht geboten. Der Staat nimmt gerne solche Aufgaben an, und in der Bevölkerung finden sich immer einzelne Gruppen, die sich von diesen Interventionen Vorteile versprechen.

Der Staat kann außerdem gefordert sein, wenn ansteckende Krankheiten auftreten. Der einzelne Bürger trifft die Entscheidung, sich behandeln zu lassen oder solchen Krankheiten durch Schutzimpfungen vorzubeugen, aus seiner persönlichen Situation heraus. Er wägt nur seine Vorteile gegen die finanziellen Kosten und die sonstigen Kosten wie beispielsweise den Zeitaufwand ab. Er berücksichtigt nicht oder nicht ausreichend die möglichen Wirkungen auf Dritte *(externe Effekte)*. Deshalb ist zu befürchten, dass zu wenig und zu unsystematisch von Schutzimpfungen Gebrauch gemacht wird, deren Wirkungen davon abhängen, dass sich möglichst viele Menschen daran beteiligen. Das kann ein Grund sein, eine Schutzimpfung aus öffentlichen Mitteln zu finanzieren, also auf Kosten der Steuerzahler anzubieten, oder gegebenenfalls auch verpflichtend zu machen.

Im Gesundheitssektor muss auch in Zukunft mit *real steigenden Preisen* gerechnet werden, weil der medizinisch-technische Fortschritt neue teure Behandlungsmethoden ermöglicht und weil die Leistungen sehr personalintensiv sind. Diese Gründe lassen sich durch staatliche Interventionen nicht beseitigen. Trotzdem wird dies vielfach zum Anlass genommen, nach staatlichen Regelungen und Zahlungen aus öffentlichen Haushalten zu rufen, zumindest nach einem Ausgleich für einkommensschwache Haushalte.

Eingriffe in das Preisgefüge wie Höchstpreise für Arzneimittel, Höchstentgelte für ärztliche Leistungen und für Pflegeleistungen usw. sind sehr problematisch, weil sie in der Regel die Probleme nicht verringern, sondern verschärfen, indem sie das Angebot verringern und teure Umgehungspraktiken auslösen. Deshalb bleibt hier im Kern nur die Möglichkeit, für Wettbewerb zu sorgen, so dass keine Marktmacht entsteht und ein Höchstmaß an Effizienz erreicht wird.

Steigende reale Kosten treffen alle Haushalte und führen in der Regel zu einer präferenzgerechten Änderung der Konsumstruktur. Sie können aber zum Problem werden, wenn sie in lebenswichtigen Bereichen wie bei Grundnahrungsmitteln, Wohnungen und Gesundheitsleistungen auftreten und sehr kräftig ausfallen. Bestimmte Bevölkerungsschichten, insbesondere die ärmeren, werden möglicherweise gezwungen, ihren Konsum in den genannten Bereichen erheblich einzuschränken, wenn sie keine Einkommenszuwächse haben. In extremen Fällen mögen dann Einkommenshilfen angezeigt sein, auf keinen Fall aber die volle Übernahme der Preissteigerungen oder die unmittelbare Bereitstellung der Güter durch den Staat, weil damit die Knappheit der Güter für den entsprechenden Personenkreis nicht mehr angezeigt würde. Entscheidend ist zudem, dass eine Bedürftigkeitsprüfung stattfindet und nur die Bürger unterstützt werden, deren eigene Mittel nicht zur Finanzierung des soziokulturellen Existenzminimums ausreichen.

Der Anteil der Gesundheitsausgaben an den Gesamtausgaben der Haushalte kann auch dadurch zunehmen, dass mit zunehmendem Einkommen ein überproportionaler Teil für Gesundheitsleistungen aufgewendet wird. Das ist für sich genommen keine beklagenswerte Entwicklung, sondern im Gegenteil ein begrüßenswerter Vorgang.

C. Analyse des Status quo im deutschen Gesundheitswesen

Das deutsche Gesundheitswesen ist durch zwei sehr unterschiedliche Systeme gekennzeichnet. Rund 90 Prozent der Bürger sind in der gesetzlichen Krankenversicherung versichert, die übrigen zehn Prozent in der privaten Krankenversicherung. Die Anzahl der Nichtversicherten ist quantitativ vernachlässigbar. Mit dem so genannten GKV-Wettbewerbsstärkungsgesetz von 2007 wurde eine allgemeine Versicherungspflicht eingeführt. Für zuletzt gesetzlich Versicherte ist die Versicherungspflicht am 1. April 2007 in Kraft getreten, für zuletzt privat Versicherte wird eine Versicherung ab dem 1. Januar 2009 verpflichtend.

In der Übergangsphase verzichten die privaten Versicherungen auf Risikozuschläge und Wartezeiten, wenn die früheren Versicherten in den Standardtarif eintreten.

Das macht die Übergangsfrist bis 2009 äußerst problematisch: Es ist rational, mit dem Wiedereintritt in die Versicherung bis zu einer Erkrankung zu warten, um dann die Behandlungskosten zu sparen. Bis dahin werden Prämienzahlungen gespart. Dementsprechend haben bislang nur wenige tausend – und vorwiegend kranke – zuvor privat versicherte Patienten vom Rückkehrrecht Gebrauch gemacht. Da keine Risikozuschläge verlangt werden, sind die Leidtragenden die regulär Versicherten. Sie müssen die späteren, nicht durch Beiträge der Rückkehrer gedeckten Therapiekosten mitfinanzieren.

In die gesetzlichen Krankenkassen sind seit April 2007 insgesamt 70.000 Menschen zurückgekehrt, hinzu kommen knapp 30.000 mitversicherte Familienangehörige. Die Zahl der Nichtversicherten war vor der Reform auf 210.000 (Statistisches Bundesamt) bis 300.000 (Bundesgesundheitsministerium) geschätzt worden. Auch unter den zuvor gesetzlich Versicherten scheinen also viele die Rückkehr – gesetzeswidrig – hinauszuzögern.[1]

---

[1] Vgl. auch Pressemitteilung des Bundesministeriums für Gesundheit vom 13. Februar 2008.

I. Die gesetzliche Krankenversicherung

Die wichtigsten Merkmale der gesetzlichen Krankenversicherung in Stichpunkten:
- Umlageverfahren, keine Altersrückstellungen
- Pflichtversicherung für abhängig Beschäftigte
- lohnbezogene Beiträge (Umverteilung)
- paritätische Finanzierung durch Arbeitnehmer und Arbeitgeber
- Zuschuss aus dem Bundeshaushalt
- unentgeltliche Mitversicherung von Familienangehörigen ohne eigenes Einkommen
- Ärzte brauchen eine Kassenzulassung
- grundsätzlich Sachleistungsprinzip, aber Kostenerstattung möglich
- Kontrahierungszwang
- Risikostrukturausgleich auf der Einnahmeseite (dieser entfällt allerdings mit Einführung des Gesundheitsfonds in 2009) und auf der Ausgabenseite

1. Lohnbezogene Beiträge: Steuer auf abhängige Beschäftigung

In der gesetzlichen Krankenversicherung sollen die Arbeitgeber und Arbeitnehmer grundsätzlich jeweils die Hälfte der Beiträge finanzieren. Alle Bemühungen, den Beitrag von den Löhnen zu lösen, sind bislang mit einer marginalen Ausnahme gescheitert: Im Jahre 2005 gab es Bestrebungen, den Zahnersatz und das Krankengeld als Leistung der gesetzlichen Krankenversicherung zu streichen und es den Versicherten zu überlassen, ob sie diese Leistungen privat versichern. Am Schluss der politischen Auseinandersetzungen wurden diese Leistungen zwar aus der paritätischen Finanzierung herausgenommen und die geltenden Beitragssätze um 0,9 Prozentpunkte verringert. Aber es blieb bei einer Pflichtversicherung der genannten Leistungen in der gesetzlichen Krankenversicherung mit einem zusätzlichen Beitrag von 0,9 Prozent des versicherungspflichtigen Lohns, der ausschließlich von den Versicherten getragen werden muss.

Die hälftige Finanzierung durch Arbeitgeber und Arbeitnehmer bedeutet nicht, dass sich beide Seiten die Kosten der Versicherung teilen. Der Arbeitgeber wird nicht bereit sein, einen Lohn zu zahlen, der über den Wert des Grenzprodukts der Arbeit bzw. über den Marktlohn hinausgeht. Wenn er verpflichtet wird, einen Teil des Versicherungsbeitrags zu entrichten, wird er den Lohn bzw. mittelfristig geplante Lohnerhöhungen entsprechend kürzen oder letztlich darauf verzichten, Arbeitnehmer zu beschäftigen. Für ihn ist es gleichgültig, ob die Lohnkosten in der Form von Versicherungsbeiträgen oder als Zahlung an den Arbeitnehmer zu entrichten sind.

Die paritätische Finanzierung führt zu unnötigem Streit. Werden die Beitragssätze während der Laufzeit eines Tarifvertrages erhöht, müssen die Arbeitgeber unmittelbar höhere Lohnkosten hinnehmen. Sie können versuchen, diese Kostensteigerung in der nächsten Lohnrunde auszugleichen. Wenn das nicht gelingt, können sie nur noch reagieren, indem sie keine Arbeitnehmer einstellen, deren Wertgrenzprodukt unterhalb des auszuzahlenden Lohnes und der Sozialabgaben liegt. Und sie können versuchen, zu teuer gewordene Arbeitnehmer zu entlassen.

Die Arbeitnehmer geben sich der Illusion hin, sie würden nur die Hälfte der Versicherungsbeiträge zahlen. Sie unterschätzen die Kosten des Gesundheitssystems und votieren tendenziell für höhere Leistungen. Gleichzeitig beklagen sie den geringen Zuwachs oder die Stagnation der ausgezahlten Löhne. Diese Informationsverzerrung führt zu unnötigen Spannungen in der Gesellschaft und insbesondere zwischen Arbeitnehmern und Arbeitgebern.

Unmittelbar sichtbar werden die Spannungen aufgrund der unterschiedlichen Beiträge der einzelnen Krankenversicherungen. Da es kaum möglich ist, die ausgezahlten Löhne nach der Höhe des Versicherungsbeitrages der einzelnen Versicherten zu differenzieren, zahlt der Arbeitgeber tatsächlich mehr für Versicherte mit hohem Beitragssatz als für Versicherte mit geringem Beitragssatz. Wenn höhere Beiträge mit höheren Versicherungsleistungen verbunden sind und sich Versicherungsleistungen und unmittelbarer Beitragssatz des Arbeitnehmers nicht entsprechen, hat der Versicherte einen Anreiz, sich einer teuren Versicherung anzuschließen und bessere Leistungen zu beziehen – soweit der Arbeitgeber die höheren Kosten nicht unmittelbar wieder einfordert. Mit dem für 2009 geplanten Gesundheitsfonds soll diese mögliche Differenzierung auf der Arbeitgeberseite entfallen. Dann sollen alle Arbeitgeber und Arbeitnehmer den gleichen Beitrag zahlen. Kommt eine Versicherung damit nicht aus, kann sie sich die zusätzlichen Mittel ausschließlich beim Versicherten beschaffen. Umgekehrt können Überschüsse als Bonus an die Versicherten zurückgegeben werden.

Ein gesamtwirtschaftlich wichtiger Einwand gegen die Erhebung eines proportionalen Beitrags vom Lohneinkommen richtet sich gegen die negativen Arbeitsanreize – genauer gegen die Regelung, dass der Versicherungsbeitrag steigt, wenn die Arbeitszeit in der abhängigen Beschäftigung ausgeweitet und in dieser Beschäftigungsform mehr verdient wird. Das ist gemeint, wenn von einer proportionalen Steuer auf abhängige Beschäftigung gesprochen wird: Die Beiträge zur gesetzlichen Krankenversicherung verringern den zusätzlich erzielbaren Nettolohn und verstärken damit die negativen Anreize der übrigen Steuern und steuerähnlichen Belastungen des Lohnes. Die Wirkung entspricht einer Steuer, weil den erhöhten Beiträgen keine erhöhte Versicherungsleistung gegenübersteht. Eine solche Steuer dämpft also die Bereitschaft, sich betriebsspezifisches Wissen anzueignen und generell in Humankapital zu investieren, das die Verdienstchancen in abhängiger Beschäftigung verbessert. Umgekehrt stärkt eine solche Steuer die Verlagerung der Anstrengungen in Richtung Schwarzarbeit und selbstständige Tätigkeit.

2. Risikoselektion und Risikostrukturausgleich[2]

Die Abhängigkeit der Prämien vom Lohneinkommen statt vom individuellen Krankheitsrisiko führt dazu, dass die einzelnen Versicherten für die Versicherer unterschiedlich attraktiv sind. Deshalb versuchen die Versicherungen, junge Versicherte mit wenig Vorerkrankungen und/oder einem hohen Lohneinkommen zu gewinnen, da der Barwert der erwarteten Einnahmen den Barwert der erwarteten Ausgaben für diese Versicherten übersteigt. Umgekehrt versuchen sie, ältere, kranke und gering verdienende Versicherte zu meiden. Es kommt zur Risikoselektion.

Der Kontrahierungszwang soll die Risikoselektion verhindern. Er zwingt die gesetzlichen Krankenversicherungen, auch solche Versicherten aufzunehmen, deren erwartete Gesundheitsaufwendungen höher sind als die erwarteten lohnabhängigen Beiträge. Sie können also schlechte Risiken nicht abweisen oder risikoäquivalente Aufschläge verlangen.

Zwar erschwert der Kontrahierungszwang die Risikoselektion. Aber Versicherer werden weiterhin versuchen, zu selektieren. Sie können ihre Werbung und Tarifangebote gezielt auf junge, gesunde und sportlich aktive Menschen ausrichten, etwa durch internetbasierte Angebote, gezielt ausgestaltete Zusatzversicherungen und die Kopplung der Krankenversicherungstarife mit Fitness-Angeboten. Die Risikoselektion setzt einen Prozess in Gang, der sich selbst antreibt. Verliert eine Versicherung in größerer Anzahl gute Risiken, muss sie früher oder später den Beitragssatz erhöhen. Das aber heißt, der Anreiz für die noch verbliebenen guten Risiken verschärft sich, diese Versicherung auch noch zu verlassen.

Sollen der Wechsel und der Wettbewerb zwischen den gesetzlichen Krankenversicherungen möglich sein, muss die Risikoselektion möglichst vermieden werden. Dazu müssten die Beiträge an den übernommenen Risiken und den damit verbundenen Aufwendungen der Versicherungen ausgerichtet werden. Seit dem Jahr 1996 können die Versicherten sowohl beim Neueintritt als auch später frei zwischen den gesetzlichen Krankenversicherungen wählen. Schon im Jahr 1994 wurde der Risikostrukturausgleich eingeführt. Durch den Risikostrukturausgleich sollen auf der Einnahmeseite die Versicherungen zusätzliche Mittel bekommen, die überdurchschnittlich viele Versicherte mit geringen oder gar keinen Beiträgen haben, weil ihr Lohneinkommen gering ist oder weil sie unentgeltlich mitversichert sind (Finanzkraftausgleich). Auf der Ausgabenseite sollen die gesetzlichen Krankenversicherungen entlastet werden, die überdurchschnittlich viele Versicherte mit hohen Gesundheitsaufwendungen haben (Beitragsbedarfsausgleich).

Der Ausgleich auf der Ausgabenseite funktioniert im Prinzip wie folgt: Zunächst werden Versichertenklassen nach bestimmten Kriterien gebildet, beispiels-

---

[2] Vgl. auch Jankowski/Zimmermann (2004) und Jankowski (2006), Kapitel 4.

weise 35-jährige Frauen ohne Erwerbsminderung. Anschließend werden die Durchschnittskosten für diese Klasse über alle Versicherungen ermittelt. Den nächsten Schritt des Ausgleichsverfahrens kann man sich so vorstellen, dass alle Krankenkassen ihre gesamten Einnahmen in einen virtuellen Topf einzahlen. Aus diesem Topf erhalten die Kassen dann für jeden Versicherten, der einer bestimmten Klasse angehört, die zuvor ermittelten Durchschnittskosten dieser Klasse. Im Saldo bekommen die Krankenkassen, bei denen relativ viele Versicherte den Klassen mit hohen Durchschnittskosten angehören, Mittel aus dem Risikostrukturausgleich zugewiesen. Kassen mit relativ vielen Versicherten in Klassen mit eher geringen Durchschnittskosten müssen Nettozahlungen für den Risikostrukturausgleich leisten.

Theoretisch kann sich so ein Ausgleich der Strukturunterschiede zwischen den einzelnen Krankenkassen bei den berücksichtigten Merkmalen ergeben. Grundsätzlich bestehen weiterhin Anreize zur Kostensenkung, da die Durchschnittskosten aller Versicherungen und nicht die Ist-Kosten der jeweiligen Versicherung für den Ausgleich berücksichtigt werden.

Bis zum Jahr 2001 wurden in der gesetzlichen Krankenversicherung im Beitragsbedarfsausgleich nur die Merkmale Alter, Geschlecht, Erwerbsminderungsstatus und Art der Anspruchsberechtigung auf Krankengeld berücksichtigt. Diese Form des Risikostrukturausgleichs erlaubt nur einen sehr unvollständigen Ausgleich der Risikostrukturunterschiede, nach wie vor ist Risikoselektion möglich und lohnend. Es bestehen keine Anreize, für eine besonders gute Versorgung teurer Patienten (beispielsweise Chroniker) zu sorgen, da sonst solche Versicherte angezogen würden, mit denen eine Krankenkasse negative Deckungsbeiträge realisiert.

Seit 2002 werden im Risikostrukturausgleich außerdem so genannte Strukturierte Behandlungsprogramme (Disease Management Programme) berücksichtigt. Versicherte mit bestimmten Erkrankungen können in vom Bundesversicherungsamt zugelassene Programme eingeschrieben werden, die evidenzbasierte Untersuchungen und Behandlungen vorschreiben und eine bessere Versorgung und Tertiärprävention[3] ermöglichen sollen. Die Krankenkassen können für die eingeschriebenen Versicherten höhere standardisierte Leistungsausgaben im Risikostrukturausgleich geltend machen. Auch hierbei ergeben sich aber Probleme: Der Wettbewerb der Versicherungen um die besten Präventions- und Behandlungsprogramme wird ausgeschaltet, da die Zahlungen aus dem Risikostrukturausgleich verringert werden, wenn solche Programme erfolgreich sind. Der Anreiz, in entsprechende Programme zu investieren, wird stark verringert. Innovationen werden verzögert, für viele Erkrankungen existieren keine Disease-Management-Programme und häufig werden Versicherte in die Programme einge-

---

[3] Unter Tertiärprävention versteht man Maßnahmen, die Rückfälle und Folgeschäden bereits eingetretener Erkrankungen verhindern oder abmildern.

schrieben, bei denen das Verhältnis zwischen Kosten und Nutzen ungünstig ist, nur damit die Krankenkasse höhere Zahlungen aus dem Risikostrukturausgleich erhält.

Seit 2003 existiert außerdem ein Hochrisikopool. Für Patienten mit jährlichen Kosten von über 20.500 Euro werden 60 Prozent der Kosten über alle Versicherungen sozialisiert. Durch den Pool ergeben sich stark verringerte Effizienzanreize bei den Kassen. Außerdem gibt es keine messbaren Auswirkungen des Pools auf die Beitragssatzunterschiede zwischen den einzelnen Krankenkassen.

Der morbiditätsorientierte Risikostrukturausgleich

Im Jahr 2009 soll ein so genannter morbiditätsorientierter Risikostrukturausgleich in der gesetzlichen Krankenversicherung eingeführt werden. Morbiditätsorientierung bedeutet, dass der Gesundheitszustand der Versicherten direkt erfasst und im Risikostrukturausgleich berücksichtigt wird, beispielsweise über Diagnosen, Indikationen oder medizinische Leistungen, an Stelle einer nur indirekten Berücksichtigung der Morbidität durch Kriterien wie das Lebensalter des Versicherten. In der gesetzlichen Krankenversicherung sollen zusätzlich zu den bisherigen Ausgleichskriterien dann bis zu 80 genau spezifizierte Krankheiten berücksichtigt werden. Dies soll ineffiziente Risikoselektionsaktivitäten vermeiden helfen und die aus unterschiedlichen Risikostrukturen resultierenden Wettbewerbsverzerrungen zwischen den Kassen ausgleichen. Außerdem erhofft man sich Anreize für eine gute Versorgung chronisch Kranker.

Auch ein morbiditätsorientierter Risikostrukturausgleich ist aber mit zahlreichen Problemen behaftet:

– In allen bekannten Ausgleichsverfahren gelingt trotz der Berücksichtigung von Morbiditätskriterien immer nur ein sehr unvollständiger Ausgleich der Risikostruktur. Daher ist die Gefahr groß, dass trotz eines morbiditätsorientierten Risikostrukturausgleichs noch erhebliche Anreize zur Risikoselektion verbleiben.

– In diesem Zusammenhang bestehen auch Zielkonflikte zwischen der Verhinderung von Risikoselektion durch feinere Klassenbildung und dem dadurch entstehenden bürokratischen Aufwand. Die Abwägung zwischen den Kosten zusätzlicher Informationsgewinnung und der Gefahr eines unvollständigen Ausgleichs wird aber (anders als im System mit übertragbaren risikoäquivalenten Altersrückstellungen) nicht über den Markt getroffen, sondern administrativ. Daher ist die Wahrscheinlichkeit groß, dass es zu keinem optimalen Ausgleichsniveau kommt.

– Überdies ist zu bedenken, dass die Risikostruktur einer Krankenversicherung beispielsweise durch Prävention und Rehabilitation von der Versicherung selbst beeinflusst werden kann. Betreibt eine Versicherung in einem System mit morbiditätsorientiertem Risikostrukturausgleich erfolgreich kostensenkende

Prävention, verbessert sie ihre Risikostruktur und erhält somit in Zukunft geringere Zahlungen aus dem Risikostrukturausgleich. Die Erträge aus der Verringerung von Krankheitsrisiken werden sozialisiert und auf alle Versicherungen verteilt, die Präventionskosten muss die einzelne Versicherung aber alleine tragen. Versicherungen, die keine Prävention betreiben, erhalten in Zukunft höhere Zahlungen aus dem Risikostrukturausgleich. Es handelt sich um ein klassisches Gefangenendilemma. Der morbiditätsorientierte Risikostrukturausgleich ist mithin präventionsfeindlich und rehabilitationsfeindlich. Häufig wird allerdings bezweifelt, dass es viele Möglichkeiten zu kostensenkender Prävention gibt.

– Bei der Bildung sehr kleiner Risikoklassen können Anreize zur Kostenerhöhung entstehen, wenn die Versicherten einer Klasse nur auf eine oder wenige Versicherungen verteilt sind, da diese Versicherung(en) wesentlichen Einfluss auf die für den Ausgleich angesetzten Durchschnittskosten ausüben können.

– Ferner besteht die Gefahr des Coding-up (Einordnen von Versicherten in höhere Risikoklassen als eigentlich angemessen, um höhere Zahlungen aus dem Risikostrukturausgleich zu erhalten). Möglichkeiten zum Coding-up ergeben sich dadurch, dass die für den Risikostrukturausgleich zuständige zentrale Stelle auf Informationen der einzelnen Versicherungen bzw. in Managed Care-Modellen der bei der Versicherung unter Vertrag stehenden Leistungserbringer angewiesen ist. Die einzelne Versicherung hat ein Interesse daran, ihre eigenen Versicherten krank und teuer darzustellen. Auch kann es zu einem gemeinsamen Manipulationsinteresse von Versicherungen und Leistungserbringern kommen, beispielsweise wenn die Leistungserbringer morbiditätsorientiert vergütet werden. In diesem Fall würde beispielsweise ein Krankenhaus durch eine schwerere Codierung eine höhere Vergütung erhalten und die Krankenkasse gleichzeitig möglicherweise höhere Ausgleichszahlungen aus dem Risikostrukturausgleich. Die dabei für die Kasse entstehenden zusätzlichen Krankenhauskosten werden unter Umständen sogar überkompensiert, wenn die Ausgleichszahlungen aus dem Risikostrukturausgleich für die höhere Klasse auch entsprechende weitere Krankenhausaufenthalte, Nachbehandlungen oder Rehabilitationsmaßnahmen enthalten, die bei einem an sich weniger schwer kranken Versicherten in geringerem Maße zu erwarten sind.[4] Ähnliche wirtschaftliche Auswirkungen wie bei zu

---

[4] Allerdings sind diese Fehlanreize in einem prospektiven Ausgleichsverfahren vermindert. In dem prospektiven Verfahren werden die Versicherten aufgrund der Krankheitsdiagnosen des Vorjahres eingruppiert. Als Leistungsausgaben werden aber nur die Kosten berücksichtigt, die Personen mit der betreffenden Krankenhausdiagnose aus dem Vorjahr dann im laufenden Ausgleichsjahr verursachen. Verzeichnen die meisten Versicherten einer Klasse keine stark erhöhten Kosten im Folgejahr, fallen die durch das Coding-up für die Krankenkasse zusätzlich anfallenden Krankenhauskosten wahrscheinlich höher aus als die zusätzlichen Zuweisungen aus dem Risikostrukturausgleich. Sind dagegen die Durchschnittskosten im Folgejahr bei der schwerwiegenderen Codierung so viel höher als bei der weniger schwerwiegenden Codierung, dass die zusätzlichen Krankenhauskosten überkompensiert werden, ergeben sich durch ein Coding-up auch in einem prospektiven Verfahren unmittelbare finanzielle Vorteile für eine Versicherung.

schwerwiegenden Codierungen ergeben sich bei unnötigen Krankenhauseinweisungen. Selbst wenn die Krankenkasse sich nicht aktiv an einer höheren Eingruppierung und unnötigen Krankenhauseinweisungen beteiligt, hat sie zumindest stark verminderte Anreize ihre (mit Kosten verbundene) Rolle bei der Kontrolle solcher Aktivitäten der Leistungserbringer wahrzunehmen. Auch werden durch Coding-up-Versuche Ressourcen verschwendet und korrekt arbeitende Versicherungen benachteiligt. Zudem werden Versicherte, die sich nicht in höhere Risikoklassen einordnen lassen, weil sie beispielsweise in die höchsten Risikoklassen gehören, zu schlechten Risiken, da sie höhere Kosten verursachen als der durch Coding-up gesenkte Durchschnitt ihrer Klasse.

– Alle bekannten morbiditätsorientierten Kriterien für die Bildung von Risikoklassen können von den Versicherungen zu ihrem eigenen Vorteil beeinflusst werden.

– Der Risikostrukturausgleich behindert den Wechsel von Versicherten zu den Versicherungen, die auf die Behandlung bestimmter Krankheiten spezialisiert sind bzw. in einzelnen Bereichen besonders kostengünstig arbeiten. Der Grund liegt darin, dass der Beitragssatz für alle Versicherten gleich ist und auch keine individuellen Altersrückstellungen bestehen. Im Rahmen des Risikostrukturausgleichs sollen grundsätzlich allen Versicherungen gleich hohe Einnahmen für Versicherte mit bestimmten Risikomerkmalen zufließen. Die jeweilige Versicherung kann zwar einen allgemeinen überdurchschnittlichen oder unterdurchschnittlichen Beitrag erheben, einen Zuschlag verlangen oder einen Bonus gewähren. Eine weitere Differenzierung der Beiträge nach den individuellen Risiken ist aber nicht möglich. Damit wird eine Verteilung der Versicherten auf die für sie am besten geeigneten Versicherungen verhindert, wie es bei privaten Versicherungen mit übertragbaren Altersrückstellungen möglich ist. Auch wenn ein individueller Wechsel vorteilhaft wäre, kommt er in der Regel nicht zustande, weil die aufnehmende Versicherung die Prämie nicht nur für den Wechsler, sondern für alle Versicherten senken müsste. Dem potentiellen Wechsler kann allenfalls eine qualitativ bessere Behandlung angeboten werden.

Alle Versuche, die Morbidität der Versicherten genauer zu erfassen, werden die Probleme letztlich nicht lösen. Im Rahmen des Risikostrukturausgleichs können die Risiken nur nach einem vorgegebenen, für alle gleichen Standard eingestuft werden. Diese Standardeinschätzungen müssen aber nicht zutreffend sein und sie können schon gar nicht die Risikoeinschätzung unterschiedlicher Versicherungen wiedergeben. Die einzelnen Versicherungen haben unterschiedliche Erfahrungen und Vorstellungen darüber, welche Aufwendungen sich aus bestimmten Krankheitssymptomen ergeben. Es gibt nicht das objektiv feststellbare Risiko und das objektiv richtige Entgelt (die objektiv richtige Prämie) für die Übernahme eines Risikos. Im Gegensatz zu einem staatlich organisierten Verfahren, in dem einheitliche Beträge für die Übernahme eines Risikos festgesetzt werden müssen, bestimmen in einem Marktprozess die Versicherungen die Prämie. Am Markt erfolgreich sind dann die Versicherungen, die mit den geringsten Kosten arbeiten und die effektivsten Behandlungsmethoden haben. Das können für unterschiedliche Krankheitsrisiken durchaus unterschiedliche Versicherungen sein. Im Ergebnis heißt das: Die im Rahmen des Risikostrukturausgleichs festgesetzten einheitlichen Beträge für die Behandlung von Versicherten mit bestimmten Risikomerkmalen werden einigen Versicherungen als zu gering, einigen als angemessen und anderen als zu großzügig erscheinen, so dass Anreize zur Risikoselektion bestehen bleiben.

Die Komponenten des morbiditätsorientierten Risikostrukturausgleichs im Einzelnen

In dem für das Jahr 2009 geplanten morbiditätsorientierten Risikostrukturausgleich sollen nach einer Vorgabe des Gesetzgebers zunächst nur 50 bis 80 Krankheiten Berücksichtigung finden. Dabei soll es sich nach dem Wunsch des Gesetzgebers um Krankheiten handeln, die insbesondere kostenintensiver und chronischer Natur sind oder einen schwerwiegenden Verlauf aufweisen (vgl. § 31 Abs. 1 Risikostruktur-Ausgleichsverordnung). Ferner wurde vorgegeben, dass die durchschnittlichen Leistungsausgaben der von einer auszuwählenden Erkrankung Betroffenen die durchschnittlichen Leistungsausgaben aller Versicherten um 50 Prozent übersteigen müssen (Schwellenwert).

Nach diesen Vorgaben hat der Wissenschaftliche Beirat zur Weiterentwicklung des Risikostrukturausgleichs eine Auswahl von 80 Krankheiten getroffen und zur Anwendung vorgeschlagen.[5] Dabei wurde eine Krankheit als „kostenintensivchronisch" eingestuft, wenn sie mindestens in zwei Quartalen eines Jahres dokumentiert war und zu den teuersten 30 Prozent aller ambulanten Diagnosen zählte (prospektive Betrachtung). Eine Krankheit galt als „schwerwiegend", wenn die Hospitalisierungsquote mindestens fünf Prozent betrug und sie zu den teuersten 30 Prozent aller stationären Diagnosen zählte (prospektive Betrachtung). Mit einer Ausnahme überschritten alle nach diesen Kriterien ausgewählten Krankheiten den Schwellenwert. Bei der Auswahl der Krankheiten wurde auch darauf zu achten versucht, dass möglichst wenige Manipulationsanreize entstehen und Präventionsanreize nicht zu stark vermindert werden (was beispielsweise zu einer NichtBerücksichtigung bestimmter Komplikationen bei Diabetes führte, die sich relativ gut durch Präventionsmaßnahmen vermeiden lassen).

Durch die eingeschränkte Auswahl an Krankheiten können mit diesem Ansatz die grundsätzlichen Fehlanreize eines morbiditätsorientierten Risikostrukturausgleichs vermindert, aber keinesfalls beseitigt werden. Beispielsweise besteht weiterhin ein stark verminderter Anreiz, innovative Präventionsformen zu entwi-

---

[5] Vgl. Busse et al. (2008).

ckeln, die bei der Auswahl der Krankheiten noch nicht berücksichtigt werden konnten.

Die reduzierten Fehlanreize gehen aber auch mit einer reduzierten Prognosegenauigkeit des Modells und damit verbleibenden Anreizen zur Risikoselektion einher. Bei sämtlichen nicht berücksichtigten Krankheiten besteht weiterhin kein Anreiz für die Versicherungen, für eine gute Versorgung der Betroffenen zu sorgen. Dabei kann es sich sehr wohl auch um Menschen mit besonders hohen Gesundheitskosten handeln, weil sie beispielsweise multimorbide sind. Leiden sie an mehreren Einzelerkrankungen, die zwar zusammen, aber nicht einzeln den Schwellenwert überschreiten, bleiben sie in diesem Modell des Risikostrukturausgleichs sehr schlechte Risiken, da für sie keine Morbiditätszuschläge anfallen. In dem vom Wissenschaftlichen Beirat untersuchten Datensatz zeigte sich, dass ein Drittel aller Versicherten, die den Schwellenwert (im Folgejahr) überschritten, keine Morbiditätszuschläge erhalten hätten. Schließlich ist zu bedenken, dass es bei den Betroffenen, die an einer der ausgewählten Krankheiten leiden, eine zum Teil erhebliche Varianz der Kosten gibt. Dies können die Versicherungen für Selektionsaktivitäten. Die Anreize zu einer guten Versorgung von schweren Fällen und Komplikationen sinken.

Der Zielkonflikt zwischen den Kosten des Verfahrens und den Fehlanreizen auf der einen Seite und der Treffgenauigkeit und Vermeidung von Risikoselektion auf der anderen Seite wird beim Vergleich mit einem zuvor für die gesetzliche Krankenversicherung vorgeschlagenen Modell deutlich.

Dieser Vorschlag war das Ergebnis einer Untersuchung für das Bundesministerium für Gesundheit, in der verschiedene international verwendete Modelle zur Berücksichtigung der Morbidität auf einen Datensatz der deutschen gesetzlichen Krankenversicherung angewandt wurden.[6] Verglichen wurden fünf amerikanische und ein niederländischer Ansatz. Die Gutachter empfahlen den Ansatz der Universität Boston, der für etwa 14.000 ambulante Medikamentenverordnungen und stationäre Diagnosen Zuschläge auf einen Sockelbetrag vorsieht und im Risikostrukturausgleich berücksichtigt. Es wird erwartet, dass etwa 50 Prozent des Ausgleichsvolumens in diesem Modell durch Medikamentenverordnungen bestimmt werden. Bei mehreren Medikamentenverordnungen werden auch mehrere Morbiditätszuschläge fällig. Neben der allgemeinen Kritik am morbiditätsorientierten Risikostrukturausgleich werden gegen dieses Modell besonders schwerwiegende Fehlanreize und Manipulationsmöglichkeiten ins Feld geführt.

Einem für Arzneimittel ausgegebenen Euro würden im Durchschnitt fast drei Euro an Zuweisungen aus dem Risikostrukturausgleich gegenüberstehen. Dieser Effekt ergibt sich dadurch, dass Versicherte, die ein bestimmtes Medikament erhalten, normalerweise auch überdurchschnittlich häufig zum Arzt müssen oder möglicherweise häufiger Blutuntersuchungen in Anspruch nehmen, was bei den

---

[6] Vgl. IGES, Lauterbach und Wasem (2004).

Zuweisungen berücksichtigt wird. Die erhebliche Differenz zwischen den Kosten eines Medikaments und den mit der Verordnung ausgelösten Zuweisungen aus dem Risikostrukturausgleich schafft Anreize zu vermehrter Medikamentenverordnung. Dies kann ausgenutzt werden, da der Zusammenhang zwischen Medikament und Erkrankung in der Regel mehrdeutig ist und umgekehrt für eine Behandlung meist mehr als ein Wirkstoff zur Verfügung steht. Antiepileptika werden beispielsweise auch zur Migräneprophylaxe eingesetzt. Die kombinierte Verordnung einzelner Präparate würde höhere Zahlungen aus dem Risikostrukturausgleich ergeben als die Verschreibung eines (günstigeren) Kombi-Präparats.

Durch die sich daraus ergebenden Fehlanreize kann es zu suboptimalen Medikamentenverordnungen kommen. Zudem entsteht eine Interessenkoalition aus Krankenkassen und Pharmaindustrie zur Verordnung teurer Medikamente, statt dass die Krankenkassen als Korrektiv gegen überhöhte Medikamentenausgaben fungieren. Mit (wünschenswerterweise) zunehmenden Möglichkeiten zum Abschluss von selektiven Verträgen durch die Krankenkassen, beispielsweise im Rahmen der integrierten Versorgung, nehmen auch die Einflussmöglichkeiten der Kassen auf das Verschreibungsverhalten der Ärzte zu. Neben suboptimalen Behandlungen und Kostensteigerungen würden Manipulationen bei den Medikamentenverordnungen die Prognosegenauigkeit des Risikostrukturausgleichs vermindern, wenn beispielsweise die zu berücksichtigenden Durchschnittskosten von Epileptikern durch die Mitberücksichtigung von Migränekranken stark sinken.

Insgesamt besteht bei jedem morbiditätsorientierten Risikostrukturausgleich die Gefahr, dass der ineffiziente Wettbewerb um die beste Risikoselektion durch einen ähnlich ineffizienten Wettbewerb um die höchsten Morbiditätszuschläge ersetzt wird.

Schließlich ist jede staatliche Umverteilung von Mitteln mit der Versuchung für die Politik verbunden, einen Teil des Geldes für wettbewerbsbeschränkende und strukturpolitische Ziele abzuzweigen. Ansätze dazu gibt es mit dem zusätzlichen Ausgleich für bestimmte Behandlungsprogramme schon im bisherigen Risikostrukturausgleich. Die Begehrlichkeiten der Politik dürften erst richtig hochkommen, wenn nicht mehr lediglich 15 Milliarden Euro umverteilt werden, sondern über den Gesundheitsfonds rund 140 Milliarden Euro jährlich.

Grundsätzlich sind sich die Verfechter des Risikostrukturausgleichs darin einig, dass jede Versicherung risikoäquivalente Entgelte für die Übernahme von Versicherungsleistungen braucht und dass es nur dann zu einem unverfälschten wirksamen Wettbewerb kommt. Daher versuchen sie, dies über Ausgleichszahlungen nachzubilden. Das Problem liegt darin, dass an der Umverteilung über die Beiträge festgehalten werden soll, so dass der Ausgleich zwischen Beitragseinnahmen und zu übernehmenden Risiken staatlich simuliert und organisiert werden muss.

3. Unbefriedigende soziale Wirkungen

Die gesetzliche Krankenversicherung ist in Deutschland nicht nur wie jede Versicherung als solidarisches System zwischen Geschädigten und nicht Geschädigten konzipiert. Sie soll gleichzeitig Umverteilungsaufgaben übernehmen: Solidarität der Reichen mit den Armen und der Kinderlosen mit den Kinderreichen. Nach dieser Grundidee sollen alle Versicherten in gleichem Umfang versichert sein, also im Falle einer Krankheit den gleichen Anspruch auf Gesundheitsleistungen haben. Die Beiträge sollen aber nicht gleich sein, sondern sich nach der Leistungsfähigkeit der Versicherten richten. Bei gleichem Gesundheitsrisiko und gleichen erwarteten Aufwendungen zahlen Versicherte mit geringem Lohneinkommen erheblich weniger als eine risikoäquivalente Prämie; umgekehrt zahlen Versicherte mit hohem Lohneinkommen erheblich mehr. Die Versicherungsleistung wird mit einer unmittelbaren Einkommensumverteilung verbunden. Unterschiede in den Gesundheitsrisiken werden bei der Beitragsgestaltung gar nicht berücksichtigt.

Solange die Versicherten fast nur Lohneinkünfte erzielten, praktisch kein Vermögen hatten und ihre Arbeitskraft voll einsetzen mussten, war der Lohn ein befriedigender Indikator für die wirtschaftliche Leistungsfähigkeit. Inzwischen haben aber die Einkünfte aus Vermietung und Verpachtung sowie aus Kapitalvermögen ein solches Gewicht bekommen, dass sie bei der Beurteilung der Bedürftigkeit und Belastbarkeit von Versicherten nicht mehr ignoriert werden können. Die Verzerrung wird noch dadurch verstärkt, dass Versicherte, die Vermögenserträge und sonstige Einkünfte erzielen, ihre Arbeitszeit verringern und damit auch ihre Beitragszahlungen reduzieren können.

Auf diese unbefriedigende Situation könnte man mit dem Vorschlag der *Bürgerversicherung* reagieren, bei dem alle Einkünfte für die Beitragszahlung herangezogen werden sollen. Dadurch wird die Verzerrung erheblich gemildert, aber noch nicht beseitigt, denn bei der Beurteilung, ob eine Person bedürftig ist, müssen auch das Vermögen und die Leistungsfähigkeit der übrigen Familienmitglieder herangezogen werden. Die Situation der Familie wird im bestehenden System nur insoweit berücksichtigt, als Ehegatten, Lebenspartner und Kinder unentgeltlich mitversichert werden, wenn sie kein oder nur ein sehr geringes Einkommen haben, dann allerdings unabhängig vom Einkommen des Versicherten. Sind die übrigen Familienmitglieder dagegen besonders gut gestellt, bleibt dies bei dem Versicherten außer Betracht, da der Beitrag für die gesetzliche Krankenversicherung am Lohneinkommen des Arbeitnehmers bemessen wird.

Der Hauptnachteil des Ansatzes der Bürgerversicherung liegt darin, dass zwei parallele Umverteilungssysteme betrieben werden müssten. Denn wollte man die gesamten wirtschaftlichen und sozialen Bedingungen berücksichtigen, müsste die gleiche Bedürftigkeitsprüfung wie für die Sozialhilfe und das Arbeitslosengeld II noch einmal von der Krankenversicherung durchgeführt werden. Außerdem muss für alle Versicherten die Bemessungsgrundlage für die Beiträge auf alle

Einkünfte ausgeweitet werden. Die Versicherungen müssen analog zur Finanzverwaltung neben dem Lohn auch alle anderen Einkünfte erfassen. Das erfordert einen gewaltigen bürokratischen Aufwand. Es entstehen erhebliche Unsicherheiten und Verzögerungen, weil die Beiträge vielfach erst nach ein oder zwei Jahren rechtskräftig festgestellt werden können. Außerdem werden Ausnahmen und zusätzliche Freibeträge und damit Abweichungen vom steuerpflichtigen Einkommen gefordert werden. Entsprechende Erfahrungen sind aus dem Wohngeld hinreichend bekannt: Auch dort werden bestimmte steuerliche Abzüge wie Abschreibungen, Sonderausgaben und steuerfreie Zulagen nicht anerkannt und andererseits zusätzliche Freibeträge für bestimmte Gruppen oder Einkunftsarten vorgesehen. Das alles spricht gegen eine spezielle Umverteilung innerhalb der Krankenversicherung.

Mit dem Vorschlag, in der Krankenversicherung eine *Gesundheitspauschale* zu verlangen, würde zumindest insoweit ein sinnvoller Weg eingeschlagen, als die Umverteilung – unter Berücksichtigung der Beiträge zur Krankenversicherung – an einer Stelle konzentriert wäre, nämlich in den dafür vorgesehenen Steuer- und Sozialsystemen. Das entspricht dem allgemeinen Prinzip, die wirtschaftlichen Abläufe von Umverteilungsaufgaben frei zu halten und eine allgemeine Mindestsicherung über das Steuersystem zu finanzieren. Die demografischen und die Wettbewerbsprobleme im Gesundheitssystem würden allerdings nicht gelöst (vgl. dazu Kapitel D.II).

Ein Konflikt mit den Umverteilungszielen ergibt sich im Status quo außerdem aus der staatlichen Vorgabe, dass die gesetzliche Krankenversicherung durch Beiträge und nicht durch Steuern finanziert wird. Die Beiträge müssen zwar nicht streng risikoäquivalent sein, aber sie müssen einen gewissen Bezug zur wirtschaftlichen Leistung der Krankenkasse haben. Sie dürfen weder auf Null gesetzt werden, noch dürfen sie so hoch sein, dass die Gegenleistung der Versicherung im Verhältnis zu den Beiträgen vernachlässigbar wird. Deshalb gibt es eine Untergrenze und eine Obergrenze für die beitragspflichtigen Löhne. Trotzdem ist die Spanne der Beiträge zwischen zurzeit 55 Euro und 532 Euro monatlich für prinzipiell gleiche Leistungen noch extrem groß.

Die untere Beitragsbemessungsgrenze hat eine schwerwiegende Folge für den angestrebten sozialen Ausgleich innerhalb des Systems: Dem Grundgedanken des Systems entsprechend bräuchten Bürger, die ein sehr geringes Lohneinkommen haben, nur sehr geringe Beiträge und im Grenzfall gar keine Beiträge zu entrichten. Doch Bürger, deren Lohneinkommen die Untergrenze von zurzeit 401 Euro unterschreitet, können sich überhaupt nicht – nicht einmal zum Mindestbeitrag von 55 Euro – in der gesetzlichen Krankenversicherung versichern. Für ihre Krankheitskosten muss die Allgemeinheit aufkommen. Nach § 264 SGB V *kann* eine gesetzliche Krankenkasse die Krankenbehandlung für Arbeits- und Erwerbslose sowie andere Hilfeempfänger übernehmen, „sofern der Krankenkasse Ersatz der vollen Aufwendungen für den Einzelfall sowie eines angemessenen Teils ihrer

Verwaltungskosten gewährleistet wird." Diese gesetzliche Formulierung deutet auf eine individuelle Berechnung der erwarteten Gesundheitsaufwendungen und damit auf eine risikoäquivalente Prämie hin. Tatsächlich wird aber von den Trägern der Transferzahlungen eine für alle Versicherten gleiche Pauschale entrichtet, die für Bezieher von Arbeitslosengeld II im SGB II festgelegt ist und zurzeit 125 Euro monatlich beträgt. Dies ließe sich mit dem Argument der Gruppenversicherung rechtfertigen. Allerdings ändert sich die Struktur der Gruppe durch die laufenden Zu- und Abgänge der Arbeitslosengeld II-Empfänger.

Das Arbeitslosengeld II wird von der Bundesagentur für Arbeit gezahlt und letztlich aus Bundesmitteln getragen. Die Träger der Sozialhilfe (Kreise und kreisfreie Städte) tragen die Versicherungskosten unmittelbar. Der Anspruch der gesetzlichen Krankenversicherung, eine wirksame soziale Absicherung zu bieten, wird also durch das System selbst gerade für die ärmsten Bürger nicht erfüllt. Sie sollte diese Aufgabe auch nicht übernehmen. Ein echtes Sozialsystem, dass sich auf diese Aufgabe konzentriert, ist dadurch gekennzeichnet, dass die schwächsten Glieder der Gesellschaft systematisch unterstützt werden, also die Bedürftigsten davon profitieren, und die Kosten nach der Leistungsfähigkeit von den übrigen Bürgern getragen werden. Das beste Beispiel für eine soziale Absicherung ist die Sozialhilfe, die für alle Bürger ein Sicherheitsnetz spannt und die nach der steuerlichen Leistungsfähigkeit der Bürger finanziert wird. Bedürftige sollten keine ermäßigte, sondern eine risikoäquivalente Prämie zahlen und finanziell so ausgestattet werden, dass sie eine angemessene Prämie zahlen können.

Weitere Probleme mit der Umverteilung im Rahmen der gesetzlichen Krankenversicherung ergeben sich an der oberen Versicherungspflichtgrenze, auch als *Friedensgrenze* bezeichnet, die gegenwärtig bei 4.012,50 Euro liegt, und an der Beitragsbemessungsgrenze von gegenwärtig 3.600 Euro. Wer die Versicherungspflichtgrenze überschreitet, muss nicht in die gesetzliche Krankenversicherung eintreten sondern kann – gegenwärtig nach einer Wartefrist von drei Jahren – von der gesetzlichen in die private Krankenversicherung wechseln. Dieser Personenkreis kann sich also der Finanzierung der Umverteilung innerhalb der gesetzlichen Krankenversicherung entziehen. Für Alleinverdiener mit mehreren Kindern kann es dagegen trotz eines Einkommens oberhalb der Versicherungspflichtgrenze attraktiv sein, in der gesetzlichen Krankenversicherung zu bleiben, weil die Kinder unentgeltlich mitversichert sind. Diese Haushalte sind dann Nettoempfänger. Sie werden von den übrigen Versicherten unterstützt. Alle Vorschläge, diese unerwünschten Verteilungswirkungen zu vermeiden, indem die obere Versicherungspflichtgrenze kräftig erhöht oder vollständig aufgehoben wird, stoßen an die Friedensgrenze, da dann der Neuzugang von Versicherten bei den privaten Versicherungen drastisch verringert würde.

Eine Erhöhung der Beitragsbemessungsgrenze verletzt die Bedingung, wonach der Beitrag prinzipiell ein Entgelt für eine Versicherungsleistung sein muss. Würden die Beitragsbemessungsgrenzen entfallen oder so weit ausgedehnt, dass praktisch alle Arbeitnehmer erfasst würden, handelte es sich beim Beitrag nicht mehr um ein Entgelt für eine bestimmte Leistung, sondern um eine proportionale Lohnsteuer. Die Erhebung von Steuern ist aber dem Staat vorbehalten. Auch aus diesen Gründen ist die Differenzierung der Beiträge nach der Höhe des Lohns oder Einkommens kein geeignetes sozialpolitisches Instrument.

Wegen der Beitragsbemessungsgrenze werden Ehepaare mit gleichem Gesamteinkommen unterschiedlich behandelt. Sind beide Ehepartner abhängig beschäftigt und liegt das gemeinsame Lohneinkommen oberhalb der Beitragsbemessungsgrenze, ohne dass das Einkommen eines Partners diese Grenze übersteigt, müssen sie auf das volle Einkommen Beiträge entrichten. Wird das gleiche Gesamteinkommen von nur einem Partner erzielt, endet die Beitragspflicht an der Beitragsbemessungsgrenze. Bei gleicher wirtschaftlicher Situation sind somit unterschiedliche Beiträge zu entrichten. Im Extremfall zahlen Ehepaare, bei denen jeder 3.599 Euro monatlich verdient, bei der aktuellen Beitragsbemessungsgrenze von 3.600 Euro Beiträge auf das gesamte Lohneinkommen von 7.198 Euro. Würde dieses Gesamteinkommen von 7.198 Euro von nur einem Ehepartner erzielt, müssen nur auf 3.600 Euro Beiträge entrichtet werden.

Ein allgemeines Problem, die Leistungsfähigkeit der Bürger zu erfassen und die Leistungsfähigen zu „solidarischen" Abgaben heranzuziehen besteht darin, dass eine Erhöhung der Produktivität und des Wohlstands nicht nur die Form zusätzlicher abgabenpflichtiger Einkommen annimmt, sondern auch in der Form zusätzlicher nicht abgabenpflichtiger Freizeit bzw. verringerter Arbeitszeit genutzt werden kann. Da nicht das Einkommenspotential, sondern das tatsächliche Einkommen mit Steuern und Abgaben belastet wird, besteht eine Verzerrung der Entscheidungen zugunsten der Freizeit und damit zur Unterschätzung der Leistungsfähigkeit, weil diese nur am Einkommen gemessen wird.

Die steuerähnlichen Beiträge zur gesetzlichen Krankenversicherung sind ein Teil dieser verzerrenden Abgaben. Entscheidet sich ein Versicherter für eine längere Arbeitszeit oder erhält er eine Lohnerhöhung, erweitert sich nicht nur seine Steuerbasis und Steuerzahlung, sondern zusätzlich steigt noch der Preis (Beitrag) für die Krankenversicherung. Es besteht eine doppelte Bremse, mehr zu arbeiten statt mehr Freizeit in Anspruch zu nehmen, also die Leistungsfähigkeit voll im Marktprozess einzusetzen. Da in der gesetzlichen Krankenversicherung sowohl die Bedürftigkeit und Unterstützungswürdigkeit als auch die Fähigkeit, Solidarleistungen zu erbringen, nach dem Lohneinkommen bemessen werden, kommt es zu einer Untertreibung der Fähigkeit andere Menschen zu unterstützen. Die Folgen sind eine verringerte Basis für die Umverteilung und zu hohe Abgabensätze sowie eine Übertreibung der Bedürftigkeit und des Umverteilungsbedarfs.

Nun könnte man einwenden, dass die Steuerlast entsprechend höher sein müsste, wenn die Umverteilung im Rahmen der gesetzlichen Krankenversicherung wegfiele, die Beitragslast aber lediglich durch eine Steuerlast ersetzt würde. Das ist nur zum Teil richtig. Die echte Absicherung der sozial Schwächsten wird ohnehin schon über das Steuersystem finanziert. Von der Umverteilung in der gesetzlichen Krankenversicherung würde zudem der Teil entfallen, der aufgrund des unbefriedigenden Verfahrens an Nichtberechtigte gezahlt wird. Dadurch würden die Nettozahler teilweise entlastet. Entlastet würden zudem alle Nettozahler, die nur Lohneinkommen beziehen, da künftig auch andere Einkommensarten zur Finanzierung der Umverteilung mit herangezogen würden. Umgekehrt würden die Versicherten stärker belastet, die neben dem Lohn noch vergleichsweise hohe sonstige Einkünfte haben. Da alle sonstigen Einkünfte einbezogen würden, gäbe es auch noch eine Entlastung für Versicherte mit geringen sonstigen Einkünften. Und schließlich würde sich die Finanzierungslast stärker verteilen, weil alle Personen einbezogen würden, deren Einkommen oberhalb der Versicherungspflichtgrenze liegen und die deshalb oder aus anderen Gründen nicht in der gesetzlichen Krankenversicherung versichert sind.

Im Rahmen der Gesundheitsreform 2006/2007 gibt es eine Vielzahl von Versuchen, die Umverteilung innerhalb des Krankenversicherungssystems zu halten und zu verbessern.

– Der Wechsel von der gesetzlichen in die private Krankenversicherung ist erschwert worden: Nur wer mindestens drei Jahre lang ein Lohneinkommen erzielt, das über die Versicherungspflichtgrenze hinausgeht, kann aus der gesetzlichen Krankenversicherung austreten. Bislang war dies nach einem Jahr möglich.
– Die unentgeltliche Mitversicherung der Kinder wird als „versicherungsfremde Leistung" der gesetzlichen Krankenversicherung angesehen. Daraus wird abgeleitet, dass Versicherungsbeiträge für Kinder im Umfang von rund 15 Milliarden Euro jährlich vom Steuerzahler zu finanzieren sind. Die Steuerfinanzierung beginnt im Jahr 2008 mit 2,5 Milliarden Euro, soll im Jahr 2009 auf vier Milliarden Euro steigen und dann jährlich weiter aufgestockt werden. Im Gesetz wird von versicherungsfremden Leistungen gesprochen, um dem möglichen verfassungsrechtlichen Einwand zu begegnen, dass die Kinder der privat Versicherten gleich behandelt werden müssen. Von der gesetzlichen Krankenversicherung wird darauf verwiesen, dass sie eine „Sozialleistung" erbringe, die nicht durch Versicherungsbeiträge der abhängig Beschäftigten gedeckt werden dürfe. Das Angebot von Versicherungsleistungen für Kinder ist aber weder eine soziale noch eine versicherungsfremde Leistung. Sie ist nicht sozial, weil sie den Kindern aller gesetzlich Versicherten zugute kommt, unabhängig vom Einkommen und Vermögen der Versicherten. Und nicht die Leistung ist versicherungsfremd, sondern es fehlt an der Gegenleistung durch die unentgeltlich Mitversicherten. Richtig ist, dass die Versicherungen einen Beitrag brauchen, um ihre Leistungen finanzieren zu können. Es dürfte keinen Zweifel daran geben, dass eine aus Steuern finanzierte unentgeltliche Leistung für Kinder nicht auf die gesetzlich Versicherten beschränkt werden darf, egal ob familienpolitische oder sozialpolitische Ziele angestrebt werden sollen. Es ist offensichtlich, dass es darum geht, die Steuerzahler

– per Saldo die privat Versicherten – an der Finanzierung von Gesundheitsleistungen für die Versicherten in der gesetzlichen Krankenversicherung zu beteiligen. Das größte Problem daran ist, dass keine strengen Bedürftigkeitskriterien angelegt werden und eine Gleichbehandlung der Bürger nicht gewährleistet ist.

– Die privaten Krankenversicherungen sollen ab dem Jahr 2009 gezwungen werden, einen Basistarif einzuführen, in dem etwa die gleichen Leistungen angeboten werden wie in der gesetzlichen Krankenversicherung. Mit dem Basistarif wird bewusst darauf abgestellt, die übrigen Privatversicherten an den Kosten der Basisversicherung zu beteiligen. Die im Basistarif auftretenden Verluste berechtigen nicht zu einer Erhöhung der Beitragssätze, sondern müssen von der Versicherungsgesellschaft und damit von den übrigen Privatversicherten getragen werden. Nach der Lesart der Befürworter dieses Konzepts ist das ein Weg, die privat Versicherten an den Kosten des Solidarausgleichs in der Krankenversicherung zu beteiligen.

Der Basistarif ist attraktiv für Neuversicherte, die bereits älter sind oder hohe gesundheitliche Risiken bis hin zum Hochrisikofall aufweisen. In den Normaltarifen müssten diese Gruppen erhebliche Risikozuschläge zahlen, während im Basistarif keine Risikozuschläge vorgesehen sind und maximal der Höchstbeitrag zur gesetzlichen Krankenversicherung zu entrichten ist. Für bereits Versicherte ist der Wechsel in den Basistarif attraktiv, wenn sie beim Abschluss des ursprünglichen Vertrags hohe Risikozuschläge vereinbart haben. Allerdings ist ein Wechsel in den Basistarif in vielen Fällen mit geringeren Leistungen verbunden, so dass der Vorteil aus der Beitragsersparnis geschmälert oder aufgewogen werden kann.

Abgesehen davon, dass durch den Basistarif die Kalkulationsgrundlagen der privaten Krankenversicherung untergraben werden und eine Äquivalenz zwischen Versicherungsleistung und Prämie nicht mehr erreicht werden kann, kommt es mit diesem Ansatz zu absurden Verteilungsergebnissen. Die Unterschiede zwischen den Beitragseinnahmen und den nach Alter und Gesundheitszustand variierenden Gesundheitskosten der Basisversicherten sollen unter den privaten Versicherungen über einen Risikopool ausgeglichen und auf alle übrigen Vollversicherten gleich verteilt werden. Dennoch bleibt die Belastung für die übrigen Privatversicherten willkürlich, weil die wirtschaftliche Leistungsfähigkeit dieser Versicherten große Unterschiede aufweisen kann. Die Privatversicherten in Normalverträgen werden nicht gemäß ihrer individuellen Leistungsfähigkeit zur Finanzierung der Umverteilung zu Gunsten der im Basistarif Versicherten herangezogen.

Der Vergleich, nach dem die Mieter in einem Mehrfamilienhaus verpflichtet werden, die Mieten der einkommensschwachen Mieter im gleichen Haus ganz oder teilweise zu begleichen, zeigt sehr klar, dass es nicht sinnvoll sein kann, den sozialen Ausgleich innerhalb eines Hauses oder einer Versicherungsgesellschaft anzustreben. Es wäre ein bürokratischer Irrwitz, wenn man neben dem Risikostrukturausgleich auch noch ein Umverteilungssystem für alle Privatversicherten installierte, um eine Gleichbehandlung über alle Versicherungen zu erreichen.

Ähnliche Probleme tauchen bei der Prämiengestaltung zwischen dem Basistarif und der gesetzlichen Krankenversicherung auf. Grundsätzlich sind im Basistarif nach Alter und Geschlecht differenzierte Prämien vorgesehen, während in der gesetzlichen Krankenversicherung weiterhin lohnbezogene Beiträge erhoben werden sollen. Damit werden Versicherte mit gleichem Einkommen sozialpolitisch unterschiedlich behandelt.

Die Idee, die Umverteilung innerhalb der Krankenversicherung zu verbessern, indem ein Basistarif eingeführt wird, wirft mehr Probleme auf als gelöst werden. Gerade an dieser Neuregelung wird deutlich, dass es sinnvoller ist, eine effiziente Krankenversicherung zu organisieren und die soziale Absicherung unabhängig davon im allgemeinen Steuer- und Transfersystem sicher zu stellen, wie es auch für andere lebenswichtige Güter geschieht.

Die wichtigsten Merkmale des Basistarifs in Stichpunkten:
- Der Basistarif umfasst Mindestleistungen im Umfang der gesetzlichen Krankenversicherung.
- Ärzte können nur bis zum 1,8-fachen Satz abrechnen.
- Risiken und Vorerkrankungen werden nicht berücksichtigt (keine Risikozuschläge, nur Berücksichtigung von Alter und Geschlecht).
- Es werden Altersrückstellungen gebildet.
- Der Beitrag darf den durchschnittlichen Höchstbeitrag zur gesetzlichen Krankenversicherung (derzeit etwa 532 Euro) nicht überschreiten.
- Keine unentgeltliche oder ermäßigte Mitversicherung von Ehepartnern, ermäßigte Prämien für Kinder.
- Für Versicherte, die die Prämie nicht zahlen können, wird sie auf die Hälfte reduziert – zu Lasten der (privaten) Krankenversicherung. Kann der Versicherte auch die Hälfte nicht zahlen, wird die Prämie von den Trägern der Sozialhilfe bzw. des Arbeitslosengeldes II übernommen.
- Alle mindestens sechs Monate lang gesetzlich Versicherten können sechs Monate lang – also vom 1. Januar bis zum 30. Juni 2009 – in einen Basistarif wechseln. Auch alle privat Versicherten können in diesem Zeitraum in den Basistarif ihrer oder einer anderen Versicherung wechseln. Beim Wechsel im gleichen Unternehmen kann die volle Altersrückstellung mitgenommen werden, beim Wechsel zu einer anderen Versicherungsgesellschaft nur der Übertragungswert (Altersrückstellung auf der Grundlage der Basisversicherung).
- Nach der Übergangsfrist – also nach dem 30. Juni 2009 – können Privatversicherte aus einem Normaltarif in den Basistarif beim gleichen Versicherer wechseln, wenn sie entweder älter als 55 Jahre sind oder durch die Zahlung des Beitrags hilfebedürftig werden.

- Im Basistarif kann eine Selbstbeteiligung bis zu 1.200 Euro im Jahr gewählt werden.
- Damit die Versicherungspflicht nicht unterlaufen werden kann, dürfen Selbstbeteiligung und Erstattung in den Normaltarifen der privaten Krankenversicherung den Betrag von 5.000 Euro jährlich nicht überschreiten. Der Wechsel in den Basistarif, um gegebenenfalls wieder mehr Leistungen in Anspruch zu nehmen, ist zulässig. Diese Regelung wird dafür sorgen, dass die Versicherungen Tarife mit Selbstbeteiligung nur sehr zurückhaltend anbieten werden.

Fazit: Die beabsichtigte Umverteilung zugunsten der wirtschaftlich Schwachen gelingt in der gesetzlichen Krankenversicherung immer weniger. Diese Form der Umverteilung ist nicht nur unzulänglich, sondern in hohem Maße unsozial und missbrauchsanfällig. Sie als Sozialsystem zu bezeichnen ist mehr als fragwürdig. Es ist dringend erforderlich, die Umverteilung aus dem System herauszunehmen – um die Effizienz sowohl des Versicherungssystems als auch des Sozialsystems zu steigern.

4. Offene demografische Flanke

Die gesetzliche Krankenversicherung ist anfällig für demografische Veränderungen, denn die Aufwendungen im Umlagesystem hängen stark von der Altersstruktur der Versicherten ab. Junge Versicherte verursachen im Durchschnitt geringere Kosten und haben tendenziell ein höheres beitragspflichtiges Einkommen als ältere Versicherte. Schrumpft die Bevölkerung und nimmt die Lebenserwartung zu, dann steigt das Durchschnittsalter der Versicherten. Der Anteil der jungen Nettozahler nimmt ab, der Anteil der Nettoempfänger nimmt zu. Dann muss der Beitragssatz erhöht oder der Leistungsumfang eingeschränkt werden. Heute ist das Verhältnis von Nettozahlern und Nettoempfängern entgegen weit verbreiteter Meinung noch relativ günstig. Das Problem der sich öffnenden Ausgaben-Einnahmen-Schere wird sich in den kommenden Jahren verschärfen. Es lässt sich nicht durch höhere Bundeszuschüsse zur gesetzlichen Krankenversicherung lösen. Damit wird lediglich ein Teil der Belastungen auf Bürger verlagert, die keine Leistungen aus dem System erhalten, sondern selbst für ihre Gesundheitsaufwendungen vorsorgen müssen. Ein weiterer Teil wird auf künftige Versicherte der gesetzlichen Krankenversicherung verlagert. Sie müssen im Umlageverfahren für gleiche Leistungen mehr zahlen.

In einem Kapitaldeckungssystem lassen sich die demografischen Veränderungen leichter bewältigen, weil grundsätzlich jeder Bürger für seine eigenen Gesundheitsaufwendungen zahlt und im Alter nicht von anderen Bürgern unterstützt werden muss. Bei zunehmender Lebenserwartung sind entsprechend höhere Prämien zu entrichten und gegebenenfalls höhere Altersrückstellungen zu bilden.

Im Umlageverfahren der gesetzlichen Krankenversicherung werden keine Altersrückstellungen gebildet. Die Versicherungsbeiträge werden unmittelbar für die von allen Versicherten beanspruchten Gesundheitsleistungen ausgegeben. Das System ist darauf angewiesen, dass die schwächer besetzten nächsten Generationen einen erheblichen Teil der dann anfallenden Gesundheitsaufwendungen der gegenwärtig bereits Versicherten zahlen. Die implizite Verschuldung gegenüber den künftigen Generationen wird auf etwa 800 Milliarden Euro geschätzt. Diese Vorbelastung der künftigen Generationen kann auch durch eine Umstellung auf ein kapitalgedecktes System nicht beseitigt werden. Aber durch eine Umstellung würden immerhin die Schulden offen gelegt und es käme nicht mehr automatisch zu einer Erhöhung der Verschuldung, wenn zusätzliche Gesundheitsleistungen in den Katalog der im Rahmen der Versicherungspflicht mindestens zu versichernden Leistungen aufgenommen werden.

Die implizite Verschuldung im Umlagesystem ist kein Hinderungsgrund für eine Umstellung auf ein kapitalgedecktes System. Entgegen der herrschenden Meinung muss die gegenwärtige Generation durch eine solche Umstellung nicht stärker belastet werden. Der große Vorteil einer Umstellung auf die Kapitaldeckung liegt darin, dass von einem Tag auf den anderen risikoäquivalente Prämien eingeführt und Marktwettbewerb zwischen den Krankenversicherungen hergestellt werden kann. Der Staat würde von einer Aufgabe entlastet, die er ohnehin nicht befriedigend lösen kann, nämlich einen Wettbewerb gegen die Interessen der Krankenkassen zu organisieren.

5. Unzureichender Wettbewerb

Das größte Problem, das mit der Umverteilung innerhalb der gesetzlichen Krankenversicherung verbunden ist, entsteht durch die Verquickung von Versicherungsleistung und Umverteilung. Da die Beiträge nach der Höhe des Lohneinkommens festgesetzt werden, also dem Umverteilungsziel dienen sollen, können sie nicht gleichzeitig ein äquivalentes Entgelt, ein Preis für die Übernahme der Kostenrisiken durch die Versicherung sein. Lohn- oder einkommensbezogene Beiträge und Kontrahierungszwang sind mit einem Wettbewerbssystem nicht vereinbar. Weder beim Neuabschluss einer Versicherung noch beim Wechsel von Versicherten ist es den Versicherungen möglich, Prämien zu verlangen, die den erwarteten Aufwendungen für den aufzunehmenden Versicherten entsprechen. Da die Prämien und Leistungsversprechungen nicht aufeinander abgestimmt werden können, kommt es nicht zu einem Wettbewerb um alle Versicherten, sondern nur um gute Risiken. Alle Bestrebungen, schlechte Risiken möglichst gar nicht erst aufzunehmen oder zu einem Wechsel zu einer anderen Versicherung zu bewegen, sind nur die andere Seite der gleichen Medaille. Schlechte Risiken sind nichts anderes als Versicherte, bei denen keine angemessene Prämie für die Versicherungsleistungen verlangt werden darf. Für gute Risiken ist die Prämie im Umlagesystem dagegen zu hoch – gemessen an den zu erwartenden Versicherungsleistungen. Es entsteht ein fehlgeleiteter Wettbewerb, bei dem es nicht darum geht, die Leistungen der Versicherungen zu steigern oder die Kosten zu senken, sondern Versicherte anzuwerben und zu halten, deren erwarteten Beiträge die erwarteten Gesundheitsaufwendungen übersteigen, also gute Risiken zu gewinnen.

Trotz des Risikostrukturausgleichs gelingt es nur sehr unvollständig, den Versicherungen die Mittel nach dem übernommenen Risiko zuzuführen und die Risikoselektion zu vermeiden.

Ein funktionierender Wettbewerb setzt Prämien voraus, die sich aus der Einschätzung der Versicherungsleistungen durch die einzelnen Versicherungen am Markt ergeben. Einen echten Wettbewerb gibt es nur, wenn sich die Prämien für das jeweils zu übernehmende Versicherungsrisiko im Marktprozess herausbilden können. Nur dann werden die Versicherungen gezwungen, mit möglichst geringen Kosten zu arbeiten und mit hoher Qualität um Versicherte zu werben. Nur dann werden alle Versicherten – auch die älteren und gesundheitlich eingeschränkten – umworben. Zu betonen ist: Wenn die Versicherungen risikoäquivalente Prämien erhalten, heißt das nicht, dass der einkommensschwache Versicherte die vollen Kosten seiner Versicherung tragen muss.

II. Der Gesundheitsfonds in der gesetzlichen Krankenversicherung

Die wichtigsten Merkmale des Gesundheitsfonds in Stichpunkten:

- Die Einführung ist geplant zum 1. Januar 2009.
- Es gilt ein einheitlicher Beitragssatz für alle gesetzlich Versicherten.
- Der Beitragseinzug erfolgt zunächst weiter durch die Kassen, sie übernehmen die Weiterleitung an den Fonds. Der Fonds zahlt eine Grundpauschale für jeden Versicherten an dessen Krankenkasse und berechnet Zu- und Abschläge entsprechend der Morbidität der Versicherten.
- Kassen, die mit den Zuweisungen aus dem Fonds nicht auskommen, können wahlweise einen einkommensabhängigen oder einen pauschalen Zusatzbeitrag erheben.
- Der Zusatzbeitrag darf auch im Falle einer Pauschale nicht mehr als ein Prozent des beitragspflichtigen Einkommens des jeweiligen Versicherten betragen. Die Einkommensprüfung entfällt, solange die Pauschale unter acht Euro liegt.
- Kassen mit Überschüssen können ihren Versicherten Rückerstattungen gewähren.

1. Grundsätzliche Beurteilung des Fondsmodells

Ein Vorteil des Fondsmodells könnte darin liegen, dass die Arbeitgeber die Krankenversicherungsbeiträge nicht mehr an 250 verschiedene Kassen entrichten müssen. Hierdurch könnten möglicherweise Verwaltungskosten eingespart werden. Der ursprünglich geplante Beitragseinzug durch eine zentrale Stelle kommt jedoch nicht. Zunächst bleibt es beim Einzug durch die Kassen, später sollen die Arbeitgeber sämtliche Daten für alle ihre Beschäftigten einer Kasse ihrer Wahl melden können, die diese dann weiterleitet. Ob es damit zu dem ursprünglich erhofften Bürokratieabbau kommt ist äußerst fraglich. Ein weiterer Vorteil des einheitlichen Beitragssatzes mit Zusatzbeitrag oder Rückerstattung gegenüber dem gegenwärtigen gesetzlichen Krankenversicherungssystem liegt darin, dass die versicherten Arbeitnehmer keine Anreize mehr haben, eine teurere Kasse mit Zusatzleistungen zu wählen, da der Arbeitgeber nicht an dem Zusatzbeitrag beteiligt ist und daher nicht mehr einen Teil der höheren Kosten trägt. Dieses Ergebnis kann aber noch besser durch die bereits erläuterte, ohnehin empfehlenswerte Abschaffung des Arbeitgeberbeitrages erreicht werden.

Ein weiteres Argument für den Fonds bezieht sich auf die größere Transparenz der Gesundheitskosten. Durch einen pauschalen (und gegebenenfalls auch einen einkommensabhängigen) Zusatzbeitrag könnten die Versicherten die unterschiedlichen Angebote besser vergleichen und leichter erkennen, was es zusätzlich kostet, in einer teureren Kasse versichert zu sein. Dass dieser Effekt allerdings eine große Relevanz für den Wettbewerb hat, darf bezweifelt werden. Die Versicherten sind durchaus in der Lage, die Beitragssätze zu vergleichen. Vergleichsrechnungen, in denen auch unterschiedliche Leistungen berücksichtigt werden, bleiben auch bei der Fondslösung erforderlich. Außerdem wird der Zusatzbeitrag auf ein Prozent des beitragspflichtigen Einkommens begrenzt, so dass die Unterschiede weitgehend entfallen, wenn die meisten Kassen Zusatzbeiträge erheben müssen.

Aus den gleichen Gründen wird auch der Wettbewerb nicht wie erhofft gestärkt. Die Idee, den Versicherten den vollen Beitragsunterschied zwischen den Versicherungen anzulasten, sie also den vollen Zusatzbeitrag zahlen zu lassen, so dass sie einen starken Anreiz haben, die preisgünstigere Krankenversicherung zu wählen, ist grundsätzlich richtig. Aber sie verträgt sich nicht mit einer pauschalen Begrenzung oder mit einem maximalen Anteil des Zusatzbeitrags am Einkommen. Konsequenter wären Gesundheitspauschalen, in denen die Kostenunterschiede zwischen den Krankenkassen zum Ausdruck kommen.

Da aber ganz überwiegend einkommensabhängige Beiträge erhoben werden, gelten für die Fondslösung sämtliche im vorherigen Abschnitt für die gesetzliche Krankenversicherung angeführten Kritikpunkte. Fortschritte ließen sich allenfalls erzielen, wenn – ähnlich wie in den Niederlanden, wo fast 50 Prozent der Kosten der Akutversorgung durch Gesundheitspauschalen finanziert werden – der Anteil des Pauschalbeitrags erheblich ausgeweitet würde. Natürlich müsste der Pauschalbeitrag (beispielsweise in Form einer Durchschnittspauschale) auch entsprechend in den Transferzahlungen an Bedürftige berücksichtigt werden, soweit die Transferempfänger die Pauschale selbst zahlen. Allerdings bleibt dann die Frage, warum nicht vollständig auf Gesundheitspauschalen umgestellt werden sollte. Dann ließe sich ein sozialer Ausgleich wesentlich treffsicherer organisieren.

Der Gesundheitsfonds löst die Verbindung zwischen Versichertem und Versicherung, zwischen Leistung und Gegenleistung. Da der Beitragssatz durch eine Rechtsordnung von der Bundesregierung festgesetzt wird, verstärkt sich bei den Versicherten der Eindruck, dass es sich um eine Steuer handelt, die mit der Versicherungsleistung wenig zu tun hat. Die Versicherten werden verstärkt darauf drängen, den Staat in die Pflicht zu nehmen, also staatliche Zuschüsse zu verlangen, wenn die Kosten steigen oder wenn zusätzliche Leistungen erbracht werden sollen. Im Ergebnis werden die Privatversicherten, die ihre eigenen Versicherungsprämien zahlen müssen, über das Steuersystem zur Mitfinanzierung der gesetzlich Versicherten mit herangezogen. Erste Schritte in diese Richtung sind bereits gegangen.

Ein Gesundheitsfonds, in den etwa 140 Milliarden Euro fließen, regt die Fantasie der Politiker an, mit zusätzlichen Programmen „Gutes" zu tun, beispielsweise zur Prävention oder zur Behandlung von chronisch Kranken. Die Politiker werden gute Argumente dafür finden, dass solche Programme sozialpolitisch geboten sind oder die Gesundheitsaufwendungen verringern. Da ohnehin schon Steuermittel zur Finanzierung der gesetzlichen Krankenversicherung eingesetzt werden, verschwimmen die Grenzen zwischen beitragsfinanzierten und steuerfinanzierten Leistungen. Es besteht die große Gefahr, dass die Krankenversicherung zunehmend als Teil des gesamtstaatlichen Einnahmen- und Ausgabensystems gesehen wird – mit allen Konsequenzen für das Verschieben von Lasten zwischen den Systemen. Der Leistungswettbewerb innerhalb des Versicherungssystems wird geschwächt. Die staatlich geförderten Leistungen werden auch dann angeboten, wenn andere Leistungen besser geeignet wären.

2. Probleme der geplanten Ausgestaltung des Gesundheitsfonds

Neben den grundsätzlichen Problemen des Gesundheitsfonds kommen weitere Nachteile durch die geplante Ausgestaltung hinzu. Da anders als ursprünglich vorgesehen der Beitragseinzug weiterhin bei den Kassen verbleibt, können die erhofften Einsparungen bei den Verwaltungskosten wohl nicht realisiert werden. Insbesondere durch die erforderlich werdende Einkommensprüfung eines großen Teils der Versicherten kommt es vielmehr zu einer massiven Zunahme der Bürokratie.

Auch sonst ist die so genannte Überforderungsklausel besonders problematisch. Hierin wurde festgelegt, dass der Zusatzbeitrag nicht mehr als ein Prozent des beitragspflichtigen Einkommens des jeweiligen Versicherten betragen darf. Eine Prüfung der Einkommen ist nicht erforderlich, wenn der monatliche Zusatzbeitrag den Betrag von acht Euro nicht übersteigt.

Aus verteilungspolitischer Sicht ist anzumerken, dass das beitragspflichtige Einkommen ein schlechter Indikator für Bedürftigkeit ist. Hinzu kommt, dass bei dieser Konstruktion der Überforderungsklausel nur zwischen den Versicherten innerhalb einer Kasse umverteilt wird. Da sich die Leistungsfähigkeit der Mitglieder verschiedener Kassen erheblich unterscheiden kann, wird die Leistungsfähigkeit bei dieser Form der Umverteilung noch ungenauer erfasst als bisher in der gesetzlichen Krankenversicherung.

Die Umverteilung innerhalb einer Kasse führt aber zu gravierenden Wettbewerbsverzerrungen. Wenn Versicherte mit geringerem Einkommen geringere Zusatzbeiträge leisten (ohne dass dies in einem Risikostrukturausgleich berücksichtigt wird), sind sie unattraktive Kunden. Die Krankenkasse hat ein erhebliches Interesse daran, dass diese Versicherten zu einer anderen Kasse wechseln. Außerdem wird sie die Aufnahme von Geringverdienern erschweren. Umgekehrt sind Versicherte mit hohem Einkommen willkommene Kunden, die besonders umworben werden. Es entstehen also Selektionsanreize nach der Einkommenshöhe. Das ist nicht nur ärgerlich für Personen mit geringem Einkommen. Es werden auch noch erhebliche Mittel für die Selektion eingesetzt.

Eine Krankenkasse, die viele Versicherte mit geringem Einkommen hat, bei denen also die Überforderungsklausel greift, muss zudem bei gleicher Effizienz höhere Zusatzbeiträge von ihren Versicherten mit höherem Einkommen verlangen, da sie weniger Kosten auf die Geringverdiener umlegen kann. Dies werden viele Versicherte mit höherem Einkommen zum Anlass nehmen, die Kasse zu wechseln. In der Folge müssen die Zusatzbeiträge für die verbliebenen Versicherten mit hohen Einkommen noch weiter gesteigert werden. Eine Kasse mit vielen Geringverdienern kann also durch die Überforderungsklausel in den Ruin getrieben werden, ohne dass sie schlechter wirtschaftet oder sogar obwohl sie effizienter ist als eine andere Kasse mit einer günstigeren Struktur von Versicherten. Die Höhe des Zusatzbeitrags ist also nicht zwangsläufig ein Zeichen für (mangelnde) Effizienz, sondern in hohem Maße durch die Einkommensstruktur der Versicherten mitbedingt.[7]

Ähnliche Effekte können sich für Kassen mit vielen beitragsfrei mitversicherten Familienmitgliedern ergeben. Selbst wenn der pro Kopf zu erhebende Zusatzbeitrag bei zwei Kassen eigentlich der gleiche wäre, müsste eine Kasse mit relativ

---

[7] Laut einer Studie des Bundesverbandes der Allgemeinen Ortskrankenkassen (vgl. AOK-Bundesverband, 2006) können bereits bei einem Zusatzbeitrag von 15 Euro 13 von 16 AOKs das notwendige Zusatzbeitragsvolumen nicht realisieren. Bei 20 Euro wären alle AOKs betroffen. Bei neun von ihnen würde der Beitragsausfall gemäß der Studie mehr als 30 Prozent betragen. Aber auch, um im Durchschnitt tatsächlich 10 Euro pro Versichertem zu erzielen müssten einige AOKs aufgrund ungünstiger Einkommensstruktur ihrer Versicherten bis zu 42 Euro kalkulieren.

vielen beitragsfrei Mitversicherten einen höheren Zusatzbeitrag erheben, da sie den Zuschlag nur vom Hauptversicherten verlangen kann und die nicht gedeckten Kosten für die Mitversicherten auf die übrigen Versicherten umlegen muss. Es ergeben sich also Selektionsanreize zu Lasten von Familien mit Kindern und Einverdiener-Ehen und zu Gunsten von kinderlosen Singles und Doppelverdienern.

Problematisch sind auch die Regeln zur Beitragssatzanpassung. Der Beitragssatz darf erst angepasst werden, wenn die Mittel des Fonds weniger als 95 Prozent der Ausgaben der Kassen decken. In Verbindung mit der Ein-Prozent-Regel bei der Zusatzprämie wird damit die Insolvenz einiger Kassen gezielt in Kauf genommen.

Insgesamt sind das Grundkonzept und die Ausgestaltungsmängel des Fondsmodells so gravierend, dass die Einführung als Verschlechterung im Vergleich zum heutigen gesetzlichen Krankenversicherungssystem angesehen werden muss.

III. Die private Krankenversicherung

Die wichtigsten Merkmale der privaten Krankenversicherung in Stichpunkten:

- 8,5 Millionen Versicherte, das sind gut zehn Prozent der Bevölkerung in Deutschland
- Kapitaldeckungsverfahren mit Altersrückstellungen
- bislang keine Pflichtversicherung, aber ab dem 1. Januar 2009 generelle Versicherungspflicht
- risikobezogene Prämien (Ausnahme: Basistarif)
- Versicherte zahlen die Prämien unmittelbar und vollständig (Ausnahmen: Standardtarif und Basistarif)
- keine Bundeszuschüsse
- keine unentgeltliche Versicherung für Familienmitglieder
- freie Arztwahl
- Kostenerstattungsprinzip
- kein Kontrahierungszwang (Ausnahmen: Standardtarif und Basistarif)
- kein Risikostrukturausgleich (Ausnahmen: Standardtarif und Basistarif)

1. Die Bildung von Altersrückstellungen

Das heutige private Krankenversicherungssystem zeichnet sich durch Langfristverträge aus. Die Versicherungen versprechen den Versicherten lebenslang Leistungen, sofern diese die Versicherung nicht verlassen. Die Versicherungen verzichten also auf ein ordentliches Kündigungsrecht.

Abb. 1: Verlauf der Gesundheitsaufwendungen und konstante Prämie

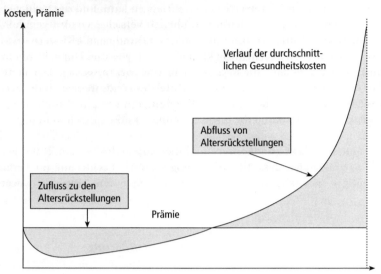

Die Prämien in der privaten Krankenversicherung werden unter der (fiktiven) Annahme real konstanter Kosten im Gesundheitswesen berechnet. Sie werden über die gesamte Restlebenszeit des jeweiligen Versicherten in einer Weise geglättet, dass es zu keinem altersbedingten Prämienanstieg kommt. Um die Prämien zu glätten, wird in den ersten Lebensphasen der Versicherten eine Prämie verlangt, die über den erwarteten individuellen Ausgaben liegt. Aus diesem Überschuss werden Altersrückstellungen aufgebaut, um die erwarteten hohen Kosten im Alter zu decken, ohne dass eine höhere Prämie erforderlich würde. In späteren Jahren sind die Prämien also geringer als die erwarteten Kosten. In diesem Zeitraum werden die zuvor gebildeten Rückstellungen abgebaut und zur Deckung der Differenz zwischen den tatsächlichen Kosten und der Prämie verwendet (vgl. ausführlich Kap. E.I.2.2).

In Abbildung 1 sind der Kostenverlauf eines typischen Versicherten, die zu zahlende real konstante Prämie und der Auf- und Abbau von Altersrückstellungen für einen Versicherten mit durchschnittlichem Risiko dargestellt.

2. Nachteile durch die fehlende Übertragbarkeit von Altersrückstellungen

Die Altersrückstellungen werden nach geltendem Recht nicht individuell zugerechnet und bei der Abwanderung eines Versicherten zu einer anderen Versicherung nicht mitgegeben. Ein privat Versicherter kann die für ihn gebildeten Altersrückstellungen somit bei einem Wechsel nicht auf die aufnehmende Versicherung übertragen. Die bis dahin aufgebauten Altersrückstellungen werden an das Versichertenkollektiv der alten Versicherung vererbt. Sie werden zur Prämiensenkung beim Kollektiv der entsprechenden Kohorte des Tarifs verwendet. Bereits zum Zeitpunkt des Vertragsabschlusses wird das erwartete Ausscheiden von Versicherten anhand von Stornowahrscheinlichkeiten einkalkuliert. Die Erwartung, dass ein Teil der Versicherten den Versicherungsvertrag kündigt und Altersrückstellungen hinterlässt, ist expliziter Bestandteil der Prämienkalkulation.

Die zurückgehaltenen Altersrückstellungen kommen den Versicherten zugute, die nicht an einem Versicherungswechsel interessiert sind. Die Wechsler müssen dagegen aufgrund des fortgeschrittenen Alters und eventuell aufgetretener Erkrankungen eine deutlich höhere Prämie zahlen als bei der bisherigen Versicherung. Sie müssen die fehlenden Altersrückstellungen quasi noch einmal ansparen, obwohl sie in der vorherigen Versicherung bereits zum Aufbau von Altersrückstellungen beigetragen haben. Erst durch diese Zusatzlast der Wechsler werden für die Nichtwechsler und die Wechsler insgesamt hinreichende Altersrückstellungen gebildet, denn die vererbten Altersrückstellungen werden für Beitragssenkungen genutzt.

Auf diese Weise werden die Versicherten nach einigen Jahren Versicherungszeit praktisch bei ihrer Versicherung eingesperrt. Ein Versicherungswechsel ist teuer, auch wenn keine zusätzlichen Leistungen versichert werden. Dadurch wird die Wahlfreiheit der Versicherten erheblich eingeschränkt, so beispielsweise wenn die Versicherten mit dem bisherigen Angebot nicht mehr zufrieden sind oder wenn andere Versicherer neue Angebote auf den Markt bringen. Wenn Versicherte dennoch wechseln, erleiden sie einen kaum zu rechtfertigenden Vermögensverlust.

Der Verzicht auf die Mitgabe von Altersrückstellungen dient gegenwärtig dem Schutz der bestehenden Kollektive. Da man bislang davon ausging, dass Altersrückstellungen nicht individualisiert werden können, hätte man durchschnittliche Altersrückstellungen mitgeben müssen. Damit käme es aber zu einer unerwünschten Risikoselektion.

Die unbefriedigenden Wechselmöglichkeiten schränken die Anreize zu qualitativ hochwertiger Versorgung, gutem Service und effizienter Versicherungsleistung stark ein: Die Versicherten eines Unternehmens können die Versicherung nicht ohne finanzielle Nachteile verlassen. Das Unternehmen muss also nicht fürchten, seine Kunden durch schlechten Service oder erhöhte Prämien gleich zu verlieren. Die Bestandsversicherten anderer Versicherungen sind dort gefangen und können kaum durch gute Leistungen abgeworben werden. Es könnte sogar lohnend sein, die älteren und kranken eigenen Versicherten zum Wechsel zu bewegen und so ihre Altersrückstellungen zu vereinnahmen, sie also unfreundlich zu behandeln, ihnen kaum Informationen zu geben oder Rechnungen verzögert zu erstatten, so dass sie die Versicherung trotz der finanziellen Einbuße durch eine höhere Prämie bei der Konkurrenz verlassen. Diese Anreize stehen einem sinnvollen Wettbewerb um Kunden diametral entgegen.

Selbst wenn andere, möglicherweise auch neu in den Markt eingetretene Versicherungen erfolgreiche Präventionsprogramme, effiziente Disease-Management-Programme, innovative Versorgungsformen oder neue Möglichkeiten zur Senkung der Verwaltungskosten entwickeln, können die eingesperrten Versicherten davon häufig nicht profitieren, weil die Verluste aufgrund eines Wechsels höher sind als diese Vorteile. Ein Versicherter kann bei Vertragsabschluss nicht absehen, welche Versicherung ihn bei einer erst viele Jahre später auftretenden Krankheit am besten versorgen kann. Hohe Wechselkosten aufgrund der Vererbung von Altersrückstellungen hindern ihn später daran, zu der für ihn am besten geeigneten Versicherung zu wechseln. Es kommt also zu einer ungünstigen Aufteilung der Versicherten auf die Versicherungen. In dem besonders dynamischen Gesundheitssektor verhindert eine faktisch lebenslange Bindung an einen Versicherer eine optimale Behandlung der Versicherten. Bei fehlendem Wettbewerb zwischen den Versicherungen besteht zu wenig Druck, nach besseren Behandlungsmethoden und günstigeren Leistungsanbietern zu suchen.

Schließlich ist es neuen und ausländischen Versicherungsgesellschaften praktisch nicht möglich, in einen Wettbewerb um Bestandsversicherte einzutreten. Die Monopolkommission hat sich daher schon in ihrem 12. Hauptgutachten von 1996/97 dafür ausgesprochen, die Altersrückstellungen übertragbar zu gestalten (Ziffer 676, S. 342).

3. Übertragung durchschnittlicher Altersrückstellungen?

Als Lösung dieser Probleme ist immer wieder vorgeschlagen worden, den wechselnden Versicherten die durchschnittlichen Altersrückstellungen einer Kohorte mitzugeben. Für Neuversicherte, die ab dem 1. Januar 2009 in die private Krankenversicherung eintreten, ist im Rahmen des Gesetzes zur Stärkung des Wettbewerbs in der gesetzlichen Krankenversicherung vom 2. Februar 2007 die Übertragung durchschnittlicher Altersrückstellungen erstmals vorgeschrieben worden. Sie sind allerdings auf den Umfang des Basistarifs (Übertragungswert gemäß § 13a Kalkulationsverordnung) beschränkt. Die Übertragung durchschnittlicher Altersrückstellungen[8] kann nicht funktionieren, wenn die Versicherungen auch nur ansatzweise zwischen überdurchschnittlichen und unterdurchschnittlichen Risiken unterscheiden können: Die für die einzelnen Versicherten zu erwartenden Nettokosten, also die jeweils für erforderlich gehaltenen individuellen Altersrückstellungen, entsprechen in der Regel nicht diesem Durchschnitt. Dafür unter-

---

[8] Allgemeiner kann man von pauschalen Altersrückstellungen sprechen, in denen die individuellen Risiken nicht abgebildet werden können.

scheiden sich die altersbedingten und gesundheitsbedingten künftigen Aufwendungen viel zu sehr. Eine potenziell aufnehmende Versicherung kalkuliert die neue Prämie nicht mit den durchschnittlich für eine Kohorte zu erwartenden Kosten, sondern – so gut sie es beurteilen kann – mit den für den individuellen Versicherten zu erwartenden Kosten.

Für Versicherte mit einem hohen Gesundheitsrisiko wäre die durchschnittliche Altersrückstellung nicht hoch genug. Sie könnten die Versicherung nach wie vor nicht ohne erheblichen finanziellen Schaden wechseln – wenn auch mit einem geringeren als im Status quo. Sie müssten eine höhere Prämie zahlen und würden deshalb in der Regel auf einen Wechsel verzichten. Für Versicherte mit einem geringen Gesundheitsrisiko wäre die durchschnittliche Altersrückstellung dagegen zu hoch. Es würde sich für andere Versicherungen lohnen, von diesen Versicherten eine etwas geringere Prämie als bisher zu verlangen, um sie abzuwerben.

Wenn aber die vergleichsweise gesunden Versicherten mit im Verhältnis zu ihrem Gesundheitszustand zu hohen Altersrückstellungen zu einer anderen Versicherung abwandern, bleiben die überdurchschnittlich Kranken zurück. Die verbleibenden (durchschnittlichen) Altersrückstellungen reichen für die überdurchschnittlichen Gesundheitsaufwendungen nicht aus. Von der Abwanderung guter Risiken betroffene Versicherungen müssen entweder ihre Prämien erhöhen, wodurch die dort verbleibenden schlechten Risiken ihre hohen Kosten letztlich selber tragen, obwohl sie sich gerade dagegen versichern wollten. Oder die Versicherungen müssen Verluste hinnehmen, die zur Insolvenz führen können, ohne dass die Versicherung ihre Kernaufgabe schlecht erfüllt hätte. Insgesamt käme es dazu, dass der versicherungsmäßige Ausgleich zwischen Versicherten mit unterschiedlichen Risiken nicht mehr funktionieren würde. Die originäre Versicherungsleistung, nämlich der Schutz vor hohen Krankheitskosten, ginge praktisch vollständig verloren.

Ein Versuch, diese Todesspirale als Folge der Risikoselektion und der Übertragung durchschnittlicher Altersrückstellungen zu verhindern, ist die Einführung eines Kontrahierungszwangs und eines Risikostrukturausgleichs. Auch diese Maßnahmen können aber die Risikoselektion nicht vollständig vermeiden und führen zu weiteren Problemen, auf die noch eingegangen wird.

IV. Beihilfe für Angehörige des öffentlichen Dienstes

Die Beihilfe des Staates und der Kommunen zu den Gesundheitsaufwendungen für Mitarbeiter im öffentlichen Dienst sind von der Idee her vergleichbar mit der Finanzierung des hälftigen Beitrags durch die Arbeitgeber in der gesetzlichen Krankenversicherung und der unentgeltlichen Absicherung der Familienmitglieder, die kein eigenes Einkommen erzielen. Ein wesentlicher Unterschied liegt darin, dass die öffentlichen Arbeitgeber die Versicherungsfunktion übernehmen.

Sie zahlen im Rahmen der Beihilfe keine Beiträge an eine Versicherung, sondern tragen unmittelbar einen Teil der Gesundheitsaufwendungen ihrer Bediensteten. Bei einer hinreichend großen Anzahl von Bediensteten ist das prinzipiell nicht mit einer höheren oder geringeren Belastung verbunden als das Einschalten einer Versicherung.[9]

Im öffentlichen Dienst sind die Bediensteten mit geringem Lohn allerdings relativ teurer und die Bediensteten mit hohem Lohn umgekehrt kostengünstiger als entsprechende Arbeitnehmer in der Privatwirtschaft, weil grundsätzlich für alle Mitarbeiter die gleichen Gesundheitsaufwendungen getragen werden. Der betriebswirtschaftlich korrekte fiktive Lohnabzug ist somit für alle Mitarbeiter gleich hoch. Für die Arbeitgeber mit gesetzlich Versicherten steigen die zu zahlenden (hälftigen) Beiträge dagegen mit der Höhe des ausgezahlten Lohns: Der Arbeitgeber zahlt für Geringverdiener weniger für die Krankenversicherung – für die gleichen Gesundheitsleistungen – als für Arbeitnehmer mit hohen Löhnen. Eine solche Umverteilung zugunsten der Bezieher geringer Gehälter ist im Beihilfesystem nicht vorgesehen, weil die Gesundheitsaufwendungen bis auf die Selbstbeteiligung unmittelbar vom Arbeitgeber übernommen werden. In einigen Bundesländern gibt es allerdings inzwischen eine besoldungsabhängige Selbstbeteiligung.

Gegen das Beihilfesystem sprechen auch die hohen Verwaltungskosten, denn alle Rechnungen müssen sowohl von der Beihilfestelle als auch von der privaten Versicherung bearbeitet werden, die ergänzend abgeschlossen wird. Beim Staat gibt es zudem keinen Wettbewerb, der die Verwaltung zwingt, effizient zu arbeiten.

Die öffentlichen Dienstherren könnten an Stelle der Übernahme der Gesundheitskosten das Gehalt ihrer Bediensteten aufstocken, so dass diese die Prämie für eine entsprechende private Versicherung zahlen können. Würde das System in einem Schritt umgestellt, müssten die Gehalts- und Pensionszuschläge für die Prämien allerdings nach dem Gesundheitsrisiko der Bediensteten differenziert werden, da die individuellen Prämien der abzuschließenden privaten Versicherung vom aktuellen Gesundheitszustand und vom Alter des Bediensteten abhängen. Alternativ könnten die Bediensteten relativ großer Behörden jeweils als Gruppe versichert werden, so dass sich die Risiken ausgleichen und alle Bediensteten eine gleich hohe Prämie zahlen könnten. Im Rahmen einer solchen Regelung könnte sogar die unentgeltliche Mitversicherung von Familienangehörigen beibehalten werden. Die privaten Versicherer würden zwar risikoäquivalente Prämien berechnen, diese aber nicht von dem einzelnen Versicherten erhalten, sondern pauschal vom öffentlichen Arbeitgeber. Denkbar ist aber auch, die Mitversicherung von Kindern und Ehepartnern vom Arbeitsverhältnis abzulösen, insbesondere wenn diese Leistungen mit dem Gehalt ausgezahlt werden oder wenn allgemeine familienpolitische Maßnahmen für einen Ausgleich sorgen.

---

[9] Einige Beihilfeträger sichern das Krankheitsrisiko ihrer Angestellten über eine so genannte Beihilfeablöseversicherung ab. Sie zahlen somit Beiträge an eine Versicherung und tragen die entstehenden Gesundheitsaufwendungen nicht unmittelbar.

Die Prämien der öffentlichen Bediensteten wären höher als für vergleichbare Privatversicherte, die von Anfang an privat versichert waren. Für letztere sind bereits Altersrückstellungen gebildet worden, während der Staat quasi im Umlageverfahren finanziert und keine Altersrückstellungen gebildet hat.

V. Status quo auf der Seite der Leistungserbringer

1. Ambulante Versorgung

Die ambulante Versorgung im Rahmen der gesetzlichen Krankenversicherung wird im Wesentlichen korporatistisch gesteuert, also durch Verträge zwischen den Verbänden der Ärzte und den Verbänden der Krankenkassen, und nicht durch vertragliche Beziehungen zwischen einzelnen Ärzten und Kassen. Bis zum Jahr 2000 wurde praktisch die gesamte ambulante Versorgung durch Vereinbarungen zwischen den Kassenärztlichen Vereinigungen auf Seiten der Ärzte und den Verbänden der Krankenkassen bestimmt. Den Kassenärztlichen Vereinigungen kommt damit eine Schlüsselrolle im deutschen Gesundheitswesen zu. Sie sind auf der Ebene der Bundesländer und in der Kassenärztlichen Bundesvereinigung organisiert. Alle für die Versorgung von Kassenpatienten zugelassenen Ärzte sind automatisch Zwangsmitglieder in der Kassenärztlichen Vereinigung und müssen Mitgliedsbeiträge leisten.

Den Kassenärztlichen Vereinigungen obliegt in der ambulanten Versorgung der Sicherstellungsauftrag. Sie stellen auf der Landesebene gemeinsam mit den Krankenkassenverbänden einen Bedarfsplan für die vertragsärztliche Versorgung auf, der verschiedene bedarfsgerechte Arztdichten für die unterschiedlichen Regionen eines Landes wie Kernstädte und ländliche Kreise festlegt. Hierbei sind die Vorgaben des Gemeinsamen Bundesausschusses zu beachten, in dem neben den Verbänden von Kassenärzten und Krankenkassen auch Patientenvertreter mitwirken. Letztere sind allerdings nicht stimmberechtigt. Die Bedarfspläne sind die Grundlage für die Zulassung von Kassenärzten.

Der Sicherstellungsauftrag und die Zwangsmitgliedschaft der Ärzte gewähren den Kassenärztlichen Vereinigungen praktisch ein Vertragsmonopol: Die Krankenkassen können nur mit der Kassenärzteschaft als Ganzes Verträge abschließen. Der einzelne Arzt muss keine Konkurrenz anderer Ärzte um einen Vertragsabschluss mit einer Krankenkasse fürchten. Zwar sind Ausnahmen von dieser Regelung möglich. Nach wie vor werden in Deutschland jedoch für die ganz überwiegende Zahl von Leistungen Kollektivverträge zwischen den Kassenärztlichen Vereinigungen und den Krankenkassenverbänden geschlossen. Auf Landesebene verteilen die Kassenärztlichen Vereinigungen die von den Kassen gezahlte Gesamtvergütung nach dem so genannten Honorarverteilungsmaßstab an die einzelnen Ärzte.

Das korporatistische Steuerungssystem in der ambulanten Versorgung weist eine Vielzahl von Mängeln auf. Beispielsweise waren die Kassenärztlichen Vereinigungen bei der Sicherstellung einer flächendeckenden ambulanten Versorgung in der Vergangenheit nicht sehr erfolgreich. Während in vielen Städten eine Überversorgung besteht, herrscht in ländlichen Räumen, insbesondere in den neuen Bundesländern, oft ein Ärztemangel.

Der Wettbewerb wird in diesem Steuerungssystem nahezu vollständig ausgeschaltet. Die Kassenärzte können über die kassenärztliche Vereinigung den Zugang weiterer Ärzte zu bestimmten Bezirken verhindern, so dass mehr Honorar für die vorhandenen Ärzte zur Verfügung steht. Die durch Zulassungsbeschränkungen entstandenen Renten haben dazu geführt, dass der Arztsitz bestimmter Fachrichtungen in einigen Bezirken sechsstellige Eurobeträge wert ist. Diese Folge der Zulassungsbeschränkungen kann nicht sinnvoll sein. Die Zulassungsbeschränkungen haben das Ziel, die arztinduzierte Nachfrage in überversorgten Bezirken zu reduzieren. Dieses Ziel mag teilweise erreicht werden. Es ließe sich aber auch mit ökonomisch sinnvolleren Maßnahmen erreichen. Würde beispielsweise der Vertragszwang der Ärzte mit den Kassen aufgehoben, würden nicht benötigte Ärzte in überversorgten Regionen keine Verträge mehr erhalten. In diesem Fall könnten die Krankenkassen mit den aus ihrer Sicht qualifiziertesten und am wirtschaftlichsten arbeitenden Ärzten Verträge schließen.

Ein weiterer Mangel des korporatistischen Systems besteht darin, dass keine unmittelbaren Verträge zwischen einzelnen Ärzten und einzelnen Krankenversicherungen geschlossen werden können. Auch wenn eine Krankenkasse mit der Qualität und Effizienz der Leistung eines zugelassenen Arztes unzufrieden ist, muss sie die von ihren Versicherten bei diesem Arzt in Anspruch genommenen Leistungen vergüten. Die Versicherer haben nur sehr begrenzte Möglichkeiten, Wirtschaftlichkeitsprüfungen durchzuführen und Leistungen zu beanstanden, die nicht den (Qualitäts-)Vorgaben der Richtlinien des Gemeinsamen Bundesausschuss entsprechen. Dadurch und aufgrund der Nullkostenillusion der Patienten wird der Kostenwettbewerb zwischen den Ärzten ausgeschaltet. Auch der Qualitätswettbewerb ist stark eingeschränkt. Zwar werden die Patienten versuchen, nur Ärzte aufzusuchen, die qualitativ hochwertige Leistungen anbieten, aber ihnen fehlen oft die zur Beurteilung der ärztlichen Qualität notwendigen Informationen. Die Krankenkassen, die die Qualität der Leistungserbringer deutlich besser einschätzen könnten, bekommen keine detaillierten Daten über das Behandlungsverhalten einzelner Ärzte, diese Informationen stehen nur den Kassenärztlichen Vereinigungen zur Verfügung. Selbst wenn die Krankenkassen diese Daten besäßen, könnten sie in einem korporatistischen System jedoch keine Verträge mit besonders guten Leistungserbringern schließen oder die Vergütung nach der Qualität differenzieren.

Bezüglich der Vergütung der Arztleistungen gibt es keinen Wettbewerb und keine Experimentiermöglichkeiten. Die fehlenden Steuerungsmöglichkeiten der

Kassen haben auch dazu geführt, dass die hausärztliche Koordination im deutschen Gesundheitswesen unterentwickelt ist. Denn lange Zeit konnten den Versicherten keine speziellen Hausarzttarife angeboten werden und später mussten die mit Hausärzten geschlossenen Einzelverträge zusätzlich zu den ungekürzten Zahlungen für das Kollektivvertragssystem von den Krankenkassen vergütet werden.

In den vergangenen Jahren wurden vereinzelte Möglichkeiten geschaffen, den kollektivvertraglichen Rahmen zu lockern. Besonders weit geht die durch das GKV-Wettbewerbsstärkungsgesetz eingeführte Regelung zur besonderen ambulanten Versorgung (§ 73c SGB V). Sie erlaubt den gesetzlichen Krankenkassen, Einzelverträge mit Leistungserbringern oder mit Gruppen von Leistungserbringern zu schließen. Diese Verträge können sowohl Leistungen aus dem gewöhnlichen Leistungskatalog der gesetzlichen Krankenversicherung enthalten als auch Leistungen, die darüber hinausgehen. Auch können spezifische Vergütungsregeln vereinbart werden. Soweit budgetierte Leistungen betroffen sind, können die jeweiligen Budgets grundsätzlich entsprechend bereinigt werden. Die Krankenkassen können den Versicherten für die Teilnahme an solchen Versorgungsmodellen Prämien zahlen. Auf den ersten Blick scheint es, als ob durch diese Regelung das gesamte Kollektivvertragssystem aufgebrochen werden könnte.

Anstelle konkreter Vorschriften über eine Verminderung des Betrages, den eine Kasse für die im Rahmen des Kollektivvertragssystems erbrachten Leistungen an die Kassenärztliche Vereinigung zahlen muss, ist allerdings eine Verhandlungslösung zwischen den Kollektivvertragspartnern vorgesehen. Also müsste zum einen die Kassenärztliche Vereinigung einer entsprechenden Kürzung des ihr zur Verfügung stehenden Budgets zustimmen. Diese Zustimmung wird wohl nur sehr zögerlich erfolgen. Überdies müssen sich auf der Ebene der Kollektivvertragspartner auch die übrigen Kassen mit der Budgetbereinigung einverstanden erklären. Damit können die Krankenkassen wichtige Wettbewerbsparameter ihrer unmittelbaren Konkurrenten beeinflussen. Insgesamt erscheint es daher unwahrscheinlich, dass eine angemessene Budgetbereinigung durchgesetzt werden kann. Wenn aber eine Kasse ihre Einzelverträge zusätzlich zu den für kollektivvertragliche Leistungen anfallenden Zahlungen vergüten muss, wird sie sehr zurückhaltend sein, entsprechende Verträge zu schließen.

2. Stationäre Versorgung

Im stationären Sektor obliegt der Sicherstellungsauftrag den Ländern. Zu diesem Zweck müssen sie einen Krankenhausplan aufstellen. Damit entscheiden sie über Art und Anzahl der erforderlichen Krankenhäuser und Betten. Auch in diesem Sektor müssen die Krankenkassen sämtliche Leistungen der Krankenhäuser im Rahmen des Landeskrankenhausplans nach einheitlichen Regeln vergüten.[10] Der Kontrahierungszwang der Krankenkassen mit den Krankenhäusern aus dem Landeskrankenhausplan erschwert privaten Krankenhäusern den Marktzutritt. Sie werden nicht so leicht in diese Pläne aufgenommen wie öffentliche Häuser. Zusammen mit den fast völlig fehlenden Möglichkeiten zum Abschluss von Einzelverträgen wird der Wettbewerb massiv eingeschränkt. Auch im stationären Sektor bestehen keine Möglichkeiten zum Experimentieren mit unterschiedlichen Vergütungssystemen.

Eine Besonderheit des Krankenhaussektors in Deutschland besteht darin, dass ein Teil der entstehenden Kosten nicht über Beiträge oder Prämien, sondern unmittelbar von den Ländern finanziert wird. So übernehmen die Länder nach Maßgabe des Krankenhausfinanzierungsgesetzes die Investitionskosten für Krankenhäuser, soweit diese in den Bedarfsplan des jeweiligen Landes aufgenommen werden. Dabei sind Ziele und Erfordernisse der Raumordnung und Landesplanung zu beachten (§ 90 SGB V). Diese *duale Finanzierung* verschleiert die tatsächlichen Kosten der Gesundheitsleistungen. Aus Wettbewerbsgründen, wegen der größeren Transparenz und um sachfremde Motive für die Standortwahl und Ausstattung der Krankenhäuser auszuschalten, sollten diese Zuschüsse eingestellt werden. Auch der vor allem von den Kommunen geleistete Defizitausgleich bei defizitären öffentlichen Häusern verhindert eine Anpassung der Krankenhauskapazitäten an neue Gegebenheiten und führt zu Wettbewerbsverzerrungen auf dem Krankenhausmarkt. Schließlich verzerrt auch die abgabenrechtliche Privilegierung der freigemeinnützigen Häuser den Wettbewerb.

Die bisher dargestellten, in Einzelfällen bestehenden eingeschränkten Steuerungsmöglichkeiten des Versorgungsgeschehens durch die Kostenträger gelten für das System der gesetzlichen Krankenversicherung. Die private Krankenversicherung verfügt nicht über diese Möglichkeiten: Von Modellversuchen abgesehen kann die private Krankenversicherung bisher überhaupt keinen Einfluss auf das ambulante und stationäre Versorgungsgeschehen ausüben.

3. Trennung von ambulanter und stationärer Versorgung

Die wahrscheinlich problematischste Besonderheit des deutschen Versorgungssystems im Rahmen der gesetzlichen Krankenversicherung ist die im internationalen Vergleich immer noch einmalige strikte Trennung zwischen ambulantem und stationärem Sektor. Zwar existieren vereinzelt ambulante Behandlungsmöglichkeiten für Krankenhäuser, diese sind aber strikt limitiert. Dies führt zu der für Deutschland typischen „doppelten Facharztschiene": Facharztkapazitäten (einschließlich der erforderlichen Technologie) werden oft sowohl im Kranken-

---

[10] Fast ohne praktische Relevanz ist die Möglichkeit der Krankenkassen, einen Versorgungsvertrag mit einem Krankenhaus zu kündigen. Dafür gelten sehr restriktive Bedingungen.

haus, als auch bei den niedergelassenen Fachärzten vorgehalten. Dies ist mit zusätzlichen Kosten verbunden. Kostensteigernd wirkt auch, dass gesetzlich Versicherte nur über eine Krankenhauseinweisung Zugang zu Spezialisten haben, die ausschließlich im Krankenhaus tätig sind. Privat Versicherte können sich auch ambulant von Krankenhausärzten behandeln lassen.

Darüber hinaus führt diese Trennung zu Versorgungsmängeln. Die an sich unnötigen Krankenhauseinweisungen stellen eine Form der medizinischen Überversorgung dar. Durch die hohen Hürden bei der Konsultation von Krankenhausärzten kommt dieser Kontakt häufig zu spät zustande. Außerdem kann es zu problematischen Brüchen in den Versorgungsprozessen kommen, wenn beispielsweise der Arzt, der eine Operation durchgeführt hat, bei später auftretenden Komplikationen nicht mehr ambulant konsultiert werden kann.

Ein kleiner Bereich, in dem kaum Vertragszwänge gelten und in dem die sektorale Trennung überwunden wird, ist die integrierte Versorgung (§§ 140 a ff. SGB V). Sie muss entweder sektorübergreifend (ambulant – stationär) oder interdisziplinär-fachübergreifend (beispielsweise durch die Zusammenarbeit verschiedener Facharztrichtungen) ausgestaltet sein. Hier bestehen Freiräume bei der Auswahl der teilnehmenden Leistungserbringer durch die einzelnen Kassen und bei deren Vergütung. Jede Kasse kann bis zu einem Prozent der vertragsärztlichen Vergütung und der Krankenhausrechnungen für die integrierte Versorgung verwenden. Sie kann die anderen Ausgabenposten entsprechend kürzen, so dass es nicht zu einer Doppelfinanzierung kommt. Die große und weiter steigende Zahl der Verträge zur integrierten Versorgung belegt die Attraktivität dieser Versorgungsform. Allerdings handelt es sich dabei ganz überwiegend um kleine Segmente des Versorgungsgeschehens, beispielsweise die stationäre Versorgung mit Knie- oder Hüftprothesen und anschließender Rehabilitation. Eine weiterreichende integrierte Versorgung findet bisher fast nicht statt, da sie erhebliche Investitionen in neue Organisationsstrukturen erfordern würde, die für Investoren angesichts der engen zeitlichen und volumenmäßigen Beschränkung dieser Versorgungsform sehr risikoreich sind.

D. Reformvorschläge zur Fortentwicklung der gesetzlichen Krankenversicherung

Während der intensiven Reformdiskussion in den Jahren 2005 und 2006 standen zwei Konzepte im Vordergrund: die Bürgerversicherung, die von weiten Teilen der SPD vertreten wurde, und die Gesundheitspauschale, die von der CDU vorgeschlagen wurde. Die im Koalitionsvertrag vom 11. November 2005 verabredete Einführung übertragbarer individueller Altersrückstellungen bei den privaten Krankenversicherungen ist mit dem Konzept der Bürgerversicherung, also einer umlagefinanzierten Versicherung für alle, auch bisher privat versicherte Bürger, nicht vereinbar. Gegen die Absicht, eine Bürgerversicherung anzustreben, spricht allerdings, dass im Koalitionsvertrag auch vorgesehen war zu prüfen, ob Altersrückstellungen bei einem Wechsel zwischen privaten und gesetzlichen Krankenversicherungen übertragen werden können.

Das in diesem Buch vorgestellte Konzept einer kapitalgedeckten Versicherung mit übertragbaren individuellen Altersrückstellungen wurde zwar von der FDP ins Spiel gebracht, aber innerhalb der großen Koalition auf die privaten Versicherungen begrenzt. Nachdem im Gesetz zur Stärkung des Wettbewerbs in der gesetzlichen Krankenversicherung keiner der diskutierten Vorschläge verwirklicht, sondern nur die bestehende gesetzliche Krankenversicherung über einen komplizierten Fonds finanziert werden soll, wird die Diskussion über die Reformvorschläge in absehbarer Zeit wieder aufgegriffen werden müssen.

I. *Bürgerversicherung*

Grundidee der Bürgerversicherung ist es, alle Bürger im umlagefinanzierten System zu versichern und dabei gleichzeitig zwischen gut gestellten Bürgern und bedürftigen Bürgern umzuverteilen, indem die Beiträge nach dem Gesamteinkommen bemessen werden. Letztlich werden die Prinzipien der gesetzlichen Krankenversicherung konsequenter angewandt und für alle Bürger obligatorisch gemacht. Die Eckpunkte einer Bürgerversicherung sind im folgenden Kasten zusammengestellt:

I. Bürgerversicherung

Die Kernelemente der Bürgerversicherung in Stichpunkten:
- Pflichtversicherung aller Bürger in der gesetzlichen Krankenversicherung
- Beiträge auf alle Einkünfte
- Anhebung, aber nicht Aufhebung der Beitragsbemessungsgrenze (andernfalls würde der Beitrag zu einer reinen proportionalen Einkommensteuer)
- Kinder und Familienangehörige ohne Einkünfte bleiben beitragsfrei
- private Versicherungen können in das System eintreten
- Risikostrukturausgleich zwischen allen teilnehmenden Versicherungen
- Kontrahierungszwang für alle teilnehmenden Versicherungen
- reine Privatversicherungen nur bei Zusatzversicherungen

Im Vergleich zur bestehenden gesetzlichen Krankenversicherung wird mit der Bürgerversicherung eine Verbesserung der Umverteilungswirkungen innerhalb des Systems angestrebt. Die Beiträge werden grundsätzlich als Prozentsatz von allen Einkünften erhoben. Dadurch lässt sich eher verhindern, dass Versicherte unterstützt werden, die nicht bedürftig sind, obwohl sie ein sehr geringes Lohneinkommen haben. Noch wichtiger scheint die stärkere Belastung der Versicherten zu sein, die mit ihrem Gesamteinkommen, also den Löhnen und sonstigen Einkünften, an die Beitragsbemessungsgrenze heranreichen. Wegen der breiteren Bemessungsgrundlage wird schon bei unveränderter Beitragsbemessungsgrenze ein höheres Beitragsaufkommen erzielt. Dieser Effekt wird durch die Aufhebung der Versicherungspflichtgrenze verstärkt, weil es für die Bezieher hoher Einkommen nicht mehr die Option gibt, in die private Krankenversicherung zu wechseln. Damit werden alle Bürger mit hohen Einkommen in den Solidarausgleich innerhalb der Krankenversicherung herangezogen.

Wenn man an einem speziellen Sozialausgleich innerhalb des Versicherungssystems festhält, können die Umverteilungsziele im Rahmen einer Bürgerversicherung besser erreicht werden als in der geltenden gesetzlichen Krankenversicherung. Aber tatsächlich befriedigend lässt sich die angestrebte soziale Absicherung auch auf diese Weise nicht lösen.

Selbst wenn die Versicherungspflichtgrenze fällt und alle Bürger in dem umlagefinanzierten System versichert sein müssen, wird es wie bisher eine Grenze für die Beitragsbemessung geben müssen. Die Einkommen oberhalb der Beitragsbemessungsgrenze können nicht in die Umverteilung einbezogen werden. Die volle Leistungsfähigkeit der Bürger wird nicht berücksichtigt. Hier liegt bereits eine wichtige Einschränkung sinnvoller Umverteilungsmöglichkeiten innerhalb der Bürgerversicherung im Vergleich zum allgemeinen Steuer- und Transfersystem, in dem gerade die höchsten Einkommen am stärksten belastet werden. Eine Aufhebung der Beitragsbemessungsgrenze scheitert daran, dass es in einer Versicherung eine gewisse Äquivalenz von Leistung und Gegenleistung geben muss. Würde sie aufgehoben, entspräche der Beitragssatz einem linearen Steuersatz auf das

Gesamteinkommen. Es ist aber nicht zulässig, dass öffentlich-rechtliche Unternehmen oder gar private Unternehmen Steuern erheben, und es ist auch nicht zulässig, eine spezielle Steuer für einen ganz bestimmten Zweck zu erheben.

Im Konzept der Bürgerversicherung ist nicht die Rede davon, die untere Beitragsbemessungsgrenze aufzuheben. Die Einkommensschwachen mit Lohn- oder Renteneinkünften unterhalb der unteren Beitragsbemessungsgrenze und die Menschen ohne Einkommen werden damit nicht entsprechend ihrer geringen Leistungsfähigkeit zu einem sehr geringen Beitrag oder auch ohne Beitrag in der Bürgerversicherung versichert. Sie werden wie bisher zu einem Pauschalbeitrag auf Kosten der Allgemeinheit – der Steuerzahler – versichert. Grundsätzlich bleibt eine Umverteilung innerhalb des Versicherungssystems, die eindeutig an der Bedürftigkeit einerseits und an der Leistungsfähigkeit andererseits orientiert sein sollte, von vorneherein erheblich eingeschränkt.

Auch die weiteren Einwände gegen eine spezielle soziale Absicherung im Rahmen der Krankenversicherung gelten für die Bürgerversicherung, also das Ausklammern des Vermögens und der finanziellen Situation der Familie bei der Prüfung der Bedürftigkeit. Der Haupteinwand richtet sich gegen den Versuch, ein zweites paralleles Umverteilungssystem neben der Sozialhilfe und dem Arbeitslosengeld II einzurichten und damit an zwei Stellen den vollen Aufwand für die Überprüfung der Bedürftigkeit und Leistungsfähigkeit zu erzeugen. Die Diskussion über die Berücksichtigung der Einkünfte aus Vermietung und Verpachtung, bei der hohe negative steuerliche Einkünfte entstehen können – mit der Folge negativer Beiträge zur Krankenversicherung – lässt die Schwierigkeiten erkennen, gleichzeitig eine Versicherungsleistung anzubieten und eine gesellschaftspolitisch sinnvolle Umverteilung betreiben zu wollen.

Eine Nebenwirkung sollte nicht unterschätzt werden: Wegen der Einbeziehung aller Einkünfte und wegen des Wegfalls der Versicherungspflichtgrenze werden die Beitragseinnahmen steigen. Der Beitragssatz müsste entsprechend gesenkt werden. Alle Erfahrungen mit politischen Prozessen zeigen, dass es eine große Versuchung gibt, den Beitragssatz nicht ganz so weit abzusenken wie es zur Neutralisierung der Mehreinnahmen nötig wäre, sondern lieber einen Teil der Beiträge für zusätzliche Leistungen zu nutzen. In den Folgejahren besteht die zusätzliche Gefahr, dass mit den früheren Beitragssätzen auf der geringeren Basis verglichen und der Beitragssatz weiter angehoben wird.

Da es beim Umlageverfahren bleibt, wird das Demografieproblem nicht gelöst. Wegen der Einbeziehung der privat Versicherten, die damit keine individuelle Altersvorsorge im Kapitaldeckungssystem mehr betreiben würden, werden die demographischen Probleme sogar verschärft. Das wäre ein großer Schritt in die falsche Richtung.

Ungelöst bleibt auch die Wettbewerbsfrage. Über alle Parteigrenzen hinweg ist man sich inzwischen einig, dass die Effizienz im Gesundheitswesen nur erhöht und die Kosten einigermaßen unter Kontrolle gehalten werden können, wenn mehr Wettbewerb eingeführt wird. Beim Wettbewerbsstärkungsgesetz war dies eigentlich das Hauptanliegen – auch wenn der Erfolg gering geblieben ist. Die Bürgerversicherung geht aufgrund der weitgehenden Abschaffung der privaten Krankenversicherung in die falsche Richtung. In der privaten Krankenversicherung bestehen weltweit einmalig günstige Voraussetzungen für die Implementierung eines Systems mit funktionierendem Versicherungswettbewerb. Deshalb war die Absicht konsequent, die dafür fehlende Komponente zu ergänzen, nämlich die Übertragbarkeit individueller Altersrückstellungen. Das passt aber nicht zum Konzept der Bürgerversicherung.

Die zentralen Herausforderungen in der sozialen Absicherung, die Eindämmung zusätzlicher Belastungen künftiger Generationen und die Stärkung des Wettbewerbs sind mit einer Bürgerversicherung nicht zu bewältigen.

II. Gesundheitspauschale

Neben dem Begriff Gesundheitspauschale werden für dieses Konzept die Bezeichnungen Bürgerpauschale und abwertend Kopfpauschale verwendet. Vertreten wird das Konzept von der CDU, die am 1. Dezember 2003 einen entsprechenden Parteitagsbeschluss gefasst hat. Auch der Sachverständigenrat zur Begutachtung der gesamtwirtschaftlichen Entwicklung und verschiedene Kommissionen haben sich für das Konzept der Gesundheitspauschale ausgesprochen. Alle Varianten bauen auf der gesetzlichen Krankenversicherung auf. Sie unterscheiden sich in den Details, aber die Kernelemente sind gleich. Im Folgenden werden sie in der Version des Sachverständigenrats (vgl. Jahresgutachten 2005/06, Ziffer 534) stichpunktartig zusammengefasst:

Die Kernelemente der Gesundheits- bzw. Bürgerpauschale in Stichpunkten:
- Abkopplung der Beiträge von den Löhnen und Renten
- Ausdehnung der Versicherungspflicht auf die gesamte Wohnbevölkerung
- privat Versicherte und Beihilfebezieher werden in einigen Varianten einbezogen
- einheitlicher pauschaler Beitrag für alle gesetzlich Versicherten (Gesundheitspauschale)
- Kinder zahlen einen ermäßigten oder gar keinen Beitrag (CDU-Vorschlag: Beitrag für Kinder aus Steuermitteln)
- gesonderte Versicherung des Krankengeldes
- Versicherte tragen die volle Pauschale; Umwandlung des Arbeitgeberbeitrags in eine Erhöhung der Bruttolöhne
- Rentenversicherungsträger zahlen ihren Beitragsanteil an die Rentner aus

- Besteuerung des Arbeitgeberanteils als Lohnbestandteil beim Arbeitnehmer (Steuermehreinnahmen in Höhe von 15 bis 17 Milliarden Euro jährlich)
- Versicherte mit geringem Einkommen erhalten einen sozialen Ausgleich, der mit den Mehreinnahmen und sonstigen Steuermitteln finanziert wird
- Kontrahierungszwang und Risikostrukturausgleich

Der Hauptvorteil einer Versicherung mit Gesundheitspauschale im Vergleich zu den geltenden Regelungen der gesetzlichen Krankenversicherung besteht in der Trennung von Versicherungsleistung und sozialer Absicherung. Da alle Versicherten einer Alterskohorte in der gleichen Versicherung den gleichen pauschalen Beitrag zahlen, muss es außerhalb der Krankenversicherung ein Umverteilungssystem geben, mit dem sichergestellt wird, dass jeder Bürger sich eine angemessene Krankenversicherung leisten kann. Diese Aufgabe wird wie bei der Bereitstellung anderer Güter und Dienstleistungen dem Steuer- und Transfersystem überlassen.

Aufgrund der vergleichsweise hohen Kosten der Krankenversicherung und damit der hohen Pauschale für Personen mit geringem Einkommen, wird es bei einer Umstellung des Versicherungssystems auf eine Gesundheitspauschale Anpassungen in den Sozialleistungen und möglicherweise im Steuersystem geben müssen. Trotzdem ist es eine sinnvolle Änderung, die Umverteilung dann an einer Stelle unter Berücksichtigung der gesamten Lebensumstände wie Einkommen, Vermögen und Familiensituation durchzuführen. Die oben kritisierten ungerechtfertigten Begünstigungen und Belastungen aufgrund der Messung von Bedürftigkeit und Leistungsfähigkeit am Lohneinkommen sowie aufgrund der Beitragsbemessungsgrenzen würden entfallen. Die Umverteilung würde wesentlich zielgenauer und transparenter.

Die Gesundheitspauschale einzuführen bedeutet nicht, dass die private Krankenversicherung aufgegeben werden müsste. Da die Umverteilung aus dem System herausgenommen wird, müssen die Privatversicherten nicht gezwungen werden, in das System einzutreten, weil sie über das allgemeine Steuersystem zur Finanzierung der sozialen Absicherung herangezogen werden. Das Steuer- und Transfersystem erfasst alle Bürger. Deshalb ist es auch nicht erforderlich, die schon bestehende Altersvorsorge durch Altersrückstellungen in der privaten Krankenversicherung aufzugeben und die Belastung künftiger Generationen zu verschärfen.

Die bisherige Wirkung der Beiträge als Steuer auf die abhängige Beschäftigung wird beseitigt. Die Illusion, die Arbeitgeber würden die Hälfte der Beiträge zahlen, wird aufgegeben. Die Arbeitgeber sind nicht mehr gezwungen, die Lohnkostensteigerung durch eine Erhöhung des Beitragssatzes in der Krankenversicherung in der nächsten Lohnrunde vom Lohnerhöhungsspielraum abzuziehen. Die Lohnverhandlungen werden von Änderungen der Beitragssätze entlastet. Beitragssatzerhöhungen und Lohnerhöhungen lassen sich nicht mehr addieren oder verrechnen, so dass es auch keinen Anknüpfungspunkt für die Forderung gibt, eine Beitragssatzerhöhung durch eine zusätzliche Lohnsteigerung zu kompensieren (Nettolohnpolitik).

Leider bleibt es im Gesundheitspauschalen-Konzept beim Umlagesystem, weil die Finanzierung der gesetzlichen Krankenversicherung lediglich von lohnbezogenen Beiträgen auf Pauschalen umgestellt wird. Mit den Pauschalen wird kein Kapitalstock für zu erwartende steigende Kosten im Alter gebildet. Zwar übersteigt die Pauschale bei jungen Versicherten die durchschnittlich anfallenden Kosten. Diese Überschüsse werden jedoch für die über der Pauschalprämie liegenden Kosten der älteren Versicherten verbraucht. Die späteren überdurchschnittlichen Kosten der heute jungen werden im Alter über die Pauschalen der dann jungen und im Durchschnitt gesünderen Versicherten mitfinanziert. Das System ist damit nicht demografiefest. Es lässt auch keinen echten Wettbewerb zu. Die Anreize zur Risikoselektion und damit das Erfordernis eines Risikostrukturausgleichs bleiben bestehen. Die Versicherungen werden sich um junge und gesunde Kunden bemühen, deren erwartete Kosten unterhalb der Pauschalprämie liegen.

Trotzdem kann die Gesundheitspauschale als ein erster Schritt in die richtige Richtung angesehen werden, denn wenn die Gesundheitsleistungen im Wettbewerb erbracht werden sollen, muss die Erhebung der Beiträge von der Umverteilungsaufgabe befreit werden. Der nächste Schritt wäre das Ersetzen der pauschalen Beiträge durch risikoäquivalente Prämien. Der Unterschied zwischen Gesundheitspauschale und risikoäquivalenter Prämie muss nicht groß sein, wenn die Bürger unmittelbar nach der Geburt einen Versicherungsvertrag abschließen, da zu diesem Zeitpunkt kaum Risikounterschiede erkennbar sind. Anders als im Pauschalprämiensystem werden jedoch Altersrückstellungen gebildet. Das System wird demografiefest, Risikoselektion wird verhindert und Wettbewerb ermöglicht.

Als zusätzliche Variante wird von einigen Seiten vorgeschlagen, die Beiträge zur gesetzlichen Krankenversicherung für Kinder aus Steuermitteln zu finanzieren. Die Parteien der großen Koalition und eine Reihe von Wissenschaftlern[1] bezeichnen die beitragsfreie Mitversicherung von Kindern als familienpolitische Aufgabe und versicherungsfremde Leistung und empfehlen, sie aus dem Bundeshaushalt zu finanzieren. Dafür sind Beträge von 14 bis 16 Milliarden Euro im Gespräch. CDU-Generalsekretär Volker Kauder regt an, dafür einen „Gesundheitssoli" in Höhe von acht Prozent auf die Lohn und Einkommensteuerschuld oder eine um drei Prozent höhere Einkommensteuer (auf alle Einkünfte) zu erhe-

---

[1] U.a. Bert Rürup und Eberhard Wille (vgl. Rürup und Wille 2004, S. 13–14) sowie der Wissenschaftliche Beirat beim Bundesfinanzministerium im Oktober 2005.

ben. Sein Anliegen ist es, die Kosten für die Kinder auf alle Schultern in der Gesellschaft zu verteilen.

Gegen eine Steuerfinanzierung der Krankenversicherung für Kinder sprechen gewichtige Gründe. Die kostenlose Versicherung von Kindern ist keineswegs versicherungsfremd, sondern lediglich der Verzicht auf ein Entgelt für die Versicherungsleistung. Dieser Verzicht ist jedoch keineswegs zwingend:

– Warum soll eine wirtschaftliche Leistung nicht durch ein entsprechendes Entgelt, also eine Prämie finanziert werden, sondern durch Steuern? Mit diesem Vorschlag wird die Trennung von wirtschaftlicher Leistung und Verteilung noch weiter gelockert und ein echter Wettbewerb auf der Leistungsseite verhindert.

– Warum sollen unter familienpolitischen Aspekten gerade die Versicherungskosten aus Steuermitteln finanziert werden, die für Kinder anfallen? Warum nicht die Kosten für die Wohnung, Kleidung oder Ernährung? Wenn Familien mit Kindern unterstützt werden sollen, ist das Kindergeld die angemessene Lösung. Eine Verzerrung der Preise der damit nachgefragten Leistungen wird vermieden, Wettbewerb ermöglicht. Es werden Anreize gesetzt, auch für Kinder eine effiziente Versicherung auszuwählen.

– Die Übernahme der Kosten für die Krankenversicherung für alle Kinder hat die gleiche Wirkung wie eine entsprechende Erhöhung des Kindergeldes *ohne Optionsregelung* (ohne Verrechnung von einkommensteuerlichem Kinderfreibetrag und Kindergeld).[2] Hier wird allerdings ein hoher Betrag erforderlich sein, was man beim Kindergeld bisher vermieden hat.

---

[2] Vgl. dazu ausführlich Henman (2002).

E. Ein wettbewerblich orientiertes Gesundheitssystem

I. Das Referenzsystem

1. Das Konzept im Überblick

Löst man sich von den bestehenden Regelungen im Gesundheitswesen, dann kann man unter ordnungspolitischen Aspekten ein System entwickeln, das den Prinzipien der Sozialen Marktwirtschaft entspricht. Dieses setzt so weit wie möglich auf eine Steuerung durch die Nachfrage über Preise, das heißt die Konsumenten haben Wahlfreiheit und tragen die Kostenverantwortung. Der Staat gewährleistet eine gesellschaftlich bestimmte soziale Mindestsicherung, die auch den Gesundheitsbereich umfasst. Die wichtigsten Elemente eines solchen Systems lassen sich in folgenden 13 Punkten zusammenfassen:

(1) Jeder Bürger ist verpflichtet, eine Krankenversicherung – im Sinne einer Mindestversicherung – abzuschließen.

Damit soll vermieden werden, dass Bürger, die im Prinzip für sich selbst sorgen können, im Krankheitsfall die Solidarität der Gesellschaft in Anspruch nehmen (Freifahrerverhalten). Das Mindestsicherungsniveau muss vom Staat definiert werden, weil sonst offen bleibt, wann der Bürger seiner gesetzlichen Pflicht genügt.

(2) Jeder Versicherte kann oberhalb der Mindestversicherung zwischen verschiedenen Paketen von Leistungen wählen, auf die er im Versicherungsfall zusätzlich Anspruch hat. Er zahlt dann eine entsprechend höhere Prämie.

Außerhalb des Umfangs der Versicherungspflicht besteht Wahlfreiheit und volle Kostenverantwortung. Die freiwillige Zusatzversicherung kann gedanklich vollständig von der verpflichtenden Mindestabsicherung getrennt werden.

(3) Die Prämien für die Regelleistungen sollen risikoäquivalent sein, also differenziert nach den erwarteten individuellen Gesundheitsaufwendungen für die vereinbarten Leistungen der Versicherung. Das bedeutet, dass die Prämie zum Zeitpunkt des Versicherungsabschlusses nach den Merkmalen differenziert wird, von denen auf die Inanspruchnahme der Versicherung geschlossen werden kann: Alter, Geschlecht, Gesundheitszustand. Je früher eine Versicherung abgeschlossen wird, desto weniger unterscheiden sich die Informationen über Gesundheitsrisiken und umso geringer sind die Prämienunterschiede.[1]

---

[1] Durch eine obligatorische Nachversicherung der Kinder ist es möglich, dass alle Versicherten eines Jahrgangs bei einer Versicherung die gleiche Prämie zahlen, ohne dass es zu Risikoselektion kommt.

Mit risikoäquivalenten Prämien sollen Marktpreise für Gesundheitsleistungen ermöglicht werden, so dass kein Anreiz zur Risikoselektion entsteht. Die risikoäquivalenten Prämien bilden sich in einem unverfälschten Wettbewerb um Versicherte, wobei die Versicherung zum Zuge kommt, die aufgrund besonders guter Kenntnisse über die Behandlung von Krankheiten oder generell aufgrund einer günstigen Kostensituation mit der geringsten Prämie auskommt.

(4) Jeder Versicherte zahlt den Versicherungsbeitrag selbst (keine Arbeitgeberbeiträge, keine Beiträge der Rentenversicherung).

Die Illusion, der Arbeitgeber oder der Rentenversicherungsträger würde einen Teil der Beiträge finanzieren, soll gar nicht erst entstehen.

(5) Die Versicherten sollen die Möglichkeit zur Selbstbeteiligung an allen Gesundheitsaufwendungen haben. Für die Empfänger sozialer Hilfen werden die Sozialleistungen so erhöht, dass sie ihre Versicherung selbst bezahlen können. In den Regelsätzen werden eine angemessene Prämie für einen Tarif mit Selbstbeteiligung und ein angemessener Beteiligungsbetrag zugrunde gelegt. Nach oben muss die Selbstbeteiligung für alle Bürger begrenzt bleiben, weil sonst die (Mindest-)Versicherungspflicht unterlaufen werden könnte.

Der Versicherte übernimmt damit im Rahmen der Regelleistungen teilweise die Verantwortung für die Entscheidung über die Ausgaben, damit er die Versichertengemeinschaft nicht über Gebühr in Anspruch nimmt (Moral hazard). Umgekehrt darf die Selbstbeteiligung nicht dem Verzicht auf eine Versicherung nahe kommen, weil dann im Krankheitsfall die Gefahr besteht, dass die Gesellschaft die Kosten übernehmen muss.

(6) Es gibt nur eine Versicherungsart, also keine Trennung zwischen gesetzlicher und privater Versicherung.

Der Staat verlangt lediglich eine Absicherung der Aufwendungen für Regelleistungen, ohne damit Umverteilungsziele oder andere Vorgaben zu verbinden.

(7) Für Regelleistungen sind individuelle Altersrückstellungen zu bilden und zu übertragen.

Mit dieser Forderung soll eine Absicherung der bisherigen Prämie im Falle des Wechsels der Versicherung erreicht werden. Außerdem wird eine Absicherung gegen hohe Aufwendungen im Alter angestrebt, die von einem Teil der Bürger nicht getragen werden können und dann von der Gemeinschaft übernommen werden müssen. Auch wenn eine Versicherung besteht, die Prämien aber jeweils in Höhe des durchschnittlichen Risikos der einzelnen Perioden gezahlt werden, steigen die Prämien mit dem Alter. In den letzten Lebensjahren können die Prämien dann den größten Teil des laufenden Einkommens beanspruchen und bei einem Teil der Versicherten Hilfebedürftigkeit auslösen. Deshalb soll der Verlauf der Prämien über den Lebenszyklus durch Altersrückstellungen geglättet werden.

Die Altersrückstellungen sollen individualisiert werden, damit grundsätzlich ein Risikoausgleich bei einem Wechsel der Versicherung möglich wird. So entsteht Wettbewerb und Versicherte werden nicht durch hohe Prämienzuschläge von einem Wechsel abgehalten.

(8) Der Versicherte hat das unabdingbare Recht, die Versicherung zu wechseln.

Verträge, die den Wechsel zwischen Versicherungen ausschließen, sollen nicht zulässig sein. Beim Wechsel werden individuelle risikoäquivalente Altersrückstellungen übertragen. Diese Regelung dient dem Schutz des Versicherten und ist eine Voraussetzung für den Wettbewerb.

(9) Die Versicherungen schließen Verträge mit Ärzten und Krankenhäusern ihrer Wahl über eine Zusammenarbeit und über Leistungsvergütungen. Eine Kassenzulassung ist nicht erforderlich.

Der Versicherte kann zwischen den Ärzten, Zahnärzten und Einrichtungen wählen, mit denen die Versicherung einen Vertrag geschlossen hat. Auf diese Weise sollen eine Auslastung der Praxen und Einrichtungen sowie eine Qualitätskontrolle gewährleistet werden.

(10) Der Versicherte kann den Arzt frei wählen, also auch einen Arzt, der keine Vereinbarung über eine Zusammenarbeit mit seiner Versicherung getroffen hat. Dann muss er allerdings eine Zusatzversicherung abschließen, einen erhöhten Selbstbehalt akzeptieren oder einen geminderten Erstattungsanspruch hinnehmen.

Da die Kalkulation der Versicherungen durch freie Arztwahl unsicherer werden kann und da nicht mit allen Ärzten Vereinbarungen über die Vergütung getroffen werden können, muss der Versicherte diese zusätzlichen Kosten tragen. Das gilt auch für Transferempfänger.

(11) Neue Unternehmensformen werden zugelassen.

Es soll möglichst keine Restriktionen der Unternehmensformen und der Leistungskombinationen geben. Das gilt sowohl für die Ärzte als auch für die Krankenhäuser. Auch die bisher bestehenden Grenzen zwischen den Sektoren ambulant, stationär und Rehabilitation entfallen.

(12) Wie in anderen Wirtschaftsbereichen gilt grundsätzlich das Kostenerstattungs- bzw. Vergütungsprinzip, nicht das Sachleistungsprinzip.

Der Versicherte soll unmittelbar für die in Anspruch genommenen Leistungen bezahlen und kann sich die Aufwendungen nach Maßgabe seines Vertrages von der Versicherung erstatten lassen. Zeitlich kann die Erstattung vor der Bezahlung an den Leistungserbringer liegen. Beim (bislang in der gesetzlichen Krankenversicherung praktizierten) Sachleistungsprinzip rechnen die Erbringer von Gesundheitsleistungen unmittelbar mit der Krankenversicherung ab. Für den Versicherten werden die abgerechneten Leistungen und die damit verbundenen Kosten meist nicht sichtbar. Das System ist zudem äußerst betrugsanfällig.

(13) Krankenhäuser finanzieren sich ausschließlich aus Leistungsentgelten.

Die gesamten Kosten der Krankenhäuser werden über die Versicherungsprämien und nicht über öffentliche Zuwendungen finanziert. Die Investitionskosten

78 E. Ein wettbewerblich orientiertes Gesundheitssystem

sind in die Leistungsentgelte einzurechnen, die den Versicherungen von den Krankenhäusern in Rechnung gestellt werden.

2. Die Komponenten eines marktkonformen Versicherungssystems im Einzelnen

2.1 Versicherungspflicht[2]

Bei den meisten Gütern und Dienstleistungen wird die Inanspruchnahme durch das verfügbare Einkommen der privaten Haushalte begrenzt. Darauf kann man prinzipiell auch im Gesundheitswesen vertrauen, wenn sichergestellt ist, dass alle Bürger sich eine angemessene Krankenversicherung leisten können, also gegebenenfalls entsprechende Transferzahlungen aus öffentlichen Mitteln erhalten. Aber selbst eine hinreichende finanzielle Grundsicherung erfordert ein verantwortliches Umgehen der Bürger mit den verfügbaren Mitteln, also die Bereitschaft, für künftige Risiken vorzusorgen und entsprechende Versicherungen abzuschließen.

Ähnlich wie in der Altersvorsorge besteht die Gefahr, dass ein Teil der Bürger keine ausreichende Eigenvorsorge trifft und später die Mindestsicherung der Gesellschaft (Sozialhilfe, Arbeitslosengeld II) in Anspruch nimmt, obwohl das Lebenseinkommen ausreichend ist, die Alters- und Gesundheitsrisiken mit eigenen Mitteln abzudecken. Insbesondere für Personen mit einem vergleichsweise geringen Einkommen kann es sinnvoll erscheinen, das laufende Einkommen vollständig zu verbrauchen und sich später auf Sozialleistungen zu verlassen.[3]

Während Unterschiede der Alterseinkommen in der Gesellschaft kaum auf Akzeptanzprobleme stoßen, werden Gesundheitsleistungen eher unter dem Aspekt gesehen, dass jeder Bürger unabhängig vom Einkommen Zugang zu den „notwendigen Leistungen" haben soll. Manchmal wird sogar von einem Anspruch aller Bürger auf die „bestmögliche Gesundheitsversorgung" gesprochen. Insoweit besteht ohne eine Versicherungspflicht kein Anlass, sich überhaupt zu versichern, wenn die Standardleistungen mit oder ohne Beitragszahlungen im Bedarfsfall durch die Sozialsysteme gesichert sind.

Die Gesellschaft könnte sich zwar auf die Position zurückziehen, dass ein Bürger, der keine Versicherung abschließt, obwohl er die Prämie aus den laufenden Einkommen zahlen kann, auch die Folgen zu tragen hat, wenn er schwer erkrankt. Diese Position lässt sich aber nicht durchhalten, wenn lebensbedrohende Krank-

---

[2] Vgl. dazu ausführlich auch Pimpertz (2001).
[3] Ein typisches Beispiel ist die Diskussion über die Vorteilhaftigkeit der freiwilligen Altersvorsorge (Riesterrente). Hier wird von manchen Seiten darauf verwiesen, dass die private Altersvorsorge gegebenenfalls auf die aus Steuergeldern finanzierte Grundsicherung im Alter angerechnet wird und sich die eigenen Sparanstrengungen in diesem Fall nicht lohnten (FAZ vom 30. Januar 2008, S. 24).

heiten auftreten. Da die Bürger wissen, dass sie letztlich doch aufgefangen werden, auch wenn sie keine Versicherung abschließen, besteht ein Anreiz, das laufende Einkommen zu verbrauchen statt Versicherungsprämien zu zahlen. Dagegen kann sich der Staat bzw. die Gesellschaft nur wehren, indem die Bürger zu einer Mindestabsicherung verpflichtet werden. Dann muss allerdings auch der Mindestumfang der abzusichernden Versicherungsleistungen – der Mindestleistungskatalog – festgelegt werden. Die zu versichernden Mindestleistungen sollten sich daran orientieren, was der Staat den Bürgern zugesteht, wenn sie in Not geraten, auch wenn sie die Notsituation selbst verschuldet haben.

Einzuräumen ist, dass es für diese Begründung einer Versicherungspflicht keine solide empirische Basis gibt. So sind beispielsweise die Selbständigen bislang weder verpflichtet, für das Alter vorzusorgen, noch für Gesundheitsleistungen. Für letztere wird allerdings ab dem 1. Januar 2009 eine allgemeine Versicherungspflicht eingeführt. Diese Gruppe taucht aber bisher in der Sozialhilfe praktisch nicht auf, obwohl sie keineswegs nur aus Beziehern hoher und mittlerer Einkommen besteht.

Zumindest in der Altersvorsorge und dort insbesondere bei der ergänzenden kapitalgedeckten Vorsorge könnte man auf freiwillige, nicht geförderte Lösungen setzen. In der Krankenversicherung sind die Unsicherheiten und damit die Risiken des Irrtums über das eigenverantwortliche Handeln der Bürger erheblich größer als in der Altersvorsorge, für die es ja auch eine gesetzliche Rentenversicherung als Basis für die abhängig Beschäftigten gibt.

Die Plausibilität spricht für eine Versicherungspflicht. Das Problem liegt darin, die mindestens zu versichernden Leistungen festzulegen und zu verantworten. Ein solcher Leistungskatalog definiert einerseits den Mindestumfang der Pflichtversicherung und andererseits die Obergrenze der Übernahme von Versicherungsbeiträgen bzw. Gesundheitsaufwendungen durch den Staat, falls ein Bürger nicht in der Lage ist, die Kosten zu tragen. Der konkrete Inhalt und Umfang der Mindestversicherung hat somit zwei Dimensionen: Der Umfang der Leistungen, die von jedem Bürger mindestens zu versichern sind, und die Kosten der Gesundheitsleistungen, die im Rahmen der sozialen Absicherung von der Allgemeinheit höchstens übernommen werden.

Die Wahlfreiheit der Bürger besteht dann in der Auswahl des Versicherers und in der Versicherung von Leistungen, die über die Mindestabsicherung hinausgehen.

In der Vergangenheit hat es sich als extrem schwierig erwiesen, den Leistungsumfang zu begrenzen, weil immer wieder versprochen wurde, jeder Bürger habe unabhängig vom Einkommen einen Anspruch auf die bestmögliche medizinische Versorgung. Das Versprechen kann offensichtlich nicht eingehalten werden. Leistungsbeschränkungen sind unumgänglich. Das heißt: Auch im Gesundheitswesen kommt man um eine Rationierung der Leistungen, die sonst über die Preise und das verfügbare Einkommen sichergestellt wird, nicht herum. Das kann durch einen konkreten Leistungskatalog und eine Positivliste für Arzneimittel geschehen. Das kann – weniger trennscharf – über Negativlisten geschehen, also über den Ausschluss bestimmter Leistungen. Das kann auch – noch weniger befriedigend – über eine Budgetierung geschehen, bei der die Ärzte oder Wartelisten darüber bestimmen, welche Leistungen erbracht werden.

Die Begrenzung der Gesundheitsleistungen für Personen, die keine entsprechenden Prämien für normale Behandlungen zahlen können, ist ein ethisch schwieriges Problem. Daran ändert sich auch nicht viel, wenn man bedenkt, dass in Gesellschaften mit erheblich geringeren durchschnittlichen Einkommen gar keine andere Wahl besteht, als sich mit vergleichsweise geringen Leistungen zufrieden zu geben. Im Umlagesystem wird die Umverteilung nicht sichtbar, im Gegenteil, die einkommensschwachen Bürger haben den Eindruck, dass sie einen Anspruch auf umfassende Gesundheitsleistungen haben, weil sie ja einen Beitrag zahlen, auch wenn dieser nur minimal ist und die Kosten bei weitem nicht deckt.

Der Konflikt liegt darin, dass die einkommensschwachen (und bereits mit Krankheitsrisiken behafteten) Bürger ein großes Interesse an möglichst hohen Mindest- bzw. Regelleistungen haben, weil sie davon ausgehen können, dass die Versichertengemeinschaft bzw. die Steuerzahler die Kosten und Prämien übernehmen, die sie selbst nicht zahlen können. Es geht um den Personenkreis, dessen Prämien wegen der geringen Einkommen schon bisher sehr gering sind und der die erforderlichen Prämien für eine Ausweitung der Versicherungsleistungen nicht aufbringen könnte. Hier handelt es sich nicht um das Moral-hazard-Problem der individuellen Inanspruchnahme von Versicherungsleistungen, deren Vorteile die Kosten nicht aufwiegen, sondern (zusätzlich) um einen allgemeinen Umverteilungsanspruch gegenüber der Gesellschaft.

Die Bürger, die damit rechnen, dass sie innerhalb des Systems oder über allgemeine Steuerzahlungen zum Ausgleich der Umverteilungsleistungen herangezogen werden, haben ein Interesse an niedrig festgesetzten Regelleistungen. Sie können sich durch Zusatzversicherungen oder Eigenleistungen darüber hinausgehende Gesundheitsleistungen beschaffen.

Bei der Festlegung des Regelleistungskataloges und dessen Begrenzung muss zwischen diesen beiden Positionen abgewogen werden. Hilfreich sein kann der Versuch, sich von der tatsächlichen individuellen Einkommens- und Gesundheitsposition zu lösen und sich zu überlegen, für welchen Leistungskatalog man ohne Kenntnis der eigenen Stellung votieren würde.

2.2 Risikoäquivalente Prämien

In einem marktwirtschaftlichen System verlangen die Anbieter von Leistungen einen Preis, durch den die Kosten der eingesetzten Ressourcen gedeckt werden. Die Kosten spiegeln den entgangenen Nutzen in der besten alternativen Verwendung der Ressourcen wider. In einer optimalen Wettbewerbssituation gibt es kei-

I. Das Referenzsystem

ne Gewinne oder Verluste. Der ausgewiesene Gewinn deckt lediglich die Kapitalkosten, also die Verzinsung des Kapitals, die bei einer anderen Verwendung erzielt werden könnte, einschließlich einer Risikoprämie und eines kalkulatorischen Unternehmerlohnes in Personengesellschaften. Die aktuellen Marktpreise können davon abweichen, aber jeder Anbieter wird danach streben, wenigstens seine Kosten zu decken. Umgekehrt wird er von den Wettbewerbern daran gehindert, Preise durchzusetzen, die deutlich und dauerhaft über seine Opportunitätskosten hinausgehen.

Der Marktpreis für eine Krankenversicherung bildet sich grundsätzlich nach den gleichen Prinzipien: Die Versicherung schätzt die Aufwendungen, die mit den vertraglich vereinbarten Leistungen für einen bestimmten Versicherten verbunden sein werden. Dabei berücksichtigt sie selbstverständlich das zum Zeitpunkt des Abschlusses des Vertrags erkennbare individuelle Risiko. Die Prämie wird so bemessen, dass der Barwert der Prämieneinnahmen mindestens dem Barwert der erwarteten Aufwendungen entspricht. Die Versuche, einen über die normale Kapitalverzinsung hinausgehenden Gewinn zu erzielen, werden durch den Wettbewerb um Versicherte begrenzt.

Selbstverständlich weiß jede Versicherung, dass die genauen Aufwendungen für einen Versicherten nicht exakt vorherzusagen sind, aber sie hat Erfahrungen bezüglich der durchschnittlichen Aufwendungen für Versicherte gleichen Alters, Geschlechts und gleicher gesundheitlicher Merkmale. Zum Zeitpunkt des Vertragsabschlusses decken die Prämien die über die Vertragslaufzeit – im Falle der Krankenversicherung also über den Lebenszyklus – erwarteten Aufwendungen. Sie sind risikoäquivalent. Wenn bei Vertragsabschluss keine unterschiedlichen Risikomerkmale vorliegen oder bekannt sind, zahlen alle Versicherten einer Versicherungsgesellschaft bzw. eines Tarifs die gleiche Prämie. Aufgrund der oben beschriebenen Versicherungspflicht für alle Bürger gilt dies insbesondere für alle Neugeborenen. Dieser Fall ist nicht zu verwechseln mit dem Vorschlag der Einheitsprämie oder Pauschalprämie (auch als Gesundheitspauschale oder Kopfpauschale bezeichnet). Diese ist zu jedem Zeitpunkt und auch bei von vornherein unterschiedlichen Risiken für alle Versicherten gleich.

Im Nachhinein wird sich herausstellen, dass ein Teil der Versicherten weniger Leistungen in Anspruch genommen hat als erwartet, während andere Versicherte erheblich höhere Kosten verursacht haben als erwartet. Das ist für die Versicherung so lange irrelevant, wie eine Anpassung der Prämien an das neue Wissen über die unterschiedlichen Risiken vertraglich ausgeschlossen ist und solange die durchschnittlichen Aufwendungen durch die Prämien gedeckt oder im Falle unerwarteter Ausgabensteigerungen auf alle Versicherten im gleichen Maße umgelegt werden müssen.

Marktpreise, d. h. prinzipiell leistungsgerechte bzw. risikoäquivalente Prämien, sind eine Voraussetzung für
– einen unverfälschten Wettbewerb,

- das Umwerben aller Versicherten unabhängig von ihrem individuellen Krankheitsrisiko, also für den Verzicht auf Risikoselektion,
- die Möglichkeit zum nachteilsfreien Versicherungswechsel unabhängig vom individuellen Krankheitsrisiko,
- eine strenge Kostenkontrolle,
- eine hohe Qualität der Leistungen,
- die Berücksichtigung der Präferenzen der Versicherten durch die Versicherungen,
- eine effektive Gesundheitsvorsorge.

Die risikoäquivalente Prämie könnte grundsätzlich in einem Betrag als Barwert zum Zeitpunkt des Vertragsabschlusses gezahlt werden.[4] Üblicherweise wird aber ein monatlicher Betrag über die gesamte Versicherungszeit vorgesehen, also normalerweise bis zum Lebensende. Aber auch bei monatlichen Prämien gibt es noch eine Vielzahl von Varianten, beispielsweise real gleich bleibende oder leicht steigende Monatsprämien oder reduzierte Prämien in der Kinder- und Jugendphase.

Der Barwert der erwarteten Aufwendungen hängt vom Alter zum Zeitpunkt des Abschlusses eines neuen Vertrages und von dem zum Eintrittszeitpunkt erkennbaren Risiko ab. Hier soll davon ausgegangen werden, dass der Vertrag ab dem Geburtszeitpunkt gilt, aber möglicherweise schon vor der Geburt eine Vertragszusage an die Eltern gegeben wurde. Zum Zeitpunkt der Versicherungszusage soll es noch keine Möglichkeit gegeben haben, das individuelle Gesundheitsrisiko einzuschätzen, so dass nur eine Versicherung zu einer Prämie auf der Grundlage des durchschnittlichen Risikos in Betracht kommt.

Ohne die Zusicherung, künftige Kinder eines Versicherten ab dem Geburtszeitpunkt zu einer normalen Prämie zu versichern, wie sie für alle Kinder dieser Altersgruppe gilt, also von einer Risikoeinschätzung abzusehen, würden sich die Prämien für Neugeborene entsprechend dem zu diesem Zeitpunkt erkennbaren Risiko unterscheiden. Anhaltspunkte für bestimmte Risiken können auch aus Erkrankungen der Eltern oder aus Gentests gewonnen werden.

Aus der Sicht einer Versicherung mag es klug sein, den Versicherten die Gewissheit zu geben, dass ihre Kinder gegebenenfalls zuschlagsfrei zum Normaltarif versichert werden. In die gleiche Richtung führt der Wunsch, keine Gentests durchzuführen, um nicht schon in frühen Lebensjahren mit der Erwartung belastet zu werden, später wahrscheinlich eine schwere Krankheit ertragen zu müssen. Es wird zu überlegen sein, ob Gentests für die Risikoeinstufung potentieller Versicherter genutzt werden dürfen. Sind den Versicherungen allerdings solche Informationen zugänglich, werden sie entweder die Prämien entsprechend differenzieren oder – soweit dies nicht zulässig ist – Risikoselektion betreiben, also die Risi-

---

[4] Für in dieser Prämie nicht berücksichtigte Kostensteigerungen könnten im Laufe des Versicherungsvertrages allerdings Nachzahlungen fällig werden, beispielsweise aufgrund des technischen Fortschritts.

kofälle meiden. Tatsächlich bestehende und bekannte Risiken zum Zeitpunkt des Versicherungsbeginns müssen sich aus der Sicht der Versicherungen und der übrigen Versicherten in unterschiedlichen Prämien niederschlagen können. Die Versicherungen können nicht gleichzeitig mit hoher Effizienz Versicherungsleistungen anbieten und eine soziale Funktion zugunsten der potentiellen Versicherten mit hohen Risiken übernehmen. Diese Ausgleichsfunktion kann sinnvollerweise nur die Gesellschaft übernehmen. Im Wettbewerb stehende Versicherer werden sich dem Versuch der Überwälzung dieser Aufgabe durch Risikoselektion entziehen.

Um überdurchschnittlich hohe Prämien für Kinder mit Vorerkrankungen zu verhindern und zugleich eine Risikoselektion zu vermeiden, könnten die Versicherer analog zum geltenden Recht in der privaten Krankenversicherung gesetzlich verpflichtet werden, die Kinder ihrer Versicherten innerhalb von zwei Monaten nach der Geburt ohne Risikozuschläge zu versichern. Die Kindernachversicherung müsste Teil des Mindestleistungskatalogs werden, auf den kein Versicherter verzichten kann. Eventuelle erbliche Vorbelastungen der Eltern müssten sich auch unter dem Aspekt der möglicherweise überdurchschnittlich hohen Kosten der Nachversicherung ihrer Kinder in den Altersrückstellungen der Eltern niederschlagen. Die Versicherung kann also Zuschläge erheben, jedoch nicht auf die Prämie der Kinder oder Eltern, sondern durch die risikoäquivalente Zuteilung der individuellen Altersrückstellungen. Für die Nachversicherung der Kinder erblich nicht vorbelasteter Eltern wird eine entsprechend unterdurchschnittliche Rückstellung berücksichtigt. So wird Risikoselektion vermieden.

Für die Risikoeinstufung zum Zeitpunkt des Versicherungsbeginns müssen die Versicherungen die Gesundheitsaufwendungen über den gesamten Lebensverlauf des Versicherten schätzen. Dazu müssen sie Annahmen über die Preisentwicklung treffen. Es ist sinnvoll, bei der Prämienkalkulation zunächst von einem allgemein konstanten Preisniveau (von real gleich bleibenden Lebenshaltungskosten) auszugehen. Aber die Leistungen im Gesundheitssektor weisen nach aller Erfahrung eine höhere Preissteigerung auf als die Kosten der Lebenshaltung insgesamt. In diesem Sektor muss also von einer Preissteigerung auch bei allgemeiner Preisstabilität ausgegangen werden. Diese sektorspezifische relative Preissteigerung sollte zusätzlich zur allgemeinen Preissteigerung in die Prämienkalkulation eingehen. Da die Preissteigerungen nicht prognostizierbar sind, können sie erst berücksichtigt werden, wenn sie tatsächlich anfallen.

Ein Hauptgrund für steigende reale Preise im Gesundheitswesen sind steigende Personalkosten, die nicht durch den Produktivitätszuwachs ausgeglichen werden. Es ist jedoch nicht ausgeschlossen, dass die Produktivität im Gesundheitssektor künftig deutlich gesteigert werden kann, beispielsweise durch einen verstärkten und unverfälschten Wettbewerb und durch Kosten sparenden technischen Fortschritt. Dann könnten die Prämien bei gleichem Leistungsumfang entsprechend langsamer steigen. Aber die bisherigen Erfahrungen lassen es ratsam erscheinen, mit sektorspezifischen Preissteigerungen zu rechnen und die Mindestanforderungen an die Krankenversicherung vorsichtig anzusetzen, um die Leistungsausweitung zu begrenzen, denn real steigende Prämien erhöhen tendenziell den Anteil der Gesundheitsausgaben an den Gesamtausgaben.

Die realen Aufwendungen für einen durchschnittlichen Versicherten weisen einen typischen Verlauf über den Lebenszyklus auf: Kurz nach der Geburt sinken die Kosten, dann steigen sie laufend an und gehen in den letzten Lebensjahren steil nach oben (vgl. Abb. 1, Kap. C.III.1).

Die tatsächlichen Gesundheitsaufwendungen für die einzelnen Versicherten werden nach unten und oben vom Durchschnitt abweichen. Wer von Anfang an versichert ist wird aber so behandelt wie der Durchschnittsversicherte, weil bei Vertragsabschluss keine genaueren Informationen über die bei ihm zu erwartenden Gesundheitsaufwendungen vorgelegen haben. Die Prämie wird später nicht angehoben, wenn sich bei einem Versicherten herausstellt, dass er hohe Aufwendungen verursacht, und sie sinkt nicht, wenn ein Versicherter nur geringe Aufwendungen verursacht. Relativ gesunde Menschen zahlen somit mehr ein als sie verbrauchen, und relativ kranke Menschen zahlen umgekehrt weniger als die von ihnen verursachten Kosten. Auf diese Weise wird die beabsichtigte Absicherung gegen hohe krankheitsbedingte Kosten erreicht.

Die monatlich zu zahlende Prämie könnte dem Verlauf der erwarteten durchschnittlichen Gesundheitsaufwendungen nachgebildet werden. Dann würde die Belastung der Versicherten zwar zu Anfang relativ gering ausfallen, aber im Zeitverlauf kräftig ansteigen. Hier gelingt eine langfristige Absicherung des Krankheitskostenrisikos nur, wenn die Versicherung von den unterdurchschnittlichen Risiken beim Verlassen der Versicherung eine Austrittsprämie verlangen kann. Ansonsten könnten sich die geringeren Risiken in einer günstigeren Versicherung sammeln und die Prämien für die höheren Risiken müssten steigen. Außerdem müssten im hohen Alter sehr hohe Prämien gezahlt werden. Wird eine Glättung der Prämien über den Lebenszyklus angestrebt, dann werden – wie in Abbildung 1 in Kapitel C.III.1 schematisch dargestellt – zu Anfang der Versicherungszeit Altersrückstellungen gebildet und im Alter wieder verbraucht. Entscheidend ist, dass der Barwert der Prämien den Barwert der erwarteten Kosten deckt. Mit Hilfe von Altersrückstellungen lässt sich die Prämienbelastung beliebig über die Vertragslaufzeit verteilen. Die Vorgabe einer gewissen Glättung ist zur Vermeidung von Freifahrerverhalten sinnvoll.

Zu unterscheiden sind drei Typen von Altersrückstellungen:

(1) Reines Ansparen und Entsparen. Eine Möglichkeit für den Versicherten, die Prämien über die Gesamtdauer der Versicherung zu glätten, besteht darin, zu Anfang der Laufzeit einer Versicherung eine höhere Prämie zu zahlen als zur Deckung der durchschnittlichen Gesundheitsaufwendungen erforderlich ist. Diese Überschüsse werden verzinst und akkumuliert. Ab einem bestimmten Alter, bei-

spielsweise ab dem 67. Lebensjahr, werden die akkumulierten Beträge von der Versicherung dazu verwendet, die hohe Prämie des Versicherten im Alter abzusenken. In welchem Umfang die Prämie abgesenkt werden kann, hängt von der Höhe der individuell gebildeten Überschüsse (Ersparnisse), dem Versicherungsbeginn, dem angestrebten Verlauf und der Dauer der späteren Prämienermäßigung ab. Wer eine vergleichsweise kurze Auszahlungsdauer vereinbart, kann zwar eine deutliche Prämienermäßigung erreichen, läuft aber Gefahr, dass die Prämie sprunghaft ansteigt, wenn die Lebensdauer über die Auszahlungsdauer der Altersrückstellung hinausgeht. Umgekehrt ist die Ermäßigung der Prämie vergleichsweise gering, wenn eine sehr hohe Lebenserwartung unterstellt und eine entsprechend lange Auszahlungsdauer vereinbart wird. Der Versicherte muss dann sehr viel ansparen (Rückstellungen bilden), wenn die Prämie im Alter spürbar gesenkt werden soll. Dafür ist die Wahrscheinlichkeit hoch, dass er vor Ablauf der Auszahlungszeit stirbt und der verbleibende Betrag den Erben zufällt.

Bei diesem Typ der Altersrückstellung handelt es sich um einen reinen Anspar- und Entsparprozess, wobei die Versicherung quasi ein Bankgeschäft betreibt. Der Versicherte könnte auch eine Prämie in Höhe der durchschnittlichen Kosten der jeweiligen Periode zahlen und in den ersten Jahren privat ansparen, um die späteren hohen Prämien zahlen zu können. Er kann beispielsweise einen Vertrag über die entsprechenden Sparraten und späteren Rückzahlungsbeträge zur Absenkung der Prämien mit einer Bank oder einem anderen Finanzierungsinstitut schließen.

Der im Jahr 2001 in der privaten Krankenversicherung eingeführte Prämienzuschlag in Höhe von zehn Prozent auf den Normaltarif entspricht dem hier beschriebenen Typ der Altersrückstellung. Er wurde mit dem Ziel der zusätzlichen Prämienglättung eingeführt.[5] Die Sparraten werden von der jeweiligen Krankenversicherung für jeden einzelnen Versicherten angespart, verzinst und später wieder ausgezahlt. Bei einem Wechsel der Versicherung fallen die angesparten Beträge allerdings dem Kollektiv zu. Die Mittel fallen auch dann dem Kollektiv zu, wenn der Versicherte stirbt, bevor die Altersrückstellungen (voll) ausgezahlt worden sind.

(2) Ansparen und Prämienabsenkung mit Lebensversicherungswirkung. Der beschriebene Altersrückstellungs-Typ (1) mit festen Auszahlungen über einen festen Zeitraum im Alter hat den Nachteil, dass keine Mittel mehr zur Verfügung stehen, wenn der Auszahlungszeitraum kürzer ist als die Lebensdauer. Umgekehrt bleibt die Prämienermäßigung zu gering, wenn die Auszahlungsdauer so gewählt wird, dass auch bei einer extrem langen Lebensdauer noch Mittel verfügbar sein sollen.

---

[5] Der Zuschlag wurde für Neukunden sofort in voller Höhe eingeführt. Für Bestandskunden wurde mit zwei Prozent begonnen und jährlich um zwei Prozentpunkte erhöht bis im Jahre 2005 ebenfalls zehn Prozent erreicht wurden. Die Bestandskunden konnten dieser Regelung widersprechen, aber 80 Prozent der Versicherten haben die Regelung angenommen.

Wenn die angesparten Mittel also über einen sehr langen Zeitraum gestreckt werden müssen, können sie wegen der kürzeren tatsächlichen Lebensdauer im Regelfall nicht zur Absenkung der Prämien ausgeschöpft werden. Das ist eine Aufgabe für Lebensversicherungen.

Der einzelne Versicherte muss für den Fall vorsorgen, dass er besonders lange lebt. Lebensversicherungen können dagegen mit der durchschnittlichen Lebenserwartung kalkulieren. Wenn sie für einen Versicherten aufkommen müssen, der die durchschnittliche Lebensdauer deutlich übertrifft, können sie die Mittel von Versicherten verwenden, die die durchschnittliche Lebensdauer nicht erreichen. Das kommt zwei Zielen zugute: Erstens erhält jeder Versicherte die Mittel für eine Prämienermäßigung bis zum Lebensende, auch wenn er nur für die durchschnittliche Lebensdauer einzahlt und tatsächlich erheblich länger lebt. Das Risiko, in einem unerwartet hohen Alter keine Mittel für die Prämienermäßigung zu haben, wird durch die Versicherung ausgeschlossen. Zweitens werden alle eingezahlten Mittel vollständig für die Prämienermäßigung eingesetzt.

Bei einer bestimmten Altersrückstellung können die späteren Auszahlungsbeträge so berechnet werden, dass sie im Durchschnitt für alle Versicherten gerade bis zur mittleren erwarteten Lebensdauer reichen. Dieser Lebensversicherungs-Typ der Altersrückstellungen kann von der Krankenversicherung angeboten werden. Es ist aber auch möglich, einen entsprechenden Vertrag mit einer Lebensversicherung zu schließen, die das Risiko besonders hoher Belastungen aufgrund einer langen Lebensdauer und hohen Beiträgen im Alter übernimmt. Die Erben gehen allerdings leer aus, wenn der Versicherte früh stirbt.

Diesem zweiten Typ der Altersrückstellungen entspricht die gegenwärtige Praxis der privaten Krankenversicherungen, so lange der Versicherte in der ursprünglichen Versicherung bleibt. Es ist gesetzlich vorgeschrieben, dass die bestehenden Altersrückstellungen bei der jeweiligen Versicherung verbleiben, auch wenn der Versicherte ausscheidet. Wechselt der Versicherte zu einer anderen Versicherung verliert er jeden Anspruch auf die Altersrückstellungen. Dies könnte nur durch eine Gesetzesnovelle vermieden werden, indem es einem Versicherten erlaubt würde, die Rückstellungen bei einer Lebensversicherung anzusammeln und später zur Senkung der Prämien einzusetzen.

Selbst wenn der Versicherte aber die Lebensversicherungsvariante wählen könnte, bliebe das Prämienänderungsrisiko mit Altersrückstellungen des Typs 2 für den Fall bestehen, dass er zu einer anderen Krankenversicherung wechseln möchte. Ist der Versicherte zum Zeitpunkt des Wechsels zu einem schlechten Risiko geworden, wird er in der aufnehmenden Versicherung eine überdurchschnittliche Prämie zahlen müssen. Diese Prämiensteigerung würde von einer nach dem Lebensversicherungsprinzip aufgebauten und am durchschnittlichen Risiko orientierten Altersrückstellung nicht aufgefangen. Versicherte mit unterdurchschnittlichem Risiko könnten dagegen in der aufnehmenden Versicherung zu einer geringeren Prämie versichert werden. Der Wechsel hätte nur für Versicherte mit durchschnittlichem Risiko keinen nennenswerten Einfluss auf die Höhe der Prämie.

(3) Absicherung des Prämienänderungsrisikos[6]. Bleibt ein Versicherter in der gleichen Krankenversicherung, hat er die Zusicherung, dass seine Prämie nicht steigt, wenn er zu einem schlechten Risiko wird. Die Versicherung muss allerdings bei den schlechten Risiken mit höheren Aufwendungen rechnen als sie an Prämieneinnahmen erwarten kann. Für diese Versicherten braucht die Versicherung höhere Altersrückstellungen als für Versicherte mit durchschnittlichem Risiko und vor allem als für gute Risiken. Damit es auch bei einem Versicherungswechsel nicht zu Prämienerhöhungen für Kranke oder zur Risikoselektion kommt, müssen die Altersrückstellungen den einzelnen Versicherten entsprechend den erwarteten individuellen Gesundheitsaufwendungen bzw. dem erwarteten Risiko zugerechnet und den Wechslern mitgegeben werden. Schlechte Risiken brauchen dann grundsätzlich nicht zu befürchten, dass ihre Prämie steigt, wenn sie zu einer anderen Versicherung wechseln. Durch diesen Typ Altersrückstellungen kommt es auch dann nicht zu Prämienerhöhungen für hohe Risiken, wenn Versicherte, die sich im Laufe der Zeit als gute Risiken erwiesen haben, die Versicherung verlassen. Es wurde zu Beginn des Versicherungsvertrages von allen Versicherten genug eingezahlt, um die Kosten der hohen Risiken decken zu können.

Dieser dritte Typ der individuellen risikoäquivalenten Altersrückstellungen ermöglicht eine neutrale Übertragung im Falle des Wechsels eines Versicherten. Die abgebende Versicherung und das bisherige Kollektiv haben keine Nachteile, aber dem Kollektiv fallen auch keine ungerechtfertigten Vorteile zu. Die aufnehmende Versicherung erhält einen Ausgleich entsprechend dem übernommenen Risiko und muss insoweit keinen Zuschlag zur Prämie erheben oder ihr Kollektiv belasten. Der Wechsler muss die Altersrückstellungen nicht mehr vererben. Der Schutz gegen steigende Prämien aufgrund eines gestiegenen Krankheitsrisikos bleibt grundsätzlich erhalten.

Exkurs zur Trennung von Lebens- und Krankenversicherungsleistungen

Der dritte Altersrückstellungstyp ist für eine reine Krankenversicherung grundsätzlich ausreichend. Wenn der Verlauf der Prämien in einer Krankenversicherung ohne Lebensversicherung bekannt ist, kann eine zusätzliche Lebensversicherung dafür sorgen, die sich daraus ergebenden Prämien zu glätten und das Langlebigkeitsrisiko abzudecken (Altersrückstellungen des Typs 2).

Dieses Verfahren der Trennung von Lebens- und Krankenversicherungsleistung hätte den Vorteil, dass die Lebensversicherer als Wettbewerber im Spiel blieben und Kranken- und Lebensversicherung nicht nur im Paket nachgefragt werden könnten, obwohl eine Aufteilung der beiden Versicherungszweige auf unterschiedliche Gesellschaften den Präferenzen mancher Nachfrager eher entsprechen könnte. Ein weiterer Vorteil liegt darin, dass die Kran-

---

[6] Vgl. auch Donges, Eekhoff et. al. (2002).

kenversicherungsprämie auch ohne Rentenversicherungsanteil ermittelt werden kann. Dadurch könnte vermieden werden, dass ein Ansparen (eine Vermögensbildung) von Hilfeempfängern mit öffentlichen Geldern finanziert würde, ohne zu wissen, ob die aktuell Unterstützungsbedürftigen auch dann noch bedürftig sind, wenn sie die Mittel in der Form von Prämiensenkungen verbrauchen.

Diese Vorteile sind aber gegen die praktischen Probleme abzuwägen. Es dürfte Abstimmungsprobleme zwischen Krankenversicherungen und Lebensversicherungen geben, weil die Lebensversicherung sehr genaue Angaben über die erwarteten Gesundheitsaufwendungen bräuchten. Eine völlige Trennung von Kranken- und Lebensversicherung ist schon deshalb kaum möglich, weil dann negative Altersrückstellungen in der Krankenversicherung auftreten können. Die aufnehmende Versicherung müsste im Falle eines Wechsels einen Ausgleich an die abgebende Versicherung zahlen oder der Wechsler müsste einen „Ablösebetrag" entrichten. Eine Diskussion darüber wäre nur schwer durchzustehen. Außerdem müssten staatliche Institutionen an zwei Stellen kontrollieren, ob die jeweilige Versicherungspflicht eingehalten wird.

Mit Hilfe von Altersrückstellungen sollen also die monatlichen Prämien nicht nur innerhalb einer Versicherung über den Lebenszyklus geglättet, sondern auch grundsätzlich stabil gehalten werden können, wenn ein Versicherter zu einer anderen Versicherung wechselt. Man kann sich eine real gleich bleibende Prämie vorstellen, wie sie in Abb. 1 in Kapitel C.III.1 schematisch dargestellt ist. Real gleich bleibend heißt hier im Sinne der allgemeinen Preisstabilität. Nominal würden die Prämien mit der Inflationsrate steigen. Rechnet man tendenziell mit realen Einkommens- und Rentensteigerungen, könnte auch eine zu Anfang geringere, dafür aber real leicht steigende reale Prämie vereinbart werden. Statt eine solche Steigerung von Anfang an fest zu vereinbaren, kann es sinnvoll sein, von Zeit zu Zeit zu überprüfen, ob sich die realen Preise verändert haben und ob es weitere Gründe für eine Prämienanpassung gibt.

Eine dritte Variante wäre, die Prämie einem typisierten Einkommensverlauf über den Lebenszyklus eines durchschnittlichen Versicherten anzupassen. Soll die Prämie beispielsweise für Kinder ermäßigt oder auf Null gesetzt werden, bedeutet dies automatisch, dass die Prämie später entsprechend angehoben werden muss, so dass der Barwert der Prämien unverändert bleibt. Bei einer solchen Regelung – also mit Sicherheit bei einer Null-Prämie für Kinder – kann der Fall eintreten, dass die Versicherung in Vorleistung tritt und zunächst Leistungen erbringt, ohne dafür ein Entgelt zu erhalten. Die Altersrückstellungen wären zu Anfang negativ: Während im Normalfall positiver Altersrückstellungen ein Kapitalstock aufgebaut wird, besteht dann eine Verbindlichkeit gegenüber der Versicherung, die durch spätere Prämienzahlungen auszugleichen ist.

Wird ein Bürger zu einem späteren Zeitpunkt im Leben von einer anderen Versicherung aufgenommen, gelten dort grundsätzlich die gleichen Prinzipien für die Berechnung der Prämien wie im Fall einer Versicherung ab Geburt. Die Versicherung wird auch wieder schätzen, welche Gesundheitsleistungen für den neuen Versicherten zu erbringen sein werden und dann eine Prämie festlegen, die ausreicht, diese Aufwendungen zu decken. Selbstverständlich werden dabei das höhere Eintrittsalter und die erkennbaren Gesundheitsrisiken berücksichtigt. Ausgehend von real gleich bleibenden Prämien wird die Prämie mit hoher Wahrscheinlichkeit deutlich höher ausfallen als die Prämie für einen gleich alten Versicherten mit gleichen Gesundheitsrisiken, der von Geburt an versichert ist, denn für diesen hat die Versicherung in der Regel schon Altersrückstellungen aufgebaut. Ein Prämienzuschlag für den Wechsler kann dann verhindert werden, wenn der neue Versicherte einen entsprechenden Kapitalbetrag mitbringt, eine individuelle risikoäquivalente Altersrückstellung.

Zum Zeitpunkt des Wechsels kann das erkennbare Gesundheitsrisiko des Versicherten nach oben oder unten vom durchschnittlichen Risiko abweichen. Hier wird die zweite Funktion der individuellen Altersrückstellungen sichtbar, nämlich die risikobezogene Stabilisierung der Prämie im Falle des Wechsels der Versicherung. Hat sich der Versicherte zwischenzeitlich zum guten Risiko entwickelt und verursacht er voraussichtlich unterdurchschnittliche Gesundheitsleistungen, wird ihm auch nur eine unterdurchschnittliche Altersrückstellung mitgegeben. Dies entspricht dem Versicherungsgedanken eines Risikoausgleichs innerhalb des Kollektivs. Die aufnehmende Versicherung braucht in aller Regel nur den geringeren Betrag, um die Prämie etwa auf dem bisherigen Niveau zu halten. Hat sich der Gesundheitszustand dagegen überdurchschnittlich verschlechtert, ist der Versicherte also zu einem schlechten Risiko geworden, braucht die aufnehmende Versicherung eine überdurchschnittlich hohe Altersrückstellung, um die Prämie etwa auf dem bisherigen Niveau halten zu können. Die individuelle Altersrückstellung hat somit auch die Funktion, den Wechsler davor zu schützen, bei dem neuen Versicherer eine krankheitsbedingt erheblich höhere Prämie zahlen zu müssen.

Diese zweite Funktion der Altersrückstellungen kann nur innerhalb der Krankenversicherung wahrgenommen werden, nicht durch die Bildung von Rücklagen bei einer Lebensversicherung. Wenn im Laufe der Zeit bei den einzelnen Versicherten höhere oder geringere Risiken erkennbar werden, bleibt die Prämie zwar unverändert, aber die individuellen Altersrückstellungen sind entsprechend dem jeweiligen Risiko zu differenzieren, so dass die erwarteten Gesundheitsaufwendungen aus dem Barwert der künftigen Prämien und der Altersrückstellung finanziert werden können.

2.3 Beteiligung an den Risiken und Schäden

Die Krankenversicherung ist wie erwähnt keine klassische Versicherung. Weil die Versicherten Einfluss auf den Eintritt und die Höhe des Schadens haben, treten im Zusammenhang mit der Kostenübernahme durch die Versicherung unerwünschte Moral-hazard-Probleme auf: Die einzelnen Versicherten versuchen, Leistungen zu Lasten Dritter in Anspruch zu nehmen, auch wenn die Dringlichkeit nicht groß ist, oder sie nehmen durch ihr Verhalten eine höhere Eintrittswahrscheinlichkeit des Risikos in Kauf, da sie die Kosten eines Schadens nicht (vollständig) alleine tragen müssen. Durch die Überbeanspruchung der Versicherung steigen die Prämien. Dadurch werden nicht nur Dritte im Versicherungskollektiv, sondern letztlich jeder einzelne Versicherte geschädigt, weil alle versuchen, sich Vorteile zu Lasten der übrigen Versicherten zu verschaffen. Eine Möglichkeit, diese Schäden einzudämmen, wird darin gesehen, die Versicherten an den entstehenden Kosten zu beteiligen. Das läuft darauf hinaus, den Versicherungsschutz zu verringern. Dabei muss sorgfältig abgewogen werden, welche Risiken die Versicherten selbst tragen können – wo sie an den Kosten beteiligt werden können – und wo sie auf jeden Fall den Versicherungsschutz brauchen. Die verschiedenen Selbstbeteiligungs- und Beitragserstattungsmodelle entfalten sehr unterschiedliche Belastungs- und Anreizwirkungen.

Gestaltungsoptionen bei Selbstbeteiligungsmodellen

Die Versicherten können mit Festbeträgen, prozentualen Anteilen, Festzuschüssen und Kombinationen dieser Verfahren an den Gesundheitsaufwendungen beteiligt werden. Dabei können Höchstgrenzen und Untergrenzen eingezogen werden. Dies soll an einigen Beispielen grafisch erläutert werden.

Abb. 2: prozentuale Selbstbeteiligung

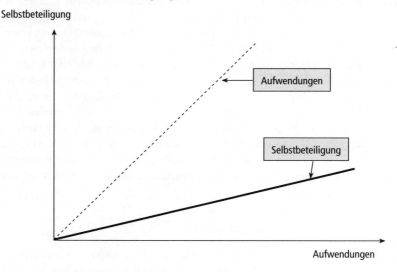

Bei der prozentualen Selbstbeteiligung (Abb. 2) ist die Grenzbelastung für den Versicherten durchgängig positiv. Er trägt immer den gleichen Anteil (durchgezogene Linie) an den Behandlungskosten (gestrichelte Linie). In diesem Umfang besteht ein Anreiz, die Kosten nicht übermäßig auszudehnen. Wie hoch dieser

Anreiz ist, hängt von der Höhe des Anteils ab. Bei einem sehr geringen prozentualen Anteil ist die Belastung zu Anfang (bei geringen Kosten) kaum spürbar und die Lenkungswirkung gering. Bei einem hohen prozentualen Anteil und hohen Gesundheitsaufwendungen kann die Belastungsfähigkeit des Versicherten überschritten werden. Die Versicherungsidee, der Schutz gegen eine finanzielle Überforderung durch Krankheitskosten, wird unterlaufen, wenn bei sehr hohen Gesundheitsaufwendungen ein hoher absoluter Betrag selbst getragen werden muss.

Abb. 3: prozentuale Selbstbeteiligung ab Betrag X

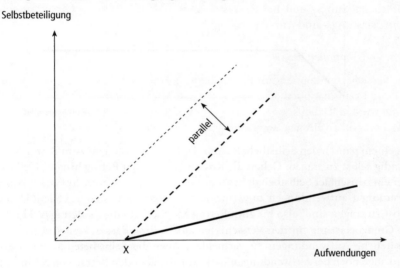

Mit dem Ansatz, die prozentuale Selbstbeteiligung erst ab einem bestimmten Betrag vorzusehen (durchgezogene fette Linie in Abb. 3), wird das Problem der hohen Belastung bei hohen Krankheitskosten kaum gemildert. Die vollständige Entlastung bei geringen Aufwendungen erscheint nicht besonders sinnvoll, weil hier keine Überforderung durch die Selbstbeteiligung auftritt, falls der Aufwand unvermeidlich ist, und weil vor allem bei den vielen kleinen Posten genau geprüft werden sollte, ob sie nicht vermieden werden können.

Wird die Selbstbeteiligung oberhalb des Betrags X auf 100 Prozent gesetzt (gestrichelte fette Linie in Abb. 3), handelt es sich um einen Festbetragszuschuss, der für einzelne Materialien, Hilfsmittel und Behandlungen gewählt wird, um eine Standardversorgung abzudecken (Indemnitätstarif).

Abb. 4: voller Selbstbehalt bis zum Betrag X

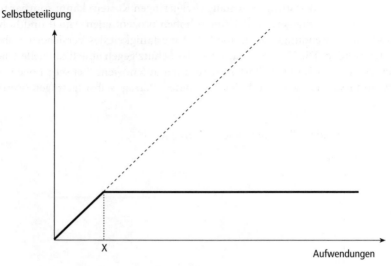

Bei einem pauschalen Selbstbehalt (Abb. 4) sind die Kosten bis zum Betrag X vollständig selbst zu tragen. Gehen die Kosten über diesen Betrag hinaus, bleibt immer ein pauschaler Selbstbehalt in Höhe von X. Es besteht ein sehr starker Anreiz, Gesundheitsaufwendungen zu vermeiden, solange die Kosten in vollem Umfang selbst zu tragen sind, also bis zum Betrag X. Oberhalb dieses Betrages fällt zwar die Grenzbelastung für den Versicherten auf Null, so dass es keinen Anreiz gibt, zusätzliche Aufwendungen zu vermeiden. Aber die Selbstbeteiligungswirkung wird auch noch bei Aufwendungen wirksam, die über den Betrag von X hinausgehen. Das ist dann der Fall, wenn es sich um eine unteilbare Maßnahme handelt, die für sich genommen mehr als X kostet, sowie bei Maßnahmen, die nur als Paket eine sinnvolle Behandlung ergeben. Die Anreizwirkung, Kosten zu verringern oder zu vermeiden, nimmt allerdings mit steigenden Gesamtaufwendungen ab.

In Abbildung 5 ist eine prozentuale Selbstbeteiligung für geringe bis mittlere Aufwendungen vorgesehen: Bis zum Betrag Y trägt der Patient einen prozentualen Anteil der Behandlungskosten, jedoch nicht die vollständigen Kosten wie in Abb. 4. Auf diese Weise kann die Anreizwirkung zur Kostendämpfung über die Schwelle X in Abb. 4 hinausgehen, ohne den Versicherten zu überfordern. Bei höheren Aufwendungen (Beträge oberhalb von Y) beträgt die Grenzbelastung wiederum Null. Größere Einzelaufwendungen, mit denen der Betrag Y überschritten wird, sind noch mit einer Selbstbeteiligung verbunden, wenn auch nicht mit dem vollen Prozentsatz wie im unteren Bereich.

Abb. 5: prozentuale Selbstbeteiligung bis zum Betrag Y

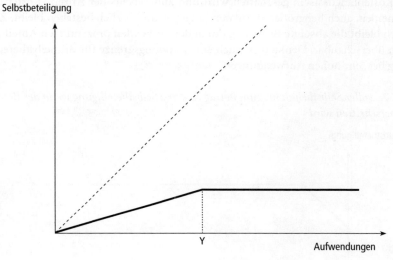

In Abbildung 6 ist ebenfalls eine prozentuale Selbstbeteiligung vorgesehen. Die Höhe ist gestaffelt: Bei sehr geringen Aufwendungen (bis zum Betrag X) fällt die Grenzbelastung hoch aus, bei Aufwendungen oberhalb von X trägt der Patient einen etwas geringeren prozentualen Anteil der Kosten, ab dem Betrag Y sinkt die Grenzbelastung noch einmal.

Abb. 6: abnehmender prozentualer Selbstbehalt

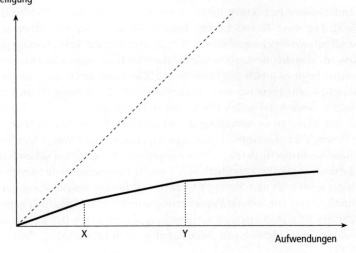

Die Vorteile bestehen darin, dass einerseits schon bei geringen Aufwendungen ein Kostenbewusstsein geschaffen wird und andererseits der Anreiz, Kosten zu vermeiden, auch bei größeren Aufwendungen grundsätzlich bestehen bleibt. Zugleich bleibt die absolute Belastung durch den sinkenden prozentualen Anteil jedoch überschaubar. Denkbar ist auch eine Kappungsgrenze für die Selbstbeteiligung bei sehr hohen Aufwendungen.

Abb. 7: *voller Selbstbehalt bis zum Betrag X, keine Selbstbeteiligung wenn der Betrag X überschritten wird*

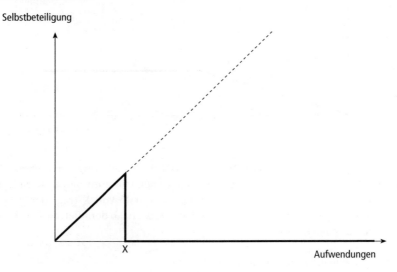

Behandlungskosten bis zum Betrag X muss der Versicherte voll selbst finanzieren (Abb. 7). Für diese Kosten besteht kein Versicherungsschutz. Überschreiten die Gesundheitsaufwendungen diesen Betrag, erstattet die Versicherung die gesamten Kosten, also den Betrag X sowie die darüber hinausgehenden Kosten. Die Versicherung beginnt gleichsam beim Betrag X und enthält keine Selbstbeteiligung. Es bestehen sehr hohe Anreize, Kosten oberhalb des Betrages X zu verursachen, um in den Genuss der vollen Erstattung zu kommen.

Bei der Variante in Abbildung 8 sind nicht die vollen Behandlungskosten bis zum Betrag Y zu übernehmen, sondern ein prozentualer Anteil. Das hat den Vorteil, dass der kritische Betrag Y höher sein kann als bei einem vollen Selbstbehalt. Bei Behandlungskosten oberhalb von Y entfällt wiederum jede Selbstbeteiligung: Auch die Kosten bis zum Betrag Y werden vollständig von der Versicherung übernommen. Wenn jemand die Versicherung überhaupt in Anspruch nehmen muss, besteht der Anreiz, Kosten zu verursachen, die über den Betrag Y hinausgehen. Das Modell wird vielfach mit Blick auf chronisch kranke Menschen angewandt, weil unterstellt wird, dass diese Menschen keinen Einfluss auf die Gesundheitsaufwendungen nehmen können. Allerdings gibt es bislang praktisch nur sehr punktuell prozentuale Beteiligungen an den Gesundheitsaufwendungen.

Abb. 8: prozentuale Selbstbeteiligung bis zum Betrag Y, bei Überschreiten dieses Betrags keine Selbstbeteiligung

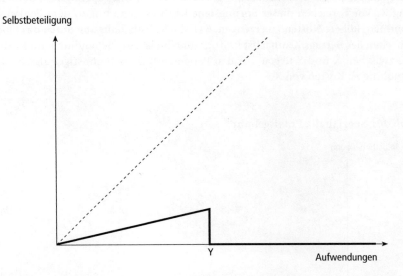

Abb. 9: voller Selbstbehalt bis zum Betrag X, bei Überschreitung dieses Betrags prozentuale Selbstbeteiligung an den Gesamtkosten

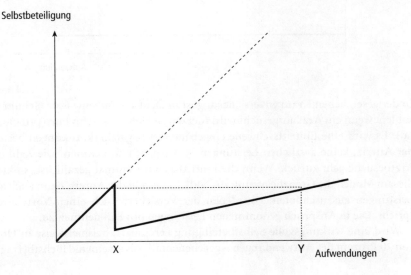

Eine weitere Variante für Kombinationen von unterschiedlichen Formen der Selbstbeteiligung bei vergleichsweise geringen und hohen Gesundheitsaufwendungen ist in Abbildung 9 dargestellt. Hier wird ein voller Selbstbehalt bis zum Betrag X kombiniert mit einer prozentualen Selbstbeteiligung für Behandlungskosten, wenn diese den Betrag X überschreiten. Diese Form ermöglicht eine durchgängig positive Grenzbelastung, allerdings mit einer Sprungstelle beim Betrag X. Vor Erreichen dieser Sprungstelle kann es weiterhin zu dem Fehlanreiz kommen, höhere Kosten zu erzeugen, weil die Selbstbeteiligung durch das Überschreiten des Betrags X zunächst kräftig sinkt. So ist eine Behandlung mit Kosten, die zwischen X und Y liegen, für den Patienten finanziell günstiger als eine Behandlung zu Kosten von X.

Abb. 10: Spezialfall „Praxisgebühr"

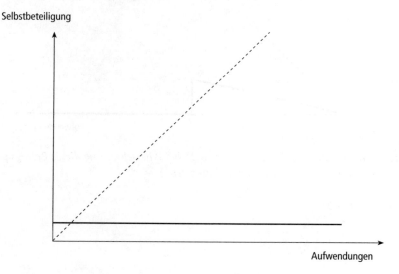

In der gesetzlichen Krankenversicherung ist in Deutschland eine feste Gebühr zu zahlen, wenn ein Arzt aufgesucht wird (derzeit in Höhe von zehn Euro pro Quartal). Es wird eine Eintrittsschwelle eingebaut: Bei Bagatellerkrankungen besteht der Anreiz, keine ärztlichen Leistungen in Anspruch zu nehmen. Die Zahl der Arztbesuche geht zurück. Wenn die Eintrittsgebühr einmal gezahlt ist, sinkt in diesem Modell die Grenzbelastung auf Null. Es besteht der Anreiz, dann auch alle Leistungen auszuschöpfen, von denen der Versicherte sich einen Vorteil verspricht. Die in Anspruch genommenen Leistungen pro Fall nehmen zu.

Wird eine wirkungsvolle Selbstbeteiligung vereinbart, beispielsweise in Höhe von 20 Prozent der Aufwendungen – gegebenenfalls bis zu einem Höchstbetrag –, gibt es (bis zur Höchstgrenze) keine Null-Kosten-Illusion mehr. Leistungen, deren Nutzen gering ist und für die der Versicherte nicht bereit ist, seinen Kostenanteil zu tragen, werden nicht mehr beansprucht. Allerdings kann der Versicherte immer noch 80 Prozent der Kosten vernachlässigen. Die Verschwendung wird nur eingeschränkt, nicht beseitigt. Deshalb ist es sinnvoll, mit der Selbstbeteiligung an die Grenze der Belastungsfähigkeit zu gehen, weil letztlich der Versicherte den Vorteil aus einem Tarif hat, in dem die Kosten bei der Entscheidung über Gesundheitsleistungen berücksichtigt werden. Die Prämien sinken stärker als der Wert der erwarteten Gesundheitsleistungen. Leider ist es schwierig, über den gesamten Bereich der möglichen Gesundheitsaufwendungen eine positive Grenzbelastung (einen wirksamen Selbstbehalt) einzubauen, ohne im Fall schwerer Erkrankung die Belastungsgrenzen zu überschreiten. Deshalb ist an Tarife zu denken, bei denen die prozentuale Belastung mit steigenden Gesundheitsaufwendungen abnimmt (vgl. Abb. 6). Daneben können Indemnitätstarife genutzt werden, um die Kostenerstattung bei einfachen, funktionsfähigen Materialien und Standardtherapien zu begrenzen, soweit solche Einschränkungen nicht bereits im Leistungskatalog enthalten sind.

Generell kann es auch sinnvoll sein, die Selbstbeteiligungssätze bei unterschiedlichen Leistungskategorien unterschiedlich hoch auszugestalten, beispielsweise proportional zur Preisempfindlichkeit der Nachfrager. Bei Gesundheitsleistungen, deren Inanspruchnahme der Versicherte nicht oder kaum beeinflussen kann (zum Beispiel Notfallleistungen), könnte dann auf einen Selbstbehalt verzichtet werden. Für Leistungen, bei denen der Versicherte sehr stark auf von ihm zu tragende Kosten reagiert, etwa Medikamente für Bagatellerkrankungen, kann eine hohe Selbstbeteiligung vorgesehen werden. Der Gesetzgeber könnte einen insgesamt maximal zulässigen absoluten Selbstbehalt festlegen und es den einzelnen Versicherungen überlassen, welche Selbstbeteiligungssätze sie für einzelne Leistungskategorien bis zum Erreichen der zulässigen Obergrenze vorsehen.

Zu den Wirkungen der Selbstbeteiligung

Angenommen, die Prämie für eine Versicherung ohne Selbstbeteiligung beträgt 100. Wird nun ein Tarif mit einer Selbstbeteiligung von zehn Prozent angeboten, dann kann davon ausgegangen werden, dass die Versicherung im langfristigen Durchschnitt weniger als 90 Prozent, also beispielsweise nur noch 85 Prozent der Leistungen erbringen muss – grob gesprochen zehn Prozent weniger, weil der Versicherte diese Kosten übernimmt, und fünf Prozent weniger, weil der Versicherte weniger Leistungen in Anspruch nimmt. Die Versicherung wird nicht nur um den Zuzahlungsbetrag des Versicherten entlastet, sondern sie spart auch Kosten von Leistungen, auf die der Versicherte verzichtet. Deshalb kann sie die Prämie um mehr als zehn Prozent senken. Verringert sich die in Anspruch genommene Leistung von 100 auf 95 und trägt der Versicherte davon zehn Prozent, so kann die Prämie auf 85,5 gesenkt werden.

Der Versicherte zahlt somit eine monatliche Prämie von 85,5 und im langfristigen Durchschnitt monatlich 9,5 an Selbstbeteiligung. Er hat durchschnittliche monatliche Aufwendungen in Höhe von 95 statt von 100. Dafür trägt er das Risiko, dass die Selbstbeteiligung erheblich teurer wird, wenn er weit überdurchschnittlich hohe Gesundheitsleistungen braucht. Umgekehrt können seine Belastungen im Durchschnitt unter 95 liegen, wenn sein Gesundheitszustand überdurchschnittlich gut bleibt. Das sind die Folgen des Verzichts auf eine Vollversicherung. Übrig bleibt aber im Durchschnitt für alle Versicherten eine geringere Belastung, weil keine Leistungen mehr in Anspruch genommen werden, deren Nutzen von den Versicherten als sehr gering eingeschätzt wird.

Höchstgrenzen und Mindestgrenzen für die Selbstbeteiligung?[7]

In einem System mit Versicherungspflicht muss eine gesetzliche Obergrenze für die Selbstbeteiligung eingezogen werden, damit die Versicherungspflicht nicht unterlaufen werden kann. Andernfalls würden Personen mit einem Einkommen wenig oberhalb der Sozialhilfe bzw. des Arbeitslosengeldes II sowie mit einem entsprechend geringen Vermögen einen günstigen Tarif mit möglichst hoher Selbstbeteiligung abschließen können. Sie hätten den Versicherungsumfang stark reduziert und würden gegebenenfalls auf die sozialen Hilfen zurückkommen, wenn im Krankheitsfall die Selbstbeteiligung nicht gezahlt werden kann.

Auch für eine Mindestselbstbeteiligung kann man gute Gründe anführen. Grundsätzlich kann man darauf vertrauen, dass die Versicherten sich freiwillig und in ihrem eigenen Interesse für eine Selbstbeteiligung entscheiden, die ihren Präferenzen und ihrer individuellen Risikoneigung entspricht. Aufgrund der größeren Eigenverantwortung der Versicherten sind Tarife mit Selbstbeteiligung – wie oben gezeigt – im Normalfall preiswerter als Tarife ohne Selbstbeteiligung.

Dann bleibt allerdings zu klären, ob auch den Empfängern existenzsichernder Transfers eine freie Entscheidung bezüglich der Selbstbeteiligung zugestanden werden kann. Da die Gesellschaft die Mittel für die sozialen Leistungen aufbringen muss, hat sie ein legitimes Interesse daran, die Ausgaben zu begrenzen, soweit sie auf vermeidbaren Ineffizienzen der Entscheidung beruhen. Dafür ist ein Mindestmaß an Selbstbeteiligung unumgänglich. Das bedeutet selbstverständlich, dass nicht nur die Prämie für einen Versicherungstarif mit Selbstbeteiligung in die Berechnungsgrundlage für die sozialen Hilfen eingehen muss, sondern auch ein Betrag für eine zu erwartende Belastung durch die Selbstbeteiligung. Die Summe aus Prämie und Selbstbeteiligung ist aber geringer als Prämie und Pauschalbetrag für die gleiche Versicherung ohne Selbstbeteiligung. Im Interesse der Steuerzahler ist es den Empfängern von sozialen Leistungen daher zuzumuten, einen preiswerten Tarif mit einer Mindestselbstbeteiligung zu wählen. Der Gesetzgeber bzw. Verordnungsgeber muss sich bei der Bemessung der sozialen Un-

---

[7] Vgl. dazu auch Zimmermann (2007), Kap. 5.4.

terstützungsleistungen darüber klar werden, welche Mindestselbstbeteiligung zumutbar ist, weil davon die Höhe der sozialen Leistungen (des Regelsatzes) abhängig ist. Das heißt noch nicht, dass alle Transferempfänger letztlich eine Selbstbeteiligung wählen müssen. In dem hier dargestellten Referenzsystem wird davon ausgegangen, dass den Empfängern von Sozialleistungen ein allgemeiner Zuschuss zum Lebensunterhalt gezahlt und keine Sachleistungen gewährt werden, so dass in bescheidenem Rahmen Wahlmöglichkeiten bestehen bleiben.[8]

Selbst wenn die Zuschüsse zu Versicherungsprämien und zu der Selbstbeteiligung innerhalb der sozialen Hilfen auf den günstigen Fall einer Versicherung mit Selbstbeteiligung bezogen sind (Standardprämie), könnte der Versicherte sich an anderer Stelle einschränken, um eine Versicherung ohne Selbstbeteiligung zu einer höheren Prämie abzuschließen. Eine gesetzliche vorgeschriebene Mindestselbstbeteiligung ist deshalb gegen die Vertragsfreiheit abzuwägen. Vorstellbar ist eine Berücksichtigung der Kosten für die Krankenversicherung im Regelsatz mit einem Betrag, der zwischen der Prämie für eine Vollversicherung und der Prämie für eine Versicherung mit Selbstbeteiligung liegt.

Gegen die Selbstbeteiligung wird häufig eingewandt, dass Haushalte mit geringem Einkommen und chronisch Kranke ohnehin ausgenommen werden müssten. Das ist keineswegs selbstverständlich. Entscheidend ist, dass alle Bürger die notwendigen Gesundheitsleistungen in Anspruch nehmen können. Dabei ist es durchaus sinnvoll, bei der Unterstützung der Versicherten Standardtarife und Standardkosten zugrunde zu legen. Dann haben auch die Einkommensschwachen und chronisch Kranken einen Anreiz, überall dort wo es möglich ist, günstige Tarife abzuschließen und die Kosten der Leistungsinanspruchnahme niedrig zu halten. Sie werden nach leistungsfähigen, effizienten Anbietern suchen.

Das Argument, die chronisch Kranken würden durch Tarife mit Selbstbeteiligung benachteiligt, weil sie ständig die Selbstbeteiligung zusätzlich zur Prämie zahlen müssen, ist in der generellen Form nicht zutreffend. Da für die meisten Menschen laufend Gesundheitsaufwendungen anfallen, insbesondere mit zunehmendem Alter, tragen nahezu alle Versicherten neben der Prämie die Kosten der Selbstbeteiligung. Je nach Ausgestaltung der Selbstbeteiligung werden diese Zuzahlungen bei einem bestimmten Aufwand gekappt, oder sie steigen nur noch geringfügig. Richtig ist zwar, dass chronisch kranke Menschen laufend die Selbstbeteiligung tragen müssen, aber auch für sie kann ein solcher Tarif günstiger sein, als ein Tarif ohne Selbstbeteiligung. Schließlich wird auch ein Teil der chronischen oder schwerwiegenden Erkrankungen durch individuelle Verhaltensweisen beeinflusst, so dass der Selbstbehalt einen Anreiz zu einem gesundheitsbewussten Verhalten für (noch) gesunde Versicherte sowie zu einem der jeweiligen Erkran-

---

[8] Konkret bedeutet das, dass der Hilfeempfänger unmittelbar einen Vertrag über seine Krankenversicherung abschließt. Es gibt zwar eine Versicherungspflicht, aber keine einheitliche Pflichtversicherung, und es gibt keine unmittelbare Übernahme der Versicherungsbeiträge durch den Sozialhilfeträger.

kung angemessenen gesundheitsförderndem Verhalten bieten kann. Es kommt also nicht auf den Vergleich mit den (relativ) Gesunden an, sondern auf den Vergleich der Tarife.

2.4 Prämienrückerstattung

Prämienrückerstattungen und Bonuszahlungen sind an die Bedingung gebunden, dass in einem bestimmten Zeitraum keine Versicherungsleistungen in Anspruch genommen werden. Sie sind vergleichbar mit einem Selbstbehalt von 100 Prozent bis zu einem Betrag X und von Null, sobald dieser Betrag überschritten wird (vgl. Abb. 7). Die Anreizwirkungen in Richtung Kosteneinsparung sind auf den unteren Bereich der Aufwendungen begrenzt. Manchmal wird die Rückerstattung progressiv gestaltet. Beispielsweise wird die Rückerstattung überproportional erhöht, wenn zwei Jahre hintereinander keine Leistungen in Anspruch genommen werden (progressiver Schadensfreiheitsrabatt). Die grundsätzliche Wirkung ändert sich dadurch nicht.

II. Ausgliederung der Umverteilung aus der Krankenversicherung

Ein erster, politisch relativ leicht gangbarer Schritt in Richtung des in diesem Buch dargestellten Referenzsystems ist die Ausgliederung der Umverteilung aus der gesetzlichen Krankenversicherung. Für diesen Schritt sprechen wettbewerbs- wie verteilungspolitische Gründe. Ein solcher erster Schritt wäre der Übergang zu kassenspezifischen Gesundheitspauschalen. Diesem Schritt sollte jedoch mittelfristig die Umstellung auf ein kapitalgedecktes System mit Übertragung individueller risikoäquivalenter Altersrückstellungen folgen.

1. Einige Grundsätze

In der demokratischen Gesellschaft besteht Einvernehmen darüber, dass es eine soziale Mindestsicherung geben muss. Diese Vorstellung liegt auch dem System der Sozialen Marktwirtschaft zugrunde. Allerdings wird die Mindestsicherung nicht bei den einzelnen Gütern und Dienstleistungen durch eine unentgeltliche oder verbilligte Zuteilung bestimmter Mindestmengen angestrebt, sondern grundsätzlich beim Einkommen (Mindesteinkommenssicherung), so dass den unterstützten Menschen eine gewisse Wahlmöglichkeit bleibt. Die Höhe der Regelsätze orientiert sich an den Kosten eines repräsentativen Warenkorbs. Die Unterstützung wird subsidiär gewährt: Mit der Unterstützung werden die eigenen Einkünfte auf das Mindestniveau angehoben. Die Bedürftigkeit ist nachzuweisen.

II. Ausgliederung der Umverteilung aus der Krankenversicherung

Die Mittel für die Umverteilung sollen nach der Leistungsfähigkeit aufgebracht werden, was am besten über das Steuersystem erreicht werden kann.

Die Prinzipien der Bedürftigkeitsprüfung und der Gleichbehandlung der Transferempfänger werden allerdings auch im allgemeinen Umverteilungssystem teilweise ausgehöhlt (Kinderzuschlag zur Vermeidung des Bezugs von Arbeitslosengeld II, spezifische Grundsicherung für Rentner, Arbeitslosengeld II für Arbeitsfähige oder in der Gesetzessprache Grundsicherung für Arbeitsuchende statt gleiche Absicherung für alle Hilfebedürftigen einschließlich der Sozialhilfeempfänger, Bundeszuschüsse zur Rentenversicherung und neuerdings auch zur gesetzlichen Krankenversicherung). Das Niveau der sozialen Mindestsicherung ist in einem politischen Prozess den veränderten Entwicklungen anzupassen und von Zeit zu Zeit neu zu justieren. Prinzipiell werden dem Hilfebedürftigen finanzielle Transfers gewährt (Regelsätze). Die Übernahme der Wohn- und Heizkosten durch die Kommunen im Rahmen des Arbeitslosengelds II seit dem 1. Januar 2005 und die unmittelbare Versicherung der Hilfebedürftigen in der gesetzlichen Krankenversicherung durch die Träger der sozialen Hilfen gehören zu den Ausnahmen.

Im bestehenden System der gesetzlichen Krankenversicherung wird über die Mindestabsicherung hinaus eine weitergehende Umverteilung betrieben, die nicht mit der sozialen Mindestsicherung begründet wird, sondern mit dem weitergehenden Anspruch der *Verteilungsgerechtigkeit*. Abgesehen davon, dass dieser Anspruch in der gesetzlichen Krankenversicherung nicht erfüllt wird, gehen die Meinungen in der Gesellschaft über die Gerechtigkeitsfrage auseinander. Es bestehen erhebliche Zweifel, ob die sich am Markt ergebende Verteilung über eine Mindestabsicherung hinaus verändert werden sollte. Hier liegen viele Konflikte, die auch Rückwirkungen auf die Erhebung der Steuern haben. Deshalb spricht viel dafür, zunächst die Mindestabsicherung effizient zu regeln.

Da die Gesundheitskosten der Einkommensschwächsten nicht von den leistungsfähigen Versicherten in der gesetzlichen Krankenversicherung, sondern bereits heute von den Steuerzahlern getragen werden, und da die Umverteilung innerhalb des Gesundheitssystems gravierende Verzerrungen der Preise für Versicherungsleistungen auslöst, wäre es konsequent, die gesetzliche Krankenversicherung vollständig von Umverteilungsaufgaben zu entlasten. Dann könnte sich die gesetzliche Krankenversicherung auf die Übernahme von Kosten- bzw. Belastungsrisiken durch Krankheit konzentrieren und leistungsgerechte Prämien erheben. Im Steuer- und Transfersystem würden bei der Berechnung der Regelsätze und Freibeträge angemessene Prämien berücksichtigt, so dass es nicht zu einer Überforderung einzelner Versicherter käme. Dann würde auch allen Forderungen der Boden entzogen, die privat Versicherten durch spezielle Regelungen an den Kosten des Sozialausgleichs in der gesetzlichen Krankenversicherung zu beteiligen. Die Leistungsfähigkeit dieser Personen würde im Steuersystem erfasst.

Die Trennung von Produktion und Verteilung dient einerseits der effizienten Produktion, also der Vermeidung unnötiger Kosten aufgrund von Preisverzerrungen, und anderseits einer angemessenen Würdigung der sozialen Gesamtsituation jedes einzelnen Bürgers bei der Frage, welche Unterstützung ihm gewährt werden bzw. in welchem Umfang er sich an der Finanzierung der Sozialleistungen beteiligen soll.

Ein Ausgliedern der Umverteilung aus der gesetzlichen Krankenversicherung würde das Umverteilungsvolumen erheblich verringern. Die gesetzlichen Krankenversicherungen würden stärker entlastet als die allgemeinen Umverteilungssysteme belastet werden müssten, weil die unnötigen und schädlichen Umverteilungstransaktionen an jene entfielen, die streng genommen gar keiner Unterstützung bedürfen. Das geringere Umverteilungsvolumen geht also nicht zu Lasten der Bedürftigen, sondern beruht auf der Einsparung ungewollter Transferzahlungen und Belastungen. Jede vermiedene unnötige Umverteilung erhöht die Akzeptanz der tatsächlich notwendigen öffentlichen Hilfen und der dafür erforderlichen Abgaben.

2. Vorteile des wettbewerblichen Systems nutzen, soziale Härten vermeiden

Durch eine Abkopplung der Beiträge von den Löhnen würden die Lohnzusatzkosten verringert, aber die unmittelbare Beitragslast der Versicherten würde zunehmen. Selbstverständlich sollten und könnten die Löhne um den nicht mehr an die Versicherungen abzuführenden Arbeitgeberanteil erhöht werden. Da letzterer bislang von den Arbeitgebern als Kostenfaktor steuerlich geltend gemacht werden konnte, wäre es angemessen, die pauschalen Steuerfreibeträge der Arbeitnehmer für Versicherungsbeiträge entsprechend zu erhöhen. Es wäre auch steuersystematisch sachgerecht, wenn die Krankenversicherungsprämie zum steuerfreien Existenzminimum gerechnet würde. Die Abkopplung der Beiträge von den Löhnen hat zusätzliche Vorteile in der Form einer erhöhten Transparenz der Versicherungskosten und einer Streitverringerung zwischen den Tarifparteien, weil eine Komponente entfällt, die grundsätzlich auf den Lohn anzurechnen ist und deren Veränderung als exogene Verzerrung von Tarifvereinbarungen gesehen wird.

Ernst zu nehmen ist der Wunsch, nicht weitere Millionen von Menschen von Sozialhilfe oder Arbeitslosengeld II abhängig zu machen. Das betrifft nicht die Menschen, die heute bereits eine Unterstützung aus diesen Sozialsystemen erhalten, sondern Arbeitnehmer, die gerade nicht mehr als hilfebedürftig gelten. In der gesetzlichen Krankenversicherung werden sie weiterhin unterstützt, solange sie mit ihren Beiträgen nicht für die vollen Kosten der Versicherung aufkommen. Diese Unterstützung über die Krankenversicherung ist jedoch weniger transparent und weniger stigmatisiert als die Sozialhilfe und das Arbeitslosengeld II. Aus dem Wunsch, die öffentlichen Hilfen möglichst nicht sichtbar zu machen, erklärt sich auch der enorme Druck, den Menschen lieber einen Mindestlohn zu zahlen, als den Marktlohn zu akzeptieren und gegebenenfalls ergänzendes Arbeitslosengeld II zu gewähren.

Es ist ein verständliches Anliegen, die Hilfebedürftigkeit nicht offen bekennen zu müssen. Der Preis dafür ist aber eine gravierende Störung des Versicherungsmarktes und des Arbeitsmarktes und letztlich eine sehr ungenaue Begünstigung der Empfänger unterschiedlicher Hilfen, bei der durchaus in die falsche Richtung umverteilt werden kann. Die Praxis der Sozialhilfe und des Arbeitslosengelds II zeigt, dass ein vertretbares Mindestsicherungssystem mit dem Anspruch, die Hilfebedürftigen gleich zu behandeln, nicht ohne Bedürftigkeitsprüfung auskommt. Diese Bedürftigkeitsprüfung sollte von einheitlichen Maßstäben ausgehen.

Zu klären wäre im Falle der Umstellung, ob und in welchem Umfang die speziellen familienpolitischen Leistungen für gesetzlich versicherte Familien weitergeführt werden sollen. Man könnte daran denken, die unentgeltliche Mitversicherung von Kindern ganz oder teilweise durch ein erhöhtes Kindergeld zu ersetzen. Das hätte den Vorteil, dass auf diesem Feld eine Gleichbehandlung aller Familien erreicht werden könnte und dass nicht nur die gesetzlich versicherten Kinderlosen zu einer familienpolitischen Leistung herangezogen würden. Soweit es lediglich um eine Entlastung im Kindes- und Jugendalter geht, könnten die Prämien in dieser Phase abgesenkt und in der Erwerbsphase entsprechend erhöht werden. Diese höhere Prämie entspricht einer Umschichtung der Belastung zwischen den Lebensphasen. Nur wenn bei Fälligkeit der höheren Prämie Bedürftigkeit vorliegt, werden die Prämien im Rahmen des allgemeinen Transfersystems durch die Solidargemeinschaft bezuschusst.

Fazit: Eine Mindestabsicherung ist unverzichtbar. Sie setzt aber eine Bedürftigkeitsprüfung bei den Empfängern und eine Orientierung an der Leistungsfähigkeit bei denen voraus, die zur Finanzierung herangezogen werden. Es sollte selbstverständlich sein, dass alle Bürger in der gleichen Situation gleich behandelt werden, sowohl auf der Empfängerseite, als auch auf der Seite der zu Belastenden. Diese Gründe sprechen dafür, die soziale Absicherung vollständig in das bestehende Umverteilungssystem zu integrieren, und auf spezifische versicherungsinterne Umverteilungsmaßnahmen zu verzichten. Dann könnten die Beiträge wie in anderen Versicherungssystemen an den Risiken orientiert werden und ihre Steuerungsfunktion erfüllen.

Die in diesem Zusammenhang oft geäußerte Sorge, für die allgemeine Mindestsicherung würden weniger Mittel zur Verfügung gestellt als für eine spezielle Absicherung von Gesundheitsleistungen, erscheint unbegründet. Im repräsentativen Warenkorb, der für die Berechnung der Regelsätze im Rahmen der sozialen Sicherung herangezogen wird, können die Gesundheitsaufwendungen berücksichtigt werden, indem eine angemessene Prämie für eine private Krankenversicherung angesetzt wird. Dabei wird unterstellt, dass die Umlagesysteme auf das Kapitaldeckungsprinzip umgestellt werden. Für Bedürftige, nämlich für Empfänger von Sozialhilfe und Arbeitslosengeld II, ändert sich grundsätzlich nichts, weil die gegenwärtigen Beiträge schon aus allgemeinen Steuermitteln finanziert werden.

Eine Anmerkung am Rande: Die Sozialhilfesysteme sollen dann genutzt werden können, wenn ein Bürger in Not gerät, also seinen Lebensunterhalt nicht mehr alleine finanzieren kann. Die laufende Hilfe zum Lebensunterhalt enthält grundsätzlich keine Beträge, die der Ersparnisbildung dienen. Die Bedürftigkeit wird grundsätzlich in jeder Periode geprüft. Aus der Bedürftigkeit in einer Lebensphase kann nicht zwingend auf eine Bedürftigkeit in späteren Lebensphasen geschlossen werden. Deshalb können noch keine Ansprüche für spätere Phasen geltend gemacht werden. Mit dem expliziten Beitrag zur Rentenversicherung im Rahmen des Arbeitslosengelds II wird erstmals offen gegen dieses Prinzip verstoßen. Das sollte korrigiert werden, da die Unterstützungsleistung dann unangemessen wäre, wenn zu einem späteren Zeitpunkt wieder genug Einkommen für eine eigene Altersvorsorge erwirtschaftet wird.

Im Rahmen der Krankenversicherung lässt sich eine gewisse Ersparnisbildung in den ersten Lebensphasen wie oben erwähnt nicht leicht von der Versicherungsleistung trennen, so dass Altersrückstellungen, die nicht dem unmittelbaren aktuellen Lebensunterhalt dienen, in die Unterstützungszahlungen einfließen. Die Prämien in der privaten Krankenversicherung und in dem hier beschriebenen Referenzsystem enthalten in den ersten Versicherungsjahren einen Beitrag zur Kapitalbildung. Bei älteren Versicherten liegen die Prämien dagegen unter den laufend verursachten Gesundheitsaufwendungen. Werden Versicherte in dieser Lebensphase hilfebedürftig, tragen die Altersrückstellungen umgekehrt zur Entlastung des Steuerzahlers bei.

Ähnliche Abweichungen gibt es bereits heute in den Beiträgen, die pauschal für Hilfebedürftige an die gesetzlichen Krankenversicherungen gezahlt werden. Diese Beiträge gehen für junge Versicherte in der Regel ebenfalls über die an den laufenden Aufwendungen orientierte jährliche Versicherungsprämie hinaus, weil sie im Umlagesystem einen Solidarbeitrag für ältere Versicherte enthalten. Umgekehrt ist der Beitrag für ältere Versicherte vergleichsweise gering, gemessen an den durchschnittlichen Gesundheitskosten des entsprechenden Altersjahrgangs.

Die Glättung der Prämien und Beiträge zur Krankenversicherung dient aber gerade dazu, eine Überforderung der Versicherten im Alter zu vermeiden. Der realistische Fall wird weniger in der überschätzten Bedürftigkeit in den ersten Lebensphasen gesehen als in einem zu hohen Konsum in dieser Zeit und einer möglichen Verarmung im Alter aufgrund extrem steigender Gesundheitsaufwendungen. Deshalb sind die privat Versicherten gesetzlich verpflichtet, Altersrückstellungen zu bilden. Anders als bei der Rentenversicherung erscheint es aus praktischen Gründen in der Krankenversicherung angemessen, die jeweilige Prämie für eine übliche Versicherung bzw. den pauschalen Beitrag zur gesetzlichen Krankenversicherung bei der Ermittlung der Lebenshaltungskosten zu akzeptieren. In einem kapitalgedeckten Krankenversicherungssystem haben die Altersrückstellungen die zusätzliche Aufgabe des Risikoausgleichs im Falle eines Versicherungswechsels. Auch dies spricht dafür, Hilfeempfängern einen Zuschuss zu gewähren, der auch den Kapitalbildungsanteil zur Krankenversicherungsprämie abdeckt und später um die Abschmelzung der Altersrückstellung ermäßigt wird.

III. Wettbewerb auf dem Versicherungsmarkt durch Übertragung individueller risikoäquivalenter Altersrückstellungen

1. Die Grundidee

Jede Versicherung gibt einem Wechsler so viel an Altersrückstellungen mit, wie sie an Mehraufwendungen über die zu erwartenden Prämieneinnahmen hinaus erwartet, wenn er bei ihr bliebe. Dem Wechsler wird also der Barwert der Differenz aus erwarteten zukünftigen Kosten und erwarteten zukünftigen Prämienzahlungen mitgegeben. Formal sind die individuellen risikoäquivalenten Altersrückstellungen wie folgt definiert:

Individuelle risikoäquivalente Altersrückstellung eines Versicherten
= Barwert der erwarteten *zukünftigen* Gesundheitsaufwendungen, die ein Versicherter verursacht, abzüglich Barwert der erwarteten *künftigen* Prämienzahlungen des Versicherten

Die individuelle risikoäquivalente Altersrückstellung ist also der Barwert der erwarteten Nettokosten eines Versicherten. Schätzt eine Versicherung beispielsweise, dass ein Versicherter bis zum Ende seines Lebens im Barwert noch Gesundheitsaufwendungen von 200.000 Euro verursachen und 150.000 Euro an Prämien zahlen wird, so könnte sie ihm eine Altersrückstellung in Höhe von 50.000 Euro mitgeben. Diesen Betrag müsste die Versicherung auch aufwenden, wenn der Versicherte bei ihr bliebe – schließlich hat sie ihm die lebenslange Leistung versprochen. Die individuelle risikoäquivalente Altersrückstellung ist somit der Betrag, den eine Versicherung maximal bereit ist zu zahlen, um sich von den Verbindlichkeiten trennen zu können, die sich aus dem Versprechen der lebenslangen Leistung ergeben.

Keine Unterscheidung zwischen guten und schlechten Risiken durch individuelle risikoäquivalente Altersrückstellungen

Zum Zeitpunkt des erstmaligen Eintritts in eine Versicherung gibt es selbstverständlich noch keine Altersrückstellungen. Das gilt unabhängig davon, ob das Gesundheitsrisiko des Neuversicherten als hoch, durchschnittlich oder gering eingeschätzt wird. Unterschiede in der Risikoeinschätzung zum Zeitpunkt des Abschlusses einer Versicherung – auch nach einem Versicherungswechsel – werden grundsätzlich in den Prämien berücksichtigt. Deshalb sind Neuversicherte mit hohem und geringem Risiko gleich willkommen. Wenn bei einem Wechsel der Versicherung individuelle Altersrückstellungen übertragen werden, entfällt auch das Problem, dass Menschen mit einem hohen Krankheitsrisiko bei der aufnehmenden Versicherung extrem hohe Prämien zahlen müssen. Solche Menschen werden heute vielfach als Kunden abgelehnt, weil die Versicherung nicht in den Ruf kommen möchte, unanständig hohe Prämien zu verlangen.

Wenn sich die Prämien in einem System mit übertragbaren individuellen Altersrückstellungen in der Regel nicht oder nur wenig unterscheiden, liegt das daran, dass die meisten Menschen von Geburt an versichert sind, also die Verträge zu einem Zeitpunkt geschlossen wurden, zu dem noch keine unterschiedlichen Risiken erkennbar waren.[9] Während der Laufzeit eines Vertrages kann sich das Krankheitsrisiko eines Versicherten unerwartet verändern. Mit der Versicherung soll verhindert werden, dass ein unerwartetes Krankheitsrisiko zu einem Kostenproblem für den Versicherten wird. Abweichungen der tatsächlichen Krankheitsrisiken von den erwarteten Risiken nach unten und oben rechtfertigen keine Prämienanpassung, sondern erfordern eine entsprechende Differenzierung der individuellen Altersrückstellungen. Sowohl Versicherte mit einem hohen als auch mit einem geringen Krankheitsrisiko zum Zeitpunkt des Vertragsabschlusses können sich während der Vertragslaufzeit zu guten Risiken oder zu schlechten Risiken entwickeln.

Zu Beginn eines Versicherungsvertrages gibt es keine guten und schlechten Risiken, unabhängig davon, ob die Versicherten zu diesem Zeitpunkt hohe oder geringe Krankheitsrisiken aufweisen. Denn prinzipiell wird die Prämie für jeden Neuversicherten in einer privaten Krankenversicherung so kalkuliert, dass alle Aufwendungen gedeckt werden, die aufgrund des zum Vertragszeitpunkt erkennbaren individuellen Krankheitsrisikos zu erwarten sind. Erst mit zunehmender Vertragsdauer zeigt sich, ob sich ein Versicherter im Nachhinein als gutes oder schlechtes Risiko erweist, ob also ein für die Versicherung vorteilhafter oder nachteiliger Vertrag abgeschlossen wurde. Das ist unproblematisch, wenn sich die Abweichungen der tatsächlichen Risiken von den erwarteten Risiken zufällig verteilen und wenn sich die finanziellen Wirkungen ausgleichen. Schließlich macht dies das Wesen einer Versicherung aus: Die nicht vorhersehbaren Gesundheitsaufwendungen zwischen den Versicherten auszugleichen.

Unter dem Aspekt eines möglichen Versicherungswechsels ist die Einschätzung, ob und in welchem Maße ein Versicherter zu einem bestimmten Zeitpunkt zu einem guten oder schlechten Risiko geworden ist, dagegen von großem Inter-

---

[9] Die risikoäquivalenten Prämien mögen damit auf den ersten Blick einem System mit Pauschalprämien (Gesundheitspauschale, Kopfpauschale) ähneln. Die Unterschiede zeigen sich bei den Wechselmöglichkeiten (vgl. Abschnitt D.II).

esse. Während der Laufzeit des Versicherungsvertrages werden praktisch alle Versicherten nach vergleichsweise kurzer Dauer zu schlechten Risiken, wenn eine real konstante Prämie vorgesehen ist. Bei einem solchen Prämienverlauf zahlen nämlich nahezu alle Versicherten in der Anfangsphase mehr ein als sie an Aufwendungen verursachen, während sie in späteren Phasen mehr verbrauchen als sie einzahlen. Nach mehreren Jahren Versicherungszeit reichen die ab einem solchen Zeitpunkt noch erwarteten Prämienzahlungen nicht aus, um die erwarteten Gesundheitsaufwendungen zu decken. Der Versicherte ist zu einem schlechten Risiko geworden. Die Altersrückstellungen dienen dazu, diese Finanzierungslücke auszufüllen.

Die gebildeten Altersrückstellungen sollten zu jedem Zeitpunkt ausreichen, die künftig erwarteten Mehraufwendungen – also die über die noch zu erwartenden Prämienzahlungen hinausgehenden Aufwendungen – abzudecken. Solange kein Versicherter das Kollektiv verlässt, müssen die Altersrückstellungen nicht individuell zugerechnet werden. Es reicht aus, wenn die gesamten erwarteten Gesundheitsaufwendungen für ein Kollektiv durch die zukünftigen Prämien aller Versicherten und die Summe der Altersrückstellungen gedeckt werden können.

Möchte dagegen ein Versicherter in eine andere Versicherung wechseln und soll der Wechsel nicht behindert werden, muss dem Wechsler ein Teil der Rückstellungen zugerechnet werden. Die mitgegebene Altersrückstellung sollte so bemessen sein, dass kein Schaden für die verbleibenden Versicherten entsteht und auch der Wechsler grundsätzlich nicht schlechter gestellt wird als in dem Fall, in dem er in der bisherigen Versicherung verbleibt. Das kann durch die Übertragung individuell risikoäquivalenter Altersrückstellungen erreicht werden.

Das Kalkül der Versicherungen[10]

Hat eine Versicherung risikoäquivalente Altersrückstellungen für jeden Versicherten gebildet, kann sie dem Wechsler die individuelle Altersrückstellung mitgeben. Das ist genau der Betrag, den sie sonst zusätzlich zu den Prämieneinnahmen für die künftigen Gesundheitsleistungen aufwenden müsste. Die abgebende Versicherung und die übrigen Versicherten haben dann weder einen Vorteil noch einen Nachteil. Gibt die Versicherung dem Wechsler mehr Rückstellungen mit, macht sie einen Verlust, weil die mitgegebene Altersrückstellung dann höher wäre als die Kosten, die der Versicherte im eigenen Unternehmen verursachen würde.

Gibt die Versicherung dem Wechsler weniger mit als die individuelle risikoäquivalente Altersrückstellung, zieht sie einen Vorteil aus dem Wechsel, denn der Verbleib des Versicherten wäre teurer geworden. Die für den Versicherten vorgesehene Rückstellung wird nur teilweise ausgezahlt. In diesem Fall muss die Versicherung aber damit rechnen, dass der Versicherte nicht wechselt, denn wegen der

---

[10] Vgl. dazu auch Eekhoff (2005).

vergleichsweise geringen angebotenen Altersrückstellung wird die aufnehmende Versicherung möglicherweise eine höhere Prämie verlangen, so dass der Versicherte doch lieber bei der bisherigen Versicherung bleibt. Dann fallen dort die vollen Kosten in Höhe der individuellen Rückstellung an. Deshalb wird die Versicherung einen Betrag anbieten, der nur geringfügig unter der individuellen risikoäquivalenten Altersrückstellung liegt, um den Wechsel nicht zu verhindern und zumindest einen geringen Vorteil durch den Wechsel zu erzielen.

Die aufnehmende Versicherung wird ein risikoäquivalentes Entgelt für die Übernahme des Versicherungsschutzes verlangen. Sie wird das Gesundheitsrisiko des Wechslers und die sich daraus ergebenden Aufwendungen im weiteren Lebensverlauf schätzen und neben der Prämie eine entsprechende Altersrückstellung beanspruchen. Die Summe aus erwarteten Prämieneinnahmen und Altersrückstellung muss die erwarteten Kosten decken. Je höher die mitgebrachte individuelle Altersrückstellung, desto geringer kann die Prämie ausfallen. Stimmen die geforderte Altersrückstellung der aufnehmenden Versicherung und die gebotene Altersrückstellung der abgebenden Versicherung bei unveränderter Prämie überein, kann der Versicherte entscheiden, ob er ohne Prämienänderung wechseln will. Hat er eine geringere Prämie erreichen wollen, lohnt sich der Wechsel nicht.

Übersteigt die von der aufnehmenden Versicherung geforderte Altersrückstellung die gebotene Altersrückstellung, dann wird die aufnehmende Versicherung eine höhere Prämie verlangen, um die von ihr erwarteten Aufwendungen zu decken. Der Versicherte muss entscheiden, ob er bereit ist, den entsprechenden Zuschlag zu zahlen, um wechseln zu können. Die Prämiensteigerung ist aber auf jeden Fall geringer als unter den gegenwärtigen Bedingungen in der privaten Krankenversicherung, die überhaupt keine Mitgabe von Altersrückstellungen vorsehen.

Kommt die aufnehmende Versicherung mit einer geringeren Altersrückstellung aus als von der abgebenden Versicherung angeboten, ist sie in der Lage, dem Wechsler eine niedrigere Prämie als die seiner alten Versicherung anzubieten. Sie kann also offensiv in den Wettbewerb um Bestandsversicherte eintreten und dabei Vorteile für sich und die Wechsler erzielen, ohne damit das Kollektiv der abgebenden Versicherung zu schädigen, ohne Risikoselektion zu betreiben. Der Grund für die niedrigere Prämie liegt darin, dass die aufnehmende Versicherung erwartet, den Wechsler günstiger versorgen zu können als die abgebende.

Effiziente Wahl der Versicherung durch individuelle risikoäquivalente Altersrückstellungen

Im Wettbewerb soll herausgefunden werden, welche Versicherung den Versicherten bessere Leistungen oder günstigere Prämien bietet, weil sie sich auf die Behandlung bestimmter Krankheiten spezialisiert hat, weil sie wirksame Präventionsprogramme durchführt, weil sie die Verwaltungskosten und Kapitalkosten gering hält oder weil sie die Altersrückstellungen besonders gut anlegt. Durch die Mitgabe individueller risikoäquivalenter Altersrückstellungen wird es jedem Versicherten möglich, jeweils in die Versicherung zu wechseln, die für ihn am besten geeignet ist und seinen Vorstellungen am ehesten entspricht.

Eine Situation, in der die Versicherten nicht optimal auf die Versicherungen verteilt sind, in der also nicht alle von der jeweils am besten geeigneten Versicherung versorgt werden, kann sich immer wieder ergeben, wenn eine Versicherung beispielsweise erfolgreich ihre Kosten senkt, den Service verbessert, ergänzende Leistungen anbietet oder Disease-Management-Programme einführt. Weitere Effizienzpotenziale könnten genutzt werden, wenn den Versicherungen mehr Vertragsfreiheit auf der Leistungsseite eingeräumt würde und wenn sie beispielsweise die Leistungserbringer besonders sorgfältig auswählen und mit innovativen Versorgungs- und Vergütungsmodellen experimentieren könnten.

In einem System mit übertragbaren individuellen Altersrückstellungen haben grundsätzlich alle Versicherten unabhängig von ihrem Risiko die Möglichkeit, die Versicherung zu wechseln. Risikoselektion wird durch die risikoäquivalenten Altersrückstellungen wirksam verhindert. Die individuellen Altersrückstellungen neutralisieren den Unterschied zwischen guten und schlechten Risiken für die aufnehmende Versicherung in dem Sinne, dass diese grundsätzlich keine unterschiedlichen Prämien verlangen muss. Menschen mit Vorerkrankungen müssen bei einem Versicherungswechsel prinzipiell keine höheren Prämien zahlen, denn die höheren zu erwartenden Kosten spiegeln sich in ihrer Altersrückstellung wieder. Auch für sie gilt, dass ein Wechsel vorteilhaft sein kann, weil eine andere Versicherung mit geringeren Kosten arbeitet oder für die gleiche Prämie bessere Leistungen bietet. Es findet ein echter Wettbewerb um die optimale Versorgung der Versicherten statt. Ein solches System zeichnet sich durch große Wahlfreiheiten aller Versicherten und eine hohe Marktdynamik aus.

Die Zusammenhänge sollen anhand eines Zahlenbeispiels verdeutlicht werden. In Tabelle 1 sind zu diesem Zweck hypothetische Krankheitskosten für Personen mit unterschiedlichem Verlauf des Krankheitsrisikos dargestellt.

Tabelle 1: Krankheitskosten

Risiken	Periode 1	Periode 2	Periode 3	insgesamt
hoch	10	35	90	135
durchschnittlich	10	30	80	120
niedrig	10	25	70	105
Summe pro Periode	30	90	240	360

Es wird angenommen, dass in einer Versicherung drei Personen für drei Perioden versichert sind. Zum Zeitpunkt des Abschlusses des Versicherungsvertrages ist nur das durchschnittliche Risiko bekannt. Bei einem Zinssatz von Null zahlen alle Versicherten eine gleich bleibende Prämie von 40 pro Periode, so dass die Gesamtkosten von 360 gedeckt werden. *Nach* Abschluss der Versicherung (aber noch im Laufe der ersten Periode) werden die Risikounterschiede zwischen den Versicherten bekannt, so dass sich unterschiedliche Kostenverläufe für jeweils einen Versicherten mit hohem, durchschnittlichem und niedrigem Risiko ergeben.

Der Versicherte mit durchschnittlichem Risiko deckt mit seinen Prämienzahlungen genau seine Kosten über die drei Perioden. Da alle Versicherten die gleiche Prämie zahlen, nimmt der Versicherte mit hohem Risiko mehr Leistungen in Anspruch als er bezahlt (Differenz von +15), der Versicherte mit niedrigem Risiko hingegen beansprucht weniger Leistungen als er bezahlt (Differenz von –15). Die Abweichungen bei dem Versicherten mit hohem und dem mit niedrigem Risiko gleichen sich aus, so dass die Versicherung ihre Kosten insgesamt decken kann. Dies sollte in einem funktionierenden Versicherungssystem der Normalfall sein. Dieser Ausgleich entspricht dem Wesen einer Versicherung.

Die individuell risikoäquivalenten Altersrückstellungen am Ende der jeweiligen Periode sind in Tabelle 2 dargestellt.

Tabelle 2: Individuell risikoäquivalente Altersrückstellungen

Risiken	Periode 1	Periode 2	Periode 3
hoch	45	50	0
durchschnittlich	30	40	0
niedrig	15	30	0

Die individuell risikoäquivalente Altersrückstellung für den Versicherten mit dem hohen Risiko am Ende der ersten Periode berechnet sich beispielhaft wie folgt: Die in den beiden verbleibenden Perioden noch erwarteten Kosten betragen 35 + 90 = 125. Die erwarteten Prämienzahlungen sind 2 × 40 = 80, die Differenz aus zukünftigen Aufwendungen und Prämien beträgt also 125 – 80 = 45. In dieser Höhe muss die Versicherung eine Altersrückstellung bilden, um die nicht durch Prämien gedeckten Kosten zu decken.

Wenn der Versicherte mit hohem Risiko die Versicherung am Ende der ersten Periode verlässt und die Versicherung ihm eine Altersrückstellung von 45 mitgibt, ergeben sich für die Kostensituation der Versicherung keine Vor- oder Nachteile. Die mitgegebene Rückstellung entspricht der Differenz zwischen den erwarteten hohen Aufwendungen (125) und den erwarteten Prämien (80). Man kann auch sagen: Der Kapitalstock verringert sich um 45, und die Verbindlichkeiten nehmen im gleichen Umfang ab. Auch für das verbleibende Versichertenkollektiv entstehen durch den Wechsel weder Nachteile noch Vorteile. Geht der Versicherte mit dem hohen Risiko dagegen bereits bei der Mitgabe einer Altersrückstellung von

44, ergibt sich für das verbleibende Versichertenkollektiv dagegen eine Verbesserung, obwohl dem Versicherten eine höhere als die durchschnittliche Altersrückstellung (30) mitgegeben wird.

Bei der aufnehmenden Versicherung stellt sich die Situation wie folgt dar: Wenn sie von der abgebenden Versicherung eine Altersrückstellung von 45 erhält und wie diese auch Kosten von insgesamt 125 in der zweiten und dritten Periode erwartet, könnte sie dem Wechsler ebenfalls eine Prämie von 40 anbieten, um ihre Kosten zu decken. Erwartet sie aber nur Kosten von 121, weil sie beispielsweise effizienter arbeitet, kann sie die Prämie für die verbleibenden zwei Perioden auf 38 reduzieren und für den Wechsler entsteht ein Vorteil von 4 (2 × 2). Der Effizienzgewinn kann aber auch anders zwischen abgebender und aufnehmender Versicherung sowie dem Wechsler aufgeteilt werden. So könnte die aufnehmende Versicherung beispielsweise eine Prämie von 39 anbieten und den Vorteil mit dem Wechsler teilen. Alternativ könnte die abgebende Versicherung versuchen, den Effizienzvorteil der aufnehmenden Versicherung ganz oder teilweise zu beanspruchen, indem sie eine geringere Altersrückstellung als 45 mitgibt. Vermutlich wird der Versicherte aber nur wechseln, wenn die neue Prämie weniger als 40 beträgt. Das setzt voraus, dass die abgebende Versicherung bei erwarteten Kosten von 121 bei der aufnehmenden Versicherung eine individuelle Altersrückstellung von mehr als 41 mitgibt.

2. Besteht Regelungsbedarf?

In den bisherigen Ausführungen wurde davon ausgegangen, dass das System mit übertragbaren individuellen Altersrückstellungen ohne spezielle Regulierungen funktioniert und die Versicherungen aus Eigeninteresse die richtigen Altersrückstellungen ausweisen und mitgeben. Diese Auffassung ist allerdings umstritten. Im Folgenden soll kurz diskutiert werden, ob und unter welchen Bedingungen die Versicherungsunternehmen zu geringe oder gar keine Altersrückstellungen mitgeben könnten und ob dagegen Vorkehrungen zu treffen sind.

Einigungsprobleme der Versicherungen?

Gegen die Übertragbarkeit individueller Altersrückstellungen wird eingewandt, es könne der Fall eintreten, dass die abgebende und die aufnehmende Versicherung nicht zu einer Einigung über die Höhe der mitzugebenden Altersrückstellungen kämen. Deshalb sei es notwendig, Schiedsstellen einzurichten oder eine andere verbindliche Streitregelung vorzusehen. Außerdem dürfe der Rechtsweg zu den Gerichten nicht ausgeschlossen werden, um Schiedsstellen- oder Behördenentscheidungen überprüfen zu können. Bis ein abschließendes Urteil gefällt werde, könnten mehrere Jahre vergehen. Erst danach könne der Wechsel vollzogen werden. Außerdem müsse es einen Kontrahierungszwang geben, denn sonst habe die aufnehmende Versicherung immer noch die Möglichkeit, die Aufnahme des Versicherten zu verweigern.

Den hier vorgebrachten Einwänden liegt die Vorstellung zugrunde, die abgebende und die aufnehmende Versicherung müssten bei einem Wechsel eines Versicherten von einer gleich hohen Altersrückstellung ausgehen. Diese Vorstellung ist aus mehreren Gründen nicht zu halten. Es gibt keine richtige oder gerechte Altersrückstellung, die sich objektiv von einer unabhängigen Stelle ermitteln ließe. Jede Versicherung hat ihre eigenen Erfahrungen mit der Einschätzung von Risiken und Gesundheitsaufwendungen. Außerdem haben die Versicherungen unterschiedliche Kosten, Behandlungs- und Kapitalanlagemöglichkeiten. Schon aus diesen Gründen werden sie die künftigen Gesundheitsaufwendungen für den gleichen Versicherten unterschiedlich einschätzen.

Außerdem besteht ein Zusammenhang zwischen der Höhe der Altersrückstellung und der Höhe der Prämie. Je geringer die Prämie, die der Versicherte bereit ist zu zahlen, umso höher wird die von der aufnehmenden Versicherung geforderte Altersrückstellung sein. Man kann es auch von der anderen Seite betrachten: Wird die zu übertragende Altersrückstellung von der abgebenden Versicherung oder auch von einer neutralen Stelle festgesetzt, muss sich die aufnehmende Versicherung darauf einstellen, indem sie eine Prämie fordert, die aus ihrer Sicht zu dieser Altersrückstellung passt. Wenn sie die zu erwartenden Gesundheitsaufwendungen höher einschätzt als die abgebende Versicherung bzw. eine neutrale Stelle, wird sie eine höhere Prämie verlangen und umgekehrt.

Werden die Altersrückstellungen von der abgebenden und der aufnehmenden Versicherung auf der Grundlage einer gleich hohen Prämie ermittelt, so werden die Ergebnisse nur zufällig gleich sein. Im Regelfall werden sich die für erforderlich gehaltenen Altersrückstellungen aufgrund unterschiedlicher Kosten, Kapazitäten, Spezialisierungen, Leistungsbeziehungen, Rabatte, Kapitalanlagemöglichkeiten usw. deutlich unterscheiden. Unterschiede können sich weiterhin dadurch ergeben, dass eine Versicherung Leistungen bietet, die über den Standardleistungskatalog hinausgehen, also beispielsweise besseren Service und Zusatzangebote. Die Versicherungen können das gesamte betriebswirtschaftliche Handlungsspektrum nutzen, um die Kosten niedrig zu halten und eine qualitativ hochwertige Leistung zu bieten.

Solche Unterschiede der Unternehmen auf der Kosten- und auf der Leistungsseite sind in einer Marktwirtschaft ganz normal. Die Versicherten müssen, soweit sie die Mindestleistungen im Rahmen der Versicherungspflicht abgedeckt haben, darüber entscheiden, ob ihnen zusätzliche oder bessere Leistungen eine höhere Prämie wert sind. Der Wettbewerb sorgt dafür, dass ineffiziente und nicht ausreichend an den Präferenzen der Konsumenten ausgerichtete Anbieter ihre Leistungen verbessern, sich auf einzelne besonders gute Produkte konzentrieren oder sich letztlich aus dem Markt zurückziehen.

Das hier erläuterte Wettbewerbsverfahren zielt darauf ab, die Versicherten in den Genuss einer möglichst guten Qualität der Leistungen und einer hohen Effizienz der Unternehmen kommen zu lassen. Voraussetzung für den Wettbewerb und für einen sinnvollen Wechsel von Versicherten ist gerade nicht eine von der abgebenden und aufnehmenden Versicherung gleich hoch eingeschätzte Altersrückstellung, sondern umgekehrt eine unternehmensspezifische Altersrückstellung, in der die betriebswirtschaftlichen Unterschiede zum Ausdruck kommen. Daraus können sich Vorteile für alle Beteiligten ergeben. Der Wettbewerb um die Versicherten kann über die Prämien und über bessere Leistungen ausgetragen werden.

Ausweisung zu geringer Altersrückstellungen?

Häufig wird eingewandt, die Versicherungen könnten systematisch zu geringe Altersrückstellungen ausweisen, um im Falle eines Wechsels hohe Gewinne zu machen oder ihre Versicherten am Wechsel zu hindern. Die beiden Ziele passen allerdings nicht zusammen. Oben wurde bereits erläutert, dass es nicht sinnvoll ist, möglichst geringe Altersrückstellungen anzusetzen, um einen hohen Gewinn im Falle eines Wechsels zu erzielen. Je geringer nämlich die Altersrückstellung angesetzt wird, desto wahrscheinlicher ist es, dass der Versicherte bleibt und somit kein Vorteil erzielt wird. Die Versicherung muss stets einkalkulieren, dass sie beim Verbleib eines Versicherten das volle Risiko trägt und für die gesamten erwarteten Aufwendungen aufkommen muss.

Ist ein Versicherungswechsel gesamtwirtschaftlich vorteilhaft, weil der Versicherte günstiger versorgt werden kann oder bereit ist, für bessere Leistungen eine höhere Prämie zu zahlen, so kommt dieser Wechsel in dem vorgeschlagenen System in der Regel auch zustande. Dies heißt natürlich nicht, dass einem Versicherten bei jedem geäußerten Wechselwunsch eine geringere oder auch nur die gleiche Prämie in der aufnehmenden Versicherung garantiert wird. Es heißt auch nicht, dass er bereit ist, eine höhere geforderte Prämie bei der aufnehmenden Versicherung zu zahlen. Es kommt also nicht zwingend zu einem Wechsel. Dies wäre aber auch nicht sinnvoll, wenn der Versicherte beispielsweise bereits von der für ihn am besten geeigneten Versicherung versorgt wird oder wenn die anfallenden Wechselkosten die Vorteile aus dem Wechsel übersteigen.

Entscheidend für den Wettbewerb ist nicht, dass es zu einem massiven Anstieg der Wechseltätigkeit kommt. Jeder Wechsel beruht auf Freiwilligkeit der beiden beteiligten Versicherungen. Bei bereits erkrankten Personen kann das Haupthindernis für einen Wechsel in der Person des Versicherten liegen, der die Erfahrung gemacht hat, dass die bisherige Versicherung die entstehenden Kosten übernimmt. Die Menschen sind vielfach nicht bereit, zu wechseln, selbst wenn die aufnehmende Versicherung eine etwas geringere Prämie verlangt, weil sie keine Risiken eingehen wollen. Doch bereits die Möglichkeit des Wechsels führt dazu, dass sich die Unternehmen verstärkt um Effizienz und die Erfüllung der Wünsche ihrer Kunden bemühen werden, da sie sich darauf nicht verlassen können und nicht alle Versicherten so denken und handeln. Die Unternehmen werden sich bemühen, ihre Bestandsversicherten zu behalten und zusätzliche Bestandsversicherte anzuwerben.

Probleme durch autonome Wechsler?

Eine mögliche Ursache für Störungen im System mit übertragbaren Altersrückstellungen könnten so genannte autonome Wechsel sein. Solche Wechsel finden unabhängig von der Höhe der mitgegebenen Altersrückstellung statt, also auch dann, wenn keine Altersrückstellung mitgegeben wird. Beispiele hierfür sind etwa ein Wegzug ins Ausland, große Effizienz- oder Qualitätsunterschiede zwischen den Versicherungen oder auch irrationale Wechsel. Entsprechende Erfahrungen und Erwartungen könnten die Versicherungen veranlassen, überhaupt keine Altersrückstellungen mitzugeben oder zumindest im Falle eines Wechsels erhebliche Abschläge von den eigentlich für erforderlich gehaltenen Altersrückstellungen zu machen. Sie würden darauf hoffen, dass einige Versicherte trotzdem zu einer anderen Versicherung wechseln. Die gegenwärtige Situation könnte als Beleg für diese These herangezogen werden. Denn obwohl bei den abgebenden Versicherungen Altersrückstellungen gebildet, aber nicht mitgegeben werden, und obwohl bei den aufnehmenden Versicherungen möglicherweise eine höhere Prämie zu zahlen ist, wechselt eine Reihe von Versicherten zwischen den privaten Krankenversicherungen, vor allem in den ersten Versicherungsjahren.

Aus allokativer Sicht sind Wechsel zu deutlich effizienteren Versicherungen ohne Mitgabe von Altersrückstellungen unproblematisch, da die Versicherten dann von den für sie am besten geeigneten Versicherungsunternehmen versorgt werden. Auch Fälle, in denen Versicherte schon bei der Mitgabe von Altersrückstellungen wechseln würden, die spürbar unter den risikoäquivalenten Beträgen liegen, wären für das Gesamtsystem kein Problem. Die gesamtwirtschaftlichen Effizienzgewinne kämen dann hauptsächlich den abgebenden Versicherungen zu Gute. Hätten die Unternehmen Informationen über die Mindestbeträge, zu denen die einzelnen Versicherten wechseln, würden sie ihnen differenzierte Altersrückstellungen entsprechend ihrer Wechselneigung mitgeben. Das optimale allokative Ergebnis würde trotzdem erreicht.

Es kann aber nicht davon ausgegangen werden, dass die Versicherungen die Wechselneigungen ihrer Versicherten kennen. Deshalb bleibt den Unternehmen nichts anderes übrig, als allen Versicherten mit gleichen Merkmalen unabhängig von deren Wechselneigung die gleichen Altersrückstellungen zuzuweisen. Je nach dem Anteil der autonomen Wechsler könnte es für eine Versicherung allerdings vorteilhaft sein, vollständig auf eine Mitgabe von Altersrückstellungen zu verzichten.

Dies soll anhand eines Beispiels erläutert werden: Eine Versicherung hat 100

Versicherte einer bestimmten Risikoklasse, deren risikoäquivalente Altersrückstellung jeweils 10.000 Euro beträgt. Die Versicherung weiß, dass vier Versicherte autonome Wechsler sind, die auch ohne die Mitgabe einer Altersrückstellung das Unternehmen verlassen werden. Sie weiß allerdings nicht, wer diese Versicherten sind. Werden keine Altersrückstellungen übertragen, würde die Versicherung einen Vorteil in Höhe von 40.000 Euro aus vorenthaltenen Altersrückstellungen der vier autonomen Wechsler erzielen.

Teilt die Versicherung hingegen positive Altersrückstellungen zu, so steigt die Anzahl der Wechsler. Allerdings nimmt der durchschnittliche Vorteil pro Wechsler ab. Die maximale Anzahl von Wechslern ohne Verluste aus jedem Wechsel für die Versicherung würde bei einer Übertragung der tatsächlich kalkulierten individuellen Altersrückstellung von 10.000 Euro zustande kommen. In diesem Fall fiele der Vorteil der Versicherung aus jedem Wechsel aber auf Null. Ein vollständiger Verzicht auf die Mitgabe von Altersrückstellungen wäre unter den dargestellten Bedingungen die bessere Strategie für die Versicherung. Das allokative Optimum, in dem so hohe Altersrückstellungen übertragen werden, dass alle Versicherten – unter Berücksichtigung der Transaktionskosten – in die Versicherungen wechseln, die sie am effizientesten versorgen können, wird nicht erreicht. Eine Annäherung an das Optimum könnte sich ergeben, wenn die Versicherung versuchte, durch Mitgabe vergleichsweise hoher, aber nicht der eigentlich kalkulierten Altersrückstellungen den Gesamtvorteil zu vergrößern. Im hier gewählten Beispiel wäre dies etwa der Fall, wenn bei Übertragung einer Altersrückstellung von 9.000 Euro pro Versichertem dieser Risikoklasse mindestens 41 Versicherte wechselten. Dann wäre der Vorteil für die Versicherung größer als 40.000 Euro (41 × 1.000 Euro = 41.000 Euro).

Ob autonome Wechsel die Funktionsfähigkeit des Systems mit übertragbaren Altersrückstellungen beeinträchtigen, hängt von verschiedenen Faktoren ab: Wenn die Altersrückstellungen übertragbar gestaltet werden, kann nicht davon ausgegangen werden, dass die bisherigen Erfahrungen mit Wechslerquoten einfach in die Zukunft fortgeschrieben werden können. Die Bedingungen würden sich entscheidend ändern, weil grundsätzlich individuelle Altersrückstellungen übertragen werden könnten. Würde die gesetzliche Krankenversicherung auf das hier vorgeschlagene System mit Kapitaldeckung umgestellt, gäbe es keine autonomen Wechsler, die aus irgendwelchen Gründen Pflichtversicherte in der gesetzlichen Krankenversicherungen werden und die private Versicherung verlassen müssen. Weigert sich eine Versicherung, Altersrückstellungen mitzugeben, oder gibt sie nur einen geringen Teil der betriebswirtschaftlich erforderlichen Rückstellungen mit, hat dies Rückwirkungen auf das Neugeschäft und auf den Wettbewerb um Bestandskunden. Es wird kaum noch Neuversicherte oder Bestandskunden geben, die sich in die Gefangenschaft dieser Versicherung begeben, wenn Angebote anderer Versicherungen zur Wahl stehen, von denen sie sich ohne größere Nachteile wieder lösen können, weil diese individuelle risikoäquivalente Altersrückstellungen mitgeben. Sobald das System des Wettbewerbs mit übertragbaren Altersrückstellungen etabliert ist, spielt die Reputation einer Versicherung sowohl für das Neugeschäft als auch für das Halten und Anwerben von Bestandskunden eine entscheidende Rolle.

Die Möglichkeit und die Praxis der Übertragung von Altersrückstellungen werden erhebliche Rückwirkungen auf das Verhalten der Versicherten haben. Wer sich neu versichert oder zu einer anderen Versicherung wechselt, wird sich nicht nur erkundigen, ob diese Versicherung angemessene Altersrückstellungen überträgt. Er wird möglicherweise auch darauf drängen, entsprechende Regelungen vertraglich abzusichern.[11] Schließlich wird der Druck der Versicherten größer werden, generell den Verlust von Altersrückstellungen zu vermeiden. Ein Weg könnte darin bestehen, einen bestehenden Versicherungsschutz europaweit anzuerkennen, soweit die Versicherungsbedingungen im Bestimmungsland erfüllt sind, also bei einem Wohnort- und Arbeitsplatzwechsel in Europa nicht die Versicherung wechseln zu müssen. Die Versicherungen könnten dann weniger mit autonomen Wechslern rechnen. Auch die Umstellung der gesetzlichen Krankenversicherung auf ein kapitalgedecktes System würde die Zahl der autonomen Wechsler verringern.

Obwohl die Wettbewerbskräfte in die Richtung drängen, den Wechslern die individuellen Altersrückstellungen mitzugeben, kann es in der Einführungsphase durchaus Verzögerungen mit der Übertragung von Altersrückstellungen geben. So könnten die Versicherungsgesellschaften versuchen, Absprachen zu treffen, die darauf hinauslaufen, keine oder nur sehr geringe Altersrückstellungen zu übertragen, um den Wettbewerb zu behindern. Ein achtbarer Grund kann darin bestehen, dass die Versicherungen sich schwer tun, die erforderlichen individuellen Altersrückstellungen zu schätzen – sei es wegen des Aufwands in der Umstellungsphase, sei es weil die Kriterien für die Schätzung der künftigen individuellen Aufwendungen erst entwickelt und getestet werden müssen. Um ein übermäßiges Wechseln mit erheblichen zusätzlichen Kosten für die Versicherungen und letztlich für die Versicherten zu vermeiden, mag es deshalb zweckmäßig sein, die Übertragung individueller Altersrückstellungen nicht von vorneherein in vollem Umfang einzuführen, sondern prozentual gestaffelt über einen längeren Zeitraum. Da derzeit in der privaten Krankenversicherung keine Altersrückstellungen übertragen werden, wäre es für potentielle Wechsler schon ein großer Fortschritt, wenn zumindest 50 oder 60 Prozent der Altersrückstellungen übertragen würden. Selbstverständlich können die Versicherungen freiwillig nach oben davon abweichen und damit um Kunden werben, dass ihre Versicherten bessere Wechselmöglichkeiten haben. Der Mindestprozentsatz könnte über mehrere Jahre stufenweise angehoben werden. Das würde auch die Diskussion über den Vertrauensschutz

---

[11] Die Höhe der zu übertragenden individuellen risikoäquivalenten Altersrückstellung ist vorab selbstverständlich nicht vertraglich zu regeln, sondern nur die Pflicht, beim Wechsel eine individuelle risikoäquivalente Altersrückstellung zu übertragen.

der Nichtwechsler innerhalb der privaten Krankenversicherung entspannen, die bislang davon ausgehen konnten, dass die Wechsler ihnen Altersrückstellungen vererben und ihnen damit einen Prämienvorteil ermöglichen.

Summenregel als Regulierungsoption

Falls die Sorge besteht, das Eigeninteresse der Unternehmen und die veränderten Wettbewerbsbedingungen reichten als Anreiz für die Übertragung angemessener Altersrückstellungen nicht aus, könnte daran gedacht werden, den Versicherungen vorübergehend oder auf Dauer vorzuschreiben, die kollektiven Altersrückstellungen vollständig den einzelnen Versicherten zuzuordnen (Summenregel) und ihnen im Fall eines Wechsels die individuelle Altersrückstellung mitzugeben. Die Summenregel hat zur Folge, dass zu niedrig festgesetzte und mitgegebene Altersrückstellungen für einen Teil der Versicherten automatisch dazu führen, dass anderen Versicherten zu hohe Altersrückstellungen zugerechnet und mitgegeben werden müssen. Wie die bilanziellen Altersrückstellungen auf die einzelnen Versicherten verteilt werden, bleibt den Unternehmen überlassen.

Prinzipiell kann darauf vertraut werden, dass die Versicherungen ein großes Interesse daran haben, die Altersrückstellungen für jeden Versicherten möglichst genau zu schätzen, denn nur bei diesem Betrag sind die Alternativen des Wechsels eines Versicherten unter Mitgabe der entsprechenden Altersrückstellung und des Verbleibs in der bisherigen Versicherung gleichwertig. Bleibt die mitgegebene Altersrückstellung nur geringfügig darunter, entsteht der Versicherung durch den Wechsel ein Vorteil.

Würden Versicherungsunternehmen einem Versicherten höhere Altersrückstellungen zuteilen als eigentlich angemessen, könnte dieser Versicherte zum Schaden der abgebenden Versicherung in eine andere Versicherung wechseln. Der Schaden entsteht dadurch, dass die Versicherung einen höheren Betrag als die individuell risikoäquivalente Altersrückstellung überträgt. Da die „korrekte" Altersrückstellung die erwarteten Nettokosten eines Versicherten widerspiegelt, zahlt die Versicherung dem Wechsler mehr, als sie (im Barwert) an Nettokosten zu tragen hätte, wenn der Versicherte geblieben wäre. Daher ist es für eine Versicherung nicht rational, zu hohe Altersrückstellungen zuzuweisen. Gesamtwirtschaftlich ergäbe sich die Gefahr, dass Versicherte zu Unternehmen wechseln, die weniger effizient sind als die bisherige Versicherung.

Versucht eine Versicherung einem Versicherten eine bewusst zu niedrig angesetzte Altersrückstellung zuzuweisen, um ihn an einem Wechsel zu hindern, und wäre die Summenregel anzuwenden, müsste sie einem (oder mehreren) anderen Versicherten automatisch eine zu hohe Rückstellung zuordnen. Dadurch würde sie sich aber selbst schädigen.

Wenn die Summenregel gilt, ist es keine sinnvolle Option mehr, zu geringe Altersrückstellungen mitzugeben, auch wenn erwartet wird, dass es autonome

Wechsler gibt, vorausgesetzt die für das Kollektiv insgesamt gebildeten Altersrückstellungen und die vereinbarten Prämien decken das Gesamtrisiko ab. Selbst wenn ein erheblicher Teil der Versicherten ohne oder mit sehr geringen Altersrückstellungen wechseln würde, ist bei Gültigkeit der Summenregel die beste Strategie für die Versicherung immer die Zuweisung der „korrekten" Altersrückstellungen.

Die Summenregel sollte aber als Rückfallposition betrachtet werden. Zunächst wäre zu zeigen, dass es nicht zu befriedigenden Marktlösungen kommt. Das gilt auch unter dem Aspekt der Transaktionskosten im Fall eines Wechsels, die unter Marktbedingungen mit den Altersrückstellungen verrechnet werden können. Die Wechselkosten könnten allerdings auch pauschal entgolten werden.

Problem der Leistungszurückhaltung

Ein anderer Grund für die Einführung der Summenregel könnte in der Absicherung unvollständiger Verträge gesehen werden. So könnte das Problem entstehen, dass ein Vertragspartner (die Versicherung) Leistungen zurückhält oder die Qualität der Leistungen verschlechtert (Hold-up-Problem). Senkt sie zugleich die Altersrückstellungen (aufgrund des geringeren Barwerts der künftig erwarteten Kosten in Folge der schlechteren Leistungen) könnten die Versicherten ein solches Verhalten nur bedingt sanktionieren.

Die Gefahr eines Hold-up-Problems besteht auch auf dem Krankenversicherungsmarkt. Sie kann eingegrenzt werden, indem der Umfang und die Qualität der Leistungen möglichst genau im Versicherungsvertrag spezifiziert werden. In der Realität ist es aber kaum möglich, im Vorhinein sämtliche Eventualitäten zu berücksichtigen, die sich in der langen – grundsätzlich lebenslangen – Laufzeit eines Krankenversicherungsvertrages ergeben. Auch sind manche Qualitätsabweichungen nicht zweifelsfrei nachweisbar. Durch unvollständige Verträge entstehen den Versicherungsunternehmen Handlungsspielräume, die sie zu ihrem Vorteil und zu Lasten der Versicherten nutzen könnten. Staatliche Vorschriften können die Kosten zur Erstellung möglichst vollständiger Verträge senken, indem sie Umfang und Qualität von Leistungen standardisieren und spezifizieren und Abweichungen justiziabel machen. Das ist besonders wichtig für die Mindeststandards.

Im heutigen Krankenversicherungssystem werden diese Probleme dadurch bewältigt, dass die Versicherungsunternehmen praktisch keinen Einfluss auf das Leistungsgeschehen nehmen dürfen und überwiegend als reine Zahlstelle für in Anspruch genommene Gesundheitsleistungen dienen. Die Versicherten haben freie Arzt- und Krankenhauswahl. Auf die Behandlungsmethoden kann die Krankenversicherung keinen Einfluss ausüben. Somit haben die Unternehmen kaum Möglichkeiten, die Qualität der medizinischen Leistungen zu beeinflussen. Die Versicherungen können sich folglich in Bezug auf die Qualität der medizinischen Leistungen nicht spürbar unterscheiden.

Hierdurch werden allerdings zum Nachteil der Versicherten auch wesentliche Möglichkeiten der Versicherungen verschenkt, vorhandene Daten und Kenntnisse zur Senkung von Kosten und zur Steigerung der Qualität im Gesundheitswesen zu nutzen. Wenn die Versicherungen keinerlei Einfluss auf das Leistungsgeschehen ausüben können, wird der Wettbewerb zwischen den Versicherungen und vor allem zwischen den Leistungserbringern stark beeinträchtigt. Qualität und Kosten der Leistungen, die sich in den Prämien niederschlagen, sind die wichtigsten Instrumente im Versicherungswettbewerb. Inzwischen gibt es aber intensive Bestrebungen, Selektivverträge abzuschließen und eine entsprechende Differenzierung in den Gebührenordnungen zu erreichen.[12]

Wenn die Versicherungen einen stärkeren Einfluss auf die Qualität und die Kosten der Gesundheitsleistungen nehmen können, wird eine bewusste Verschlechterung der Leistungen dem Wettbewerb zugänglich. Nicht nur für die Versicherten, sondern auch für unabhängige Institutionen lohnt es sich dann, die Bedingungen der einzelnen Versicherungen genauer zu vergleichen. Der Reputationsmechanismus sorgt dafür, dass eine Qualitätsminderung in bestehenden Verträgen die Chancen verringert, Neukunden und Bestandskunden anderer Versicherungen zu gewinnen. Umgekehrt ist eine gute Behandlung der Versicherten die beste Werbung für Vertragsabschlüsse.

Richtig ist, dass die Gefahr der bewussten Qualitätsverschlechterung bei größerer Vertragsfreiheit zwischen Krankenversicherungen und Leistungserbringern zunimmt. Umgekehrt verliert das Problem an Gewicht, wenn individuelle Altersrückstellungen übertragen werden können, weil die Versicherten leichter wechseln können als im gegenwärtigen System, in dem sie die vollen Altersrückstellungen im Falle eines Wechsels verlieren. Der Wettbewerb übernimmt die Kontrollfunktion.

Dagegen wird folgender Einwand vorgebracht: Solange die Versicherungen völlig frei über die Höhe der mitzugebenden Altersrückstellungen entscheiden dürfen, könnten sie die ursprünglich zugesicherte Qualität bei unveränderten Prämien absenken. Wenn sie gleichzeitig die zugewiesenen Altersrückstellungen absenken oder von vornherein zu niedrig ansetzen, könnten die Versicherten die Versicherung nicht unbeschadet wechseln.

Eine Versicherung, die ihre Qualität und die zugewiesenen Altersrückstellungen absenkt, macht Zusatzgewinne mit ihren Bestandsversicherten: Wechseln diese die Versicherung, lassen sie Altersrückstellungen zurück, die sie in der Vergangenheit für erwartete Leistungen in der Zukunft mitfinanziert haben. Bleiben sie bei der Versicherung, kann diese weiterhin die im Verhältnis zur abgesenkten

---

[12] Analog zu den Regelungen des GKV-Wettbewerbsstärkungsgesetzes, die im Segment der gesetzlichen Krankenversicherung bereits eine entsprechende Einflussnahme möglich machen (§ 73c SGB V – Verträge zur besonderen ambulanten Versorgung: sogenannte Selektivverträge außerhalb der kollektivvertraglichen Versorgung), versuchen die privaten Krankenversicherungen derzeit massiv, in die Novellen der privaten Gebührenordnungen ebenfalls Öffnungsklauseln für besondere Verträge mit Leistungserbringern zu implementieren.

Qualität zu hohe Prämie verlangen und macht daraus Zusatzgewinne. Dem stehen allerdings entgangene Gewinne durch Reputationsverluste entgegen, die das Anwerben neuer Kunden erschweren. Dem steht auch entgegen, dass Aufsichtsbehörden, Bilanzprüfer, Interessenvertreter der Versicherten und unabhängige Beobachter frühzeitig auf solche Praktiken hinweisen und dadurch Gegenreaktionen in Gang setzen können.

Das Problem eventueller Leistungsminderungen kann außerdem durch die Summenregel stark abgemildert werden. Senkt eine Versicherung ihre ursprünglich zugesicherte Qualität, kann sie nicht gleichzeitig die individuellen Altersrückstellungen absenken. Sie muss stets den Barwert der Prämienüberschüsse der Vergangenheit als individuelle Altersrückstellungen zuteilen. In diesem Fall können die Versicherten unbeschadet die Versicherung wechseln, wenn die Qualitätsverminderung nicht ihren Präferenzen entspricht und die Prämie als zu hoch empfunden wird. Voraussetzung für ein solches Verhalten ist natürlich, dass die Versicherten die Qualitätsabweichungen erkennen. Hierbei können Informationsintermediäre hilfreich sein.

Werden die kollektiven Altersrückstellungen individuell zugerechnet, erlaubt das System mit übertragbaren Altersrückstellungen also einen intensiven Kosten- und Qualitätswettbewerb.

Die Zurechnung und Übertragung von Altersrückstellungen wird sich einspielen müssen. Es darf aber darauf vertraut werden, dass jede Versicherung ein großes Eigeninteresse hat, die aus ihrer Sicht erforderliche Altersrückstellung für die einzelnen Versicherten möglichst genau zu schätzen. Dabei kommt es nicht auf die Einzahlungen der Versicherten an, sondern auf die übernommene Verpflichtung, Gesundheitsaufwendungen für festgelegte Gesundheitsleistungen zu erstatten. Damit ist ein betriebswirtschaftliches Risiko verbunden, weil die vereinbarten Prämien zu einer Unter- oder Überdeckung führen können.

Dass es auf die betriebswirtschaftlich für notwendig erachtete Altersrückstellung ankommt wird deutlich, wenn man sich vorstellt, eine Versicherung habe die Kosten für die Behandlung einer bestimmten Krankheit durch Spezialisierung oder günstige Verträge spürbar senken können. Dann wird es möglich sein, Versicherte von anderen Gesellschaften zu übernehmen, weil die mitgegebene Altersrückstellung vermutlich nicht in vollem Umfang benötigt wird, um die Aufwendungen für den Wechsler zu tragen. Das kann auch bedeuten, dass die betriebswirtschaftlich notwendige Altersrückstellung geringer ist als die von der abgebenden Versicherung mitgegebene. Die erhaltene Altersrückstellung müsste in diesem Fall nicht vollständig in die Altersrückstellungen bei der aufnehmenden Versicherung einfließen.

Es spricht viel dafür, von einer Regelung des Umfangs der zu übertragenden Altersrückstellungen – wie bei der Summenregel – abzusehen. Sollten jedoch gesetzliche Vorgaben erwogen werden, bevor mit den Verhaltensweisen der Versicherungen Erfahrungen gesammelt werden konnten, wäre in der Einführungsphase daran zu denken, zunächst keine volle Übertragung zu verlangen, um den Versicherungen Zeit zu geben, sich auf das neue System einzustellen und insbesondere die notwendigen Schätzmethoden zur Ermittlung individueller Rückstellungen zu entwickeln.

3. Übertragbare Altersrückstellungen und Kostensteigerungen

Es ist damit zu rechnen, dass neue medizinische Leistungen entwickelt werden, neue Krankheiten entstehen und die Kosten steigen. Da der technische Fortschritt in der Medizin und das Auftreten neuer Krankheiten nicht vorhersehbar und deshalb nicht kalkulierbar sind, lassen sich solche Entwicklungen nicht versichern. Deshalb muss es den Versicherungsunternehmen möglich sein, ihre Prämien anzupassen, wenn solche sich ändernden Bedingungen in den Versicherungsvertrag einbezogen werden sollen, sei es auf Wunsch der Versicherten, sei es aufgrund eines veränderten Mindestleistungskatalogs oder einfach aufgrund von Kostensteigerungen.

Im heutigen System der privaten Krankenversicherung spielen die so genannten Kopfschäden die entscheidende Rolle bei der Anpassung von Prämien. Für jeden Geburtsjahrgang werden die jeweiligen Gesundheitsausgaben pro Jahr ermittelt und durch die Anzahl der Versicherten in diesem Geburtsjahrgang geteilt, also die Ausgaben bzw. Schäden pro Kopf berechnet. Diese Kopfschäden bilden die Grundlage für die Kalkulation der Prämie für das Neugeschäft. Aus den Pro-Kopf-Ausgaben der einzelnen Jahrgänge, die gleich alt und älter sind als der beitretende Versicherte, wird (unter Berücksichtigung der Sterbewahrscheinlichkeiten) eine Annuität berechnet, die der Einstiegsprämie für einen „normal gesunden" Versicherten entspricht. Möchte zum Beispiel ein „normal gesunder" 25-Jähriger einer Versicherung beitreten, würden zur Berechnung seiner Prämie die Kopfschäden der heute 25- bis 100-jährigen Versicherten zugrunde gelegt.[13]

Wie eingangs dargestellt, würde diese Prämie unter konstanten Bedingungen ein Leben lang unverändert bleiben. Ein rein altersbedingter Prämienanstieg ist ausgeschlossen, weil die altersbedingt steigenden Kosten schon in der Annuität berücksichtigt sind. Dieser Berechnung liegt aber die Annahme zugrunde, dass die Gesundheitskosten eines heute 25-Jährigen in 35 Jahren, also wenn er 60 ist, den Gesundheitskosten eines heute 60-jährigen entsprechen. Diese Annahme ist natürlich unrealistisch. Kommt es etwa durch technischen Fortschritt oder durch allgemeine Preissteigerungen im Gesundheitswesen zu einem Anstieg der ursprünglich zugrunde gelegten Kopfschäden, kann (und ab einem bestimmten Punkt muss) die Prämie entsprechend dem Kopfschadensanstieg erhöht werden.

Unabhängig von ihrem Gesundheitszustand und Gesundheitsrisiko können so

---

[13] Beim Alter von 100 wird eine Sterbewahrscheinlichkeit von 100 Prozent angenommen.

alle Versicherten am technischen Fortschritt teilhaben. Die Prämienerhöhung trifft alle Versicherten eines Jahrgangs in einem bestimmten Tarif einer Versicherung gleich, egal ob sie die neu hinzugekommenen Leistungen mit hoher Wahrscheinlichkeit in Anspruch nehmen werden oder nicht. Das individuelle Prämienänderungsrisiko bleibt somit auch bei Veränderungen des Leistungskataloges versichert. Nicht versichert ist hingegen das kollektive Prämienrisiko, also das Risiko, dass die Prämien insgesamt ansteigen. Dieses Risiko wird von der Gesamtheit der Versicherten getragen. Diese Risikoallokation erscheint sinnvoll, da so genannte systematische Risiken wie der technische Fortschritt, für die sich keine statistisch abgesicherten Erwartungswerte ableiten lassen, nicht oder nur zu prohibitiv hohen Kosten versicherbar sind.

Bei den Prämienerhöhungen in der privaten Krankenversicherung werden zwar keine Unterschiede innerhalb eines Jahrgangs gemacht[14], sehr wohl aber zwischen den verschiedenen Jahrgängen. Normalerweise treffen die Prämienerhöhungen die älteren Jahrgänge stärker, da bei diesen Versicherten der Kostenanstieg auf weniger Perioden verteilt werden muss. Die jüngeren Versicherten können noch allmählich zusätzliche Altersrückstellungen aufbauen, um den Kostenanstieg in späteren Lebensjahren wenigstens teilweise auszugleichen. Der überproportionale Prämienanstieg bei älteren Versicherten wird auch als das Altenproblem der privaten Krankenversicherung bezeichnet. Versicherungstechnisch handelt es sich um Zusatzversicherungen bei einem hohen Eintrittsalter.

Im Folgenden wird zunächst diskutiert, welche Konsequenzen sich ergeben, wenn die Prämienregulierung nach Kopfschäden im System mit übertragbaren Altersrückstellungen beibehalten wird. Anschließend soll kurz eine alternative Regulierungsmöglichkeit betrachtet werden.

Entscheidend für Prämienerhöhungen in der heutigen privaten Krankenversicherung ist das Verhältnis zwischen „erforderlichen" und kalkulierten Versicherungsleistungen. Dieses Verhältnis wird jährlich neu ermittelt. Dabei werden die tatsächlich angefallenen Kopfschäden („erforderliche" Leistungen) mit den bei der Prämienkalkulation zugrunde gelegten (kalkulierten) Kopfschäden verglichen. Sind die Kopfschäden um mindestens fünf Prozent höher als kalkuliert, kann die Prämie entsprechend erhöht werden. Übersteigen die tatsächlichen Kopfschäden die kalkulierten um zehn Prozent oder mehr, muss die Prämie erhöht werden. Theoretisch kann es auch zu einer sinkenden Prämie kommen, wenn sich die Kopfschäden entsprechend reduzieren.

---

[14] Dies trifft jedenfalls auf alle Versicherten eines Jahrgangs zu, die dem Tarif für eine vergleichbare Dauer angehören und mit vergleichbarem Risikoprofil eingestiegen sind. Unterschiede zwischen Versicherten eines Jahrgangs können sich durch die unterschiedlich lange Tarifzugehörigkeit und eingangs vereinbarte Risikozuschläge ergeben: Sie können von Beitragsanpassungen unterschiedlich stark betroffen sein. Während der Versicherungszeit aufgetretene Unterschiede im individuellen Krankheitsrisiko haben hingegen keinen Einfluss darauf, wie stark die Versicherten eines Jahrgangs von Beitragsanpassungen betroffen sind.

Die Prämien werden immer mit einem Jahr Verzögerung an die Kopfschäden angepasst. Als Ausgleich für diese Verzögerung erheben die privaten Versicherungsunternehmen Risikozuschläge für das Risiko steigender Kopfschäden.[15] Diese Risikozuschläge sollen eine vorsichtige Schätzung der Kosten darstellen, die dem Versicherungsunternehmen aus der verspäteten Prämienanpassung entstehen. Sie werden überprüft.

Im Folgenden wird vereinfachend davon ausgegangen, dass die Risikozuschläge die Verzögerung bei den Prämienerhöhungen genau ausgleichen. Unter diesen Bedingungen kann davon ausgegangen werden, dass sich Kostensteigerungen und Prämienerhöhungen immer genau entsprechen, so als ob Kopfschäden und Prämien also simultan steigen würden.

Die Auswirkungen von Kostensteigerungen sollen anhand eines Beispiels erläutert werden. Tabelle 3 stellt eine Abwandlung des einleitenden Zahlenbeispiels aus Tabelle 1 dar. Wieder werden drei Versicherte, die sich zu unterschiedlichen Risiken entwickeln, über drei Perioden betrachtet. Um die Auswirkungen steigender Kosten zu erläutern gehen wir davon aus, dass die in Tabelle 1 angegebenen und für die Berechnung der Ausgangsprämie zugrunde gelegten (durchschnittlichen) Kopfschäden den tatsächlichen Kopfschäden älterer Jahrgänge zum Eintrittszeitpunkt der betrachteten drei Versicherten entsprechen. Dies kann man sich so vorstellen, dass diese drei Versicherten die Generation 0 darstellen. Der Prämienkalkulation liegen die Kosten der zum Zeitpunkt der Prämienkalkulation bereits älteren Versicherten (Generationen 1, 2 und 3) zugrunde. Die Generation 1 hat in der letzten Periode durchschnittlich Kosten (also Kopfschäden) von 10 verursacht, die Generation 2 von 30 und die Generation 3 von 80. Nach den zuvor dargestellten Regeln für die Kalkulation der Neugeschäftsprämien ergibt sich daraus eine Prämie von 40 (zu erwartende durchschnittliche Kosten von 120 (10 + 30 + 80) geteilt durch drei Perioden). Unter konstanten exogenen Bedingungen könnte die Prämie für alle Versicherten der Generation 0 ein Leben lang konstant bleiben. Stattdessen soll es wie im Beispiel der Tabelle 3 aber zu einem bisher nicht einkalkulierten Anstieg der Kopfschäden älterer Jahrgänge kommen, der am Ende von Periode 1 bekannt wird.

Tabelle 3: Kostensteigerungen durch technischen Fortschritt, Szenario 1

Risiko	Periode 1	Periode 2	Periode 3
hoch	10	60	115
durchschnittlich	10	50	100
niedrig	10	40	85
Summe	30	150	300

---

[15] Außerdem können in engen Grenzen Trends bei der Kostenentwicklung in die Prämienberechnung einbezogen werden.

Die durchschnittlichen Kosten von Generation 1 haben nicht wie bei der ursprünglichen Prämienberechnung angesetzt 30 betragen, sondern 50. Nach den Kalkulationsregeln in der privaten Krankenversicherung sind dies automatisch die für die betrachtete Generation 0 zu erwartenden durchschnittlichen Kosten für Periode 2 (siehe Tabelle 3). Die Prämie von 40 reicht also in der zweiten Periode nicht mehr aus, um die Kosten zu decken. Um die neue Prämie zu ermitteln ist außerdem zu berücksichtigen, wie sich die Kosten in der dritten Periode vermutlich entwickeln werden. Zunächst sei angenommen, dass die durchschnittlichen Kosten der Generation 2 gegenüber der ursprünglichen Kalkulation ebenfalls um 20 angestiegen sind und statt 80 tatsächlich 100 betragen haben (Szenario 1). Somit sind für Generation 0 nach den Kalkulationsregeln der privaten Krankenversicherung in Periode 3 durchschnittliche Kosten von 100 zu erwarten.

Um die Kostensteigerungen zu decken ist von der zweiten Periode an eine Prämie von 60 erforderlich: Für Generation 0 muss in Periode 2 mit Gesamtkosten von 150 und in Periode 3 von 300 gerechnet werden. Davon abzuziehen sind die in Periode 1 gebildeten Altersrückstellungen in Höhe von 90, so dass sich ein Finanzierungsbedarf von 360 ergibt. Verteilt auf drei Versicherte und zwei verbleibende Perioden beträgt die neue durchschnittliche Prämie 60. Anders ausgedrückt: Die für die Perioden 2 und 3 zu erwartenden Kopfschäden sind jeweils um 20 höher als die für die Berechnung der ursprünglichen Prämie zugrunde gelegten Kopfschäden. Folglich muss die Prämie um den Kopfschadensanstieg erhöht werden.

In diesem Szenario ergeben sich keine besonderen Probleme durch übertragbare Altersrückstellungen. Zunächst könnte vermutet werden, dass es für den Versicherten mit niedrigem Risiko attraktiv sein könnte, die Versicherung zu verlassen, da seine Kosten (wie in Tabelle 3 dargestellt) weniger stark von der Steigerung durch technischen Fortschritt betroffen sind. Aber da die (allgemeine) Prämienerhöhung höher ausfällt als die für ihn erwartete Kostensteigerung, sinkt seine Altersrückstellung: Die Prämienerhöhung auf 60 wird in der zweiten Periode wirksam. Dann betragen am Ende der ersten Periode die erwarteten Einnahmen von dem Versicherten mit niedrigem Risiko 120, seine erwarteten Kosten 125. Die individuelle risikoäquivalente Altersrückstellung beträgt also 5. Wechselt dieser Versicherte mit der Altersrückstellung von 5 zu einer gleich effizienten Versicherung, bei der er ebenfalls Kosten von 125 verursachen wird, kann ihm diese Versicherung keine geringere Prämie als 60 anbieten. Ein vorteilhafter Wechsel ist nur zu einer effizienteren Versicherung möglich. Dies gilt aber auch für den Versicherten mit hohem Risiko, dessen Altersrückstellung wegen der überproportionalen Erhöhung der erwarteten Kosten auf 55 (erwartete Kosten von 175 minus erwartete Prämieneinnahmen von 120) steigt. Die Prämienerhöhung löst in einem solchen Szenario keine Tendenzen zur Risikoselektion aus.

Es ist auch darauf hinzuweisen, dass die Berücksichtigung zukünftiger Kostensteigerungen nicht dazu führt, dass die Summe der risikoäquivalenten Altersrückstellungen höher sein müsste als die der bilanziellen und dass die vorhandenen Rückstellungen nicht ausreichen würden. Tatsächlich werden bei der Berechnung der risikoäquivalenten Altersrückstellung sowohl die steigenden Kosten, als auch die insgesamt um den gleichen Betrag steigenden Prämien zugrunde gelegt. Die Summe der Altersrückstellungen bleibt also in der Ausgangssituation unverändert.[16] Allerdings ändert sich durch die Berücksichtigung zukünftiger Kostensteigerungen die Aufteilung der risikoäquivalenten Rückstellungen auf die einzelnen Versicherten.

Tabelle 4: Kostensteigerungen durch technischen Fortschritt, Szenario 2

Risiko	Periode 1	Periode 2	Periode 3
hoch	10	60	140
durchschnittlich	10	50	120
niedrig	10	40	100
Summe	30	150	360

Probleme könnten vermutet werden, wenn bei einer Versicherung weitere Prämienerhöhungen erwartet werden, denen der Versicherte mit geringem Risiko gerne entgehen würde. Szenario 2 in Tabelle 4 stellt eine Situation dar, in der am Ende von Periode 1 die gleichen Kopfschäden wie in Tabelle 3/Szenario 1 erwartet werden. Allerdings wird zusätzlich davon ausgegangen, dass es am Ende der zweiten Periode erneut zu einem Anstieg der Kopfschäden kommt und daher die Prämie in Periode 3 erhöht werden muss. In diesem Beispiel wird der Versicherte mit hohem Risiko wiederum stärker von der (zusätzlichen) Kostensteigerung betroffen als die Versicherten mit niedrigem und durchschnittlichem Risiko. Es sei angenommen, dass alle in Tabelle 4 dargestellten Kostensteigerungen sowohl der Versicherung als auch den Versicherten bereits am Ende von Periode 1 bekannt sind. Die Versicherung darf nach geltendem Recht die Prämien aber erst entsprechend erhöhen, wenn auch die Kopfschäden in gleichem Maße gestiegen sind (im Beispiel also am Ende von Periode 2, wenn die am Ende von Periode 1 *erwarteten* Erhöhungen tatsächlich eingetreten sind). Ist jetzt die Befürchtung berechtigt, dass beispielsweise der Versicherte mit niedrigem Risiko die Versicherung verlassen könnte, um der in Periode 3 *erwarteten* Prämienerhöhung zu entgehen?

Die Prämie muss am Ende von Periode 2 von 60 auf 80 angehoben werden, weil ein Anstieg der Kopfschäden gegenüber Szenario 1 um 20 stattgefunden hat. Annahmegemäß haben die Versicherten dies zwar schon am Ende von Periode 1 erwartet. Die Tatsache, dass die Prämie trotz entsprechender Erwartungen erst später angepasst werden darf ist aber so lange völlig unproblematisch, wie die Versi-

---

[16] Durch die erhöhte Prämie steigen die kollektiven Altersrückstellungen in späteren Perioden stärker als ohne Prämienerhöhung. Das gleiche gilt aber für die Summe der individuellen Altersrückstellungen.

cherung diese Erwartungen bei der Schätzung der Altersrückstellungen berücksichtigt. Bei Berücksichtigung dieser Erwartungen würde sie dem Versicherten mit geringem Risiko am Ende von Periode 1 eine Altersrückstellung von 0 mitgeben, denn sie erwartet noch Kosten von 40 + 100 = 140 und Prämieneinnahmen von 60 + 80 = 140. Mit einer Altersrückstellung von 0 am Ende von Periode 1 lohnt sich der Wechsel zu einer gleich effizienten Versicherung für ihn nicht.

Die Gefahr von Risikoselektion bestünde nur dann, wenn bei der Berechnung der individuell risikoäquivalenten Altersrückstellung am Ende von Periode 1 für die dritte Periode weiterhin mit einer Prämie von 60 kalkuliert würde, obwohl schon bekannt ist, dass die Kosten höher liegen werden und Kostenunterschiede zwischen den Versicherten bestehen. Würde für Periode 3 mit einer Prämie von 60 kalkuliert, betrüge die individuelle risikoäquivalente Altersrückstellung für den Versicherten mit niedrigem Risiko $40 + 100 - 2 \times 60 = 20$. Der Versicherte mit niedrigem Risiko könnte unter Mitgabe dieser Altersrückstellung bei einer anderen (gleich effizienten) Versicherung zu einer durchschnittlichen Prämie von 60 versichert werden. Verbliebe er in der alten Versicherung, würde seine Prämie in der dritten Periode auf 80 erhöht und es ergäbe sich für die zweite und dritte Periode eine durchschnittliche Prämie von 70. Der Wechsel würde sich für den Versicherten mit geringem Risiko also lohnen. Wegen unberücksichtigten Kosten würden die Altersrückstellungen um 20 zu hoch angesetzt. Der Wechsel des Versicherten mit der zu hohen Altersrückstellung würde stärkere Prämiensteigerungen für die verbleibenden Versicherten erforderlich machen.

Solche Probleme treten aber nicht auf, wenn bei der Berechnung der Altersrückstellung erwartete zukünftige Prämiensteigerungen berücksichtigt werden. Genauer müsste die erwartete Prämie bei (hypothetisch) unverändertem Versichertenkollektiv für die Berechnung der risikoäquivalenten Altersrückstellung angesetzt werden. Die auf diese Weise (und damit korrekt) berechneten Altersrückstellungen sind in Tabelle 5 ausgewiesen.

Tabelle 5: Individuell risikoäquivalente Altersrückstellungen bei erwarteten Kostensteigerungen gemäß Tabelle 4

Risiken	Periode 1	Periode 2	Periode 3
hoch	60	60	0
durchschnittlich	30	40	0
niedrig	0	20	0

Die „korrekte" individuell risikoäquivalente Altersrückstellung bei erwarteten Kostensteigerungen gemäß Tabelle 4 und Prämien in Höhe von 40 in Periode 1, 60 in Periode 2 und 80 in Periode 3 beträgt für den Versicherten mit niedrigem Risiko am Ende der ersten Periode nun wie bereits erläutert 0. Dieser Versicherte kann von keiner gleich effizienten Versicherung zu einer geringeren Durchschnittsprämie als 70 aufgenommen werden. Diese Durchschnittsprämie muss der Versicherte mit niedrigem Risiko aber in Periode 2 und 3 auch bei der alten Versicherung zahlen. Es ist sichergestellt, dass der zu erwartende dämpfende Effekt auf den Prämienanstieg, den das gute Risiko bei der alten Versicherung gehabt hätte, durch eine entsprechend verringerte mitzugebende Altersrückstellung erhalten bleibt.

Auch das hohe Risiko kann weiterhin problemlos wechseln, obwohl bei ihm überdurchschnittliche Kostensteigerungen erwartet werden. Würde dieser Versicherte am Ende von Periode 1 in eine gleich effiziente Versicherung wechseln wollen, würde diese noch Kosten von 200 erwarten. Bei einer mitgegebenen Altersrückstellung 60 müssten 140 durch Prämienzahlungen in 2 Perioden gedeckt werden. Damit ergibt sich eine durchschnittliche Prämie von 70 pro Periode, die dieser Versicherte auch bei der alten Versicherung gezahlt hätte.

In einer Situation ohne erwartete Kostensteigerungen hatte die individuelle Altersrückstellung für den Versicherten mit hohem Risiko 45 betragen (vgl. Tabelle 2). Der Anstieg der individuellen risikoäquivalenten Altersrückstellung dieses Versicherten um 15 auf 60 in Szenario 2 mit wiederholten Kostensteigerungen kommt dadurch zustande, dass bei diesem Versicherten Kostensteigerungen erwartet werden, die um 15 über den erwarteten durchschnittlichen Kostensteigerungen liegen: In Periode 2 werden durchschnittliche Kostensteigerungen von 20 erwartet, die Kosten für das hohe Risiko steigen aber um 25, also ergibt sich eine Differenz von 5. In Periode 3 ergibt sich gegenüber den ursprünglich in Tabelle 1 zugrunde gelegten Kosten ein durchschnittlicher Kostenanstieg von 40, während die Kosten des hohen Risikos um 50 gegenüber der ursprünglichen Rechnungsgrundlage steigen, also eine Differenz von 10. Insgesamt ergibt sich also ein überdurchschnittlicher Kostenanstieg von 15, der durch eine entsprechend höhere Altersrückstellung ausgeglichen wird. Bei einer Altersrückstellung von 60 und einer durchschnittlichen Prämie von 70 in Periode 2 und 3 muss eine gleich effiziente Versicherung keine zusätzlichen Prämienerhöhungen durchführen, wenn sie das hohe Risiko aufnimmt. Daher bleibt dieser Versicherte ein interessanter Kunde. Bei korrekt berechneten risikoäquivalenten Altersrückstellungen führen also auch wiederholte Kostensteigerungen, die die Versicherten mit unterschiedlichen Risiken unterschiedlich betreffen, nicht zu einer Risikoselektion.

Unter der Prämisse einer perfekten Kostenvoraussicht würde ein Versicherter sein Leben lang, unabhängig davon ob er wechselt oder nicht, das kollektive Prämienrisiko seiner ursprünglichen Versicherung tragen. Das individuelle Risiko – die Abweichung vom Durchschnitt – wird in der Altersrückstellung berücksichtigt. Natürlich kann sich ein Versicherter trotzdem durch den Wechsel zu einer effizienteren Versicherung besser stellen. Der Risikoausgleich innerhalb des ursprünglichen Kollektivs wird aber durch einen Wechsel nicht gefährdet. Allerdings müssen im Folgenden die Auswirkungen auf die Prämienanpassungsmöglichkeiten von aufnehmender und abgebender Versicherung betrachtet werden.

Zu prüfen ist, ob die Berücksichtigung zukünftiger Kostenentwicklungen in den risikoäquivalenten Altersrückstellungen zu Problemen mit der auf Kopfschäden basierenden Prämienregulierung führt. Kommt beispielsweise ein Versicherter mit hohem Risiko mit entsprechend hoher Altersrückstellung in eine Versicherung, steigen die Kopfschäden. Die Prämien könnten erhöht werden, obwohl hierfür eigentlich wegen der mitgebrachten Altersrückstellung kein Bedarf besteht. Die Frage ist, ob eine solche nicht erforderliche Anhebung der Prämien vorgenommen würde. Hierbei ist zu beachten, dass die Wechselmöglichkeiten in einem System mit übertragbaren individuellen Altersrückstellungen erheblich besser sind als in der gegenwärtigen privaten Krankenversicherung. Deshalb wird die aufnehmende Versicherung sehr viel vorsichtiger sein, den möglichen Spielraum für eine Prämienerhöhung auszuschöpfen. Kräftige Erhöhungen der Prämien haben negative Reputationseffekte, die sich auf das Neugeschäft auswirken. Andere Versicherungen werden im Wettbewerb auf die Unterschiede hinweisen. Hinzu kommt, dass bei höher angesetzten Prämien weniger Bestandskunden von anderen Versicherungen gewonnen werden können. Entscheidend dürfte aber sein, dass die Versicherten bei über Gebühr erhöhten Prämien mit ihren übertragbaren Altersrückstellungen die Versicherung wechseln und der Prämienerhöhung ausweichen können. Die verbesserten Wechselmöglichkeiten vermindern den Spielraum der Versicherungen für ungerechtfertigte Prämienerhöhungen also erheblich.

Es ist auch vorstellbar, dass man die Prämienanpassung während der Laufzeit der Versicherungsverträge vollständig dem Marktwettbewerb überlässt. Das wäre unproblematisch, wenn die individuellen Altersrückstellungen von allen Versicherungen in Höhe der jeweils noch erwarteten Nettokosten ausgewiesen würden – also den über die erwarteten Prämien hinausgehenden Kosten. Dieses Zusammenspiel zwischen Prämien und zugewiesenen Altersrückstellungen ist aber noch nicht erprobt, so dass es sinnvoll erscheint, die Funktionsfähigkeit des Wettbewerbs und die Eingriffsmöglichkeiten der Wettbewerbshüter genauer zu untersuchen, zwischenzeitlich aber noch nicht alle Sicherungsnetze wegzuziehen.

Vor diesem Hintergrund der verbesserten Wechselmöglichkeiten könnte es den aufnehmenden Versicherungen überlassen werden, einen bestimmten Anteil der erhaltenen Altersrückstellung eines Versicherten mit überdurchschnittlichem Risiko über die Zeit verteilt von den tatsächlich angefallenen Kopfschäden abzuziehen. Dabei handelt es sich um den Betrag, der zum Ausgleich der überdurchschnittlichen Kosten mitgegeben wurde.

Wenn beispielsweise in die in Tabelle 4 dargestellte Versicherung mit ihren zunächst drei Versicherten zu Beginn der zweiten Periode ein Versicherter mit hohem Risiko aus einer gleich effizienten Versicherung zuwandert und eine individuell risikoäquivalente Altersrückstellung von 60 mitbringt, liegt die empfangene Altersrückstellung um 30 über der durchschnittlichen Altersrückstellung der Kohorte (siehe Tabelle 5). Diese 30 können in Periode 2 und 3 von den dann für die durchschnittlichen Prämienanpassungen zugrunde zu legenden Gesamtschäden abgezogen werden, da der stärkere Kopfschadensanstieg durch die Aufnahme des Versicherten mit höherem Risiko in der mitgegebenen Altersrückstellung berücksichtigt wurde: In Periode 2 betragen die gesamten Schäden ohne das hohe Risiko 150, mit ihm 60 mehr, also 210. Die Kopfschäden steigen durch die Aufnahme des hohen Risikos also von 50 (150 : 3) auf 52,5 (210 : 4). Sie sind also um 2,5 pro Versichertem oder insgesamt um 10 erhöht. In Periode 3 betragen die Gesamtschäden ohne das hohe Risiko 360 und die Kopfschäden 120. Mit dem hohen Risiko betragen die Gesamtschäden 360 + 140 = 500 und die Kopfschäden damit 125 (500 : 4). In Periode 3 haben sich die Kopfschäden durch die Aufnahme des hohen Risikos also pro Person um 5 und in der Summe über alle vier Versicherten um 20 erhöht.

Wenn diese 30 von den in Periode 2 und 3 angesetzten Kopfschäden abgezogen werden, entsprechen die verbleibenden Schäden des Versicherten mit hohem Risiko denen des Versicherten mit durchschnittlichem Risiko, da die Kosten des Versicherten mit hohem Risiko insgesamt um 30 über dem Durchschnitt liegen. Die Zuwanderung des Versicherten mit hohem Risiko ist prämienneutral, der Prämienpfad verläuft mit dem zugewanderten Versicherten genau so, als ob das Risiko nicht hinzugekommen wäre.

Würde die aufnehmende Versicherung versuchen, die Prämien stärker zu erhöhen und die 30 nicht von den angefallenen Kopfschäden abziehen, käme es zu überhöhten Prämiensteigerungen. Ein Teil der Versicherten würde die Versicherung verlassen und die Neuabschlüsse würden zurückgehen. Werden den kollektiven Altersrückstellungen die vollen 60 zugeschlagen, die das hohe Risiko als Altersrückstellung mitgebracht hat, müssen bei Gültigkeit der Summenregel auch die individuellen Altersrückstellungen entsprechend erhöht werden. In diesem Fall können die Versicherten jederzeit (auch in späteren Perioden) unbeschadet in eine andere Versicherung wechseln. Somit dürfte die aufnehmende Versicherung ausreichende Anreize haben, die Kopfschäden entsprechend zu korrigieren. In Grenzen wären diese Anpassungen auch einer Kontrolle zugänglich. Die bestehenden Anreize machen aber deutlich, dass eine Regulierung der Prämienanpassungen bei Gültigkeit der Summenregel bzw. hoher Wirksamkeit des Wettbewerbs allenfalls zum Schutz immobiler Versicherter notwendig ist.[17]

Spiegelbildlich zur aufnehmenden Versicherung sollte die Situation bei der abgebenden Versicherung gehandhabt werden. Hier würden nach geltendem Recht zunächst durch den Wechsel die Kopfschäden und damit der Prämienerhöhungsspielraum sinken, obwohl die mitgegebene Altersrückstellung für den Versicher-

---

[17] Ohne Gültigkeit der Summenregel könnten Versicherungen möglicherweise die Prämien erhöhen und gleichzeitig die individuellen Altersrückstellungen absenken, ohne dass die Bestandsversicherten den Prämienerhöhungen unbeschadet ausweichen können. In diesem Fall müsste man sich auf den Reputationsmechanismus zur Vermeidung überhöhter Prämienerhöhungen verlassen.

ten mit hohem Risiko unter der Annahme kalkuliert wurde, dass das Risiko weiterhin bei der Versicherung bleibt und daher auch entsprechende Prämiensteigerungen zu realisieren wären. Deshalb müssten Prämienanpassungen bei einer unbereinigten Kopfschadensbetrachtung unterbleiben. Der abgebenden Versicherung könnte daher zugestanden werden, einen bestimmten Anteil der mitgegebenen Altersrückstellung eines Versicherten mit überdurchschnittlichem Risiko – den Teil, der über die Durchschnittsrückstellung hinausgeht – über die Zeit verteilt den tatsächlichen Gesamtschäden zuzuschlagen. Bei unterdurchschnittlichen Risiken müsste die abgebende Versicherung hingegen einen über die Zeit verteilten Abzug von den Kopfschäden vornehmen. Zu verteilen wäre wiederum der Betrag, um den die mitgegebene Altersrückstellung von der Durchschnittsrückstellung des Jahrgangs abweicht. Bei der aufnehmenden Versicherung müsste bei Versicherten mit unterdurchschnittlichem Risiko entsprechend ein Zuschlag zu den Kopfschäden erfolgen.

Insgesamt bestehen starke Anreize für die Versicherungen, die Kopfschäden nach bestem Wissen um den korrekten Betrag zu korrigieren. Dynamische Prämienanpassungen erscheinen somit auch in einem System mit übertragbaren Altersrückstellungen technisch handhabbar.

Gegen die Kalkulation risikoäquivalenter Altersrückstellungen mit erwarteten Kosten- und Prämiensteigerungen werden aber weitere Einwände geltend gemacht. Insbesondere wird darauf verwiesen, dass sich entsprechende Kostenverläufe, die stark durch erratischen technischen Fortschritt determiniert werden und die über extrem lange Zeiträume bestimmt werden müssten, teils nicht schätzen lassen.

In diesem Zusammenhang ist zunächst darauf hinzuweisen, dass für viele Erkrankungen im Neugeschäft bereits heute Risikozuschläge berechnet werden. Deren Ermittlung erfordert die gleichen Prognosen wie die Berechnung der angemessenen Altersrückstellung, denn der Barwert der Prämienzuschläge im gegenwärtigen System entspricht den erforderlichen Altersrückstellungen. Das Risiko einer Fehlprognose ist gleich. Bei einem weiteren Teil von Versicherten, die heute von den Versicherungsunternehmen wegen Vorerkrankungen abgelehnt werden, wäre die Kalkulation eines Risikozuschlages möglich. Sie wird aber unterlassen, weil der Zuschlag so hoch ausfallen müsste, dass der potenzielle Kunde den Vertrag nicht annähme und/oder eine „schlechte Presse" für das Versicherungsunternehmen zu befürchten wäre.

In einigen Fällen könnte die Schätzung der Altersrückstellungen aufgrund einer relativ kurzen erwarteten Restlebensdauer vergleichsweise einfach sein. Bei einer längeren erwarteten Restlebensdauer ist zu bedenken, dass Schätzfehler bei sehr weit in der Zukunft liegenden Kosten aufgrund starker Abzinsungseffekte nicht so sehr ins Gewicht fallen. Schließlich ist aber auch bei großer Schätzunsicherheit ein Versicherungswechsel von Versicherten mit hohen Risiken denkbar, wenn alle Beteiligten über die zukünftige Kostenentwicklung ähnlich unsichere

Erwartungen haben. Es ist zu bedenken, dass die Versicherung, bei der der Versicherte mit hohem Risiko bereits im Bestand ist, die Kosten und die Unsicherheit ja in jedem Fall tragen muss. Folglich wird sie auch bereit sein, eine entsprechend hohe Altersrückstellung mitzugeben. Dabei wird sie nicht nur den Wegfall der Verbindlichkeit berücksichtigen, sondern auch den Wegfall des Kostenänderungsrisikos.

Die aufnehmende Versicherung würde für ein solches Risiko sicher einen hohen Risikozuschlag verlangen. Warum die abgebende Versicherung nicht bereit sein sollte, bei gleicher Risikoeinschätzung, aber höheren erwarteten Kosten (wegen geringerer Effizienz) eine Altersrückstellung in ausreichender Höhe mitzugeben, ist nicht einzusehen. Ein Wechsel könnte nur daran scheitern, dass die Versicherungen sich bei der Abgabe eines Versicherten anders verhielten als bei der Aufnahme. Ein solches Verhalten wäre aber weder rational, noch gibt es hierfür empirische Indizien. Vielmehr ist damit zu rechnen, dass die Versicherungen in der Lage sein werden, bei der Aufnahme und Abgabe eines Versicherten mit hohem Risiko grobe Ober- und Untergrenzen für eine angemessene Altersrückstellung anzugeben. Die Spanne zwischen gebotener und geforderter Altersrückstellung dürfte in vielen Fällen einen Spielraum geben, der sowohl für die abgebende als auch für die aufnehmende Versicherung einen Vorteil ermöglicht.

Wenn die Versicherungsunternehmen überhaupt nicht wüssten, bei welchem Versicherten höhere oder niedrigere Kosten zu erwarten sind, hätten sie keinen Grund, einen Versicherten, der eine durchschnittliche Altersrückstellung mitbringt, nicht zur Durchschnittsprämie zu versichern. Die auch von den Versicherungen geäußerte Befürchtung, dass es bei einer Übertragung durchschnittlicher Altersrückstellungen zur Risikoselektion kommt, rührt jedoch gerade daher, dass Versicherungen zu einem gewissen Grad einschätzen können, ob bei einem Versicherten höhere oder niedrigere Kosten zu erwarten sind. Für die Funktionsfähigkeit des Systems mit übertragbaren Altersrückstellungen ist es nicht erforderlich, dass diese Unterschiede perfekt quantifiziert werden können. Das System bietet große Anreize, Informationen zu beschaffen und die Schätzverfahren zu verbessern.

Für eine Versicherung gibt es nicht die Möglichkeit, auf die sichere Seite zu gehen, also besonders vorsichtig zu handeln, wenn sie das Risiko eines Versicherten kalkuliert. Setzt sie die mitzugebende Altersrückstellung bewusst zu niedrig an, läuft sie Gefahr, auf weit höheren Kosten sitzen zu bleiben, weil es nicht zu einem Wechsel kommt. Setzt sie die mitzugebende Altersrückstellung bewusst zu hoch an, läuft sie Gefahr, einen Betrag mitzugeben, der weit höher ist als die Aufwendungen, die sie zu tragen hätte, wenn der Versicherte nicht wechselte.

Ein alternativer Vorschlag zur Prämienregulierung

Die Diskussion im Zusammenhang mit der Prämienregulierung über das bisherige auf Kopfschadensänderungen basierende Verfahren hat gezeigt, dass es bei übertragbaren risikoäquivalenten Altersrückstellungen schon alleine durch die Wechselmöglichkeiten der Versicherten erhebliche Anreize für die Versicherungsunternehmen gibt, die Prämien nicht über Gebühr zu erhöhen, insbesondere dann, wenn die Summenregel gilt. Vor diesem Hintergrund könnte auf detaillierte Regelungen zur Prämienanpassung, wie sie gegenwärtig bestehen, verzichtet und die Prämienbildung weitgehend dem Markt überlassen werden. Als verbleibender zusätzlicher Schutz vor massiven Prämienerhöhungen könnte eine Regulierungsbehörde, beispielsweise die Bundesanstalt für Finanzdienstleistungsaufsicht, Vorgaben für die maximal zulässige Prämienerhöhung machen. Doch auch die Behörde müsste sich in irgendeiner Weise an der Kopfschadensentwicklung orientieren. Eine Möglichkeit bestünde darin, den durchschnittlichen Kopfschadensanstieg in jedem Tarif (bzw. dessen Bestandteilen wie ambulante, stationäre und zahnmedizinische Behandlung) über alle Versicherungen hinweg zugrunde zu legen. Die Behörde könnte noch einen gewissen Sicherheitszuschlag vorsehen und so für alle Versicherungen einheitlich maximal zulässige Prämienerhöhungen festlegen. Kurzfristige Kostensteigerungen, etwa durch technischen Fortschritt, könnte die Behörde durch einen Zuschlag zu den durchschnittlichen Kopfschäden berücksichtigen. Damit könnte sie zeitnäher reagieren als im bisherigen Verfahren, in dem sich die höheren Kosten erst in einer Erhöhung der Kopfschäden niederschlagen müssen.

Probleme könnten darin gesehen werden, dass der Situation einzelner Versicherungen mit möglicherweise stark überdurchschnittlich steigenden Kosten wegen der Orientierung an der durchschnittlichen Entwicklung nicht hinreichend Rechnung getragen wird. Da die Versicherungen unterschiedliche Stärken und Schwächen bei der Behandlung bestimmter Krankheiten entwickeln dürften, können sich die Menschen mit bestimmten Erkrankungen sehr unterschiedlich auf die Versicherungen verteilen. Dann werden sich die Kosten innerhalb einer Versicherung nicht unbedingt so entwickeln wie in anderen Unternehmen. Spezialisierungsvorteile können die Kosten senken oder langsamer steigen lassen als in anderen Versicherungen. Umgekehrt können unerwartete, teure neue Behandlungsmethoden überdurchschnittliche Prämienerhöhungen bei manchen Versicherungen erforderlich machen, wenn sich dort Versicherte mit speziellen Krankheiten oder in bestimmten Krankheitsstadien konzentrieren. Solche Unterschiede müssen sich, wie auch die Unterschiede in den Verwaltungs- und Organisationskosten, in der Höhe der Prämien niederschlagen können. Dies spricht eindeutig gegen die Variante der Prämienregulierung nach unternehmensübergreifenden Kopfschäden.

Stattdessen könnte die Behörde den Versicherungen weitgehend freie Hand bei der Gestaltung der Prämien lassen und nur bei auffällig hohen Prämienerhöhungen die individuelle Kopfschadensentwicklung einer einzelnen Versicherung prüfen. Dann könnte sie gegebenenfalls Prämiensenkungen verlangen bzw. geplante Erhöhungen untersagen. Insgesamt spricht viel dafür, die Prämiengestaltung weitgehend dem Markt und dem Wettbewerb zu überantworten und nur in begründeten Einzelfällen einzugreifen.

4. Zur praktischen Umsetzung

Schätz- und Informationsprobleme

Gegen die Übertragung von Altersrückstellungen wird vorgebracht, dass weder die abgebende noch die aufnehmende Versicherung in der Lage seien, die individuellen Gesundheitsaufwendungen hinreichend genau zu schätzen und damit die entsprechende Altersrückstellung zu kalkulieren. Das gelte insbesondere für Schwerkranke. Es ist einzuräumen, dass die Risikoberechnung Probleme machen kann. Die Versicherung muss jedoch auch im Fall von Schätzproblemen zwei Optionen abwägen: Eine grob zutreffende Altersrückstellung kalkulieren und mitgeben oder das Risiko behalten und eine grob geschätzte Rückstellung im eigenen Unternehmen bilden. Von der einmal gegebenen Leistungszusage kann sie sich nicht befreien.

Ein Missverständnis sollte von vorneherein ausgeräumt werden. Es geht nicht darum, die tatsächlich für den einzelnen Versicherten anfallenden Kosten zu schätzen, sondern die im Durchschnitt für gleichartige Fälle zu erwartenden Aufwendungen. In aller Regel gibt es in jeder Versicherung Erfahrungen bezüglich des Krankheitsverlaufs und der Aufwendungen für Menschen unterschiedlichen Alters mit unterschiedlichen Vorerkrankungen bis hin zu bereits schwer erkrankten Personen. Soweit es Anhaltspunkte für besondere Risiken gibt, können die individuellen Bedingungen berücksichtigt werden. Gibt es dafür keine Anhaltspunkte, so ist für jeden betroffenen Versicherten die gleiche Kostenentwicklung zu unterstellen. Auch ohne Übertragbarkeit von Altersrückstellungen sind entsprechende Rückstellungen vorzusehen.

Wird die Übertragung individueller Altersrückstellungen zugelassen, kann die Versicherung, die verpflichtet ist, die Aufwendungen für einen Schwerkranken zu tragen, den Versicherten behalten und die anfallenden Kosten dauerhaft tragen. Die Versicherung hat aber auch eine alternative Option: Sie kann einen Betrag festlegen, den sie dem Versicherten mitgeben würde, wenn er die Versicherung verließe. Sie könnte also einer anderen Versicherung einen bestimmten Betrag dafür zahlen, dass diese die künftigen Gesundheitsaufwendungen und damit auch das Risiko übernimmt. Im Status quo gibt es diese Möglichkeit nicht, sich von einem Risiko gegen ein entsprechendes Entgelt zu befreien – unabhängig davon, ob eine Versicherung sich in der Lage sieht, die künftig anfallenden Kosten zu schätzen. Auch wenn die Schätzprobleme groß sind, ist es keineswegs die beste Option, gar keine Altersrückstellungen anzubieten.

In jedem Fall dürfte eine Versicherung bereit sein, eine Altersrückstellung mitzugeben, die unter den von ihr erwarteten Aufwendungen liegt. Dann besteht die Chance, dass eine andere Versicherung, die das Risiko nicht so hoch einschätzt oder günstigere Behandlungsmöglichkeiten hat, bereit wäre, den Versicherten zu übernehmen. Je näher die abgebende Versicherung mit ihrer Zahlungsbereitschaft, also mit der angebotenen individuellen Altersrückstellung, an den eigenen Erwartungswert der Nettokosten herangeht, desto größer ist die Chance, das Risiko abgeben zu können.

Zum Teil lassen sich die Schätzprobleme durch zusätzliche Informationen verringern, beispielsweise aus Veröffentlichungen, durch eigene Untersuchungen, durch den Erwerb gewerblich angebotener Daten usw. Dabei bleibt es der jeweiligen Versicherung überlassen, welche Informationen sie sich beschafft und welchen Aufwand sie treiben will. Es wird niemals gelingen, die Schätzrisiken auf Null zu bringen. Deshalb ist es so wichtig, die Informationsbeschaffung an den dadurch erwarteten Einsparungen auszurichten, sich also auf Großrisiken und besonders häufig auftretende Fälle zu konzentrieren und jeweils abzuwägen, ob die erwarteten Vorteile den Aufwand rechtfertigen.

Man mag einen Nachteil darin sehen, dass eine Vielzahl von Unternehmen gleiche oder ähnliche Informationen beschafft und dass diese parallele Suche mit hohen Kosten verbunden ist. Daraus lässt sich aber nicht ableiten, dass eine staatlich organisierte Informationsbeschaffung wie im Rahmen des bestehenden Risikostrukturausgleichs überlegen ist. Es ist durchaus möglich, dass sich private Gesellschaften auf die Beschaffung von Informationen spezialisieren und diese gegen Entgelt zur Verfügung stellen. Das ist dem Markt zu überlassen – dort wird sich zeigen, ob Nachfrage nach einer entsprechenden Dienstleistung besteht. Die Versicherungen werden sehr unterschiedliche Vorstellungen über die Bedeutung bestimmter Informationen haben und die möglichen Einsparungen durch bessere Informationen sehr unterschiedlich einschätzen.

In allen Fällen werden die Kosten der Informationsbeschaffung ständig mit den tatsächlichen und erwarteten Erträgen verglichen. Dadurch wird gewährleistet, dass die Suchprozesse effizient ablaufen. Durch die dezentrale Organisation der Informationsgewinnung und -verarbeitung sinkt außerdem die Gefahr, dass sich Fehler in der Beurteilung einer Untersuchungsmethode oder eines gesamten Untersuchungsprogramms auf das gesamte System auswirken. Jede Versicherung steht im Wettbewerb und kann sich deshalb keine groben Fehler leisten. Umgekehrt besteht der Anreiz, einen Informationsvorsprung zu erarbeiten und sich auf Versicherte zu konzentrieren, bei denen die Risiken besonders gut eingeschätzt werden können.

Informationsunterschiede

Gegen die Übertragung individueller Altersrückstellungen wird vorgebracht, für neue und kleine Versicherungen könnten sich Wettbewerbsnachteile ergeben. Ihre Versichertenbestände seien zu gering, um daraus genügend Daten für aussagekräftige Schätzungen zu gewinnen und damit verlässlich individuelle risikoäquivalente Altersrückstellungen zu berechnen. Diesen Nachteil könnten große etablierte Versicherungen nutzen, um Wettbewerber aus dem Markt zu drängen oder den Marktzutritt neuer Wettbewerber zu erschweren.

Informationsunterschiede gibt es auf allen Märkten. Ein Vorteil des Wettbewerbs besteht gerade darin, dass die Unternehmen ständig eigenverantwortlich beurteilen müssen, ob und wie sie ihre Informationsgrundlagen verbessern. Dabei werden sie versuchen, hohe Risiken einzugrenzen oder entsprechende Prämien zu erzielen. Es ist keineswegs ausgemacht, dass große Unternehmen dabei erfolgreicher agieren als kleine. Außerdem werden sich Service-Unternehmen auf die Beschaffung und Bereitstellung von Informationen spezialisieren und den Versicherungsunternehmen ihre Dienste anbieten.

Die Beschaffung von Informationen über den Zusammenhang von beobachtbaren Indikatoren und zu erwartenden Gesundheitsaufwendungen wird im Wettbewerb der Unternehmen wesentlich innovativer und effektiver sein als im Rahmen des Risikostrukturausgleichs. Ob es sinnvoll ist, die Daten aller Versicherungen zu einzelnen Krankheitsverläufen anonymisiert zu sammeln und allen Versicherungen als Grundlage für ihre Schätzungen zur Verfügung zu stellen, kann hier offen bleiben. Das mag eine ergänzende Hilfe sein. In eine ähnliche Richtung geht das derzeitige Angebot der Bundesanstalt für Finanzdienstleistungsaufsicht, die durchschnittlichen Kopfschäden zu veröffentlichen. Der Wettbewerb um die besten Informationen zum Zusammenhang von Symptomen und Krankheitsverläufen, über Wirkungen von Vorsorgemaßnahmen, Heilungsverfahren und Medikamenten usw. wird über die Auswertung solcher Informationen hinausgehen.

Möglicherweise wird die abgebende Versicherung bessere Informationen über das Gesundheitsrisiko eines potentiellen Wechslers haben als die aufnehmende Versicherung, beispielsweise durch ihre Erfahrungen mit der Leistungsinanspruchnahme bei häufigen Erkältungen oder Sportverletzungen, also über verhaltensbedingte Aufwendungen. Die besser informierte Versicherung könnte einen Anreiz haben, das Risiko niedriger darzustellen und entsprechend geringe Altersrückstellungen mitzugeben. Dies widerspricht jedoch den Interessen des Versicherten: Die aufnehmende Versicherung könnte sicherheitshalber ein den individuellen Umständen des Versicherten entsprechendes maximales Risiko annehmen. Der Versicherte müsste dadurch einen Risikozuschlag zahlen. Der Sicherheitszuschlag könnte vermieden oder stark verringert werden, wenn der Versicherte und die abgebende Versicherung die vollständigen Informationen über bisherige Krankheitsverläufe offen legten. Der Versicherte sollte von seiner Versicherung verlangen können, seine gesamte Akte einzusehen und dem neuen Anbieter zur Verfügung zu stellen. Die abgebende Versicherung könnte jedoch von sich aus geneigt sein, die Informationen weiterzugeben, da sie andernfalls Gefahr läuft, betriebswirtschaftlich sinnvolle Wechsel zu unterbinden. Der Sicherheitszuschlag kann auch dadurch verringert werden, dass Mindeststandards für weiterzugebende Informationen eingeführt werden.

Letztlich wird es aber häufig bei einer unterschiedlichen Einschätzung der Risiken durch die Versicherungen bleiben. Geht die aufnehmende Versicherung von einem höheren Risiko aus als die abgebende und kann sie diesen Effekt nicht durch geringere Kosten kompensieren, wird sie die mitgegebene Altersrückstellung als nicht hinreichend betrachten. Dann bleibt nur die Möglichkeit, eine höhere Prämie zu verlangen als die abgebende Versicherung. Dann kann der potentielle Wechsler abwägen, ob er die höhere Prämie akzeptiert, weil er die Leistungen der aufnehmenden Versicherung höher bewertet, oder ob er auf den Wechsel verzichtet. Nicht allein der Wunsch zu wechseln ist entscheidend, sondern alle Beteiligten müssen in dem Wechsel einen Vorteil sehen, damit es dazu kommt.

Wechselkosten

Es kann unterstellt werden, dass dem Versicherten durch einen Wechsel der Versicherung Kosten entstehen, weil er Zeit für die Informationsbeschaffung und Vertragsanbahnung aufwenden und sich auf neue Ansprechpartner einstellen muss. Daher wird er nur wechseln, wenn die Prämie in der neuen Versicherung spürbar niedriger ist oder andere Vorteile geboten werden. Probleme für das Konzept der übertragbaren Altersrückstellungen ergeben sich daraus nicht, weil die Versicherten ihrem Eigeninteresse folgen.

Der abgebenden und der aufnehmenden Versicherung entstehen ebenfalls Transaktionskosten, beispielsweise durch eine Neuberechnung der individuellen Altersrückstellungen im Vorfeld des Wechsels, durch Gesundheitsprüfungen und andere Formen der Informationsbeschaffung. In einem nicht regulierten Markt wird die abgebende Versicherung die gebotenen Altersrückstellungen um ihre Transaktionskosten reduzieren, und die aufnehmende Versicherung wird die geforderte Altersrückstellung um ihre Transaktionskosten erhöhen. Das kann dazu führen, dass ein Wechsel unterbleibt, weil dem Wechsler keine geringere Prämie oder keine ausreichenden Vorteile geboten werden können. Das ist nicht zu beklagen, weil die Kosten des Wechsels von demjenigen getragen werden sollten, der daraus einen Vorteil zieht.

Ergänzend können die Transaktionskosten durch einige Regelungen und Standardisierungen niedrig gehalten werden. Ähnlich wie in der gesetzlichen Krankenversicherung kann eine begrenzte Wechselperiode vorgegeben werden. Beispielsweise könnte der Zeitraum für einen Wechsel auf einige Wochen nach dem

Zeitpunkt begrenzt werden, zu dem alle Versicherungen jährlich die bilanziellen Altersrückstellungen den einzelnen Versicherten zurechnen. Zur weiteren Transaktionskostensenkung, insbesondere in dieser Zeitspanne, könnte auf kooperative Lösungen bei der Risikoprüfung zurückgegriffen werden. Es könnte etwa ein medizinischer Dienst der Krankenversicherungen eingerichtet werden, der Untersuchungen durchführt und Diagnosen stellt, die allen Versicherungen zugänglich gemacht werden, an die sich ein potentieller Wechsler wendet. Auf diese Weise könnten Mehrfachuntersuchungen zum Zwecke der Risikoeinstufung vermieden werden. Selbstverständlich hätten die Versicherungen die Möglichkeit, weitere eigene Untersuchungen durchzuführen, wenn sie dies wünschen.

Langfristigkeit der Verträge und Insolvenzgefahren

Werden Altersrückstellungen individualisiert und übertragbar gestaltet und damit der Wettbewerb zwischen den Krankenversicherungen intensiviert, könnte das Insolvenzrisiko der Versicherungen im Vergleich zur Situation in der heutigen privaten Krankenversicherung zunehmen. Der Hintergrund für diese Veränderung ist aus der Sicht der Versicherten positiv zu bewerten, weil der verstärkte Wettbewerb die Unternehmen zwingt, die Kosten niedrig zu halten und effizienter zu arbeiten. Wenn einige Versicherungen darin erfolgreicher sind als andere und aufgrund der größeren Wirtschaftlichkeit geringere Prämien verlangen, können andere Versicherungen unter Druck geraten. Letztlich werden sie im Wettbewerb um Versicherte ebenfalls geringere Prämien ansetzen, die Qualität ihrer Leistungen verbessern, die Kosten senken oder sich zumindest vorübergehend mit geringen Gewinnen zufrieden geben müssen. Vorstellbar ist aber auch, dass eine Versicherung es nicht schafft, den Effizienzrückstand wieder abzubauen und deshalb Verluste erleidet. Aus diesem Grund ist zu prüfen, ob die bestehenden Sicherheitsanforderungen zugunsten der Versicherten ausreichen. Wegen der extrem langen Vertragsdauer müssen die Versicherten sich darauf verlassen können, dass die Leistungszusagen der Versicherung eingehalten werden, dass also ihre Altersrückstellungen erhalten bleiben und die mit zunehmendem Alter und erhöhter Morbidität der Versicherten steigenden Gesundheitskosten von der Versicherung aufgebracht werden können.

Neben der Aufsicht über die laufenden Geschäfte dienen vor allem das Eigenkapital der Versicherungen und der Sicherungsfonds dazu, die dauerhafte Leistungsfähigkeit der Versicherung und die Übernahme der Gesundheitskosten für den Versicherten über die Gesamtlaufzeit des Vertrages zu gewährleisten. Zur Verbesserung der Einschätzung der Leistungsfähigkeit der Versicherungen werden zunehmend Vergleiche von Versicherungen, Ratingverfahren und Unternehmensbewertungen beitragen.

Ob die Eigenkapitalanforderungen gegenüber dem Status quo bei den privaten Krankenversicherungen verändert werden müssen, wenn die Übertragbarkeit individueller Altersrückstellungen eingeführt wird, lässt sich nur schwer beantworten. Dazu muss geklärt werden, ob sich die Insolvenzwahrscheinlichkeit verändert. Das ist nicht zwingend. Zwar steigt das Schätzrisiko für die Versicherungen. Doch die Übertragung individueller risikoäquivalenter Altersrückstellungen erhöht nicht nur den Druck, die Prämien und die Kosten zu verringern, sondern sie erleichtert auch die Arbeitsteilung zwischen den Versicherungen. Sie ermöglicht das Abgeben von Versicherten an andere Versicherungen, wenn es nicht gelingt, die vereinbarten Leistungen im eigenen Unternehmen so günstig zu erbringen wie eine andere Versicherung, beispielsweise in einzelnen Regionen oder bei bestimmten Krankheiten. Die Palette betriebswirtschaftlich sinnvoller Optionen wird erweitert.

Tritt wirklich der Insolvenzfall ein, werden die Versicherten durch einen obligatorischen Sicherungsfonds aufgefangen, der durch Beiträge der Versicherungsgesellschaften getragen wird. Hier ergeben sich keine grundsätzlichen Änderungen aufgrund einer Übertragung individueller Altersrückstellungen. Da der Fonds erst greift, wenn das haftende Eigenkapital der Versicherung verbraucht ist, besteht ein starker Anreiz, die Insolvenz zu vermeiden.

Negative Altersrückstellungen

Ein weiteres Problem bei der Übertragung individueller Altersrückstellungen wird darin gesehen, dass die Rückstellung einiger Versicherter negativ sein könne: Die über die verbleibende Versicherungszeit zu erwartenden Prämien übersteigen in diesem Fall die zu erwartenden Kosten. Für diese Versicherten müsste ein Austrittsgeld gefordert werden, wenn sie die Versicherung wechseln wollten. Ein solches Austrittsgeld wird als rechtlich schwer durchsetzbar angesehen. Kann die abgebende Versicherung diese Forderung nicht erheben, entstehen Nachteile aus dem Wechsel für die verbleibenden Versicherten.

Es ist zunächst keinesfalls sicher, dass negative Altersrückstellungen bei einer nennenswerten Zahl von Versicherten auftreten. Zwar gibt es viele Versicherte, bei denen im Nachhinein ein unterdurchschnittlicher Kostenverlauf festgestellt wird; aber es erscheint unwahrscheinlich, dass dies vorher absehbar ist. Nur dann würden negative Altersrückstellungen ausgewiesen. Auch besonders gesunde Menschen können sich noch zu sehr teuren Versicherten entwickeln. Ein spezieller Fall sind abgesenkte Prämien in der Anfangsphase der Versicherung, beispielsweise für Kinder und Jugendliche. Im Grenzfall kann die Prämie für Kinder vollständig erlassen werden.

Selbst wenn negative Altersrückstellungen auftreten, entstehen rechnerisch und abwicklungstechnisch keine besonderen Probleme. Die aufnehmende Versicherung kann den zu zahlenden Betrag in ihre Kalkulation aufnehmen und dem Versicherten über die Prämie in Rechnung stellen, so wie es die abgebende Versicherung auch getan hätte. Das bedeutet aber nur, dass die aufnehmende Versicherung dem Versicherten keine günstigere Prämie anbieten kann als die abgebende, es sei denn sie ist effizienter. Der Versicherte wird wegen der negativen Altersrückstellung nicht entlastet oder belastet.

Die abgebende Versicherung hat keine Veranlassung, einen deutlich überhöhten Betrag von der aufnehmenden Versicherung zu fordern. Hier gilt das gleiche Kalkül wie bei positiven Altersrückstellungen. Die abgebende Versicherung ist indifferent bezüglich eines Wechsels, wenn sie die tatsächlich kalkulierte negative Altersrückstellung erstattet bekommt. Sie hätte zwar einen Vorteil, wenn sie erheblich mehr erhielte. Doch je weiter sie sich von dem selbst ermittelten Defizitausgleich entfernt, umso wahrscheinlicher ist es, dass der Wechsel nicht zustande kommt und nicht einmal ein kleiner Vorteil verbleibt. Zudem wäre auch im Falle von negativen Altersrückstellungen gegebenenfalls die Summenregel zu beachten, die in diesem Fall zu hohe Ablöseforderungen der abgebenden Versicherung verhindert: Denn überzogene negative Altersrückstellungen für einzelne Versicherte führen zu überhöhten positiven Altersrückstellungen für andere Versicherte. Sie stellen einen Wechselanreiz für diese Versicherten und drohende Verluste für die Versicherung dar.

Dass die Übertragung negativer Altersrückstellungen zum Schutz des bisherigen Kollektivs auf rechtliche Bedenken stößt, erscheint bei einem Wechsel zwischen privaten Krankenversicherungen wenig überzeugend. Unter den gegenwärtigen Bedingungen erleidet die abgebende Versicherung bzw. das dortige Versichertenkollektiv einen Verlust in Höhe der negativen Altersrückstellung, weil die abgebende Versicherung diesen Betrag nicht einfordern kann. Gewinner sind die aufnehmende Versicherung und der Wechsler. Die Anzahl der Fälle ist aber eng begrenzt, insbesondere weil Kinder, bei denen der Fall am ehesten auftreten kann, in aller Regel mit den Eltern in der gleichen Versicherung versichert sind.

5. Umstellung der privaten Krankenversicherung

Die folgenden Zitate lassen erkennen, dass die Parteien der großen Koalition es für möglich und sinnvoll gehalten haben, die Altersrückstellungen zu individualisieren und bei einem Wechsel der Versicherung zu übertragen.

„Um die Wahlmöglichkeiten der Versicherten auszuweiten und den Wettbewerb innerhalb der PKV zu stärken, sollen die individuellen Altersrückstellungen bei Wechsel zwischen privaten Versicherungen übertragen werden können. Darüber hinaus soll geprüft werden, ob und wie eine Übertragung der Altersrückstellungen auch bei Versicherten erfolgen kann, die von einer privaten zu einer gesetzlichen Krankenversicherung wechseln." (Koalitionsvertrag zwischen CDU, CSU und SPD vom 11. November 2005, S. 88)

„Um den Wettbewerb sowohl innerhalb der privaten Krankenversicherung als auch zwischen den Systemen GKV und PKV zu ermöglichen, wird die Portabilität der individuellen Alterungsrückstellung innerhalb der PKV für den Alt- wie den Neubestand und beim Wechsel zwischen den Systemen gesetzlich geregelt." (Eckpunkte für eine Gesundheitsreform 2006 der Koalitionsparteien vom 4. Juli 2006, S. 23/24)

Das in 2007 beschlossene Gesetz zur Stärkung des Wettbewerbs in der gesetzlichen Krankenversicherung bleibt leider weit hinter den Ankündigungen zurück. Beschlossen wurde ein Basistarif mit Übertragung durchschnittlicher Altersrückstellungen und einem Poolausgleich in der privaten Krankenversicherung. An Stelle der Einführung des Basistarifs sollte die private Krankenversicherung auf das tatsächlich wettbewerblich organisierte System der Bürgerprivatversicherung umgestellt werden, das ohne Poolausgleich auskommt, weil individuelle Altersrückstellungen übertragen werden.

Da in der privaten Krankenversicherung bereits risikoäquivalente Prämien kalkuliert werden, erscheint die Umstellung auf das System mit übertragbaren Altersrückstellungen vergleichsweise einfach. Die bisher kollektiv ausgewiesenen Altersrückstellungen müssten individualisiert werden, der zehnprozentige Beitragszuschlag müsste voll in die prämiensichernden Altersrückstellungen einbezogen werden.

Bei einem Wechsel der Versicherung würden die Altersrückstellungen mitgegeben. Die „Vererbung" der Altersrückstellungen entfiele. Die Prämien für die Nichtwechsler könnten nicht mehr entsprechend verringert werden. Die Wechsler erhielten die auf ihr Alter und ihr Gesundheitsrisiko abgestimmten individuellen Altersrückstellungen, so dass sie bei dem neuen Versicherer grundsätzlich keine höheren Prämien mehr zahlen müssten. Risikozuschläge könnten prinzipiell entfallen.

Im Ergebnis würden die Wechsler geringere und die Nichtwechsler etwas höhere Prämien zahlen als bei Beibehaltung des Status quo. Das würde unmittelbar sichtbar, wenn die privaten Krankenversicherungen zu einem Stichtag vollständig auf das neue Verfahren umgestellt würden.

Die etwas höheren Prämien für die Nichtwechsler unter den Bestandskunden der privaten Krankenversicherungen rufen jedoch Kritik hervor, so beispielsweise bei Kämmerer (2006):

„[...] im Gegenteil führt die Portabilisierung der Altersrückstellungen bei der PKV allgemein zu einer Erhöhung der Prämien, weswegen im Verhältnis der privaten Anbieter keine Vorteile für den Verbraucher zu erkennen sind."[18]

Die Behauptung, dass die Prämien der privaten Versicherungen wegen der Einführung übertragbarer individueller Altersrückstellungen generell erhöht werden müssten, ist nicht zutreffend. Die Prämienbelastung bezogen auf alle Versicherten bleibt unverändert, weil sich die Erhöhung der Prämien für Nichtwechsler und die Senkung der Prämien für Wechsler ausgleichen.[19] Richtig ist, dass es eine Um-

---

[18] Thüsing und Kämmerer (2006), S. 77.
[19] Da die Übertragung individueller Altersrückstellungen Effizienzsteigerungen erwarten lässt, könnten die Prämien insgesamt sogar sinken; dieser Effekt wurde hier zunächst vernachlässigt.

verteilung der Prämienbelastung gibt. Die Prämien der Nichtwechsler werden nicht mehr auf Kosten der Wechsler verringert, sondern jeder Versicherte trägt grundsätzlich die Kosten seiner Versicherung selbst. Die Äquivalenz zwischen zu zahlenden Prämien und Versicherungsleistung wird wieder hergestellt.

In einem System mit individuell risikoäquivalenten und übertragbaren Altersrückstellungen wird die fragwürdige Umverteilung zu Lasten der Wechsler vermieden. Der Wechsler wird nicht mehr mit einer Abgabe zugunsten der Nichtwechsler bestraft. Das verbleibende Kollektiv erleidet keinen Schaden, weil die verbleibenden Altersrückstellungen nach dem Gesundheitsrisiko der Versicherten bemessen sind.

Auch wenn das bestehende System wegen der eingeschränkten Wechselmöglichkeiten und der hohen Belastung der Wechsler als korrekturbedürftig und die Übertragung individueller Altersrückstellungen als Korrektur der Benachteiligung von Wechslern angesehen werden, bleibt die Erhöhung der Prämien für einen Teil der Versicherten ein nicht vernachlässigbares Thema. Die durchschnittliche Erhöhung aufgrund der Umstellung hat zwar kein großes Gewicht. Aber es gibt sehr spezifische Fälle, nämlich junge Männer, die schon relativ lange in der privaten Krankenversicherung versichert sind – etwa 34-jährige Männer, die seit ihrem 21. Lebensjahr versichert sind –, in denen die Prämien um 10 bis 20 Prozent steigen könnten.[20] Für ältere Versicherte fallen die Erhöhungen sehr gering aus, da es hier kaum noch Wechsler gibt und die Stornoeffekte entsprechend gering sind. Für Versicherte im Alter von 60 und mehr Jahren dürften sich die Prämienerhöhungen unterhalb von einem Prozent bewegen. Für Frauen liegen die notwendigen Prämienerhöhungen bereits in jungen Jahren deutlich niedriger als für Männer, da Frauen im Durchschnitt weniger häufig die Versicherung wechseln.

Weil es bei einigen Gruppen von Versicherten zu spürbaren Prämienerhöhungen kommen kann, wird die Übertragung von Altersrückstellungen bei Bestandskunden mit dem Hinweis auf die Unzulässigkeit eines Eingriffs in bestehende Verträge (Vertrauensschutzargument) von einigen Versicherungen und Gutachtern abgelehnt.[21] Abgesehen davon, dass nur ein systembedingter Nachteil für die Wechsler korrigiert wird, weil es keine Prämienerhöhungen für Wechsler mehr gibt, ist auf Folgendes hinzuweisen: Bei den Versicherten, die am stärksten von Prämienerhöhungen betroffen sind, fallen auch die größten Vorteile aufgrund der Umstellung an. Die Prämiensteigerung ist nämlich dann besonders hoch, wenn erwartet wird, dass aus dieser Gruppe besonders viele Versicherte zu einer anderen Versicherung wechseln wollen oder wechseln müssen. Die Wechselmöglichkeit wird für alle Versicherten der betreffenden Gruppe verbessert.

Verfassungsrechtler beschränken ihre ablehnenden Einwände zunehmend auf

---

[20] So die Einschätzung der Rürup-Kommission in ihrem Abschlussbericht (S. 168f).
[21] Vgl. dazu beispielsweise die Pressemitteilung der DKV Deutsche Krankenversicherung AG vom 1. Oktober 2006 zu einem für die Versicherung erstellten Gutachten von Professor Helge Sodan.

die Übertragung von Altersrückstellungen von der privaten in die gesetzliche Krankenversicherung, da die Altersrückstellungen in diesem Fall nicht zur Erfüllung ihrer eigentlichen Funktion der Prämienglättung über den Lebenszyklus eingesetzt, sondern aufgrund der Umlagefinanzierung direkt für die heutige Nettoempfängergeneration ausgegeben werden. So beispielsweise Depenheuer (2006):

> „Die Ausgestaltung portabler ARS innerhalb der PKV ist unter dem Gesichtspunkt, einen effektiven Wettbewerb im Markt der Krankenversicherung zu ermöglichen, durch legitime Gründe des Allgemeinwohls im Prinzip verfassungsrechtlich gerechtfertigt. Hinsichtlich portabel ausgestalteter ARS obliegt dem Staat aufgrund seiner grundrechtlichen Schutzpflicht die weitere Aufgabe, Integrität, Fortentwicklung und Funktion der ARS, durch Beitragsgutschriften im Alter konstante Beiträge zu garantieren, auch beim Wechsel des Versicherungsunternehmens sicherzustellen. Bei einem Wechsel innerhalb der PKV ist das der Fall, weil alle Unternehmen der PKV nach Maßgabe der gleichen Vorschriften zur Bildung und Verwendung der ARS verpflichtet sind."[22]

Das Vertrauensschutzargument bezieht sich dagegen auf die Bestandsversicherten, die einen Vertrag mit einer verringerten Prämie infolge der zu erwartenden Vererbung von Altersrückstellungen abgeschlossen haben und in der bisherigen Versicherung bleiben, also auf die Nichtwechsler. Wie weit der Anspruch auf Vertrauensschutz geht, hängt von mehreren Faktoren ab. Besonders hervorzuheben ist, dass es sich bei der Vererbung um einen ungerechtfertigten Vorteil zu Lasten der Wechsler handelt. Bei der Einführung und Aufstockung von Altersrückstellungen war von einem Vertrauensschutz für Wechsler nicht die Rede. Ohnehin handelt es sich um einen sonderbaren Anspruch, nämlich darauf, dass andere Versicherte die Versicherung verlassen und ihren Anteil an den Altersrückstellungen vererben, also einen Vermögensverlust hinnehmen. Unproblematisch dürfte der Verzicht auf die Vererbung beim Zehn-Prozent-Zuschlag sein. Da dieser erst im Jahr 2001 eingeführt wurde und in vielen Fällen nicht von Beginn an zehn, sondern zunächst nur zwei Prozent betrug, wird der Vertrauensschutz relativiert.

Einigkeit besteht darüber, dass es für Neuverträge keinen Vertrauensschutz und keinen Anspruch auf Vererbung gibt. Der systematische Aufbau von Altersrückstellungen wurde zudem erst Mitte der neunziger Jahre auf das heutige Niveau gebracht, so dass es noch eine Vielzahl von Versicherten gibt, die sich nicht darauf berufen können, schon bei Vertragsabschluss auf eine Vererbung der normalen Altersrückstellungen vertraut zu haben.

Ob die Einführung übertragbarer individueller Altersrückstellungen für die aktuellen Bestandsversicherten letztlich ein Nachteil ist, weil die Prämien für Nichtwechsler steigen, ist keineswegs ausgemacht. Für einen Großteil der Versicherten kann sich in der Zukunft durchaus eine Situation ergeben, in der sie die

---

[22] Depenheuer (2006), S. 2.

Versicherung wechseln möchten und froh wären, wenn ihnen Altersrückstellungen mitgegeben würden. Ein Teil der Versicherten dürfte schon heute an der Schwelle des Wechsels stehen und nur deshalb von diesem Schritt absehen, weil sie auf die Altersrückstellungen verzichten und in der neuen Versicherung erheblich höhere Prämien zahlen müssten. Ihr Vorteil aus der Vererbungsregelung kann vollständig entfallen oder sich in einen Nachteil umkehren, wenn sie mit Ihrer Versicherung unzufrieden, aber gerade noch nicht bereit sind, den Nachteil der höheren Prämie im Fall eines Wechsels hinzunehmen. Diese Versicherten sind durch den drohenden Verlust ihrer Altersrückstellungen in ihrer Versicherung eingesperrt. Würden individuelle Altersrückstellungen übertragen, könnten sie nicht nur leichter wechseln, sondern auch der Wettbewerbsdruck auf ihre bisherige Versicherung würde kräftig steigen, so dass diese viel eher bereit sein dürfte, auf ihre Wünsche einzugehen. Die Folgerung heißt: Es ist kaum möglich, eine Gruppe von Versicherten zu identifizieren, die durch eine Umstellung auf übertragbare Altersrückstellungen benachteiligt wird.

Die Wirkungen der Übertragung individueller Altersrückstellungen und damit der verbesserten Wechselmöglichkeiten auf die Nichtwechsler sind noch einmal zu betonen: Sie können damit rechnen, dass die Prämien durch den intensivierten Wettbewerb tendenziell gesenkt und die Leistungen verbessert werden.

Trotz dieser Relativierungen können höhere Prämien für Bestandsversicherte nicht ausgeschlossen und vermutlich auch nicht bei allen Betroffenen durch einfachere Wechselmöglichkeiten und bessere Leistungen der Versicherungen vollständig kompensiert werden. Der Vorwurf, bei einer Einführung übertragbarer individueller Altersrückstellungen handle es sich um einen unzulässigen *rückwirkenden* Eingriff in bestehende Verträge, ist dennoch nicht zu halten. Die in der Vergangenheit bereits erzielten Vorteile aus der Vererbung von Altersrückstellungen in der Form niedriger Prämien werden nicht rückgängig gemacht, sondern bleiben erhalten. Umgekehrt wird auch den bisherigen Wechslern nicht die entgangene Altersrückstellung nachträglich gutgeschrieben; sie werden weiterhin ihre vereinbarten höheren Prämien zahlen müssen. Von einer echten Rückwirkung oder Rückabwicklung kann deshalb nicht gesprochen werden.

Niemand wird bestreiten, dass der Gesetzgeber die Möglichkeit haben muss, bestehende Regelungen durch bessere zu ersetzen. Der Verweis auf bestehende Verträge greift auch deshalb zu kurz, da die Versicherten bei Vertragsabschluss nur Verträge mit Vererbung wählen konnten. Ein solches Vertragskonstrukt gleicht aber einer Lotterie, in der die Nicht-Wechsler zu den Gewinnern und die Wechsler zu den Verlierern zählen. Hätte bei Vertragsabschluss die Wahl zwischen einer solchen Lotterie und einem Vertrag mit übertragbaren individuellen Altersrückstellungen bestanden, hätte wohl kaum jemand die risikoreiche Lotterie gewählt, da bei Vertragsabschluss noch nicht abzusehen ist, wer möglicherweise wechseln wird. Für einen risikoscheuen Menschen ist die risikoärmere Variante mit übertragbaren Altersrückstellungen zum Zeitpunkt des Vertragsabschlusses eindeutig die überlegene Variante. Es ist ja gerade der Sinn des Abschlusses einer Krankenversicherung, Sprünge in der Belastung durch Gesundheitskosten zu vermeiden. Der Gesetzgeber muss das Recht haben, Verträge so anzupassen, wie die Menschen sie selbst gewählt hätten, sofern die Möglichkeit hierzu bestanden hätte.

Die Änderungen auf Neuverträge zu beschränken ist zudem bei Versicherungen mit Vertragslaufzeiten von vielen Jahrzehnten nicht immer sinnvoll, insbesondere wenn die Abgrenzung zwischen privater und gesetzlicher Krankenversicherung neu zu bestimmen und die Funktionsfähigkeit des Gesamtsystems zu sichern sind.

Wenn die individuellen Altersrückstellungen aus übergeordneten Gründen auch für Bestandsversicherte übertragbar gestaltet werden sollen, muss an Übergangsregelungen gedacht werden. Dazu gehören Übergangsfristen, weil die privaten Krankenversicherungen die Verfahren für die Individualisierung der Altersrückstellungen entwickeln und die Tarife auf das neue System ausrichten müssen. Um die Folgen von Schätzfehlern einzugrenzen und das Sammeln von Erfahrungen zu erleichtern, bietet es sich an, in den ersten Jahren nicht unmittelbar die vollen Altersrückstellungen zu übertragen. Die Übertragung der Altersrückstellungen in Stufen einzuführen hat den weiteren Vorteil, dass Prämienerhöhungen für Nicht-Wechsler – soweit sie unvermeidlich sind – über einen längeren Zeitraum gestreckt werden könnten. Es kommt nicht darauf an, die Übertragbarkeit von individuellen Altersrückstellungen auf einen Schlag einzuführen, sondern die richtige Richtung einzuschlagen und die Wechselmöglichkeiten sowie die Wettbewerbsbedingungen schrittweise zu verbessern.

Hier besteht ein wesentlicher Unterschied zwischen der privaten und der gesetzlichen Krankenversicherung: Während es in der privaten Krankenversicherung bereits risikoäquivalente Prämien und Altersrückstellungen gibt, wird die gesetzliche Krankenversicherung im Umlageverfahren finanziert und nicht über das Preissystem, sondern über staatliche Regelungen gesteuert. Die Beiträge in der gesetzlichen Krankenversicherung sind für eine effiziente Steuerung des Systems nicht geeignet. Einen funktionierenden Wettbewerb gibt es nur, wenn es Marktpreise gibt, also individuelle risikoäquivalente Prämien und Altersrückstellungen. Dazu ist es erforderlich, vom Umlageverfahren auf das Kapitaldeckungsverfahren umzustellen.

IV. Vom Umlage- zum Kapitaldeckungssystem

Ein erster wichtiger Schritt zur Stärkung des Wettbewerbs und zur Erleichterung des Wechsels zwischen Versicherungen ist der Übergang auf individuelle übertragbare Altersrückstellungen in der privaten Krankenversicherung. Die Vorteile des Wettbewerbs bezüglich der Effizienz, der Leistungsmotivation und letztlich

IV. Vom Umlage- zum Kapitaldeckungssystem

der Finanzierbarkeit des Gesundheitswesens können aber nur voll genutzt werden, wenn auch die gesetzliche Krankenversicherung umgestaltet und in das neue System einbezogen wird. Dazu ist ein großer Sprung erforderlich – der vom Umlage- zum Kapitaldeckungsverfahren.

Das Umlagesystem der gesetzlichen Krankenversicherung gerät zunehmend in Schwierigkeiten. Aufgrund der demografischen Entwicklung drohen kräftige Erhöhungen der Beitragssätze, erhebliche Leistungseinschränkungen oder eine Kombination aus beidem. Eine Umstellung vom geltenden Umlagesystem auf ein Kapitaldeckungssystem könnte insoweit Entlastung bringen, als die Ansprüche gegenüber den künftigen Generationen nicht automatisch weiter erhöht werden. Ein zweites wichtiges Ziel besteht darin, den Wettbewerb zwischen den Krankenversicherungen und den Leistungserbringern zu intensivieren, um unnötige Kosten zu vermeiden, also die Effizienz zu steigern und die Qualität der Leistungen zu verbessern. Diese Idee stand im Vordergrund beim GKV-Wettbewerbsstärkungsgesetz vom 2. Februar 2007, das aber letztlich doch keinen Kurswechsel in Richtung Marktpreise, Kapitaldeckung und Übertragbarkeit von Altersrückstellungen eingeleitet hat. Sie stand von vorneherein im Widerspruch zu den Forderungen, die gesetzliche Krankenversicherung noch stärker zu einem Umverteilungsinstrument umzubauen – auch mit der Tendenz, das gesetzliche Krankenversicherungssystem für alle Bürger obligatorisch zu machen.

Der Vorschlag, die umlagefinanzierte gesetzliche Krankenversicherung auf Kapitaldeckung umzustellen, wird regelmäßig mit dem Hinweis zurückgewiesen, die Umstellung sei nicht finanzierbar. Es komme zu einer Doppelbelastung der gegenwärtigen Erwerbstätigengeneration: Wegen der impliziten Verschuldung der gesetzlichen Krankenversicherung und der Verpflichtung der jüngeren Generation, die ältere Generation zu unterstützen, kann nach diesen Vorstellungen allenfalls in Randbereichen auf kapitalgedeckte Verfahren übergegangen werden, etwa bei der Zahnbehandlung oder bei Zusatzversicherungen.

Diese Einwände werden hier in Frage gestellt. Es lässt sich nachweisen, dass durch die Umstellung der gesetzlichen Krankenversicherung auf das Kapitaldeckungsverfahren keine zusätzlichen Kosten auftreten und dass die in der gesetzlichen Krankenversicherung angelegte Lastenverteilung zwischen den Generationen unverändert bleiben kann. Selbstverständlich lässt sich die Verschiebung von Belastungen auf künftige Generationen auch sofort beenden. Doch eine Umstellung auf das Kapitaldeckungssystem lohnt sich unabhängig davon, wie die Belastungen zwischen den Generationen tatsächlich gestaltet werden, weil der Wettbewerb zur Steigerung der Effizienz genutzt und die Transparenz verbessert werden kann.

1. Das Umstellungskonzept[23]

Wer sich für eine Umstellung der gesetzlichen Krankenversicherung auf risikoäquivalente Prämien sowie die Bildung und Übertragung von Altersrückstellungen ausspricht, muss sich nicht nur mit Verteilungsargumenten auseinandersetzen. Hervorgehoben wird vor allem die These, ein solcher Übergang sei „zu teuer", weil die Umstellungsgeneration über die Prämien im kapitalgedeckten System hinaus in hohem Umfang Leistungsansprüche erfüllen müsste, die von der älteren Generation im Umlageverfahren erworben worden sind.

Allerdings ist umstritten, inwiefern in einem staatlich organisierten Umlageverfahren, das letztlich nur eine Zwangsumverteilung zwischen Generationen organisiert, tatsächlich *Ansprüche* auf die Fortführung dieser Umverteilung entstehen. Unter Beachtung eines gewissen Vertrauensschutzes hat der Staat in der Regel durchaus Spielräume, die Umverteilungsströme anzupassen. Dies gilt selbst in der gesetzlichen Rentenversicherung. Wenn in einem Umlagesystem tatsächlich Ansprüche entstehen, dann nicht durch Beitragsleistungen, also Einzahlungen, sondern ausschließlich durch die Erziehung von Kindern und damit künftigen Beitragszahlern. Eltern (und in gewissen Grenzen der Steuerzahler, der bildungs- und familienpolitische Leistungen mitfinanziert) leisten einen konstitutiven Beitrag zum Fortbestand des Systems in der Phase, in der sie selbst auf Nettoleistungen angewiesen sein werden, während Beitragszahlungen als Rückzahlung an die Generation der eigenen Eltern zu werten sind.[24] Nachfolgend wird vereinfachend jedoch von einer Fortführung der Leistungszusagen der umlagefinanzierten gesetzlichen Krankenversicherung ausgegangen.

Richtig ist dann, dass in der gesetzlichen Krankenversicherung eine implizite Verschuldung in einer Größenordnung von etwa 800 Milliarden Euro besteht. Dieser Betrag entspricht dem Barwert der nicht gedeckten Gesundheitsaufwendungen für die gegenwärtig Versicherten, also den Kosten, die über die von den Versicherten noch zu zahlenden Beiträge hinausgehen. Diese Belastung wird in der gesetzlichen Krankenversicherung auf die künftigen Generationen vorgetragen, weil die bisherigen Versicherten keine Rückstellungen für ihre mit dem Alter steigenden Gesundheitsaufwendungen bilden. Im Umlageverfahren kommt die jeweils jüngere Generation für die im Durchschnitt deutlich höheren Kosten der älteren Generation auf.

Unmittelbar sichtbar würde die implizite Verschuldung, wenn das Umlageverfahren zu einem bestimmten Zeitpunkt beendet würde. In diesem Fall hätte die ältere Generation über ihre Beitragszahlungen in den Anfangsjahren der Laufzeit ihrer Versicherung zwar die höheren Kosten der zu diesem Zeitpunkt älteren Generation mitfinanziert, erhielte aber selbst im Alter keine Leistungen aus dem

---

[23] Vgl. auch Eekhoff, Raddatz und Zimmermann (2005).
[24] Vgl. dazu Zimmermann (2007), Kapitel 6.1.1.1, und das Urteil des Bundesverfassungsgerichts zur gesetzlichen Pflegeversicherung, 1 BvR 1629/94 vom 3. 4. 2001.

Umlageverfahren. Die früheren (Netto-)Einzahlungen in das Umlageverfahren wären für diese Generation verloren. Die Ansprüche gegenüber den jüngeren Generationen würden mit der Einstellung des Umlageverfahrens wertlos. Die ältere Generation müsste in vollem Umfang für ihre hohen Gesundheitsaufwendungen im Alter aufkommen. Sie hätte die gesamte implizite Schuld zu tragen.

Eine solche Systemumstellung zu Lasten einer Generation wird gesellschaftspolitisch nicht akzeptiert. Im Gegenteil: Bei jeder Diskussion über eine Umstellung der gesetzlichen Krankenversicherung auf das Kapitaldeckungsverfahren wird davon ausgegangen, dass die Ansprüche der älteren Generation und deren Gesundheitsversorgung nicht beeinträchtigt werden dürfen. Das ist insoweit konsequent, als es dabei bliebe, die nachfolgenden Generationen mit der impliziten Schuld zu belasten.

Wie hoch die implizite Verschuldung und damit die Ansprüche der Versicherten im Umlagesystem tatsächlich sind, lässt sich nicht so einfach beantworten. Mit Sicherheit ist es nicht der Betrag, der den in der Vergangenheit gezahlten Nettobeiträgen der aktuell Versicherten – also der Summe der Beitragszahlungen abzüglich den Kosten für empfangene Gesundheitsleistungen – einschließlich einer Marktverzinsung entspricht. In dem bestehenden Umlagesystem mussten die Versicherten damit rechnen, dass die anfänglichen Einzahlungsüberschüsse nicht verzinst werden. Inwieweit sie auf ein Wachstum der Beitragssumme und damit auf Einführungsgewinne im Zuge von Leistungssteigerungen hoffen durften, lässt sich nicht eindeutig beantworten. Aufgrund des geringen Wirtschaftswachstums und in Folge der demografischen Entwicklung können diese Erwartungen nicht hoch sein.

Für die Ermittlung der aktuellen impliziten Verschuldung kommt es auf die künftige wirtschaftliche Entwicklung und Bevölkerungsstruktur an. Im Falle einer ungünstigen Entwicklung könnten die Belastungen der künftigen Generationen extrem hoch werden, die implizite Verschuldung läge also auf einem sehr hohen Niveau. Es ist aber vorstellbar, dass die gegenwärtigen Mindestleistungen dann nicht durchzuhalten sind, sondern eingeschränkt werden müssen. Insoweit würde die implizite Verschuldung geringer ausfallen als bei unveränderten Mindestleistungen. Im Falle einer günstigen wirtschaftlichen Entwicklung könnte die von den Lohneinkommen abhängige Beitragssumme stärker steigen als erwartet.

Geht man davon aus, dass sich die Mindestleistungen im Gesundheitswesen auch in wirtschaftlich schwierigen Zeiten nicht nennenswert einschränken lassen, dann erscheint es nicht unrealistisch, vom gegenwärtigen Leistungsniveau der gesetzlichen Krankenversicherung auszugehen. Dann könnte man die Prämien zugrunde legen, die für den entsprechenden Leistungskatalog in der privaten Krankenversicherung zu zahlen sind. Dabei würde unterstellt, dass die bisher gesetzlich Versicherten von Geburt an privat versichert gewesen wären. Auf dieser Grundlage würden die erforderlichen Altersrückstellungen ermittelt. Deshalb sind für die Schätzung der impliziten Verschuldung von 800 Milliarden Euro die vorhandenen Altersrückstellungen der privaten Krankenversicherungen zugrunde gelegt worden.

Diese Verschuldung der künftigen Generationen entspricht realistischerweise nicht der vollen Verzinsung der Prämienüberschüsse, sondern der Erwartung, dass die künftigen Gesundheitsleistungen der gegenwärtig Versicherten bei real gleich bleibenden Beitragssätzen in vollem Umfang weiter erbracht werden, auch wenn die eigenen Beiträge nicht ausreichen. Davon kann selbstverständlich im konkreten Fall abgewichen werden, wenn die künftige Entwicklung erheblich negativer oder positiver eingeschätzt wird.

Um die gegenwärtig älteren und von der Umstellung negativ betroffenen Generationen durch eine Umstellung auf das Kapitaldeckungssystem nicht stärker zu belasten, müsste die implizite Verschuldung aus dem Umlageverfahren in eine dauerhafte explizite Verschuldung umgewandelt werden. Vereinfacht kann man sich eine Umstellung, die die Belastungen zwischen den Generationen gegenüber der Fortführung des Status quo nicht verändert, wie folgt vorstellen: Die Krankenversicherungen erhalten die fehlende Altersrückstellung für jeden Versicherten aus einem staatlichen Sondervermögen. Im Ergebnis würden insgesamt etwa 800 Milliarden Euro an die Versicherungen ausgezahlt; das Sondervermögen würde aus einem Defizit in gleicher Höhe bestehen. Die zuvor im Umlageverfahren bestehende implizite Verschuldung würde durch eine explizite Staatsverschuldung ersetzt, in ihrer Höhe aber zunächst unverändert bleiben.

Die gesetzlichen Krankenkassen, die vor der Umstellung ausschließlich Beiträge von den Versicherten bekamen (im Beispiel 165 Milliarden Euro), erhalten nun zusätzlich zu den Prämien Altersrückstellungen, aus denen sie nach der Umstellung Zinserträge erzielen (vgl. Abbildung 3). Dadurch können sie die zur Finanzierung der Leistungen erforderlichen Prämien entsprechend senken – im Beispiel von 165 auf 130 Milliarden Euro. Die Versicherten würden geringere Prämien zahlen als vorher. Irgendjemand muss jedoch die Zinsen für das Defizit, das negative Sondervermögen, aufbringen. Man könnte die Versicherten mit einer Versicherungssteuer belegen, die den Prämienvorteil abschöpft. Die Steuereinnahmen können für die Zinszahlungen genutzt werden. Damit bliebe die Gesamtbelastung der Versicherten unverändert, die Versicherungen hätten gleich hohe Einnahmen wie vorher. Die explizite Verschuldung bliebe auf dem gleichen Niveau wie die bisherige implizite Verschuldung.

Der Staat würde nicht belastet, weil die Zinsen für die zusätzliche explizite Staatsverschuldung über eine Versicherungssteuer aufgebracht würden. Auch Kapitalmarkteffekte ergeben sich grundsätzlich nicht. Der expliziten Verschuldung, dem negativen Sondervermögen, stehen Altersrückstellungen bei den Versicherungen in gleicher Höhe gegenüber. Völlig kapitalmarktneutral wäre die Umstellung, wenn die Versicherungsunternehmen die Altersrückstellungen komplett in Staatspapieren anlegten.

Abb. 3: Schematische Darstellung der Zahlungsströme

a) vor der Umstellung auf Kapitaldeckung

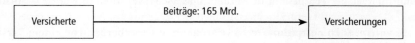

b) nach der Umstellung auf Kapitaldeckung

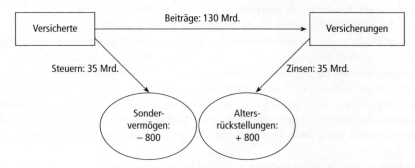

Das entscheidende Ergebnis dieser Diskussion ist, dass die Umstellung der gesetzlichen Krankenversicherung auf ein Kapitaldeckungssystem keine zusätzlichen Kosten oder Doppelbelastungen einzelner Generationen mit sich bringen muss, sondern neutral gestaltet werden kann. Der Wechsel des Finanzierungsverfahrens an sich bringt also keiner Generation Nachteile. Allerdings wird die Verschuldung offen gelegt, so dass unmittelbar erkennbar wird, welche Lasten auf künftige Generationen verschoben werden. Das hat den Vorteil – manche würden auch sagen den Nachteil – dass es schwerer wird, zusätzliche Leistungen auf Kosten künftiger Generationen zu verlangen.

Das gewichtigere Argument für den Übergang ergibt sich aus den oben dargestellten Wettbewerbseffekten im System mit übertragbaren Altersrückstellungen. Ohne Umstellung auf Kapitaldeckung lässt sich nur ein sehr unvollständiger Wettbewerb mit einem Risikostrukturausgleich organisieren. Unter Berücksichtigung der Vorteile des funktionsfähigen Wettbewerbs im Kapitaldeckungsverfahren ermöglicht die Umstellung eine Verbesserung für alle Generationen. Das Hauptargument für die Umstellung sind also Effizienzgewinne durch mehr Wettbewerb, nicht die Kapitaldeckung an sich. Diese Vorteile lassen sich erzielen, ohne die oft behaupteten Nachteile und Probleme der Umstellung in Kauf nehmen zu müssen.

Wie können die Prämien und die Altersrückstellungen für die Versicherten angesetzt werden, die von der umlagefinanzierten in eine kapitalgedeckte Versicherung wechseln? Prinzipiell sollten die Prämien so gewählt werden, als ob der jeweilige Versicherte schon immer privat versichert gewesen wäre. Aus der Sicht der Versicherung müssen die künftigen Prämien und die Altersrückstellung zusammen genommen ausreichen, die erwarteten Gesundheitsaufwendungen des Versicherten zu finanzieren. Ist die Prämie vorgegeben, kann die Altersrückstellung im Wettbewerb bestimmt werden. Das Verfahren könnte wie folgt ablaufen:

Es wird eine Höchstprämie festgesetzt, die eine Versicherung von einem Versicherten höchstens verlangen kann (beispielsweise 200 Euro monatlich) und die im Zeitablauf nur bei einem entsprechenden Anstieg der Kopfschäden angepasst werden darf. Diese Prämie könnte sich an der Einstiegsprämie eines heute 20-Jährigen orientieren.

Anschließend geben die Versicherungen in einem Ausschreibungsverfahren die Altersrückstellung an, die sie bei der entsprechenden Prämie für die Übernahme eines Risikos für erforderlich halten. Die jeweils niedrigste geforderte Altersrückstellung wird aus dem Sondervermögen finanziert. Der Versicherte kann zur Normalprämie und ohne Risikozuschlag in diese Versicherung eintreten, weil die Altersrückstellung so ermittelt wird, dass sie den Teil der erwarteten Gesundheitsaufwendungen abdeckt, der nicht mit den erwarteten Prämien finanziert werden kann.

Möchten die Versicherten zu einer Versicherung wechseln, die eine höhere Altersrückstellung verlangt, müssten sie eine Einmalzahlung in Höhe der Differenz der geforderten Altersrückstellungen leisten oder eine entsprechend höhere Prämie zahlen.

Das Ausschreibungsverfahren für jeden Versicherten einzeln durchzuführen wäre sehr aufwendig. Deshalb dürfte es zweckmäßig sein, die gesetzlich Versicherten in Klassen oder Kohorten einzuteilen, möglicherweise auch nach Regionen, und jeweils die Summe der Altersrückstellungen für eine abgegrenzte größere Gruppe von Versicherten zu ermitteln. Dann bliebe es der jeweiligen Versicherung überlassen, den Gesamtbetrag der Altersrückstellungen auf die einzelnen Versicherten der Gruppe aufzuteilen. Die Versicherungen könnten verpflichtet werden, die Altersrückstellungen vollständig auf die Versicherten aufzuteilen (Summenregel). Die Versicherten könnten entscheiden, ob sie zu der Versicherung wechseln wollen, die mit den geringsten Altersrückstellungen auskommt, oder ob sie zu einer etwas höheren Prämie bei ihrer bisherigen Versicherung bleiben wollen, die im Ausschreibungsverfahren höhere Altersrückstellungen gefordert hat.

Auf die Befürchtung, durch die Ausstattung der Versicherungen mit Altersrückstellungen in einer Größenordnung von 800 Milliarden Euro entstehe ein Kapitalmarktproblem, weil es nur begrenzte Kapitalanlagemöglichkeiten gebe, so dass durch das zusätzliche Volumen die Zinsen sinken würden, wurde schon kurz eingegangen. Diese Befürchtung ist unbegründet: Um die Versicherungen mit Altersrückstellungen ausstatten zu können, müssen die entsprechenden Mittel am Kapitalmarkt aufgenommen werden. Die Versicherungen, die diese Mittel erhalten, legen den gleichen Betrag wieder an.

Fazit: Die Umstellung vom Umlageverfahren auf das Kapitaldeckungsverfahren ist ohne die behauptete Doppelbelastung einer oder mehrerer Generationen möglich. Der große Vorteil einer solchen Umstellung zu einem Stichtag liegt darin, dass die Vorteile des Wettbewerbs sofort für die gesamte gesetzliche Krankenversicherung genutzt werden können. Darüber hinaus können die damit erschließbaren Effizienzgewinne den Verteilungsstreit zwischen den Generationen zumindest ein wenig entlasten.

2. Systemvergleich und Analyse des Doppelbelastungsarguments

In diesem Abschnitt werden die Bedingungen des Kapitaldeckungssystems und die des Umlagesystems näher beleuchtet, um die Entstehung und Entwicklung der impliziten Verschuldung, die Verteilung der Belastung zwischen den Generationen, die Reaktion auf demografische Veränderungen sowie die Rendite der Beitragszahlung bzw. Prämie besser beurteilen zu können.

Ähnlich wie in der gesetzlichen Rentenversicherung wird in der gesetzlichen Krankenversicherung in den frühen und mittleren Lebensabschnitten per Saldo eingezahlt, und im letzten Lebensabschnitt werden per Saldo Leistungen in Anspruch genommen. Das zeitliche Profil der Einzahlungen und Auszahlungen sieht in einer umlagefinanzierten Versicherung ganz ähnlich aus wie in einer kapitalgedeckten. Aus ihrer Nettozahlerposition in jungen Jahren schließen viele Menschen, dass sie auch im Umlagesystem aufgrund ihrer laufenden Beiträge einen Anspruch auf künftige Leistungen erwerben. Solange die Bevölkerungsentwicklung einigermaßen stabil ist, wird leicht übersehen, dass die künftigen Leistungen in einem Umlagesystem darauf beruhen, dass es hinreichend viele Beitragszahler gibt, dass sich die Relation von Beitragszahlern zu Leistungsempfängern also nicht spürbar verschlechtert. Aufgrund der zunehmenden Lebenserwartung und der niedrigeren Geburtenraten nimmt jedoch der Anteil der alten Menschen zu, die erheblich mehr Kosten verursachen, als sie an Beiträgen zahlen. Gleichzeitig steigen die Kosten aufgrund des medizinisch-technischen Fortschritts. Ohne eine Umstellung ist eine hohe – und weiter steigende – Belastung der künftigen Generationen zu erwarten. Deshalb ist zu prüfen, ob diese Entwicklung durch eine Umstellung der gesetzlichen Krankenversicherung auf ein kapitalgedecktes System gemildert werden kann und wie eine Doppelbelastung der Umstellungsgeneration vermieden werden kann.

Im Zusammenhang mit einer möglichen Umstellung des Systems wird manchmal die These vertreten, die Verzinsung der Prämien in einem kapitalgedeckten System entspreche dem Marktzins, die Verzinsung der Beiträge im Umlagesystem dagegen der Wachstumsrate der Lohnsumme.[25] Da der Marktzins systematisch

---

[25] Genau genommen wird im Kapitaldeckungsverfahren nur der Teil der Prämie verzinst, der

höher als die Wachstumsrate der Lohnsumme sei, werde sich der Wechsel zu einem kapitalgedeckten System schon wegen der höheren Verzinsung der Einzahlungen lohnen. Diese These ist zu überprüfen. Bei dem Vergleich wird vereinfachend von einem gleich bleibenden prozentualen Beitrag vom Lohn zum Umlagesystem und einer stabilen demografischen Situation ausgegangen.

Letztlich wird von allen Seiten gefordert, dass die Finanzierungslasten aus einem kapitalgedeckten System nicht höher sein dürften als im Umlageverfahren, wenn das Wagnis eines Wechsels eingegangen und die Wettbewerbsvorteile genutzt werden sollen. Es lässt sich zeigen, dass dies möglich ist.

2.1 Die „Doppelbelastung" am Beispiel einzelner Versicherter[26]

Die Frage der so genannten Doppelbelastung aufgrund der Umstellung eines Umlagesystems auf ein kapitalgedecktes System wurde oben für ganze Generationen betrachtet. Was genau das für den einzelnen Versicherten bedeutet lässt sich zeigen, wenn man sich die beiden Systeme jeweils in einem einfachen Modell anschaut. Dabei wird unterstellt, dass eine Krankenversicherung neu eingeführt und nach drei Perioden wieder eingestellt wird. Bei den Versicherten werden zwei Lebensphasen unterschieden. Es wird davon ausgegangen, dass die Versicherten mit durchschnittlichem Risiko in der ersten Lebensphase mehr einzahlen, als sie an Kosten verursachen (als sie ausgezahlt bekommen). In der zweiten Lebensphase verursachen sie höhere Aufwendungen, als sie an Beiträgen zahlen. Der Beitrag soll in beiden Lebensphasen gleich sein, nämlich 200. Von einer Wachstumsrate der Wirtschaft und der Einkommen, von Steigerungen der Gesundheitsleistungen, von Zinseffekten sowie demografischen Veränderungen wird zunächst abgesehen, um die Darstellung zu vereinfachen.

> Annahmen für die Modellbetrachtungen:
> – Die Versicherung wird neu einführt und nach drei Perioden wieder eingestellt
> – Prämie pro Periode: 200
> – Jeder Versicherte hat zwei Lebensphasen (lebt zwei Perioden lang)
> – Alle Versicherten haben das gleiche Gesundheitsrisiko
>   Gesundheitskosten in der ersten Lebensphase: 100
>   Gesundheitskosten in der zweiten Lebensphase: 300
> – Zinssatz: 0
> – gleich bleibende Einkommen und Versicherungsleistungen

über die laufenden Gesundheitsaufwendungen hinausgeht. Auch in einem Umlagesystem sind die Beiträge in der Anfangsphase der Versicherung höher als die Gesundheitsaufwendungen. Dieser Überschuss wird aber nicht angespart, sondern für die Finanzierung der Leistungen für die ältere Generation benötigt.

[26] Vgl. dazu auch Eekhoff (2006).

a) Kapitaldeckungssystem

Die Grundzüge des Kapitaldeckungssystems lassen sich an dem folgenden Beispiel erläutern: Nach der Einführung des Systems treten in Periode 1 nur junge Versicherte zum Normaltarif von 200 in die Versicherung ein (Tabelle 6). Die älteren Menschen, die bereits in der zweiten Lebensphase sind, treten nicht mehr in die Versicherung ein, da ihre Prämie den durch sie verursachten Gesundheitskosten von 300 entsprechen müsste. Zu einer Prämie von 200 werden sie von der Versicherung nicht aufgenommen. Der repräsentative junge Versicherte V1 zahlt in seiner ersten Lebensphase (Periode 1) mehr ein, als er an Versicherungsleistungen in Anspruch nimmt (200 zu 100). Für ihn wird ein Kapitalstock – eine Altersrückstellung – von 100 gebildet. In Periode 2, also in seiner zweiten Lebensphase, zahlt er weniger ein, als er an Leistungen erhält (200 zu 300). Das Defizit in dieser Lebensphase wird aus der für ihn gebildeten Rückstellung ausgeglichen. Die individuelle Rückstellung ist am Ende der Periode 2 (seiner Lebenszeit) verbraucht. In der gleichen Periode tritt ein neuer junger Versicherter V2 ein, der ebenfalls zunächst mehr einzahlt als er ausgezahlt bekommt, so dass für ihn eine Altersrückstellung von 100 gebildet wird. Die gleichen Vorgänge setzen sich in Periode 3 mit den Versicherten V2 und V3 fort.

Tabelle 6: Kapitaldeckungssystem

Periode	Zahlungen der Versicherten						Kapitalstock der Versicherung
	V1		V2		V3		
	Einz.	Ausz.	Einz.	Ausz	Einz.	Ausz.	
1	200	−100					100
2	200	−300	200	−100			100
3			200	−300	200	−100	100
Salden	400	−400	400	−400	200	−100	100

Am Ende der Periode 3 wird die Versicherung eingestellt. Der zuletzt eingetretene Versicherte V3 hat in dieser Periode weniger Versicherungsleistungen erhalten, als er an Beiträgen gezahlt hat. Der Differenzbetrag von 100 ist noch als Kapitalstock (individuelle Altersrückstellung) vorhanden und kann dem Versicherten V3 ausgezahlt werden, so dass ihm kein Schaden entsteht. In diesem Beispiel mit Kapitaldeckung sind Leistung und Gegenleistung in jeder Periode ausgeglichen, da die Altersrückstellungen den Versicherten individuell zugerechnet werden. Der Versicherte könnte sich einer anderen kapitalgedeckten Versicherung anschließen und ohne Mehrbelastung die dort wegen seines Alters geforderte höhere Prämie von 300 zahlen, nämlich wie bisher 200 als laufende Prämie und 100 aus dem verbliebenen Kapitalstock (übertragbare Altersrückstellung). Mit der Altersrückstellung wird erreicht, dass die Prämie im Lebensverlauf nicht entsprechend den

Gesundheitsaufwendungen kräftig ansteigt, nämlich von 100 auf 300, sondern gleich bleibend 200 beträgt.

Bei einer stabilen Anzahl von Versicherten und gleich bleibender Altersstruktur bleibt die Summe der Altersrückstellungen der Versicherungsgesellschaft gleich. Nachdem die Altersrückstellungen in der Anfangsphase aufgebaut wurden, funktioniert die Finanzierungsseite der kapitalgedeckten Versicherung unter diesen restriktiven stationären Bedingungen vordergründig ähnlich wie ein Umlagesystem: Die laufenden Gesundheitsaufwendungen für das Versichertenkollektiv könnten aus den laufenden Prämien finanziert werden. Allerdings kann die kapitalgedeckte Versicherung problemlos eine höhere Anzahl von Versicherten aufnehmen oder mit einer geringeren Anzahl auskommen, weil jeder einzelne Versicherte für seine erwarteten Gesundheitskosten zahlt. Es werden keine Neuversicherten gebraucht, um die Kosten der älteren Versicherten zu tragen. Das ist der große Vorteil gegenüber einem Umlagesystem, wenn sich die demografischen Bedingungen verändern.

b) Umlagesystem

Wenden wir uns jetzt einem neu eingeführten Umlagesystem zu. Hier werden in der ersten Periode nicht nur die jungen Versicherten V1, sondern auch die älteren Versicherten V0 aufgenommen (Tabelle 7). Die älteren Versicherten zahlen den gleichen Beitrag von 200, obwohl sie Kosten in Höhe von 300 verursachen. Sie erzielen einen so genannten Einführungsgewinn von 100. Dieser Vorteil verbleibt ihnen endgültig.[27] Ermöglicht wird die Begünstigung dadurch, dass die jungen Versicherten V1 einen Verlust hinnehmen, in der Hoffnung, diesen Verlust später auf die folgenden Generationen weiterwälzen zu können. Sie zahlen Beiträge in Höhe von 200, verbrauchen aber nur 100. Die gesamten Einnahmen der Versicherung werden in der gleichen Periode ausgegeben. Es entsteht kein Kapitalstock, sondern die überschüssigen Mittel in Höhe von 100 werden der Generation V0 geschenkt. Versicherte der Generation V1, die in der ersten Periode 100 mehr eingezahlt als verbraucht haben, vertrauen allerdings darauf, dass sie lediglich einen zinslosen Kredit gewähren und in ihrem zweiten Lebensabschnitt weniger einzahlen (weiterhin 200) als sie dann an Gesundheitskosten verursachen (300). Am Ende der ersten Periode ist also ein „Anspruch" des Versicherten V1 von 100 entstanden, dem keine Kapitaldeckung gegenüber steht – eine implizite Verschuldung der Versicherung. Diese implizite Verschuldung wird in den folgenden Perioden nicht wieder abgebaut, sondern auf die jeweils folgende Generation übertragen.

---

[27] Es wird unterstellt, dass ein neues System mit zusätzlichen Leistungen eingeführt und nicht ein beispielsweise innerhalb der Familien bestehendes Umlageverfahren auf ein gesetzliches umgestellt wird.

Tabelle 7: Umlagesystem

Periode	Zahlungen der Versicherten							
	V0		V1		V2		V3	
	Einz.	Ausz.	Einz.	Ausz.	Einz.	Ausz.	Einz.	Ausz.
1	200	−300	200	−100				
2			200	−300	200	−100		
3					200	−300	200	−100
Saldo	200	−300	400	−400	400	−400	200	−100

Wird die Versicherung am Ende der dritten Periode eingestellt, haben die vergleichsweise jungen Versicherten V3 analog zum Kapitaldeckungsverfahren mehr eingezahlt als erhalten. Allerdings haben sie im Umlageverfahren – anders als im kapitalgedeckten System – für die älteren Versicherten mitgezahlt. Diese Beiträge sind nicht mehr vorhanden, sondern von den älteren Versicherten verbraucht worden. Es gibt keinen Kapitalstock, aus dem die V3-Generation entschädigt werden könnte, wenn die Versicherung aufgelöst wird. Vielmehr bleibt eine implizite Verschuldung der Versicherung in Höhe der ungedeckten Ansprüche der Versicherten V3 bestehen. Die implizite Verschuldung ist das Korrelat zu den längst verteilten und verbrauchten Einführungsgeschenken an die Generation V0.

Wird die Annahme gleich bleibender Versicherungsleistungen und -beiträge aufgegeben und werden beispielsweise die Leistungen und die Beiträge von Zeit zu Zeit erhöht, kommt das der Einführung einer zusätzlichen Umlageversicherung gleich. Die zum Erhöhungszeitpunkt älteren Bürger erzielen einen Einführungsgewinn, da sie von den höheren Leistungen unmittelbar profitieren, ohne dafür entsprechend hohe Beiträge gezahlt zu haben. Nimmt man die Zinswirkungen mit ins Bild, so sieht man, dass der absolute Zinsverzicht entsprechend der impliziten Verschuldung steigt. Die implizite Verschuldung steigt, da die jüngeren Versicherten mit ihren erhöhten Beiträgen „Ansprüche" auf die höheren Leistungen erwerben. Der Grund für den Zinsverzicht liegt darin, dass die Beträge, die von den jungen Versicherten nicht unmittelbar für Gesundheitsleistungen benötigt werden, nicht angelegt werden, sondern an die vorangehende Generation verschenkt. Mit dem Verzicht auf eine Kapitalbildung wird automatisch auf eine entsprechende Verzinsung verzichtet. Jede nachfolgende Generation wird gezwungen, ein zinsloses Darlehen zur Deckung der Ansprüche der vorangehenden Generation zur Verfügung zu stellen. Der Zinsverlust ist umso größer, je umfangreicher die Versicherungsleistungen sind, denn entsprechend höher muss der zinslose Kredit ausfallen. Das gilt schon bei stabiler Versichertenzahl.

c) Wechsel vom Umlage- zum Kapitaldeckungssystem

Nach herrschender Vorstellung genießen die Versicherten im Umlagesystem Vertrauensschutz, so dass die jeweils folgenden Generationen die bestehenden Ansprüche in der gesetzlichen Krankenversicherung erfüllen müssen. Bei einer Umstellung des Umlageverfahrens auf ein kapitalgedecktes System könnte man die ältere Generation mit ihren Ansprüchen in das Kapitaldeckungssystem übernehmen. Das Ergebnis ist in Tabelle 8 als Zahlenbeispiel dargestellt. Dabei wird das Umlagesystem von Tabelle 7 nach der dritten Periode eingestellt und ab der vierten Periode auf das Kapitaldeckungsverfahren umgestellt. Die Versicherten V3 werden weiterhin so behandelt wie im Umlageverfahren, ihre Ansprüche werden also erfüllt. Sie zahlen in ihrer zweiten Lebensphase weiterhin 200, obwohl für sie Gesundheitskosten in Höhe von 300 anfallen. Für die Versicherung bleibt ein Defizit von 100. Sollen diese Kosten in der gleichen Periode ausgeglichen werden, muss die neue junge Generation V4 *zusätzlich* zur Prämie von 200 für die eigene Versicherung, die im Kapitaldeckungssystem eine Altersrückstellung von 100 enthält, das Defizit für die älteren Versicherten V3 in Höhe von ebenfalls 100 begleichen. Die gesamten Aufwendungen der Versicherten V4 in Periode 4 betragen 300. Damit würde die implizite Verschuldung aus dem Umlageverfahren abgebaut und gleichzeitig ein Kapitalstock (eine Altersrückstellung) aufgebaut. Die Versichertengeneration V4 hätte aber insoweit eine „doppelte" Belastung zu tragen, als sie neben der Prämie für die eigene Versicherung das Defizit zu übernehmen hätte, das sich aus den verbliebenen Ansprüchen der Versicherten V3 aus dem Umlagesystem ergibt.

Tabelle 8: Umstellung vom Umlagesystem in Tabelle 7 auf das Kapitaldeckungssystem

Periode	Zahlungen der Versicherten						Kapitalstock
	V3		V4		V5		
	Einz.	Ausz.	Einz.	Ausz.	Einz.		
4	200	−300	**300**	−100			100
5			200	−300	200	−100	100
Saldo	200	−300	**500**	−400	200	−100	100

Es wird sofort erkennbar, dass eine private Versicherung die Versicherten V3 mit einer Prämie von 200 und Kosten von 300 nicht freiwillig aufnehmen würde, weil von vorneherein klar ist, das diese Versicherten einen Verlust von 100 verursachen. Niemand aus der jüngeren Generation V4 würde in eine Versicherung eintreten, die Zusatzbeiträge zugunsten von älteren Versicherten verlangt.

Ein Verzicht der Versicherten V3 auf die im Umlagesystem vermeintlich erworbenen Ansprüche wird nicht zuletzt deshalb als unangemessen und unfair ange-

IV. Vom Umlage- zum Kapitaldeckungssystem

sehen, weil diese Versicherten in der ersten Lebensphase zusätzliche Beiträge für die damals ältere Generation geleistet haben, statt Altersrückstellungen zu bilden. Sie waren gezwungen, Transfers an die älteren Generationen zu leisten und erwarten dafür selbst entsprechende Leistungen im Alter. Man kann auch sagen: Sie möchten nicht zufällig oder willkürlich die Generation sein, die für die ursprünglich verteilten Einführungsgewinne aufkommen soll. Dieser Vertrauensschutz kann nicht von der Versicherung, sondern letztlich nur vom Staat gewährleistet werden, der den Zugriff auf die Steuerzahler bzw. die künftigen Versicherten hat.

Diese Übergangsproblematik zeigt auch, dass ein Umlagesystem nur dann von privaten Versicherungen betrieben werden kann, wenn die damit verknüpfte Umverteilung mit staatlichem Zwang durchgesetzt wird. Die mit dem System verbundenen Anfangsverluste müssen getilgt oder an die nächsten Generationen weitergegeben werden. Es muss also die Möglichkeit geben, die neu aufzunehmenden Versicherten mit Kosten zu belasten, die diese nicht verursacht haben. Im Wettbewerb würden sich aber sofort Versicherungsgesellschaften bilden, die ausschließlich neue Versicherte aufnehmen und keine Bestandsversicherten mit Ansprüchen auf Zuschüsse haben. Sie könnten geringere Prämien verlangen als die Altunternehmen. Ein Umlagesystem mit einer Umverteilung zwischen den Erstbegünstigten – bei Neueinführung der Versicherung oder einer Erhöhung der Leistungen – und den später aufgenommenen Versicherten kann nur betrieben werden, wenn eine Pflichtversicherung mit Zwangsbeiträgen durchzusetzen ist oder die fehlenden Mittel über das Steuersystem erhoben werden, also ebenfalls über Zwangsabgaben.

Der Ausgangspunkt für eine Umstellung vom Umlagesystem auf ein Kapitaldeckungssystem ist eine bestehende implizite Verschuldung, bei der sich der Staat verpflichtet sieht, die Bedienung der entsprechenden Ansprüche sicherzustellen. Bei einem Übergang auf das Kapitaldeckungssystem entsteht aber nur dann eine Doppelbelastung für eine Generation von Versicherten, wenn die bestehende implizite Verschuldung zurückgeführt werden soll. Eine extreme Belastung der gegenwärtig jungen Generation ergibt sich, wenn die akzeptierten Ansprüche der älteren Generation nach der Umstellung wie im Beispiel unmittelbar und vollständig aus Beiträgen oder Steuern gezahlt werden. Die Belastung der jungen Generationen bliebe dagegen unverändert im Vergleich zur Situation ohne Umstellung, wenn die Ansprüche der alten Generation wie im Umlagesystem durch Schulden finanziert würden. Damit würde die implizite Verschuldung noch in der Phase abgebaut werden, in der die ältere Generation Leistungen erhält, die sie nur zum Teil selbst bezahlt. Dann wären allerdings auch im neu eingeführten Kapitaldeckungssystem die (entgangenen) Zinsen zu tragen, wie vorher im Umlageverfahren.

Man kann also – wie oben bereits erwähnt – nicht davon sprechen, dass die Umstellung auf ein kapitalgedecktes System zu teuer wäre oder erhebliche zusätzliche Kosten verursachen würde. Die Ansprüche bestehen längst, und die hier angesprochenen Kosten fallen auch im Umlagesystem an. Eine höhere Belastung ergibt sich nur, wenn die bestehende Verschuldung anlässlich der Umstellung auf die Kapitaldeckung schneller abgebaut werden soll als im bestehenden Umlagesystem, wenn also nicht nur eine andere Finanzierungsform für die Krankenversicherung gewählt wird, sondern zusätzlich die früheren Einführungsgewinne von der Umstellungsgeneration bezahlt werden sollen. Dem steht dann eine entsprechende Entlastung der künftigen Generationen gegenüber.

Statt im Falle einer Umstellung höhere Prämien zugunsten der älteren Generation zu verlangen und die Versicherten wie im oben dargestellten Beispiel doppelt zu belasten, könnte man die implizite Verschuldung des Umlagesystems lediglich offen legen, ohne ihre Höhe zu verändern. An Stelle der im Kapitaldeckungssystem versicherten V4-Generation würde der Staat die Ansprüche der V3-Generation erfüllen. Der Staat würde sich entsprechend verschulden und damit die implizite Verschuldung des Umlagesystems offen ausweisen. Er bliebe dann allerdings endgültig mit diesem Defizit belastet.[28] Insoweit entfiele eine Doppelbelastung der Versicherten in der Umstellungsphase. Die Gesamtverschuldung der Gesellschaft bliebe unverändert. Der Blick auf die einzelnen Versicherten ändert nichts an dem Ergebnis: Eine Umstellung auf das Kapitaldeckungsverfahren für sich genommen löst die Verteilungsprobleme zwischen den Generationen nicht.

An dem Zahlenbeispiel wird auch deutlich, dass die implizite Zinslast im Umlagesystem von den älteren Versicherten V0 in der ersten Periode nach der Einführung der Versicherung verursacht wird. Die Einführungsgewinne der älteren Versicherten V0 in Höhe von 100 wurden von der damals jungen Generation V1 bezahlt. Diese Versicherten konnten darin gleichsam eine Vorfinanzierung der von ihnen in der Folgeperiode beanspruchten Leistungen sehen. Die Versicherten V1 erhielten einen Anspruch gegenüber der Versichertengeneration V2, die in der nächsten Periode für die Generation V1 zahlte und wiederum einen eigenen Anspruch gegenüber der V3-Generation vorfinanzierte. Die Mittel werden jeweils zinsfrei zur Verfügung gestellt. Mit anderen Worten: Jede auf V0 folgende Generation muss einen zinslosen Kredit zur Verfügung stellen, und jede nachfolgende Generation musste – bei einer dauerhaft gleich bleibenden impliziten Verschuldung der Versicherung – die Zinsen für die Einführungsgewinne tragen.

Wollte man die Versicherten nach der Umstellung auf das Kapitaldeckungssystem so stellen wie in der Situation ohne Umstellung, könnte der Staat das Defizit übernehmen, sich also mit 100 verschulden, um die Ansprüche aus dem Umlagesystem zu befriedigen. Das ist gleichbedeutend mit der Aussage, dass der Staat den Versicherungen die fehlenden Altersrückstellungen bereitstellt. Alle jungen und

---

[28] Ob die lediglich offen ausgewiesenen, aber bereits lange vorhandenen Schulden unter das Maastricht-Kriterium fallen (sollten), soll hier zunächst nicht thematisiert werden. Vgl. dazu die Beiträge von Buti und Martins (2006), Burgtorf (2006) und Fuest (2006) zum Wirtschaftspolitischen Forum der Zeitschrift für Wirtschaftspolitik mit dem Titel „Zur Offenlegung impliziter Verschuldung – Möglichkeiten und Grenzen von Strukturreformen vor dem Hintergrund des Stabilitäts- und Wachstumspaktes."

IV. Vom Umlage- zum Kapitaldeckungssystem

neu eintretenden Versicherten ab der Generation V4 könnten dann Kapital (Altersrückstellungen) bilden und dafür Zinsen erzielen. Ohne die Umstellung, also im Umlageverfahren, wären sie dagegen weiterhin mit den Zinsen für die implizite Verschuldung belastet worden: Sie hätten weiterhin ihre Einzahlungsüberschüsse zinslos zur Verfügung stellen müssen. Den Umstellungsvorteil (Zinsvorteil) im Kapitaldeckungsverfahren könnte der Staat ihnen wieder entziehen, beispielsweise durch die erwähnte Versicherungssteuer.

Dennoch kann eine Situation, in der die Zinsen auf die explizite Verschuldung komplett von den Versicherten gezahlt werden und die Verschuldung konstant bleibt, die Position der Umstellungsgeneration im Vergleich zur Fortführung des Umlagesystems verschlechtern. Dies ist dann der Spezialfall, wenn die Leistungen der Krankenversicherung ausgeweitet und die Beiträge erhöht werden. Im Umlageverfahren fielen der dann älteren Generation neue Einführungsgewinne zu. Sie würden zusätzliche Leistungen erhalten, ohne dafür über die volle Vertragsdauer höhere Beiträge entrichtet zu haben. Die höhere implizite Verschuldung würde die nachfolgenden Generationen treffen: Dem Vorteil der Umstellungsgeneration durch die Einführungsgewinne stehen entsprechende Nachteile der Folgegenerationen durch erhöhte implizite Zinsen gegenüber. Leistungssteigerungen im Kapitaldeckungssystem müssen dagegen von der jeweiligen Generation finanziert werden, die sie in Anspruch nimmt. Die explizite Verschuldung wird nicht weiter erhöht. Im Vergleich zum Umlageverfahren führt dies zu einer Schlechterstellung der Umstellungsgeneration.

Theoretisch könnte auch diese Schlechterstellung vermieden werden, indem man die explizite Schuld in dem Maße weiter erhöht, wie ansonsten die implizite Verschuldung zugenommen hätte. Die fehlenden Altersrückstellungen für die sofort zu erbringenden zusätzlichen Leistungen müssten den Versicherungen aus dem Sondervermögen zugeführt werden. Die Verschuldung würde wie im Umlageverfahren wachsen, die künftigen Generationen würden entsprechend stärker mit Zinszahlungen über die Versicherungssteuer belastet. Sofern gewünscht, kann also auch bei steigenden Leistungen im Kapitaldeckungsverfahren eine identische Belastung wie im ursprünglichen Umlageverfahren hergestellt werden.

Bei einer Wachstumsrate des Bruttoinlandsprodukts von beispielsweise zwei Prozent könnten die Leistungen und die Prämien, aber auch die Verschuldung mit der gleichen Rate zunehmen. Es würden zusätzliche Mittel am Kapitalmarkt aufgenommen. Die Verschuldung würde weiter steigen, bliebe aber in Relation zum Bruttoinlandprodukt gleich. Die Zinszahlungen und die Versicherungssteuer würden ebenfalls steigen. Trotz der Umstellung auf die Kapitaldeckung bliebe es dabei, dass die gegenwärtige Generation teilweise auf Kosten der künftigen Generationen lebt.

Eine Begründung für eine Umstellung auf das Kapitaldeckungsverfahren ist aber gerade, die automatische Verschiebung von Belastungen auf künftige Generationen zu beenden oder zumindest zu verringern. Wird die Wachstumsrate der expliziten Verschuldung begrenzt (beispielsweise auf 0,5 oder ein Prozent), verringern sich die Anreize zur Leistungsausweitung: Leistungsverbesserungen der Krankenversicherung, die über diese Wachstumsrate hinausgehen, werden nicht mehr mit einem Einführungsgewinn für die gegenwärtig älteren Versicherten zu Lasten der künftigen Generationen versehen.

Vorzuziehen ist aber eine Regelung, nach der die Versicherten die gesamten zusätzlichen Leistungen, die sie in Anspruch nehmen, selber bezahlen, so dass die Verschuldung nicht zunimmt. Das ist auch das einfachere Verfahren. Angesichts der zu erwartenden demografischen Entwicklung wäre darüber hinaus daran zu denken, die in der gesetzlichen Krankenversicherung bestehende Verschuldung zumindest teilweise wieder abzubauen.

Der Vorteil des Kapitaldeckungssystems besteht darin, dass Entscheidungen über die Entwicklung der Verschuldung (des Sondervermögens) explizit und außerhalb des Systems getroffen werden müssen.

d) Schlussfolgerungen zur Frage der Doppelbelastung

(1) Im Umlagesystem werden regelmäßig Einführungsgewinne verteilt. Ältere Versicherte werden dadurch begünstigt, dass sie sofort Leistungen erhalten, ohne diese in vollem Umfang zu bezahlen. Das geschieht bei der Ersteinführung eines Umlagesystems, aber auch bei jeder Ausweitung durch höhere Leistungen, die von der jeweils älteren Generation nicht mehr voll durch höhere Beiträge finanziert werden müssen. Dadurch entsteht eine implizite Verschuldung. Die Verschuldung und die Zinslast werden den nachfolgenden Generationen aufgebürdet.

(2) Wird die Versicherung vom Umlagesystem auf ein Kapitaldeckungssystem umgestellt, gibt es keinen überzeugenden Grund, die dann gerade lebende junge Generation zu zwingen, die aufgelaufene implizite Verschuldung aus dem Umlageverfahren zu begleichen und eine entsprechend hohe, vielfach nicht tragbare Belastung auf sich zu nehmen.

(3) Die implizite Verschuldung ist die unvermeidbare Folge der im Umlagesystem freigiebig verteilten Einführungsgewinne. Der Staat könnte sie übernehmen und die Belastungen daraus so verteilen, dass keine Vorteile oder Nachteile für irgendeine Gruppe im Vergleich zur Weiterführung des Umlagesystems entstehen. Dann bleibt die Verschuldung gleich. Sie wird lediglich offen ausgewiesen. Als Vorteil der Umstellung bleiben die Möglichkeit, den Wettbewerb über den Markt zu nutzen und die ständige Mahnung, nicht noch mehr Lasten in die Zukunft zu verschieben.

(4) Was im Zahlenbeispiel nicht unmittelbar sichtbar wird: Man muss die Zinsen in die Betrachtung einbeziehen, weil jeder Versicherte, der Nettozahlungen in einer Periode leistet, diese Mittel alternativ am Kapitalmarkt anlegen könnte. Bliebe das Umlageverfahren bestehen, müssten die Versicherten auf eine verzinsliche Kapitalanlage verzichten und auf diese Weise die Zinsen der aufgelaufenen impliziten Verschuldung tragen. Wechseln die gleichen Personen durch eine Um-

stellung in das kapitalgedeckte System, erleiden sie keinen Nachteil gegenüber der bisherigen Situation, wenn sie die Zinsen für die dann offen gelegte Verschuldung weiterhin zahlen müssen. Die Zinslast müsste allerdings von den gleichen Personen getragen werden wie vorher, wenn jegliche Umverteilung aufgrund der Umstellung vermieden werden soll. Man kann allerdings die Auffassung vertreten, die Versicherten seien gezwungen worden, sich im Umlagesystem zu versichern, und sie hätten es nicht zu vertreten, dass in der Vergangenheit Einführungsgewinne verteilt wurden. Dann spricht viel dafür, die Zinslast über das Steuersystem zu tragen und damit auf alle Bürger zu verteilen.

(5) Die Verteilungsregelung, nach der die Versicherten die Zinskosten für die implizite Verschuldung tragen, indem sie quasi ein zinsloses Darlehen zur Verfügung stellen, muss mit dem Übergang auf ein Kapitaldeckungsverfahren nicht geändert werden. Die Zinsen würden allerdings nicht mehr innerhalb des Systems erhoben, sondern an den Staat oder ein staatliches Sondervermögen gezahlt. Im Kapitaldeckungsverfahren kann die Versicherungsprämie niedriger sein als im Umlageverfahren, weil die anfänglichen Einzahlungsüberschüsse der Versicherten angespart und verzinst werden und die Zinsen zur Senkung der Prämien zur Verfügung stehen.

(6) Festzuhalten ist, dass sich aus der Umstellung der Versicherung vom Umlageverfahren auf das Kapitaldeckungsverfahren keine zusätzliche Belastung ergibt, wenn im Vergleich zum Umlagesystem weder die Verschuldung noch die Belastung mit Zinsen verändert wird.

(7) Eine Folge des einmal eingeführten Umlagesystems bleibt bestehen: Der Staat bleibt in der Verantwortung für die Verteilung, bis die Schulden abgetragen sind. Da Einführungsgewinne verteilt worden sind, muss der Staat, der mit der Einführung eines obligatorischen Umlagesystems die Verantwortung dafür trägt, entscheiden, wer die Kosten tragen soll, und die Mittel dafür mit seiner Zwangsgewalt eintreiben. Das gilt nach einer Umstellung auf ein kapitalgedecktes System weiter, weil die impliziten Schulden fortbestehen und darauf weiterhin Zinsen zu zahlen sind. Durchbrochen ist lediglich die Dynamik einer automatisch mit jeder Leistungsverbesserung steigenden Verschuldung.

(8) Mit Rücksicht auf die künftigen Generationen muss die Verteilungsfrage wegen der sich ändernden demografischen Situation diskutiert und beantwortet werden – sowohl innerhalb des Umlagesystems als auch nach einer Umstellung auf das Kapitaldeckungsverfahren. Es ist seit längerer Zeit abzusehen, dass sich der Anteil der vergleichsweise jungen Versicherten und möglicherweise sogar deren absolute Zahl verringert, so dass die unmittelbar umzulegenden Gesundheitsaufwendungen und die Zinslast aus der impliziten Verschuldung im Umlagesystem immer stärker drücken. Eine Umstellung auf das Kapitaldeckungsverfahren könnte deshalb zum Anlass genommen werden, die Verteilung zwischen den gegenwärtigen und den künftigen Generationen zu ändern und die (implizite) Verschuldung nicht mehr steigen zu lassen oder sogar zu verringern.

2.2 Vorteile durch Kapitalverzinsung im Kapitaldeckungssystem?

Wenn die oben erwähnte These zuträfe, wonach das Kapitaldeckungsverfahren dem Umlageverfahren überlegen sei, weil die mit den Nettoeinzahlungen zu erzielende Rendite sich nach dem Marktzins richte, während die Beitragsrendite auf die Nettoeinzahlungen im Umlageverfahren vom Wachstum der Lohneinkommen abhänge, wäre eine Umstellung auf das Kapitaldeckungssystem schon aus diesem Grund vorteilhaft. Schließlich würde für den gleichen Beitrag bzw. die gleiche Prämie eine höhere Leistung erbracht oder die implizite Verschuldung abgebaut, so dass künftige Generationen entlastet werden könnten. Die These der höheren Verzinsung im Kapitaldeckungsverfahren ist aber zunächst genauer zu analysieren.

Für den Renditevergleich von Umlageverfahren und Kapitaldeckungsverfahren werden die oben getroffenen Annahmen wie folgt modifiziert:

> Modifizierte Annahmen:
> - Der Realzins beträgt fünf Prozent. Dies sind die Opportunitätskosten für die Versicherungsbeiträge, die nicht in der gleichen Periode für Gesundheitsleistungen verbraucht werden, und zwar sowohl für Versicherte im Kapitaldeckungssystem als auch im Umlagesystem.
> - Die Wachstumsrate des Lohneinkommens beträgt drei Prozent.
> - Die Einzahlungen pro Periode steigen in beiden Systemen von anfangs 200 pro Periode mit der Wachstumsrate von drei Prozent, die Versicherungsleistungen (bzw. die Kosten) und die Beiträge bzw. Prämien steigen pro Periode ebenfalls um drei Prozent.
> - Jeder Versicherte hat drei Lebensphasen: zwei mit Einzahlungsüberschüssen und eine mit Auszahlungsüberschüssen.
> - Es werden nur die Nettoeinzahlungen angegeben – die Zahlungssalden.

a) Kapitaldeckungssystem

Die Bedingungen eines Kapitaldeckungssystems lassen sich anhand des Beispiels in Tabelle 9 erläutern. In Periode 1 wird die Versicherung eingeführt. Die Generation 1 befindet sich in dieser Periode in der dritten Lebensphase, in der die hohen Gesundheitskosten anfallen. Sie kann nicht mehr zur Normalprämie von 200 aufgenommen werden, weil Kosten in Höhe von 400 erwartet werden. Sie könnte sich zwar zu 400 gegen das Risiko *unerwartet* hoher Kosten versichern, also Kosten, die über die für diese Gruppe durchschnittlich erwarteten 400 hinausgehen. Bei der Renditebetrachtung kann die Generation 1 aber vernachlässigt werden, weil sie die vollen Kosten in der gleichen Periode tragen müsste, also keine Nettozahlungen zugunsten späterer Perioden leistet und somit kein Kapital bildet.

Die Generation 2 befindet sich in Periode 1 in der mittleren Lebensphase. Sie kann zwar in die Versicherung eintreten, erreicht zur Normalprämie von 200 aber nur eine Teilversicherung. Sie zahlt aber immerhin in einer Periode mehr ein als sie an Leistungen verbraucht. Aufgrund der Nettoeinzahlung von 100 wird eine Altersrückstellung gebildet. Dieser Betrag wird zum Marktzins von fünf Prozent verzinst – also zu dem Zinssatz, der alternativ auf dem Kapitalmarkt erzielt werden könnte (Opportunitätskosten) – und steht in Periode 3 einschließlich der Zinsen zur Prämiensenkung zur Verfügung.

Erst die Generation 3, die sich in der ersten Lebensphase befindet, durchläuft den vollen Versicherungszyklus von zwei Nettoeinzahlungsphasen und einer Nettoauszahlungsperiode, der der Prämienkalkulation zu Grunde liegt. Sie bildet Altersrückstellungen von 100 in Periode 1 und 103 in Periode 2. Der Betrag in Periode 2 liegt um drei Prozent höher als in Periode 1, weil die Versicherungsleistungen und damit die Prämien annahmegemäß um drei Prozent pro Periode steigen. Diese netto eingezahlten Beträge werden mit fünf Prozent verzinst, beispielsweise indem die Versicherung das Kapital anlegt. Damit stehen in der dritten Lebensphase 218,40 zusätzlich zur laufenden Prämie zur Verfügung, um die dann anfallenden hohen Kosten zu decken.[29] Dies ist die Normalgeneration in dem Beispiel, weil jeder Versicherte annahmegemäß drei Lebensphasen hat, die nur in diesem Fall alle von der Versicherung abgedeckt sind.

Tabelle 9: Entwicklung der Rückstellungen im Kapitaldeckungsverfahren

Periode	Nettoeinzahlung der Generation					Kapitalstock
	1	2	3	4	5	
1		100,00	100,00			200,00
2		–105,00	103,00	103,00		311,00
3			–218,40	106,09	106,09	320,33
						Summen
Endwert der Nettoeinzahlungen in P3		110,25	218,40	214,24	106,09	648,98
Endwert der Nettoauszahlungen in P3		110,25	218,40			328,65
plus Kapitalstock in P3		0	0	214,24	106,09	320,33

Die Generation 4 startet erst in Periode 2 mit ihren Prämienzahlungen. Sie sammelt ebenfalls Altersrückstellungen über zwei Perioden an, durchläuft aber nicht den kompletten Versicherungszyklus, da die Versicherung vorher aufgelöst wird (nach Periode 3, also nach zwei versicherten Perioden dieser Generation). Die Ge-

---

[29] Der Betrag von 218,40 ergibt sich aus der Summe der mit fünf Prozent aufgezinsten Nettoeinzahlung der Periode 1 (110,25) und der entsprechend aufgezinsten Nettoeinzahlung der Periode 2 (108,15).

neration 5 startet erst in Periode 3 und ist nur für eine Periode in der Versicherung.

Im unteren Teil von Tabelle 9 sind die Endwerte der Nettoeinzahlungen und Nettoauszahlungen angegeben. Dafür sind alle Beträge in den einzelnen Perioden jeweils mit fünf Prozent auf die Periode 3 hochgerechnet worden. Für die Generationen 2 und 3 gleichen sich die Zahlungen aus, sie erhalten entsprechende Versicherungsleistungen für die anfänglichen Einzahlungsüberschüsse. Die Generationen 4 und 5 haben nur Perioden mit Nettoeinzahlungen, die als Altersrückstellungen (Kapitalstock) voll zur Verfügung stehen und ausgezahlt werden können, falls die Versicherung aufgelöst wird oder die Versicherten die Versicherung aus anderen Gründen verlassen.

Wenn das System etabliert ist, also nach zwei Perioden, bleibt der Kapitalstock in einem stationären System – ohne Wirtschaftswachstum und steigende Ansprüche an die Versicherung – unverändert und bringt Zinserträge in Höhe von fünf Prozent. Im hier gewählten Beispiel steigen die Einkommen, Prämien und Versicherungsleistungen jedoch um drei Prozent jährlich. Daher nimmt auch die Summe der Altersrückstellungen mit der gleichen Rate zu, nämlich mit drei Prozent.

b) Umlagesystem

Für das Umlagesystem sind die entsprechenden Daten in Tabelle 10 auf der Grundlage der gleichen Annahmen wie für das Kapitaldeckungssystem zusammengestellt. Hier erhält die Generation 1, die sich bereits in der dritten Lebensphase befindet, eine Versicherungsleistung, die ihre Beiträge um 200 übersteigt. Es handelt sich um einen Einführungsgewinn dieser Generation, der aus Gründen der Vergleichbarkeit auf das Ende der Periode 3 aufgezinst wurde und dann 220,50 beträgt. Die etwas jüngere Generation 2 und die wesentlich jüngere Generation 3 zahlen in Periode 1 per Saldo jeweils 100 mehr ein, als sie an Leistungen erhalten. Sie erwarten dafür allerdings später entsprechende Versicherungsleistungen. Insgesamt gleichen sich dadurch die Einnahmen und Ausgaben in der ersten Periode aus. Für die Versicherung entsteht allerdings schon in dieser ersten Periode eine implizite Verschuldung von 200, weil die Generationen 2 und 3 jeweils Ansprüche in Höhe von 100 erworben haben, denen keine Kapitaldeckung gegenübersteht. Die implizite Verschuldung ist in diesem Teilkapitel zur Vergleichbarkeit des Kapitaldeckungs- mit dem Umlagesystem definiert als die in der Vergangenheit gezahlten Nettobeiträge der Versicherten einschließlich der Marktverzinsung. Die Versicherten verlangen im Umlagesystem Auszahlungen für Gesundheitsleistungen in Höhe ihrer Einzahlungen. Soweit die Gesundheitsleistungen erst später erbracht werden, verlangen sie eine marktübliche Verzinsung für die eingezahlten Beiträge, denen keine unmittelbaren Gegenleistungen gegenüberstehen. Daraus ergibt sich aus ihrer Sicht ein Mindestanspruch gegen die Versicherung in Höhe der jährlichen Nettoeinzahlungen zuzüglich der marktüblichen Verzinsung. Spiegelbildlich ist das die implizite Verschuldung des Umlagesystems.

Tatsächlich wird im Umlagesystem keine entsprechende Zusage an die Versicherten gemacht. Vielmehr werden im Umlageverfahren die jeweiligen Einnahmen auf die Versicherten verteilt. Bei gleich bleibendem Beitragssatz können die Auszahlungen höher sein als die Mindestforderung der Versicherten, und zwar dann, wenn infolge eines hohen Wirtschaftswachstums die lohnbezogenen Beiträge kräftig zunehmen und gleichzeitig die Zahl der Erwerbspersonen beispielsweise infolge eines Bevölkerungswachstums deutlich ansteigt. Umgekehrt können die laufenden Auszahlungen erheblich hinter den Mindestanforderungen der Versicherten zurückbleiben, wenn das Wirtschaftswachstum gering ist oder ausbleibt und wenn die Erwerbspersonenzahl sinkt. Vergleichsmaßstab dafür, ob die Versicherten im Umlagesystem einen Vorteil erhalten oder einen Nachteil hinnehmen müssen, ist die genannte Mindestforderung.

Zurück zu dem Beispiel: Die Generation 2, die in der mittleren Lebensphase in die Versicherung eintritt, leistet in Periode 1 eine Nettoeinzahlung von 100, erhält aber in der nächsten Periode eine deutlich höhere Gegenleistung in Höhe von 206. Sie gehört insoweit auch noch zu den Gewinnern durch die Einführung des Umlagesystems. Aufgezinst auf das Ende der Periode 3 beträgt der Einführungsgewinn 106,05. Die implizite Verschuldung am Ende der Periode 2 beträgt 311, nämlich die um fünf Prozent erhöhte Einzahlung der Generation 2 aus der Periode 1 (= 105) plus die Einzahlungen der Generationen 3 und 4 in Höhe von jeweils 103.

Erst bei der dritten Generation gleichen sich die Nettoeinzahlungen in den ersten beiden Lebensabschnitten und die Nettoauszahlung im letzten Lebensabschnitt annähernd aus. Auf das verbleibende geringe Defizit von 6,22 ist noch einzugehen.

Tabelle 10: Umlageverfahren

Periode	Nettoeinzahlung der Generation					implizite
	1	2	3	4	5	Verschuldung
1	−200,00	100,00	100,00			200,00
2		−206,00	103,00	103,00		311,00
3			−212,18	106,09	106,09	320,33
						Summen
Endwert der Nettoeinzahlungen in P3:	0	110,25	218,40	214,24	106,09	648,98
Endwert der Nettoauszahlungen in P3	220,50	216,30	212,18	0	0	648,98
Umverteilung[1]	**220,50**	**106,05**	**−6,22**	**−214,24**	**−106,09**	

1) bei Beendigung oder Umstellung nach Periode 3

Die Generationen 4 und 5 erreichen innerhalb der drei Perioden, in denen die Versicherung besteht, nicht mehr die letzte Lebensphase. Sie zahlen deshalb mehr ein, als sie an Leistungen erhalten. Für die Generation 4 beträgt die Nettoeinzahlung in der zweiten Periode 103 und in der dritten Periode 106,09. Die Generation 5 zahlt nur in der dritten Periode den Nettobetrag von 106,09. Die Ansprüche dieser beiden Generationen wachsen zum Ende der dritten Periode auf insgesamt 320,33 (= 103 × 1,05 + 106,09 für die Generation 4 und 106,09 für die Generation 5). In den Perioden 2 und 3 wächst die implizite Verschuldung um die Zinsen auf die Nettoeinzahlungen der Generation, die noch nicht aus der Versicherung ausgeschieden ist, sowie um die Nettoeinzahlungen der jeweiligen Periode. Beispielsweise ergibt sich die implizite Verschuldung am Ende der Periode 2 aus der mit fünf Prozent aufgezinsten Nettoeinzahlung der Generation 3 in Periode 1 (100) sowie aus den beiden Nettoeinzahlungen der Generationen 3 und 4 von jeweils 103 in Periode 2. Dabei wird unterstellt, dass sie eine Verzinsung ihrer Nettoeinzahlungen von fünf Prozent erwarten, weil sie diese Verzinsung erreichen könnten, wenn sie die Mittel auf dem Kapitalmarkt anlegten.

Im unteren Teil von Tabelle 10 sind wieder die Endwerte der Nettoeinzahlungen und Nettoauszahlungen angeführt. Im Gegensatz zu den Zahlen im Kapitaldeckungsverfahren gleichen sich diese Beträge für die einzelnen Versicherten nicht aus. Vielmehr erzielen die Generationen 1 und 2 kräftige Einführungsgewinne, während die Generationen 4 und 5 auf erheblichen Ansprüchen sitzen bleiben, wenn die Versicherung ihre Tätigkeit am Ende der dritten Periode einstellt. Diese bisher nicht erfüllten Ansprüche entsprechen der impliziten Verschuldung des Umlagesystems nach drei Perioden. Die staatlich ermöglichten bzw. erzwungenen Umverteilungsleistungen in der unteren Zeile der Tabelle gleichen sich zwar aus, lassen sich in aller Regel aber nicht rückgängig machen, wenn die Versicherung ihre Tätigkeit einstellt. Die begünstigten Generationen können nicht mehr zu einer Rückzahlung herangezogen werden: Die begünstigten Generationen 1 und 2 leben zum Zeitpunkt der Einstellung der Versicherung nicht mehr.[30]

Besonders beachtenswert ist die Umverteilung zu Lasten von Generation 3, denn diese Generation ist die typische Generation in einem Umlageverfahren, die dem System in allen drei Lebensphasen angehört. Wieso kommt es hier zu einem Verlust bzw. zu einer negativen Umverteilung?

---

[30] Im Status quo der gesetzlichen Krankenversicherung sind die Einführungsgewinner der Einführungsphase ebenfalls nicht mehr erreichbar. In der gesetzlichen Pflegeversicherung hingegen, die erst im Jahr 1999 eingeführt worden ist, wäre dies zumindest teilweise noch möglich: Die heutigen Leistungsempfänger gehören noch zu denjenigen, die im Durchschnitt in größerem Umfang Leistungen erhalten, als sie über ihre Prämien finanzieren bzw. finanziert haben.

c) Der Renditevergleich

Um die Renditen vergleichen zu können, werden im Kapitaldeckungs- und im Umlagesystem annahmegemäß die gleichen jährlichen Prämien bzw. Beiträge gezahlt. Nach der Einführungsphase zahlen die Versicherten in beiden Systemen in den ersten beiden Lebensphasen höhere Beiträge, als sie Leistungen in Anspruch nehmen; in der letzten Lebensphase stehen den Beiträgen umgekehrt erheblich höhere Versicherungsleistungen gegenüber.

Der hier zu betrachtende repräsentative Versicherte gehört in beiden Systemen der Generation 3 an. Dieser Versicherte ist während seines gesamten Lebens in dem jeweiligen System versichert. Im Kapitaldeckungssystem erhält er für seine Nettoeinzahlungen in Höhe von 218,40 Versicherungsleistungen in gleicher Höhe. Im Umlagesystem erzielt der repräsentative Versicherte mit den gleichen Nettoeinzahlungen nur Versicherungsleistungen in Höhe von 212,18, also 6,22 weniger. Das sieht vordergründig nach einer höheren Effizienz des Kapitaldeckungssystems aus.

Der Betrag von 6,22 wird in der letzten Zeile von Tabelle 10 als Umverteilungsverlust des repräsentativen Versicherten der Generation 3 ausgewiesen. Das ist genauer zu erklären. Die Nettoeinzahlungen werden im Umlagesystem grundsätzlich sofort für die älteren Versicherten ausgegeben und können daher nicht verzinslich angelegt werden. Dadurch würde sich ein Verlust von jährlich fünf Prozent der bis dahin gezahlten und aufgezinsten Nettobeiträge ergeben. Das ergäbe für die ersten beiden Lebensphasen einen Betrag von 15,40 (= 100 × 1,05² + 103 × 1,05). Aber die Versicherungsleistungen werden in der jeweils laufenden Periode um drei Prozent erhöht, also in Periode 2 um 3,00 und in Periode 3 um 6,09. Das wird üblicherweise als Rendite oder Verzinsung im Umlagesystem bezeichnet. Dadurch „verzinst" sich das eingesetzte Kapital mit drei Prozent. In diesem Umfang erhalten die Versicherten der Generation 3 in der zweiten und dritten Lebensphase Einführungsgewinne. Diese belaufen sich für die Generation 3 am Ende von Periode 3 auf 9,18 (= 3,00 × 1,03 + 6,09). Bei einer jährlichen Leistungssteigerung um drei Prozent verringert sich der Verlust bezogen auf das eingesetzte Kapital von 15,40 auf 6,22 bzw. von fünf auf zwei Prozent des eingesetzten Kapitals.[31]

Man kann es auch anders ausdrücken: Rechnet man die eingezahlten Nettobeiträge des repräsentativen Versicherten der Generation 3 mit der alternativ möglichen Verzinsung von fünf Prozent hoch, so müsste er in der dritten Periode einen Auszahlungsüberschuss von 218,40 erhalten. Die Beitragsüberschüsse der

---

[31] Der Einzahlung in der ersten Lebensphase von 100 stehen im Kapitaldeckungsverfahren später Leistungen von 110,25 gegenüber, im Umlageverfahren sind es 106,09, also 4,16 weniger. Bei der Einzahlung von 103 in der zweiten Periode lauten die entsprechenden Zahlen im Kapitaldeckungsverfahren 108,15 und im Umlageverfahren 106,09, also 2,06 weniger. Insgesamt verbleibt trotz der Einführungsgewinne ein Minus von 6,22. Das sind zwei Prozent der impliziten Verschuldung in Höhe von 311 am Ende der Periode 2.

beiden Versicherten der Nachfolgegenerationen reichen mit jeweils 106,09 aber nur für einen Auszahlungsüberschuss zugunsten des Versicherten von insgesamt 212,18. Es fehlen also 6,22 oder zwei Prozent bezogen auf die Nettoeinzahlungen des repräsentativen Versicherten.

Besonders wichtig: Die „Verzinsung" der Nettoeinzahlungen mit drei Prozent ist nur möglich, weil die implizite Verschuldung weiter erhöht wird, und zwar um drei Prozent, in Periode 3 also um 9,33 von 311 auf 320,33. Praktisch wird somit ein Teil der Zinsen auf die bestehende implizite Verschuldung von insgesamt 15,55 durch Neuverschuldung gedeckt. Diese Neuverschuldung entspricht den Einführungsgewinnen aufgrund der Erhöhung der Versicherungsleistungen. Die fehlenden zwei Prozent der Verzinsung der impliziten Verschuldung von 311 schlagen sich in verringerten Versicherungsleistungen (Nettoauszahlungen) gegenüber den mit fünf Prozent zu verzinsenden Einzahlungen (Nettoeinzahlungen) nieder. Das ist der in Tabelle 10 ausgewiesene Verlust der Generation 3 von 6,22. Es handelt sich um den verbleibenden Zinsverlust von zwei Prozent. Ohne Leistungsverbesserung – oder ohne die jeweilige Einführung einer Zusatzversicherung – gäbe es keine Einführungsgewinne. Die Versicherten müssten den vollen Zinsverlust von fünf Prozent auf die implizite Verschuldung tragen. Die Nettoauszahlungen in der letzten Lebensphase fielen entsprechend geringer aus.

Eine „Verzinsung" im Umlageverfahren gibt es also nur, weil mit jeder Erhöhung weitere Einführungsgewinne verteilt werden, die der impliziten Verschuldung zugeschlagen werden. Fiele die Wachstumsrate auf Null, müssten die Versicherten auf eine „Verzinsung" ihrer Nettoeinzahlungen verzichten, weil keine Einführungsgewinne verteilt werden könnten. Die Renditedifferenz zum Kapitaldeckungsverfahren würde dann nicht nur zwei, sondern sogar fünf Prozentpunkte betragen. Das scheint eindeutig für eine Umstellung des bestehenden Umlagesystems auf ein Kapitaldeckungssystem zu sprechen.

Der bisherige Vergleich ist aber unvollständig. Der wesentliche Unterschied zwischen den beiden Systemen besteht darin, dass im Kapitaldeckungssystem ein Kapitalstock aufgebaut wird, aus dem die erworbenen Ansprüche bedient werden können. Im Gegensatz dazu verschulden sich die Versicherungen im Umlagesystem, weil sie sofort Leistungen für Versicherte erbringen, die gar nichts oder wenig einzahlen. Die Zinsen auf diese implizite Verschuldung im Umlagesystem zahlen die Versicherten aller nachfolgenden Generationen.

Unterstellt man, dass die Kapitalbildung im Kapitaldeckungsverfahren nicht durch eine Umschichtung der Ersparnisse, sondern durch Konsumverzicht finanziert wird, so steigt der gesamtwirtschaftliche Kapitalstock um die Nettoeinzahlungen in die Versicherung. Die in einer Periode nicht für Gesundheitsleistungen verbrauchten Prämien werden also akkumuliert. Beträgt der Marktzins fünf Prozent, so verzinst sich dieses zusätzliche Kapital, das die Versicherungen für ihre Versicherten halten, mit fünf Prozent. Die Prämien können deshalb um den vollen Kapitalertrag auf die kumulierten Nettoeinzahlungen geringer sein als in einem

System ohne Kapitaldeckung. Alternativ können für gleich hohe Prämien mehr Leistungen geboten werden.

Im Umlagesystem werden die Nettoeinzahlungen der Versicherten nicht akkumuliert, sondern in der Form von Gesundheitsleistungen an Personen verschenkt, die bisher nicht in der Versicherung waren und zur Finanzierung dieser Gesundheitsleistungen nichts beigetragen haben. Die Beitragszahler schränken in den ersten beiden Lebensphasen zwar ihren Konsum ein, weil sie mehr in das System einzahlen als sie an Gesundheitsleistungen zurückbekommen. Diese Nettoeinzahlungen fließen jedoch unmittelbar in den Konsum der älteren Generation, die ein entsprechendes Einführungsgeschenk erhält. Der gesamtwirtschaftliche Kapitalstock nimmt im Gegensatz zum unterstellten Verhalten im Kapitaldeckungssystem nicht zu.

Dass die Nettoeinzahlungen sich im Umlagesystem nicht verzinsen können liegt daran, dass sie nicht verzinslich angelegt worden sind, sondern für Konsumzwecke anderer Personen verwendet wurden.[32] Gesamtwirtschaftlich hat es nämlich keine Kapitalbildung gegeben. Statt die Nettoeinzahlungen an die älteren Menschen zu verschenken, hätten die Mittel auch für den eigenen Konsum der jüngeren Generationen verwendet werden können. Das hätte zumindest den Vorteil, dass keine Ansprüche an das System und letztlich an den Staat entstanden wären. Das heißt: Die implizite Verschuldung ist die Folge der großzügig verteilten Einführungsgewinne, die keiner bezahlen will und die deshalb künftigen Generationen angelastet werden. Diese ist ebenfalls nicht bereit, die Lasten zu tragen, und schiebt die Verschuldung weiter.

Auch wenn die Schulden von einer Generation zur anderen weitergereicht werden, ist ein Preis für die Verschuldung zu zahlen: Da die Mittel verschenkt und nicht akkumuliert wurden, entgehen allen Generationen die Zinsen auf ihre Nettoeinzahlungen bzw. auf die implizite Verschuldung. Die entgangenen Zinsen drücken sich in geringeren Leistungen der Versicherung aus, und zwar im Umfang des vollen Marktzinses auf die implizite Verschuldung. In einem stationären Zustand erleidet somit jeder Versicherte im Umlagesystem gegenüber einem Kapitaldeckungssystem einen Verlust in Höhe der Zinsen auf die Einzahlungsüberschüsse in der Anfangsphase der Versicherung.

Werden die Leistungen der Versicherung erhöht, wie dies in der Vergangenheit immer wieder geschehen ist, gibt es neue Einführungsgewinne und die implizite Verschuldung steigt. Jede Leistungserhöhung, die auch als Zusatzversicherung im Umlageverfahren gesehen werden kann, erschwert daher die Umstellung auf ein kapitalgedecktes System, wenn die (implizite) Verschuldung nach einer Umstellung auf die Kapitaldeckung nicht unverändert fortgeschrieben werden soll.

---

[32] Es wäre allerdings denkbar, dass die von den Einführungsgewinnen Begünstigten die Mittel nicht konsumiert, sondern ihre Sparleistung entsprechend erhöht hätten. Dann wäre der gesamtwirtschaftliche Kapitalstock ebenfalls erhöht worden, die Begünstigten hätten Kapitalerträge erzielt.

2.3 Folgerungen aus dem Systemvergleich

(1) Sieht man von den großen Unterschieden in den Wettbewerbsbedingungen ab, unterscheiden sich die umlagefinanzierte Versicherung und die kapitalgedeckte Versicherung in ihrer Gesamtleistung nicht, wenn man mehrere Generationen betrachtet und die zu Anfang verschenkten Einführungsgewinne einbezieht. Der wesentliche Unterschied besteht darin, dass das Umlagesystem ein Umverteilungsverfahren ist, in dem Einführungsgewinne an die älteren Menschen zu Lasten künftiger Generationen verteilt werden. Die Versicherung erbringt in der Anfangsphase und bei jeder Beitragserhöhung Leistungen für eine Gruppe von Versicherten, die keine entsprechenden Beiträge zu entrichten hat. Die Kosten werden zwangsweise den nachfolgenden Generationen aufgebürdet. Im Kapitaldeckungssystem sind weder die Verteilung von Einführungsgewinnen noch andere interpersonelle und intergenerative Umverteilungsaktionen vorgesehen. Jeder Versicherte zahlt für die Übernahme seiner Gesundheitsrisiken.

(2) Der Renditevorteil des Versicherten im Kapitaldeckungssystem gegenüber dem Versicherten im Umlagesystem beruht darauf, dass im ersten System ein Kapitalstock aufgebaut wird, der Zinserträge abwirft – eine Altersrückstellung für jeden Versicherten. Diesen Vorteil könnte das Umlagesystem theoretisch auch erreichen, indem beispielsweise außerhalb des Versicherungssystems Konsumverzicht geübt würde, also der gesamtwirtschaftliche Kapitalstock entsprechend den jeweiligen Einführungsgewinnen erhöht und die daraus erwirtschafteten Zinsen in das System gegeben würden. Dies wäre allerdings ein umständlicher Weg in Richtung Kapitaldeckung. Da die Mittel nicht unmittelbar im System verwaltet würden, ergäben sich weitere Nachteile, weil die Altersrückstellungen nicht individualisiert und auf dieser Basis bei einem Wechsel der Versicherung nicht übertragen werden könnten.

(3) Die These, die Rendite der Nettoeinzahlungen im Umlagesystem entspreche der Wachstumsrate der Lohnsumme, ist nicht zutreffend. Wenn kein Kapital gebildet wird, kann es auch keine Rendite geben. Die vermeintliche Rendite in Form steigender Versicherungsleistungen im Umlageverfahren beruht ausschließlich auf Einführungsgewinnen, die mit jeder Erhöhung von Leistungen und Beiträgen verteilt werden. Diese „Rendite" wird in vollem Umfang durch zusätzliche Schulden (Anstieg der impliziten Verschuldung) finanziert.

Anders gewendet: Die Rendite der Einzahlungsüberschüsse bleibt auch im Falle von Wachstum gleich Null, weil die implizite Verschuldung genau um die vermeintliche Rendite ansteigt. Was die gegenwärtigen Versicherten für ihre Nettoeinzahlungen an zusätzlichen Leistungen erhalten, wird den künftigen Beitragszahlern in vollem Umfang in Rechnung gestellt. Jede Leistungsausweitung der Umlageversicherung ist wie die ursprüngliche Einführung des Systems mit einer intergenerativen Umverteilung zugunsten der gegenwärtigen und zu Lasten künftiger Generationen verbunden. Die gegenwärtige Generation erzielt eine Scheinrendite, die sie über eine steigende implizite Verschuldung von den künftigen Generationen einfordert.

(4) Der Vorteil im Kapitaldeckungssystem aus der Verzinsung der Beiträge muss mit einer höheren Kapitalbildung erkauft werden, also einem dauerhaften Konsumverzicht. Im Umlagesystem müssen die jungen Versicherten zugunsten der älteren Generation – der Einführungsgewinner – auf Konsum verzichten. Gesamtgesellschaftlich kommt es lediglich zur Umverteilung von Konsummöglichkeiten. Der gesellschaftliche Kapitalstock wird nicht erhöht, weil die Einzahlungsüberschüsse der jungen Generation (zwangsweise) als Einführungsgewinne verteilt werden, während sie im Kapitaldeckungssystem als Kapitalstock für den Beitragszahler erhalten bleiben. Der Kapitalstock im Kapitaldeckungsverfahren entspricht dem systematischen Verzicht, Einführungsgewinne zu verteilen.

(5) Wollte man bei beiden Systemen einen gleich hohen gesamtwirtschaftlichen Kapitalstock haben, wollte man beispielsweise wegen der Einführung eines kapitalgedeckten Systems keinen zusätzlichen Konsumverzicht üben, wäre es trotzdem nicht sinnvoll, stattdessen ein Umlageverfahren einzuführen. Die Versicherten im Kapitaldeckungssystem könnten vielmehr ihre sonstige Spartätigkeit in dem Maße einschränken, wie sie innerhalb der Versicherung Kapital aufbauen.

(6) Übrig bleibt auf jeden Fall, dass ein Kapitaldeckungssystem eher dazu anregt, Kapital zu bilden und damit für die Zukunft vorzusorgen. Es gibt nicht den eingebauten Zwang, die eingezahlten Beiträge sofort wieder auszugeben und somit vollständig zu konsumieren. Im Gegenteil, die Versicherung muss einen Kapitalstock aufbauen, damit sie die Gesundheitsleistungen bezahlen kann, wenn die Aufwendungen die Prämienzahlungen übersteigen. Dieser Kapitalstock kann zum Wirtschaftswachstum beitragen.

(7) Die Einführung eines Umlagesystems hat den großen Nachteil, dass der Staat die Versicherten praktisch dazu zwingt, die Bevölkerungsgruppe zu beschenken, die nur geringe oder gar keine Beiträge in das System einbringt, und deren Konsum erhöht. Diese Umverteilung lässt sich in aller Regel nicht mit allgemeinen Kriterien der sozialen Absicherung in einer Gesellschaft begründen, wie das Schlagwort der Erbenschutzversicherung bei der Pflegeversicherung zeigt: Viele Beschenkte sind keineswegs bedürftig, sondern vermögend und können dieses Vermögen nun schonen und vererben. Wenn die soziale Mindestsicherung als unzureichend angesehen wird, sollte das allgemeine Steuer- und Transfersystem angepasst werden, statt Umverteilung über eine spezielle Versicherung zu betreiben. Die Verführung der Politik liegt darin, heute Gutes zu tun und die Kosten in die Zukunft zu schieben. Das Umlagesystem ermöglicht es, die intergenerative Lastverschiebung mit Begriffen wie „sozial" und „Generationensolidarität" zu verschleiern.

(8) Da man von einer Rendite im Umlagesystem schon deshalb nicht sprechen kann, weil im System gar kein Kapital gebunden wird, reduziert sich die Renditefrage auf Umverteilungswirkungen. Auch bei stabiler Versichertenstruktur sowie

gleich bleibenden Leistungen und Beiträgen gibt es eine Umverteilung zugunsten der ursprünglichen Einführungsgewinner. Alle künftigen Generationen werden in einem stationären System an den Kosten beteiligt, weil sie dem System in den ersten beiden Lebensphasen quasi einen unverzinslichen Kredit zur Verfügung stellen müssen und damit die Zinskosten der impliziten Verschuldung – der akkumulierten Einführungsgeschenke – tragen. Die Verteilungswirkungen ändern sich aber kräftig in Abhängigkeit von Wirtschaftswachstum, Bevölkerungsentwicklung, Erwerbsbeteiligung und Arbeitslosigkeit.

(9) In einer wachsenden Bevölkerung erhöht sich die Anzahl der Versicherten in der ersten und zweiten Lebensphase im Vergleich zu den Versicherten in der dritten Lebensphase. Selbst ohne Wirtschaftswachstum steigen die Beitragseinnahmen und – was für die Verteilung wichtig ist – die Nettozahlungen, also die Überschüsse der Beiträge über den Bedarf an Mitteln zur Deckung der Gesundheitskosten der Versicherten, die sich in den ersten beiden Lebensphasen befinden. Diese Mittel werden in Form zusätzlicher Leistungen unmittelbar an die ältere Generation verteilt, die Einführungsgewinne erhält. Allerdings steigt die implizite Verschuldung in gleichem Maße. Eine positive Wachstumsrate des Bruttoinlandsprodukts und damit der Lohneinkommen hat die gleichen Verteilungswirkungen. In der Rentenversicherung spricht man in diesem Zusammenhang gerne von der dynamischen Rente. Allerdings gäbe es durchaus die Alternative, in solchen Fällen die Beitragssätze in der obligatorischen Umlageversicherung zu senken. Dann ergäbe sich Spielraum für eine Anhebung der Beitragssätze in Zeiten einer Stagnation der Wirtschaft und einer Schrumpfung der Bevölkerung. Bei abnehmenden Bevölkerungszahlen kommt man allerdings nicht an einer Kapitalbildung vorbei, wenn die künftigen Generationen nicht stärker belastet werden sollen.

(10) Die Dynamik der Umlagesysteme zeigt sich leider auch in der negativen Richtung: Schrumpft die Bevölkerung, so verringert sich der Anteil der Versicherten in den ersten beiden Lebensphasen in Relation zu denen in der dritten Lebensphase. Die Beitragseinnahmen gehen zurück und die Nettoeinzahlungen sinken, nicht pro Versichertem, aber aufgrund der verringerten Anzahl von Versicherten. Das bedeutet, dass die Gesundheitsleistungen für die ältere Generation verringert werden müssten, wenn man dem gleichen Muster folgte: Verluste (Leistungsminderung) durch den Teilabbau bzw. die Schrumpfung des Umlagesystems. Hier werden die Probleme des Umlagesystems voll sichtbar. Die ältere Generation beruft sich auf die erworbenen Ansprüche und besteht auf ungekürzte oder sogar weiter steigende Leistungen. Sie hat sich darauf verlassen, dass der Staat diese Ansprüche gegenüber der (schrumpfenden) jüngeren Generation durchsetzt. Die Politiker haben in vergangenen guten Zeiten eben nicht die Beitragssätze gesenkt, sondern in aller Regel die steigenden Beitragseinnahmen dazu verwendet, die Leistungen zu verbessern. Daher bleibt ihnen in schlechten Zeiten kaum eine andere Wahl, als die Beitragssätze zu erhöhen oder Zuschüsse aus dem Bundeshaushalt zu zahlen.

IV. Vom Umlage- zum Kapitaldeckungssystem

Allerdings löst eine Erhöhung der Beitragssätze und Steuern neue Verteilungs- und Beschäftigungsprobleme aus. Nachdem die Gesamtbelastung aus Beiträgen und Steuern die Beschäftigungsprobleme massiv verschärft hat, wird seit einigen Jahren versucht, Leistungen einzuschränken, insbesondere in der gesetzlichen Rentenversicherung. Das trifft viele Bürger unerwartet. Sie können nicht mehr reagieren, weil sie keine Chance mehr haben, Kapital zu bilden. Das Ausmaß dieses Dilemmas der Umverteilungssysteme wird in Deutschland etwa ab 2015 voll sichtbar werden. Dann werden sich die Wirkungen der sich verändernden Bevölkerungsstruktur aufgrund der niedrigen Geburtenraten und der zunehmenden Lebenserwartung verstärkt auf die Umlagesysteme auswirken.

(11) Warum es nicht sinnvoll ist, die Verteilungswirkungen des Umlagesystems hinzunehmen, zeigt sich weniger in der Einführungsphase, wenn Wohltaten verteilt werden, als in der Schrumpfungs- oder Aufhebungsphase, wenn Leistungen gekürzt werden müssen. Dann wird nach dem Staat gerufen, Vertrauensschutz zu gewähren und soziale Härten zu mildern. Schon wegen dieser Asymmetrie der Verteilungswirkungen sollte vom Umlageverfahren abgegangen werden. Es ist kein geeignetes Solidarsystem.

(12) Geht man davon aus, dass die Gesundheitsleistungen aufgrund des medizinischen und technischen Fortschritts und aufgrund des hohen Stellenwerts der Gesundheitsleistungen bei den Bürgern selbst bei einer schwachen wirtschaftlichen Entwicklung weiter zunehmen, dann sollte gerade hier die Umstellung auf ein kapitalgedecktes System betrieben werden. Denn jede Leistungsverbesserung mit der Folge einer Erhöhung der Beitragssätze oder der Zuschüsse aus öffentlichen Haushalten führt zu gern mitgenommenen Einführungsgewinnen, die sich nicht wieder einsammeln lassen, sondern die künftigen Generationen zusätzlich belasten.

Im Gegensatz zur gesetzlichen Rentenversicherung ist eine Umstellung in der Krankenversicherung selbst bei einem neutralen Ergebnis bezüglich der Finanzierung und der Belastung unterschiedlicher Gruppen – also ohne eine Revision der bereits angelegten Umverteilung zu Lasten künftiger Generationen – von größter Bedeutung, weil erst dadurch ein echter Wettbewerb zwischen den verschiedenen Krankenversicherungen und Leistungsanbietern möglich wird. Ein kapitalgedecktes System basiert auf risikoäquivalenten Prämien und damit auf Marktpreisen für die Übernahme von Versicherungsrisiken. Dadurch gibt es eine klare Orientierung für effizientes Handeln. Die Effizienzgewinne aufgrund des Wettbewerbs zwischen den Krankenversicherungen können sehr schnell realisiert werden, wenn die bisherigen Versicherten in der gesetzlichen Krankenversicherung unmittelbar zum Zeitpunkt der Umstellung mit einer individuellen und übertragbaren Altersrückstellung ausgestattet werden – unabhängig davon, wie sie an der Finanzierung der demografischen Lasten aus dem Umlageverfahren beteiligt werden.

Der Vergleich mit dem Kapitaldeckungsverfahren verdeutlicht die gefährliche Dynamik des Umlageverfahrens: Bei den aktuell Versicherten, insbesondere den älteren, gibt es immer eine breite Zustimmung zu Leistungsverbesserungen. Das Ergebnis von Umfragen, wonach die Versicherten lieber eine Beitragserhöhung als eine Leistungseinschränkung und einen Verzicht auf neue Behandlungsmethoden hinnehmen, ist im Umlagesystem völlig rational: Der weitaus größte Teil der Beitragszahler erzielt damit einen Einführungsgewinn, weil die nachfolgenden Generationen einen großen Teil der Kosten übernehmen müssen. In einem Kapitaldeckungsverfahren ist eine solche Abwälzung von Kosten auf junge und künftige Versicherte nicht möglich, weder im bestehenden Rahmen der privaten Krankenversicherung, noch in einem System mit individuellen übertragbaren Altersrückstellungen. Im ersten Fall würde der Wettbewerb um Neukunden, im zweiten Fall der Wettbewerb um Neu- und Bestandskunden es verhindern, sie mit Kosten für ältere Versicherte zu belasten.

Die Umverteilung zu Lasten der jungen Versicherten und nachfolgenden Generationen im Umlagesystem löst Forderungen an die Politik aus, die diese häufig nicht erfüllen kann. Weil es so schwer ist, die politische Verantwortung wahrzunehmen und sich im Umlagesystem den Umverteilungsforderungen zugunsten der gegenwärtigen Generation und zu Lasten der künftigen Generationen zu entziehen, ist eine Umstellung auf das Kapitaldeckungssystem so wichtig. Die Kosten der Gesundheitsleistungen müssen unmittelbar in der Höhe der Prämie zum Ausdruck kommen. Erst anschließend stellt sich die Frage, ob das Mindestabsicherungsniveau der Bürger noch angemessen ist.

Zum Schluss noch einmal die Frage: Was geschieht nach einer Umstellung der gesetzlichen Krankenversicherung auf ein kapitalgedecktes System mit der impliziten Verschuldung, die in einem staatlichen Fonds (Sondervermögen) garantiert werden könnte? Bliebe man bei der Belastungsnorm, wie sie im Umlageverfahren definiert ist und praktiziert wird, müssten die Versicherten der gesetzlichen Krankenversicherung die Zinslast auch nach der Umstellung tragen. Ein Abbau der Verschuldung muss nicht zwingend vorgesehen werden, denn auch in einer weiter bestehenden gesetzlichen Krankenversicherung würde die Verschuldung beibehalten oder etwa mit der Lohnsumme weiter ansteigen. Also könnte man die aufgedeckte Verschuldung sogar in einem kapitalgedeckten System mit der Wachstumsrate der Lohnsumme weiter steigen lassen. Dann müsste nur die Differenz zwischen Marktzins und Wachstumsrate von den gesetzlich Versicherten aufgebracht werden, also möglicherweise deutlich weniger als 30 bis 35 Milliarden Euro pro Jahr. Der Leistungsumfang dürfte allerdings nicht ausgeweitet werden. Das wäre eine pareto-neutrale Umstellung vom Umlagesystem auf das Kapitaldeckungssystem, also ohne eine Gruppe zu benachteiligen, wenn man die gegenwärtige Verteilung, die stark von ursprünglichen und laufenden Einführungsgewinnen geprägt ist, als gegeben und akzeptiert ansieht. Denn durch die Übertragung von Altersrückstellungen werden die Versicherten entlastet. Dieser Vorteil würde ihnen durch eine Versicherungssteuer wieder genommen und der Status quo wieder hergestellt.[33] Das Verteilungsergebnis wäre neutral.

Mit diesen Überlegungen soll unterstrichen werden, dass die Umstellung auf ein kapitalgedecktes System nicht mit unerwünschten Verteilungswirkungen verbunden sein muss und dass es somit keinen Grund gibt, auf die Vorteile der Kapitaldeckung zu verzichten.

Unabhängig von einer Umstellung wird gegen eine Kapitalfundierung vorgebracht, das Kapital könne entwertet werden, so dass nur noch geringe Zinsen erzielt werden könnten und weniger Rückstellungen verfügbar wären als geplant.

Selbstverständlich können sich auch die Realverzinsung und der Wert des Kapitals verändern – nach unten und nach oben. Aber die lapidare Antwort heißt: Ein Kapitalstock, dessen Wert sich ändern kann, ist immer besser als kein Kapital zu haben. Oder anders ausgedrückt: Die ungünstigste Situation, die überhaupt eintreten kann, ist eine vollständige Entwertung des Kapitals. Dann ist man genau dort, wo man im Umlagesystem ohnehin wäre: Die Versicherten müssten die gesamten Gesundheitsleistungen unmittelbar finanzieren.

V. Wettbewerb auf dem Leistungsmarkt

1. Mehr Wettbewerb durch Verträge zwischen Versicherungen und Leistungsanbietern

Zu unterstützen sind die Bestrebungen, es den Krankenversicherungen zu gestatten, mit ausgewählten Leistungserbringern Verträge abzuschließen und dabei die Vergütung frei zu vereinbaren. Mit dem GKV-Wettbewerbsstärkungsgesetz wurden die Handlungsspielräume der gesetzlichen Krankenkassen etwas ausgeweitet.[34] Dieser Schritt ist konsequent fortzuführen und die privaten Krankenversicherungen müssen in diese Freiheiten einbezogen werden. Allerdings muss die Erfüllung der zuvor hergeleiteten Versicherungspflicht gesichert sein. Daher müssen die Versicherungen eine Mindestversorgung für ihre Versicherten gewährleisten. Sie müssen dafür eine Mindestanzahl von Leistungserbringern unter Vertrag haben, die eine angemessene Versorgung ihrer Versicherten ermöglicht. Zur Ver-

---

[33] Selbstverständlich gibt eine Reihe von praktischen Problemen für eine pareto-neutrale Umstellung. Man denke nur an die unentgeltliche Mitversicherung von Familienmitgliedern, die nicht über ein eigenes Einkommen verfügen oder an die veränderte Prämienstruktur.

[34] Mit dem durch das GKV-Wettbewerbsstärkungsgesetz eingeführten § 73c SGB V besteht die Möglichkeit, Verträge zur besonderen ambulanten Versorgung mit einzelnen Leistungserbringern oder Gruppen von Leistungserbringern zu schließen. Diese Verträge können sowohl Leistungen aus dem gewöhnlichen Leistungskatalog der gesetzlichen Krankenversicherung enthalten als auch Leistungen, die über dieses Maß hinaus gehen. Es können auch spezifische Vergütungsregeln vereinbart werden. Soweit budgetierte Leistungen betroffen sind, müssen die jeweiligen Budgets entsprechend bereinigt werden (vgl. auch Kapitel C.V.).

sorgung von Notfällen muss außerdem sichergestellt sein, dass eine hinreichende räumliche Nähe eines Krankenhauses zum Wohnort jedes Versicherten gegeben ist oder geeignete Transportmöglichkeiten bestehen. Dies könnte etwa über eine maximale Zeit definiert werden, die zum Erreichen des Krankenhauses im Durchschnitt benötigt wird. Diese Vorgabe kann auch regional differenziert werden. Normalerweise liegt es ohnehin im Interesse der Versicherten, eine Versicherung mit einem hinreichenden Angebot an Leistungserbringern zu wählen, so dass sich eine ausreichende Versorgung über den Markt ergeben würde. Allerdings muss verhindert werden, dass Menschen über den Abschluss einer Versicherung mit unzureichender Versorgung ihre Versicherungspflicht unterlaufen.

Um auch Menschen in teurer zu versorgenden Regionen versichern zu können, müssten regionale Prämiendifferenzierungen zugelassen werden. Auf diese Weise lässt sich am ehesten ein flächendeckendes Angebot an medizinischen Leistungen sichern. Die staatliche Krankenhausplanung und -finanzierung könnte entfallen. Öffentliche, freigemeinnützige und private Häuser würden um Verträge mit den Versicherungen konkurrieren, wobei zur Schaffung eines fairen Wettbewerbs der Defizitausgleich bei öffentlichen Häusern wegfallen müsste. Krankenversicherungen könnten auch selbst Krankenhäuser, Arztpraxen und andere Einrichtungen betreiben.

Lediglich das Vorhalten von Krankenhauskapazitäten für Katastrophenfälle könnte weiter staatlicher Eingriffe bedürfen, da ein Angebot über den Markt aufgrund der sehr unsicheren Inanspruchnahme problematisch erscheint. Solche Kapazitäten könnten von einzelnen Anbietern auf der Grundlage von Ausschreibungsverfahren der Länder vorgehalten werden. Sollten sich auch in der sonstigen Krankenhausversorgung regionale Engpässe ergeben, könnte auch hier das Ausschreibungsverfahren zum Einsatz kommen.

Im ambulanten Bereich würden die Zulassung als Kassenarzt und damit auch die Niederlassungsbeschränkungen entfallen. Jeder Arzt könnte Verträge mit Versicherungen schließen. Er könnte auch frei praktizieren. Dann müssten die Patienten dafür privat zahlen oder gegebenenfalls einen Zuschlag in der Krankenversicherung für die freie Arztwahl zahlen. Auch die in Deutschland fast einmalige strikte Trennung zwischen ambulantem und stationärem Sektor würde entfallen. Vielmehr könnten die Versicherungsunternehmen entscheiden, wie sie die abzusichernden Leistungen erbringen, ob beispielsweise ambulante fachärztliche Leistungen nur im Krankenhaus angeboten werden oder ob sie einen Vertrag mit einem Anbieter integrierter Leistungen schließt.

Vorteile größerer Vertragsfreiheit

Die größere Vertragsfreiheit würde den Wettbewerb zwischen den Leistungserbringern, aber auch zwischen den Krankenversicherungen erheblich stärken. Leistungserbringer mit ungünstigem Kosten-Leistungs-Verhältnis müssten fürchten, keine Verträge mehr zu erhalten. Sie müssten ihre Qualität steigern und/oder ihre Kosten senken. Besonders qualifizierte Ärzte und Einrichtungen könnten für ihre Leistungen besser entlohnt werden als andere, so dass die Anreize für Zusatzqualifikationen und andere Differenzierungsmerkmale steigen.

Es können viele Vergütungs- und Versorgungsformen nebeneinander genutzt werden, so dass die unterschiedlichen Präferenzen der Versicherten besser berücksichtigt werden können als bei einheitlichen Lösungen. Versicherungen können nach wie vor mit allen, aber auch mit wenigen Ärzten Verträge abschließen. Sie können mit Netzwerken von Leistungserbringern kontrahieren oder selbst medizinische Leistungen erbringen. Durch die Möglichkeiten zum aktiven Versorgungsmanagement durch die Versicherungen können interdisziplinäre Kooperationen gefördert und besser abgestimmte Behandlungen erreicht werden. Der Datenfluss kann durch Anforderungen an die kontrahierten Ärzte bezüglich des Informationsaustauschs optimiert und für eine bessere Versorgung der Patienten genutzt werden.

Bei der Vergütung kann zwischen fixen Gehältern und Budgets, Kopfpauschalen, Fallpauschalen, Einzelleistungsvergütungen und anderen Honorierungsformen gewählt werden. Denkbar ist auch, dass die Versicherungen ihren Versicherten Tarife mit unterschiedlichen Vergütungsformen anbieten und Versicherte über den Tarif je nach Art der Erkrankung ihren Präferenzen entsprechende Modelle wählen. Da vermutlich nie eine eindeutige zentrale Empfehlung für eine bestimmte Honorierungsform zu geben sein wird, ist es wichtig, dass der Markt die entsprechenden Angebote herausbilden kann.

Die Versicherungen haben ein Interesse und im Rahmen des selektiven Kontrahierens auch bessere Möglichkeiten, auf die Qualität der mit ihnen kontrahierenden Leistungserbringer einzuwirken. Sie werden die Leistungserbringer dazu veranlassen, qualitativ so hochwertig zu arbeiten, dass der Versicherung möglichst geringe Folgekosten durch notwendige Anschlussbehandlungen oder Wiederaufnahmen im Krankenhaus entstehen, und sie werden auf eine verbesserte Patienteninformation hinwirken. Versicherungen könnten bei allen kontrahierten Leistungen eigene Mindeststandards festlegen und diese als Differenzierungsmerkmal zu anderen Versicherungen kommunizieren.

Ein freier und fairer intersektoraler Wettbewerb kann teure Doppelstrukturen vermeiden, die Koordination der Behandlung vereinfachen und den Patienten unnötige Wege zwischen den Ärzten ersparen.

Freilich muss sichergestellt werden, dass der intersektorale Wettbewerb tatsächlich fair ablaufen kann. Hierfür müssten wettbewerbsverzerrende Elemente wie die duale Krankenhausfinanzierung und der Defizitausgleich bei öffentlichen Häusern beseitigt werden.

Mögliche Nachteile größerer Vertragsfreiheit

Zum einen wird gegen eine Ausweitung von Vertragslösungen vorgebracht, dass es zu einer Beschneidung der Freiheiten der Patienten und insbesondere zu einer Einschränkung der freien Arztwahl komme. Diese Befürchtung ist nicht begründet. Wenn die Versicherten beispielsweise eine starke Präferenz für die freie Arztwahl haben, werden die Versicherungen diese Option auch anbieten. Die Versicherten müssen ihren Nutzen aus der freien Arztwahl gegen die damit verbundenen Kosten abwägen. Die Möglichkeit, auf die freie Arztwahl zu verzichten und eine geringere Prämie zu zahlen erhöht die Wahlfreiheit der Versicherten.

Befürchtet wird auch, dass Versicherungen nur mit besonders billigen Leistungserbringern kontrahieren würden und insgesamt die Versorgungsqualität sinken könnte, obwohl von den Nachfragern eine höhere Qualität gewünscht wird. Durch den Preiswettbewerb müssten Ärzte, Krankenhäuser und andere Leistungserbringer ihre Qualität absenken oder aus dem Markt ausscheiden. Eine solche Gefahr kann allenfalls dann bestehen, wenn die Versicherten die Qualität von Leistungserbringern in keiner Weise einschätzen können und die Qualitätsverminderungen für die Versicherung zudem tatsächlich längerfristig mit Kostensenkungen einhergehen. Um dies zu verhindern, muss die Qualitätstransparenz auf dem Markt hinreichend hoch sein. Das spricht für die Publikation von Leistungsdaten von Ärzten und Krankenhäusern. Auch könnte an Informationen über die gesamte Versorgungsqualität bei einer Versicherung nachgedacht werden, beispielsweise über geeignete Qualitätsindikatoren. Unter diesen Umständen ist durch individuelle Verträge eher mit einem Anstieg statt einem Absinken der Qualität zu rechnen. Qualitativ minderwertige Angebote einzelner Versicherungen können zudem durch Mindeststandards verdrängt werden.

Des Weiteren wird eingewandt, dass sozial schwache Menschen bei stärkerer Differenzierung der Qualität der Versicherungen auf qualitativ schlechtere Versicherungen oder Einschränkungen beispielsweise bei der Arztwahl angewiesen sind. Doch in den Transfersystemen werden Mittel bereitgestellt, mit denen die Prämie für eine angemessene Krankenversicherung und die Versicherungspflicht bezahlt werden kann. Die Versicherungen werden sich im Wettbewerb um Verträge mit allen Versicherten bemühen und deshalb möglichst gute Leistungen anbieten.

Ferner wird kritisiert, dass die Versicherungen ihre Marktmacht ausspielen können und sich gegenüber Ärzten monopsonistisch verhalten könnten. Es ist keinesfalls sicher, auf welcher Seite die Marktmacht liegt. Versicherungen stehen im Wettbewerb um gute Ärzte. Krankenhäuser, die in einem Gebiet ohne große Konkurrenz tätig sind, könnten durchaus in einer vorteilhaften Stellung gegenüber Versicherungen sein. Überdies muss wie auf anderen Märkten gegen wettbewerbswidriges Verhalten vorgegangen werden. Möglicherweise könnten spezielle Regelungen und Institutionen für den Gesundheitssektor geschaffen werden, die beispielsweise in besonders schwierigen Fällen regionale Preisregulierungen treffen. Ein grundsätzliches Argument gegen individuelle Verträge ergibt sich aus einer möglichen Marktmacht aber nicht. Genauso könnte sonst argumentiert werden, dass die Konzentration bei den Einzelhandelsketten und die daraus resultierende Marktmacht gegenüber den Produktherstellern ein Argument dafür wäre, die Supermärkte zu verpflichten, Produkte aller Hersteller in ihr Sortiment aufzunehmen.

Schließlich wird argumentiert, dass die größere Vertragsfreiheit zwischen Leistungserbringern und Krankenversicherungen die Versicherungswahl sehr komplex und unübersichtlich mache. Produktvielfalt wird auf anderen Märkten als etwas Positives gesehen, Einheitslösungen werden normalerweise abgelehnt. Auf dem Gesundheitsmarkt kann aber in der Tat argumentiert werden, dass die Vergleichbarkeit der verschiedenen Angebote schwieriger ist und eine größere Komplexität zu suboptimalen Entscheidungen führen könnte. Doch zum einen könnte die Markttransparenz verbessert werden, indem beispielsweise Qualitätsindikatoren für die Versicherungsunternehmen entwickelt werden. Dadurch könnte die Komplexität reduziert werden und die Konsumenten könnten Preise und Qualität besser vergleichen. Eine andere Möglichkeit wäre, einen oder wenige Standardverträge zu definieren, an denen sich die Versicherten orientieren können. Es wäre sogar denkbar, die Versicherungen zu verpflichten, neben unterschiedlichen Varianten auch einen Standardvertrag anzubieten.

Versicherteninformation und Markttransparenz werden bei selektivem Kontrahieren noch wichtiger. Den Menschen müssen die Qualitätsunterschiede zwischen den Versicherungen und den mit diesen kontrahierenden Leistungserbringern bewusst gemacht werden. Mehr Informationen über die Qualität der Leistungserbringer, aber auch über die Qualität des gesamten Versicherungspaketes werden erforderlich. Überdies muss verstärkt auf eine strikte Anwendung des Wettbewerbsrechts geachtet werden, möglicherweise sind auch ergänzende Wettbewerbsregeln und Institutionen für das Gesundheitswesen erforderlich. Der höheren Komplexität im Markt kann durch Standardisierungen begegnet werden. Allerdings ist die Gefahr von Präferenzverletzungen und eingeschränkten Experimentiermöglichkeiten zu bedenken, wenn solche Standards obligatorisch werden.

2. Marktunvollkommenheiten auf dem Leistungsmarkt?

2.1 Informationsasymmetrien und Qualitätswettbewerb

Das wohl wichtigste Marktfunktionsproblem im Gesundheitsbereich ist der Informationsnachteil der Patienten gegenüber dem Expertenwissen der Leistungserbringer in Verbindung mit der Einflussnahme des Leistungserbringers auf Art und Umfang der Leistungen. Zunächst einmal ist der Informationsunterschied

Ausdruck einer effizienten Spezialisierung und Arbeitsteilung. Nicht jeder Bürger kann Medizin studieren und sich sämtliche medizinischen Fertigkeiten aneignen.

In Folge des Informationsvorsprungs könnten Leistungserbringer den Patienten zur Steigerung ihres eigenen Einkommens Leistungen angedeihen lassen, deren Nutzen vergleichsweise gering ist und die der Patient bei gleichem Kenntnisstand wie der Arzt nicht in Anspruch genommen hätte, obwohl er nicht die vollen Kosten tragen muss. Die arztinduzierte Nachfrage kann also dazu beitragen, ineffiziente Gesundheitsleistungen in Anspruch zu nehmen. Noch stärker wiegt vermutlich die mittelbare Finanzierung der Leistungen über eine Versicherung mit der Folge, dass die unmittelbaren Kosten der Inanspruchnahme von Leistungen extrem niedrig sind.

Wegen der unzureichenden Fähigkeit von Patienten, die Qualität medizinischer Leistungen zu beurteilen, könnten den Anbietern Anreize für einen Qualitätswettbewerb fehlen oder sie könnten sogar bewusst die Qualität ihrer Leistungen senken, um beispielsweise Kosten zu sparen – sofern dies von den Nachfragern unbemerkt bleibt.

Schwierigkeiten bei der Beurteilung der Qualität einer Leistung sind allerdings charakteristisch für eine Vielzahl komplexer Güter und die meisten Dienstleistungen. Trotzdem scheint der Qualitätswettbewerb auf den meisten Märkten gut zu funktionieren, da sich Instrumente herausgebildet haben, mit denen Konsumenten ihre Unsicherheit abbauen können. Eine wichtige Möglichkeit für Anbieter, potenziellen Kunden ihr hohes Qualitätsniveau zu signalisieren, sind beispielsweise Garantien, die einen schlechten Anbieter teuer zu stehen kommen könnten, Referenzen, Rankingergebnisse oder Beurteilungen durch Dritte.

Solche Mechanismen können im Gesundheitswesen aber oft nicht mit der gleichen Effektivität funktionieren wie in anderen Bereichen, da wesentliche Teile der medizinischen Dienstleistungen einen starken Vertrauensgutcharakter aufweisen: Konsumenten können die Qualität der Leistung selbst nach der Inanspruchnahme nicht hinreichend beurteilen. Eine Ursache liegt in der Ergebnisunsicherheit bei Gesundheitsleistungen: Der Gesundheitszustand eines Patienten kann sich trotz nach anerkanntem medizinischem Wissen falscher Behandlung bessern oder sich trotz eigentlich optimaler Versorgung verschlechtern. Dies liegt daran, dass neben der Behandlungsqualität auch das Verhalten des Patienten (Compliance), seine genetischen Voraussetzungen, das Alter, andere Erkrankungen, Umwelteinflüsse und viele weitere Faktoren das Behandlungsergebnis erheblich beeinflussen können. Erfahrungen liegen zudem häufig nicht vor – die Gallenblase lässt sich ein Mensch beispielsweise nur einmal im Leben entfernen. Erfahrungen anderer Patienten lassen sich aus den genannten Gründen schlecht beurteilen oder übertragen. Leistungsanbieter können das Erreichen eines bestimmten Behandlungsergebnisses angesichts der Vielzahl anderer Einflussfaktoren unmöglich garantieren.

Aus dieser Besonderheit medizinischer Dienstleistungen kann freilich nicht geschlossen werden, dass eine Beurteilung der medizinischen Qualität grundsätzlich nicht möglich ist. Sie setzt aber eben das Expertenwissen eines Arztes voraus. Ein anderer Arzt kann normalerweise sehr wohl beurteilen, ob ein Kollege nach anerkannten Behandlungsstandards vorgeht. Entsprechendes Expertenwissen könnte den Patienten zugänglich gemacht werden.

Könnte die Qualität medizinischer Leistungen von Außenstehenden nicht eingeschätzt werden, wäre ein marktlicher Qualitätswettbewerb unmöglich. Wenn höhere Qualität mit höheren Kosten verbunden ist, die Nachfrager aber unterschiedliche Qualitäten nicht unterscheiden können, so käme es zu dem klassischen von Akerlof beschriebenen Prozess der adversen Selektion: Überdurchschnittliche Qualität zahlt sich nicht aus, da wegen Unkenntnis keine Zahlungsbereitschaft dafür besteht. Leistungserbringer besitzen deshalb keine finanziellen Anreize, die höhere Qualität anzubieten. Anbieter mit höherer Qualität (die beispielsweise sorgfältiger und damit zeitaufwändiger arbeiten) können ihre Kosten nicht decken und müssen aus dem Markt ausscheiden oder ihre Qualität absenken. Unter Umständen kommt es zu einem Zusammenbruch des Marktes für höhere Qualitäten.

Die Schlussfolgerung, dass die Qualität nicht beurteilt werden kann und der Qualitätswettbewerb bei medizinischen Dienstleistungen grundsätzlich nicht funktioniert, wäre allerdings vorschnell. Zum einen sind verschiedene Dimensionen der Qualität medizinischer Dienstleistungen zu beachten: Die Qualität der Kommunikation mit Ärzten, die Freundlichkeit des Personals, Gestaltung und Sauberkeit von Räumen, Wartezeiten, die Qualität des Essens in Einrichtungen und viele andere nicht-medizinische Aspekte[35] der Qualität können Patienten sehr gut beurteilen. Von daher ist davon auszugehen, dass der Qualitätswettbewerb bei diesen Qualitätsdimensionen nicht schlechter funktioniert als bei anderen Dienstleistungen auch. Problematisch könnte es allerdings sein, wenn Patienten nicht-medizinische Qualitätsdimensionen als Indikator für medizinische Qualität verwenden, ohne dass dieser Zusammenhang notwendigerweise gegeben ist.

Vergleichsweise gut zu beobachten sind die sachlichen, organisatorischen und persönlichen Voraussetzungen von Leistungserbringern, wie Qualifikationen, Personalausstattung, Fallzahlen und die technische Ausstattung. Schwieriger zu beurteilen ist die Einhaltung von Behandlungsleitlinien und Standards.

Insgesamt unterscheiden sich häufig in Anspruch genommene medizinische Leistungen mit geringem Komplexitätsgrad nicht von anderen Dienstleistungen. Reputationsmechanismen dürften hier ähnlich gut funktionieren. Problematischer ist die Beurteilung reiner Vertrauensgüter, die vom Nachfrager selten in An-

---

[35] Allerdings können Faktoren wie die zwischenmenschliche Kommunikation sehr wohl auch das medizinische Ergebnis einer Behandlung beeinflussen.

spruch genommen und vom Anbieter selten erbracht werden. Aussagen zur Ergebnisqualität sind in diesem Fall nicht möglich, da jeder Leistungserbringer nur eine so geringe Zahl an vergleichbaren Fällen behandelt, dass statistische Bewertungen der Ergebnisse nicht zulässig sind. Bei statistischen Erfahrungsgütern kann der einzelne Nachfrager die Qualität eines Leistungserbringers aufgrund fehlender eigener Erfahrung zwar nicht beurteilen. Da aber definitionsgemäß eine Vielzahl vergleichbarer Fälle vorliegt, sind aussagekräftige statistische Vergleiche zwischen den Behandlungsergebnissen grundsätzlich möglich. Dies ist für eine Vielzahl medizinischer Behandlungen gegeben. Unter der Annahme, dass den Patienten alle relevanten Daten zur Verfügung stünden und sie diese nutzten, ergäben sich Anreize für die Leistungserbringer, ihre Qualität so weit zu steigern, wie die Zahlungsbereitschaft der Patienten (bzw. der zuständigen Finanzträger) die damit verbundenen Kostensteigerungen deckt. Anbieter, die die Qualitätswünsche der Nachfrager nicht oder nur mit sehr hohen Kosten erfüllen können, müssten aus dem Markt ausscheiden.

Im Folgenden soll zunächst auf Probleme bei der Gewinnung entsprechender Daten und auf mögliche Fehlanreize eingegangen werden. Anschließend wird untersucht, ob der Marktwettbewerb die Informationsbeschaffung verstärkt und ob zusätzliche staatliche Maßnahmen hilfreich sein könnten. Schließlich ist zu prüfen, ob solche Informationen das Verhalten der Versicherten, Versicherungen und Leistungserbringer beeinflussen.

2.2 Diskussion von Qualitätsindikatoren

In der Praxis ist es schwierig, vergleichbare medizinische Leistungen zu definieren und abzugrenzen, denn neben der ärztlichen Leistung beeinflusst eine Vielzahl anderer Faktoren das Behandlungsergebnis. So könnten bei besonders guten Chirurgen überdurchschnittlich hohe Mortalitätsraten auftreten, wenn sie besonders schwere Fälle behandeln. Um Behandlungsergebnisse vergleichbar zu machen, müsste also bei den meisten Indikatoren zur Ergebnisqualität nach der Schwere der behandelten Fälle differenziert werden. Eine solche Korrektur von Behandlungsergebnissen kann nie perfekt sein.

Doch selbst wenn es gelingt, die schwierigen Fälle in den Indikatoren zu berücksichtigen, kann es sein, dass risikoaverse Ärzte die Behandlung in schwerwiegenden Fällen ablehnen, wenn die Varianz bei diesen Fällen größer ist als bei leichteren Fällen. Die Gefahr eines sehr schlechten Abschneidens kann ein viel höheres Gewicht haben als die Chance eines sehr guten Abschneidens, selbst wenn sich die Wahrscheinlichkeiten im Mittel ausgleichen. Solche Risiken könnten jedoch durch entsprechend höhere Vergütungen bei der Behandlung schwerer Fälle kompensiert werden.

In verschiedenen Untersuchungen zur Publikation risikoadjustierter Mortalitätsraten bei Bypassoperationen in den US-Bundesstaaten New York und Pennsylvania, wo die Publikation dieser Daten obligatorisch ist, finden sich tatsächlich Anhaltspunkte für ein Selektionsverhalten der Leistungserbringer. Bei Befragungen gab ein erheblicher Teil der Ärzte an, dass das Wissen um die Veröffentlichung schon einmal ihre Entscheidung beeinflusst habe, einen Patienten mit hohem Mortalitätsrisiko nicht zu operieren. Viele Ärzte waren der Meinung, dass durch die Veröffentlichung der Daten an sich sinnvolle Operationen teilweise unterlassen werden. Eine Ursache kann darin liegen, dass die meisten Ärzte der Ansicht waren, dass die Risikoadjustierung nicht ausreiche, um Chirurgen mit schweren Fällen nicht schlechter in der Statistik erscheinen zu lassen. Untersuchungen des tatsächlichen Operationsverhaltens können diese Selektionsthese aber nicht bestätigen. Ein anderer Grund für durchweg eher negative Beurteilungen der Publikation durch die Ärzte kann aber auch in deren ablehnender Haltung gegenüber Rechenschaftspflicht und erhöhtem Wettbewerbsdruck liegen. Vieles spricht aber dafür, die Mortalitätsraten nicht pauschal für einen bestimmten Eingriff zu veröffentlichen, sondern Kategorien nach Diagnosen zu bilden, beispielsweise Herzinfarktpatienten gesondert zu erfassen.

Neben der Beeinflussung von Ergebnissen durch Selektion kann die Veröffentlichung von Leistungsdaten zu einer Manipulation der Daten führen. Ein Beispiel dafür ist das so genannte Coding-up, also die Einordnung von Fällen in schwerer wiegende Kategorien als eigentlich angemessen. Dies konnte bei der Einführung von Vergütungssystemen mit Fallpauschalen beobachtet werden. Überdies wird die Gefahr gesehen, dass Qualitätsindikatoren zu einer starken Fokussierung auf die Indikatoren führen. Andere Qualitätsaspekte und längerfristige Behandlungsziele, die in den Indikatoren nicht abgebildet sind, könnten aus den Augen verloren werden. Daran wird die Notwendigkeit erkennbar, den Zusammenhang zwischen den gemessenen Indikatoren und den für die Patienten relevanten Ergebnissen zu beobachten.

Zahlreiche andere Untersuchungen belegen aber positive Effekte der Veröffentlichung von Leistungsdaten. Verschiedene Untersuchungen belegen, dass die risikoadjustierte Sterblichkeit bei Bypassoperationen im Staat New York nach Einführung der Veröffentlichungspflicht deutlich zurückgegangen ist. Ferner konnten Ärzte und Krankenhäuser mit guten Bewertungen ihren Marktanteil ausweiten, während solche mit schlechten Bewertungen überdurchschnittlich häufig aus dem Markt ausschieden. Auch können in mehreren Studien zusätzliche Qualitätsverbesserungsbemühungen der Krankenhäuser nachgewiesen werden, beispielsweise bei der Organisation interner Prozesse. Im Ergebnis zeigt sich, dass sich die risikoadjustierte Qualität der schlechteren Häuser sowie die durchschnittliche Qualität verbessert haben.[36]

---

[36] Vgl. für einen umfassenden Literaturüberblick Marshall et al. (2000). Die in diesem Kapitel getroffenen Aussagen beruhen außerdem auf Cutler et al. (2004), Dranove et al. (2003), Hannan et al. (1994), Jensen (2004), Lansky (1998), Marshall et al. (2002), Marshall und Davies (2001), Mos-

2.3 Das Angebot an Informationen über die Qualität medizinischer Dienstleister

Information durch die Leistungserbringer

Gute Leistungserbringer haben Anreize, potenzielle Patienten von ihrer hohen Qualität zu überzeugen. Wenn die Nachfrager aber die Behandlungsqualität nicht beurteilen können, können sie auch die Glaubwürdigkeit der Information eines Anbieters nicht beurteilen. Zum einen könnten einzelne Leistungserbringer eine Auswahl an Qualitätsmerkmalen treffen, die sie selbst in einem günstigen Licht erscheinen lassen und Merkmale zurückhalten, bei denen sie schlecht abschneiden. So würde ein unvollkommenes Bild der Qualität vermittelt und die Vergleichbarkeit der Anbieter wäre stark eingeschränkt. Allerdings könnten gute Leistungserbringer in einer solchen Situation die Initiative ergreifen und einen umfassenden Katalog an Qualitätsmerkmalen kommunizieren. Sie könnten Wettbewerbsvorteile erzielen, wenn sie mehr Qualitätsmerkmale kommunizieren, die von den Kunden als relevant eingeschätzt werden. Darüber hinaus könnten sie Informationsstandards etablieren, die andere Leistungserbringer dazu zwingen, diese Daten ebenfalls zu publizieren. Das Verschweigen dieser Information könnten die Nachfrager als Signal schlechter Qualität interpretieren. Denkbar wäre allerdings auch der gegenteilige Effekt: Leistungserbringer, die ihre relativ besseren Mortalitätsraten veröffentlichen, könnten einen Wettbewerbsnachteil gegenüber Anbietern erleiden, die diese Daten nicht publizieren, weil die Veröffentlichung die Patienten verunsichert. Das Herausbilden von Informationsstandards am Markt setzt zudem voraus, dass eine hinreichend große Zahl von Marktakteuren Relevanz, Ausprägung und Auslassung von Qualitätsmerkmalen beurteilen kann und ihr Handeln danach ausrichtet.

Selbst wenn diese Voraussetzungen erfüllt sind, bleiben erhebliche Manipulationspotenziale, wenn die Erhebung und Interpretation von Qualitätsdaten den Leistungserbringern überlassen wird, beispielsweise bei der Beurteilung des Grades der Erkrankung. Anbieterkommunikation alleine kann die Probleme auf dem Markt für Qualitätsinformationen nicht lösen.

Information durch Krankenversicherungen

Ein wichtiger Sachwalter der Patienten können Krankenversicherungen sein. Diese verfügen durch die bei ihnen abgerechneten Leistungen über viele wichtige Qualitäts- und Kostendaten von Leistungserbringern, Informationen über die durchschnittlichen Erkrankungsgrade und andere Besonderheiten eingeschlossen. Auf diese Weise könnten Versicherer höherwertige ärztliche Leistungen von qualitativ schlechteren unterscheiden oder unwirtschaftlich arbeitende Leistungserbringer identifizieren. Durch selektives Kontrahieren oder entsprechend

---

cucci et al. (2005), Mukamel und Mushlin (1998), Narins et al. (2005), Newhouse et al. (1987) und Peterson et al. (1998).

ausgestaltete Vergütungssysteme könnten sie Anreize für günstige Kosten/Nutzenverhältnisse setzen. Versicherungen, die eine bessere Qualität anbieten, würden versuchen, der Kundschaft dies durch Werbung zu signalisieren.

Allerdings könnten schlechtere Versicherungen mit angeblich hoher Qualität werben, wenn diese für Patienten nicht beobachtbar ist und die Daten der Versicherungen nicht allgemein verfügbar sind. Das Problem der Beurteilung der Qualität der Leistungserbringer würde sich auf die Beurteilung der Qualität der Versicherung verlagern.

Dieser Einwand ist allerdings nur relevant, wenn ein Interessenkonflikt zwischen Versicherung und Patient besteht, also höhere Qualität für den Patienten mit höheren Kosten für die Versicherung verbunden ist. Für eine Vielzahl von Qualitätsproblemen trifft aber das Gegenteil zu: Infektionen nach Operationen, die Wiederholung missglückter Behandlungen oder spät erkannte Erkrankungen sind regelmäßig nicht nur ein Zeichen schlechter Qualität, sondern auch mit extrem hohen Kosten für die Versicherungen verbunden. Diese müssen im Gegensatz zu den einzelnen Leistungserbringern nicht nur die Behandlungskosten tragen, sondern auch die Folgekosten. In vielen Bereichen besteht also Interessenkongruenz zwischen Versicherungen und Patienten.

Informationsintermediäre

Eine weitere Möglichkeit besteht darin, die Qualitätsversprechen durch neutrale Dritte überprüfen zu lassen. Diese könnten beispielsweise die Fort- und Weiterbildung der Leistungserbringer und die Einhaltung bestimmter anerkannter Behandlungsstandards kontrollieren und dokumentieren und insbesondere Einsicht in die Daten über Behandlungsergebnisse nehmen. Institutionen, die besonders gute Qualität anbieten, haben große Anreize, Zertifizierungen, Akkreditierungen, Überprüfungen durch Institutionen wie Stiftung Warentest und Untersuchungen durch Akteure des Mediensektors durchführen zu lassen.

Neutrale Dritte haben weniger Anreize zur Datenmanipulation als die Leistungserbringer selbst. Allerdings bleibt das Problem der Informationsasymmetrie: Patienten können möglicherweise auch die Qualität und Neutralität der Informationen Dritter nicht einschätzen.

Die Patienten können aber die Reputation bestimmter Institutionen (wie etwa der Stiftung Warentest), die diese in anderen (durch die Patienten besser überprüfbaren) Bereichen gewonnen haben, auf den Gesundheitsbereich übertragen. Hat eine Institution in der Vergangenheit stets verlässlich die Interessen der Konsumenten vertreten, besteht die berechtigte Hoffnung, dass sie dies auch bei Gesundheitsleistungen versuchen wird. Letztlich bleiben die Patienten aber auf den Goodwill dieser Institutionen angewiesen. Sie können allenfalls die Qualifikation der Gutachter beurteilen oder sich nach deren Reputation erkundigen.

Ist einmal eine bei allen Marktakteuren hinreichend anerkannte Bewertungsinstitution im Gesundheitswesen etabliert, könnte es einen erheblichen Wettbewerbsnachteil für Leistungsanbieter darstellen, von dieser Institution ungünstig beurteilt zu werden. Die Bedingungen, die zur Entstehung einer solchen Institution führen könnten, sind allerdings unklar. Existiert eine solche Institution nicht, könnten die Leistungserbringer eigene oder von ihnen finanziell abhängige Gutachter einschalten, so dass Nachfrager nur schwer feststellen können, inwieweit die Leistungserbringer selbst Einfluss auf die Bewertungsergebnisse nehmen.

Die praktische Relevanz solcher Einflussnahme ist nicht zu unterschätzen. Doch in einem Wettbewerbssystem gibt es gegenläufige Interessen und es gibt überall neutrale Wissenschaftler und unabhängige Institutionen, die eine Einflussnahme aufdecken könnten.

So lange es nicht eine oder zwei etablierte Institutionen gibt, könnte die Menge der bewerteten und damit vergleichbaren Institutionen ein wichtiger Wettbewerbsfaktor sein.

Schließlich könnte die kostspielige Gewinnung objektiver Qualitätsinformationen einem Kollektivgutproblem unterliegen: Einmal produzierte Informationen könnten von einem Käufer zu geringen Kosten an andere Personen weitergegeben werden, so dass der Anbieter womöglich keine hinreichenden Erlöse für sein Informationsprodukt erzielen kann. Es würden nicht genügend Ressourcen in die Produktion entsprechender Informationen gelenkt. Copyrights auf die erstellte Information können dieses Problem abmildern, aber nicht beseitigen.

Ein alternatives mögliches Geschäftsmodell der neutralen Dritten könnte darin bestehen, dass die bewerteten Institutionen die Bewertung finanzieren, um so ihre Qualität signalisieren zu können. Ähnliche Arrangements sind bei Kredit-Ratingagenturen etabliert. Hierdurch steigt allerdings die Gefahr von Gefälligkeitsratings, wenn nicht wiederum Institutionen etabliert sind, auf deren Beurteilung die Leistungserbringer nicht verzichten können.

Insgesamt erscheint die Etablierung eines funktionierenden Angebotes an Qualitätsinformationen über medizinische Leistungserbringer möglich, aber es ist nicht sicher, ob ein hinreichendes Angebot zustande kommt. Mehr Wettbewerb unter den Leistungserbringern wird ohne Zweifel auch zu verstärktem Wettbewerb auf dem Informationsmarkt führen. Wenn allerdings eine höhere Markttransparenz Voraussetzung für die Funktionsfähigkeit des Qualitätswettbewerbs ist, ist nicht sicher, dass sich diese Transparenz unter den Leistungserbringern hinreichend schnell einstellt. Daher werden im Folgenden mögliche flankierende staatliche Maßnahmen diskutiert.

Mögliche Politikmaßnahmen

Staatliche Institutionen haben grundsätzlich die gleichen Informationsprobleme bei der Beurteilung medizinischer Leistungen wie private. Für eine staatliche

Maßnahme könnte zunächst sprechen, dass staatliche Institutionen keine unmittelbaren Abhängigkeiten von Leistungserbringern aufweisen. Dies unterscheidet sie allerdings nicht von neutralen Dritten. Durch das Setzen von Informationsstandards kann der Staat allerdings einen Wettbewerb hin zu weniger strengen Standards verhindern. Auch bei der Kontrolle von Daten und der Sanktionierung falscher Angaben stehen dem Staat mehr Möglichkeiten zur Verfügung als privaten Institutionen. Schließlich könnte das Kollektivgutproblem durch die Bereitstellung von Finanzmitteln durch den Staat überwunden werden.

Zunächst kann darauf vertraut werden, dass sich am Markt Informationsstandards herausbilden und die Leistungserbringer entsprechende Angaben veröffentlichen. Der Staat könnte komplementär tätig werden. So bestehen in Deutschland für Krankenhäuser bestimmte Publikationspflichten. Im Jahr 2004 hat die Bundesgeschäftsstelle für Qualitätssicherung (BQS) jeweils 212 Qualitätsindikatoren und 318 Qualitätskennzahlen für alle deutschen Krankenhäuser gesammelt. Die meisten der erhobenen Daten müssen aber nicht publiziert werden. Sie sind zunächst für die Nutzung durch die Bundesgeschäftsstelle und den internen Gebrauch der Krankenhäuser bestimmt. Obligatorisch ist dagegen für alle Kliniken die Publikation eines strukturierten Qualitätsberichtes. Bei dessen Gestaltung haben die Krankenhäuser jedoch weite Spielräume. Lediglich ein Fünftel der Krankenhäuser hat im Qualitätsbericht 2005 umfassende Daten veröffentlicht. Teilweise machen sie die Daten im Rahmen regionaler Initiativen zugänglich. Beim Krankenhausreport des Berliner Tagesspiegel haben beispielsweise mit Ausnahme der Charité sämtliche Berliner Krankenhäuser ihre Daten für eine vergleichende Darstellung zur Verfügung gestellt. Im Krankenhausreport Ruhrgebiet wurde ein besonders gutes Abschneiden einer Klinik bei der staatlichen Datenerhebung herausgestellt. Für die große Mehrheit der Kliniken bleiben den Patienten diese Ergebnisse aber unbekannt.

Die Veröffentlichung im strukturierten Qualitätsbericht durch manche Krankenhäuser und durch regionale Initiativen können die nicht veröffentlichenden Häuser unter erheblichen Druck setzen, insbesondere wenn das Interesse der Patienten an solchen Informationen im Zeitablauf zunimmt. Eine Intensivierung des Wettbewerbs im Krankenhaussektor würde die Kliniken zu erhöhter Transparenz veranlassen, ohne dass Zwang nötig wäre. Es ist nicht auszuschließen, dass eine Mehrheit der Krankenhäuser ihre Ergebnisse auf mittlere Sicht von sich aus veröffentlichen würde.

Britische Untersuchungen zur Krankenhauswahl haben gezeigt, dass Patienten zwar nicht unbedingt sehr stark auf besonders gute Ergebnisse von Krankenhäusern reagieren, sehr wohl aber auf schlechte Ergebnisse und Warnungen. Solange für die Patienten nicht klar ist, aus welchen Motiven heraus ein Krankenhaus seine Ergebnisse nicht veröffentlicht, ist es für sie schwer, eher schlechte Häuser zu meiden. Mit zunehmendem Wettbewerb nimmt aber der Druck zu, vergleichbare Qualitätsdaten bereitzustellen.

Der Staat könnte schwerpunktmäßig die wissenschaftliche Absicherung der Aussagefähigkeit von Daten und die Bereitstellung von Informationen unterstützen. Allerdings ist die Auswahl der zu fördernden Institutionen schwierig. Wenn aber Informationsstandards mit staatlicher Unterstützung erarbeitet wurden, sind die Kosten für die Bereitstellung patientenfreundlich aufbereiteter Information bereits massiv gesunken, so dass in der Regel auf eine Förderung verzichtet werden kann.

2.4 Nachfrage nach Informationen über die Qualität medizinischer Leistungserbringer[37]

Selbst wenn Informationen von entsprechender Qualität vorhanden sind, ist nicht gesichert, dass die Marktakteure davon ausreichend Gebrauch machen und damit erhebliche Qualitäts- oder Effizienzsteigerungen anstoßen.

Die Erfahrungen mit den veröffentlichten Mortalitätsraten und anderen Qualitätsindikatoren in den USA unterscheiden sich je nach Untersuchung zum Teil stark. Insgesamt scheinen Qualitätsdaten von den Patienten aber wenig genutzt zu werden. Gründe für das zurückhaltende Informationsverhalten der Patienten können mangelnde Kenntnis der Existenz solcher Informationen, Zeitdruck bei der Entscheidung, Verständnisschwierigkeiten, Angst vor dem Bewusstmachen von Risiken und ein geringes Vertrauen in die Korrektheit der Daten sein.

Entscheidend für einen funktionierenden Wettbewerb ist aber keinesfalls, dass sämtliche Nachfrager gut informiert sind. Dies ist auch auf anderen Märkten nicht der Fall. Ford und Klein (2003) untersuchen beispielsweise das Informationsverhalten von Autokäufern und stellen fest, dass nur zehn Prozent der Personen der Stichprobe eine intensive Informationssuche betreiben. Die übrigen Personen haben entweder nahezu keine Informationen gesucht oder sich auf Empfehlungen von Freunden und Verwandten verlassen. Eine geringe Anzahl gut informierter Nachfrager ist in der Regel bereits ausreichend. Diese können durch ihr Wissen und Verhalten die Anbieter unter Druck setzen und anderen Nachfragern Orientierung geben.

Auf dem Gesundheitsmarkt wird dieser Prozess allerdings dadurch erschwert, dass es bei manchen Leistungen kaum möglich ist, informierte Entscheidungen zu treffen. Dies ist sofort einsichtig in Situationen, in denen der Patient bewusstlos ist. Ebenso bestehen in Notfällen wenig bis keine Entscheidungsmöglichkeiten. Teils müssen Entscheidungen unter Zeitdruck getroffen werden, und das häufig unter körperlichen Einschränkungen und emotionaler Anspannung. Ferner dürften Menschen bei vielen psychischen Erkrankungen und Krankheitsbildern wie Alzheimer oder Demenz nicht zu überlegten Entscheidungen in der Lage sein.

---

[37] Dieser Abschnitt folgt Magee et al. (2003), Marshall und Davies (2001), Mukamel, Weimer und Zwanziger (2005), Narins et al. (2005), Schneider und Epstein (1996), Schneider und Epstein (1998).

Verwandte könnten hier jedoch stellvertretend entscheiden oder bei der Entscheidung unterstützen.

Ein weiterer Einflusskanal von Qualitätsindikatoren könnte die Nutzung durch Institutionen sein, die Patienten beraten, insbesondere Ärzte. Untersuchungen im Staat New York zeigen dazu wiederum sehr unterschiedliche Ergebnisse, deuten aber darauf hin, dass überweisende Kardiologen die vorhandenen Informationen wenig nutzen. Die Ärzte hielten sich zurück, weil sie die Berücksichtigung besonderer Risiken als unzureichend empfanden und Mortalitätsraten als einziges Qualitätskriterium als zu eng ansahen.

Am deutlichsten scheint der Einfluss der Veröffentlichung der Mortalitätsraten auf die Leistungserbringer selbst zu sein. Häuser mit schlechtem Abschneiden bemühen sich verstärkt, ihre Qualität zu verbessern. Kliniken mit gutem Abschneiden nutzen die Ergebnisse intensiv für die interne und externe Kommunikation. Die Anbieterkommunikation könnte auf längere Sicht für eine verstärkte Wahrnehmung der Ergebnisse sorgen, insbesondere wenn die Eignung und Qualität der Daten verbessert wird.

2.5 Fazit

Die theoretischen und empirischen Befunde zur Funktionsfähigkeit des Marktes für Informationen über medizinische Leistungserbringer sind nicht eindeutig. Insgesamt spricht einiges dafür, dass ein verstärkter Wettbewerb zwischen den Versicherungen auf den Leistungsmarkt ausstrahlt und die Bereitschaft erhöht, Informationen zu gewinnen und bereitzustellen. Dabei kann es hilfreich sein, von staatlicher Seite die wissenschaftliche Grundlage für die Entwicklung von Qualitätsindikatoren zu verbessern und gegebenenfalls Informationsstandards vorzugeben.

Staatliche Maßnahmen zur Verbesserung der Informationslage auf dem Gesundheitsmarkt und zur Erhöhung der Transparenz sind aus ordnungspolitischer Sicht relativ milde Mittel und weiter gehenden Eingriffen vorzuziehen. Da aber nicht in allen Bereichen mit einer hinreichenden Funktionsfähigkeit des Informationsmarktes gerechnet werden kann, könnte ergänzend die Vorgabe von Mindestqualitäten erwogen werden.

Staatlich vorgeschriebene Mindestanforderungen können vor allem bei Ausbildungs- und Zulassungsvoraussetzungen, Fortbildungsverpflichtungen, technischen Mindestausstattungen, Mindestzahlen an Ärzten und Krankenschwestern pro Patient, bei Behandlungsrichtlinien und der Überprüfung der Einhaltung von Hygienestandards in Krankenhäusern gestellt werden. Das gilt insbesondere, wenn es nicht zu einem Qualitätswettbewerb kommt und wenn die Selbstverwaltungseinrichtungen und Standesvertretungen diese Aufgabe nicht wahrnehmen.

Verlässt man sich auf marktliche Lösungen, kann das Ausscheiden besonders schlechter Leistungserbringer aus dem Markt zu viel Zeit in Anspruch nehmen. Bis dahin könnten viele Menschen Schaden nehmen, so dass das Setzen und Überprüfen von Mindeststandards durch den Staat vorzuziehen ist.

Ein weiteres Argument für staatlich durchgesetzte Mindeststandards könnte sich aus der Begründung der Versicherungspflicht ableiten: Der Staat verpflichtet seine Bürger, einen Mindestkatalog an medizinischen Leistungen zu versichern In diesem Mindestkatalog muss nicht nur die Art der Leistung, sondern vielfach auch ein Mindestniveau für die Qualität festgelegt werden, weil die Betroffenen im Krankheitsfall eine bessere Behandlung fordern und vermutlich auch dann durchsetzen können, wenn die Kosten von der Gesellschaft übernommen werden müssen.

Die Festlegung qualitativer Mindeststandards hängt eng mit dem Haftungsrecht zusammen: Werden keine Mindeststandards formuliert, ist es schwer, Leistungserbringer für Behandlungsfehler haftbar zu machen. Zumindest erscheint es schwierig und transaktionskostenintensiv, solche Standards individuell in Behandlungsverträgen festzulegen.

Insgesamt können also Gründe für ergänzende staatliche Mindeststandards im Gesundheitswesen gefunden werden, wobei allerdings die Gefahren zu hoher Standards zu beachten sind. Die Vorgaben sollten sich daher eher am unteren Ende des Spektrums der Möglichkeiten bewegen.

F. Verzahnung der Gesundheitssysteme in der Europäischen Union

Grundsätzlich fällt das Gesundheitswesen in der Europäischen Union in den nationalen Zuständigkeitsbereich. Eine Harmonisierung der Gesundheitssysteme oder die Etablierung eines einzigen europäischen Gesundheitssystems wird im EG-Vertrag ausdrücklich ausgeschlossen. Das ist verständlich vor dem Hintergrund, dass die Gesundheitssysteme allgemein als Teil des jeweiligen Sozialsystems eines Landes angesehen werden. Es gibt einen breiten Konsens, dass die Sozialpolitik, also die Bestimmung der Sozialstandards und der sozialpolitischen Instrumente, von den Mitgliedsstaaten wahrgenommen werden soll.

Gleichzeitig gelten in Europa jedoch prinzipiell für den gesamten Binnenmarkt die Wettbewerbs- und Freizügigkeitsregelungen: Freier Verkehr von Waren, Dienstleistungen und Kapital sowie das Recht von Personen auf Freizügigkeit. Beschränkungen dieser Rechte sind generell nur „zum Schutze der Gesundheit und des Lebens von Menschen" (Artikel 30 EG-Vertrag) zugelassen. Liegt darin ein Widerspruch?

Diese Frage lässt sich nur beantworten, wenn man die einzelnen Initiativen und Aktionen der Europäischen Kommission und die Rechtsprechung des Europäischen Gerichtshofs näher betrachtet. In dem hier entwickelten Konzept einer kapitalgedeckten Versicherung mit übertragbaren individuellen Altersrückstellungen gibt es eine klare Trennung zwischen der Sozialpolitik sowie den über den Markt zu erbringenden Versicherungs- und Gesundheitsleistungen. Nimmt man diese Trennung vor, lassen sich die vermeintlichen Widersprüche vermutlich sehr viel leichter lösen. Nach der Grundidee des EG-Vertrages bezieht sich die nationale Autonomie auf die sozialpolitischen Aufgaben, während die Kompetenz für die Wettbewerbsregeln auf der europäischen Ebene liegt. Da die bestehenden Umlagesysteme im Gesundheitssektor jedoch sowohl die Leistungserstellung als auch eine Umverteilung zum Gegenstand haben, ist es nicht verwunderlich, dass die Kompetenzen nicht immer klar abgegrenzt werden oder einzelne Maßnahmen sowohl den Leistungsbereich als auch die sozialen Bedingungen verändern.

Auf europäischer Ebene werden vorwiegend Beschlüsse gefasst und Institutionen geschaffen, mit denen die Gesundheitspolitik der Mitgliedsstaaten koordiniert werden soll. Seit dem Jahr 2002 existiert beispielsweise ein „Aktionsprogramm der Gemeinschaft im Bereich der Gesundheit", und im Jahr 2005 wurde die Europäische Gesundheitsbehörde (European Centre of Disease Prevention and Control) implementiert. Dabei geht es primär um die Zusammenarbeit im Bereich des Wissens- und Informationsaustauschs, beispielsweise bei Seuchengefahren und beim Impfschutz, was mit den grenzüberschreitenden Wirkungen gerechtfertigt werden kann.

Für ein zweites Aktionsprogramm hat die Europäische Kommission die Ziele „Besserer Gesundheitsschutz der Bürger", „Gesundheitsförderung für Wohlstand und Solidarität" und „Schaffung und Verbreitung von Wissen zu Gesundheitsfragen"[1] benannt und wie folgt argumentiert:

> „Da die Ziele der im Bereich Gesundheit zu treffenden Maßnahmen wegen der länderübergreifenden Eigenschaft der Sache nicht in ausreichendem Maße von den Mitgliedsstaaten verwirklicht werden können und weil Gemeinschaftsmaßnahmen effizienter und effektiver sein können als rein einzelstaatliche Maßnahmen zum Schutz der Sicherheit und Gesundheit der Bürger [...] kann die Gemeinschaft Maßnahmen annehmen."[2]

Zwar sind die Ziele in diesem Papier nicht näher definiert. Es ist aber erläuterungsbedürftig, in welchen Bereichen Gemeinschaftsmaßnahmen „effizienter und effektiver" sein können. Auch im Leistungsbereich sollte das Prinzip der Subsidiarität gewahrt bleiben. Auf europäischer Ebene sollte nur über Fragen entschieden werden, die den Binnenmarkt betreffen oder sich mit grenzüberschreitenden Problemen befassen, wie beispielsweise der Ausbreitung von Seuchen.

Europäische Regelungen sind in den Teilbereichen sinnvoll, in denen die nationalen Gesundheitssysteme unzureichend aufeinander abgestimmt sind, so dass es ohne Tätigwerden der Europäischen Union zu unnötigen Wanderungshemmnissen oder Wanderungsanreizen kommen könnte. Sie sind auch zweckmäßig zur Vermeidung negativer externer Effekte durch ansteckende Krankheiten. Dazu wäre beispielsweise sicherzustellen, dass die Mitgliedsstaaten Schutzimpfungen durchsetzen, um die Ausbreitung von Krankheiten über die Landesgrenzen hinweg zu vermeiden. Die Verhinderung der Marktmacht von Leistungserbringern erfordert keine spezifischen gesundheitspolitischen Regelungen. Hier genügt das allgemeine europäische Wettbewerbsrecht.

Problematisch ist das Nebeneinander von nationaler Zuständigkeit für die Sozialsysteme bei gleichzeitiger europäischer Zuständigkeit für die Grundregeln des Wettbewerbs und des Binnenmarktes, weil beide Ebenen auf das Gesundheitssystem einwirken. Dadurch lassen sich die beiden Aufgaben nicht immer trennscharf abgrenzen, und es gibt immer wieder politische Interessen, die europäischen Kompetenzen auszuweiten. Das führt zu Rechtsunsicherheit und einem fortwährenden Bedarf an Interpretation des Europäischen Rechts im Gesundheitssektor durch den Europäischen Gerichtshof. Befriedigende Lösungen lassen sich letztlich nur finden, wenn die nationalen Regierungen ihre Systeme besser aufeinan-

---

[1] Europäische Kommission (2006), S. 4.
[2] Europäische Kommission (2006), Abs. (34), S. 19.

der abstimmen oder so verändern, dass die Hindernisse für grenzüberschreitende Leistungen und europaweit tätige Versicherungen abgebaut werden.

Wie die Gesundheitssysteme innerhalb Europas bei freiem Dienstleistungsverkehr und bei Freizügigkeit von Personen aufeinander abgestimmt werden können, wie ein offener europäischer Binnenmarkt die Finanzierung des Gesundheitssektors beeinflusst, welche nationalen Regelungen für die Zukunft notwendig sind – diese Fragen werden zunehmend relevant. Bislang haben die Mitgliedsstaaten die nationale Zuständigkeit betont. Der Hauptgrund liegt darin, dass sie eigenständig über das Niveau der sozialen Mindeststandards bestimmen wollen. Das ist insoweit nachvollziehbar, als von den umlagefinanzierten Krankenversicherungen regelmäßig Umverteilungsaufgaben wahrgenommen werden. Dabei wird leicht übersehen, dass ihre wichtigste Aufgabe darin besteht, die Bürger gegen das Risiko hoher Gesundheitsaufwendungen zu schützen, also eine Versicherungsleistung zu erbringen.

Wie innerhalb der nationalen Systeme ließe sich ein Teil der Abstimmungsprobleme auch grenzüberschreitend sehr viel leichter lösen, wenn die beiden Funktionen der umlagefinanzierten Krankenversicherungssysteme – Umverteilung und Absicherung von Risiken – getrennt behandelt würden, wie es in kapitalgedeckten Systemen der Fall ist. Das ist aber noch ein langer Weg, weil bislang noch nicht einmal einzelne Mitgliedsstaaten konsequent in diese Richtung gehen.

In Europa beginnt man gerade erst, sich mit den Auswirkungen und möglichen Problemen des Nebeneinanders verschiedener Gesundheitssysteme zu befassen. Das Nebeneinander unterschiedlicher Aufgaben innerhalb der Systeme wird noch gar nicht thematisiert. Es muss jedoch zukünftig genauer abgegrenzt werden, in welchen Bereichen die europäischen Staaten gemeinsam tätig werden, wo konkrete Vereinbarungen und Abstimmungen erforderlich sind und in welchen Bereichen weiterhin ausschließlich die Mitgliedsstaaten die alleinige Regelungskompetenz haben sollten.

Die Europäische Union kann für die nationalen Gesundheitssysteme durchaus eine Chance bieten, Ineffizienzen zu beseitigen und Probleme zu lösen. Das Schwergewicht liegt dabei in einer besseren Koordinierung der nationalen Gesundheitssysteme mit dem Ziel, die freie Arbeitsplatzwahl und grenzüberschreitende Dienstleistungen in Europa zu erleichtern. Daneben kann ein intensiver Informationsaustausch zwischen den Mitgliedsstaaten dazu beitragen, den Wettbewerb zu stärken. Das könnte den Anstieg der Kosten begrenzen, die Qualität der Leistungen erhöhen und helfen, die demographischen Probleme abzumildern und die soziale Absicherung in den Umlagesystemen effektiver zu gestalten.[3]

---

[3] Zwar finanzieren einige europäische Länder wie beispielsweise Großbritannien und Irland ihre Gesundheitssysteme über Steuern. Dennoch existieren in diesen Systemen dieselben Probleme hinsichtlich der sozialen, demographischen und Beschäftigungswirkung wie in Umlagesystemen, in denen einkommensabhängige Beiträge erhoben werden. Auch bei der Steuerfinanzie-

I. Regelungskompetenzen klar zuordnen

Zwischen den Mitgliedsstaaten und der Europäischen Union ist noch nicht eindeutig geklärt, ob das Gesundheitswesen vorrangig unter die allgemeinen Regeln des Binnenmarktes oder in den Ausnahmebereich der Daseinsvorsorge und der „Dienstleistungen von allgemeinem wirtschaftlichen Interesse" (Services of general economic interest) fallen soll. Nach dem augenblicklichen Stand der Diskussion überwiegt die Auffassung, das Gesundheitswesen sei nicht den üblichen Dienstleistungen zuzurechnen. Deshalb wurden die Gesundheitsdienstleistungen wie vom Europäischen Parlament gefordert und vom Europäischen Rat bestätigt in einem Gemeinsamen Standpunkt am 24. Juni 2006 aus dem Entwurf einer „Richtlinie über Dienstleistungen im Binnenmarkt" (Dienstleistungsrichtlinie) herausgenommen. In der Endfassung der Dienstleistungsrichtlinie werden die Gesundheitsdienstleistungen und pharmazeutischen Dienstleistungen explizit als Ausnahmebereiche erwähnt. Zurzeit arbeitet die Europäische Kommission an einer eigenständigen Gesundheitsrichtlinie, für die bislang nur sehr allgemeine Ziele für das Gesundheitswesen formuliert wurden.

Unabhängig von dieser Diskussion und den Bemühungen um eine spezielle Richtlinie werden europarechtliche Freizügigkeits- und Wettbewerbsregelungen auf das Gesundheitswesen im Binnenmarkt angewendet – soweit die Ziele des Gesundheitswesens nicht als gefährdet angesehen werden. Mit dieser Einschränkung hat sich der Europäische Gerichtshof bei seinen Entscheidungen zum Gesundheitswesen von der Idee des freien Wettbewerbs in Europa leiten lassen. Der Europäische Gerichtshof geht dabei von den bestehenden Gesundheitssystemen aus und wägt die Interessen der Versicherten und der Leistungsanbieter mit dem gesellschaftlichen Interesse an funktionsfähigen nationalen Gesundheitssystemen ab.[4]

Die interessante Frage ist, ob der hierbei auftretende Konflikt zwischen einem effizienzsteigernden Wettbewerb und dem Anliegen der Umverteilung im Interesse der sozialen Absicherung entschärft werden kann. Gegenwärtig werden diese beiden Ziele in fast allen Gesundheitssystemen parallel verfolgt – mit unbefriedigenden Ergebnissen bei beiden Zielen. Die Frage nach Möglichkeiten einer stärkeren Trennung der Dienstleistungs- und der Umverteilungsfunktion im Gesundheitswesen hat deshalb einen so hohen Stellenwert.

---

rung sorgen die Generationen nicht durch Kapitaldeckung für ihre eigenen Gesundheitsrisiken vor, sondern es findet eine Umverteilung zwischen alt und jung statt.
[4] Vgl. Donges et al. (2007).

1. Der Mindestleistungskatalog ist Ländersache

Es liegt nicht in der Kompetenz der Europäischen Union, die nationalen Gesundheitssysteme zu harmonisieren und eine einheitliche europäische Gesundheitspolitik zu implementieren, denn gegenwärtig sind die Gesundheitsleistungen mit vielfältigen Sozialleistungen verwoben. Solange diese Verquickung besteht, werden die Mitgliedsstaaten sich nicht auf ein gemeinsames Gesundheitssystem verständigen können.

Bei den Sozialleistungen gibt es erhebliche Unterschiede innerhalb Europas. Schon aufgrund der großen Wohlstandsunterschiede in den Mitgliedsstaaten der Europäischen Union gehen die Möglichkeiten und Vorstellungen beispielsweise über eine angemessene soziale Mindestsicherung in den einzelnen Ländern weit auseinander. Die Spanne der Sozialleistungen zwischen dem untersten und dem obersten Niveau wäre nicht überbrückbar.[5]

Die Gründe für unterschiedliche Sozialstandards liegen nicht nur in den unterschiedlichen Einkommens- und Wohlstandsniveaus, sondern zu einem großen Teil in den Preisunterschieden der lokalen Güter, namentlich der Güter, die einen hohen Anteil an Bodennutzung enthalten, wie die Mieten. Bei den Wohnkosten ist es schon innerhalb der Mitgliedsstaaten unumgänglich, die sozialen Mindestleistungen zwischen den Kommunen zu differenzieren. Dieser Differenzierungsbedarf ist über die nationalen Grenzen hinweg noch erheblich größer. Die Unterschiede in den lokalen Kosten (Standortkosten) und in den nationalen Wohlstandsniveaus der Mitgliedsstaaten erfordern unterschiedliche soziale Standards und Instrumente.

Die unterschiedlichen Sozialstandards schlagen sich selbstverständlich auch in unterschiedlichen Mindestleistungskatalogen der Gesundheitssysteme und in den notwendigen Leistungsbeschränkungen nieder. Damit unterscheidet sich der Umfang der Leistungen, die in einem Mitgliedsstaat mindestens zu versichern sind, um zu vermeiden, dass Kosten der Gesundheitsleistungen im Schadensfall im Rahmen der sozialen Absicherung auf die Gesellschaft abgewälzt werden.

Eine theoretisch interessante Option könnte darin bestehen, die Verantwortung für den Mindestleistungskatalog von den nationalen Regierungen an die Europäische Kommission zu delegieren. Die Kommission müsste dann eigentlich am unteren Ende der Mindestleistungen ansetzen, weil sonst einzelne Mitgliedsstaaten in finanzielle Schwierigkeiten gerieten. Das hätte möglicherweise den Charme, dass die meisten Mitgliedsstaaten großzügiger sein könnten, indem sie in ihrem Land über den europäischen Mindeststandard hinausgingen, zugleich aber erforderliche Rationierung leichter durchsetzbar würde. Allerdings bleibt zu beachten, dass die Bürger zumindest in der Ausgangssituation mit den bestehenden nationalen Leistungsstandards vergleichen werden, wenn wohlhabende Länder versuchen sollten, ihre Standards an das geringere Mindestniveau anzupassen.

---

[5] Vgl. Donges et al. (1996).

Falls überhaupt ein Versuch unternommen würde, einheitlich Mindestleistungen festzulegen, ist jedoch realistischerweise damit zu rechnen, dass ein durchschnittlicher Standard angestrebt würde, vermutlich aber sogar ein Standard an der Obergrenze. Ein durchschnittlicher europaweit festgelegter Mindestleistungskatalog würde in einigen Mitgliedsstaaten selbst für unterstützungsbedürftige Personen als nicht ausreichend angesehen. Für andere Staaten wäre ein solcher Katalog zu umfangreich und nicht bezahlbar. Höhere Standards würden in diesen Ländern nur akzeptiert, wenn die Europäische Union einen Teil der Kosten übernähme. Alle Versuche der Europäischen Union, auf einheitliche Mindestleistungen der Krankenversicherungssysteme zu drängen, würden den Ruf nach Ausgleichszahlungen provozieren. Damit würde die Europäische Union gegen das Prinzip verstoßen, wonach die Verantwortung für die Sozialpolitik in den Händen der Nationalstaaten liegt. Eine zentral festgelegte einheitliche Mindestsicherung ist aus diesen Gründen keine realistische Alternative.

Es gibt keinen Zweifel, dass eine obligatorische Mindestversicherung in jedem Mitgliedsstaat so niedrig anzusetzen ist, dass die weit überwiegende Anzahl der Bürger die dafür erforderlichen Beiträge bzw. Prämien aufbringen kann und dass der Staat nicht überfordert wird, die sich dadurch ergebenden Aufwendungen für die soziale Mindestsicherung zu tragen. Aber es gibt auch wenig Zweifel daran, dass die zuständigen Politiker die für Begrenzungen notwendigen Entscheidungen möglichst nicht treffen und verantworten wollen. Diese Entscheidungen fallen besonders schwer, weil ein erheblicher Teil der Versicherten die Kosten der Versicherung nicht voll oder gar nicht tragen muss und somit an umfassenden Leistungen interessiert ist. Deshalb werden regelmäßig umfangreiche Leistungen für alle Bevölkerungsgruppen versprochen, obwohl sie nicht finanzierbar sind – bis hin zur bestmöglichen Gesundheitsversorgung für alle. Nirgends fällt es schwerer als im Gesundheitswesen, Unterschiede in der Behandlung der Bürger zu akzeptieren. Dann muss auf andere Formen der Rationierung wie Kapazitätsbeschränkungen, Zulassungsbeschränkungen, feste Budgets für bestimmte Leistungen oder Preisregulierungen zurückgegriffen werden.

Man kann davon ausgehen, dass es noch lange unterschiedliche Mindestleistungen in den Mitgliedsstaaten der Europäischen Union geben wird. Selbst wenn die nationalen Mindestleistungskataloge klar definiert würden und nicht mit Eingriffen in das Preissystem und Mengenbeschränkungen gearbeitet werden müsste, blieben vielfältige Abstimmungsprobleme, beispielsweise im Falle der Wanderung. Doch die Leistungen ließen sich dann im Wettbewerb erstellen und die Effizienz der Systeme könnte stark verbessert werden. Wird dagegen versucht, die unumgängliche Begrenzung der Leistungen über Fest- und Höchstpreise, Budgetbeschränkungen oder Wartezeiten zu begrenzen, lässt sich die Effizienz des Gesundheitswesens weder national noch auf europäischer Ebene durch mehr Wettbewerb verbessern.

Je mehr Mitgliedsstaaten diesen Weg gehen, desto wirksamer wird auch der internationale Wettbewerb zum Vorteil der Versicherten. Auf dem Weg dorthin können einzelne Länder unterschiedliche Schritte gehen und im Sinne eines best practice von den jeweils anderen Ländern lernen. Aber auch wenn die Leistungserbringung im Gesundheitssystem und die Umverteilung getrennt sind und jedem Bürger ein Mindesteinkommen garantiert wird, aus dem er die Prämie für eine angemessene Krankenversicherung zahlen kann, bleibt es Aufgabe der nationalen Politik, den Mindestleistungskatalog zu definieren oder die Gesundheitsleistungen auf andere Weise zu begrenzen. Dabei ist es jedem Mitgliedsstaat unbenommen, sich an anderen Staaten zu orientieren.

2. Grenzüberschreitender Wettbewerb als europäische Aufgabe

Prinzipiell gelten in Europa für den gesamten Binnenmarkt die Wettbewerbs- und Freizügigkeitsregelungen. Dabei spielt es grundsätzlich keine Rolle, ob private oder öffentliche Unternehmen oder öffentlich-rechtliche Institutionen auf den entsprechenden Märkten agieren: Die Wettbewerbsregeln gelten für jede wirtschaftliche Tätigkeit. Nach Artikel 86, Absatz 2 des EG-Vertrages können aber „Dienstleistungen von allgemeinem wirtschaftlichen Interesse" vom Wettbewerb ausgenommen werden, wenn nachgewiesen werden kann, dass die Durchführung dieser Dienstleistung im freien Wettbewerb nicht möglich ist. Zu denken ist beispielsweise an positive Nebenwirkungen (externe Effekte) auf die Gesamtgesellschaft, die einem privaten Unternehmen nicht über das Preissystem entgolten werden. Solche Leistungen würden in einem privaten Unternehmen unterbleiben oder nur unzureichend erbracht, wenn sie nicht durch Steuervergünstigungen oder staatliche Zuschüsse gefördert würden. Kriterium seitens der Europäischen Union ist allerdings nicht eine logische Unmöglichkeit der Bereitstellung der Leistungen durch privatwirtschaftliche Unternehmen, sondern lediglich eine Unzumutbarkeit der Aufgabenerfüllung nach wirtschaftlichen Kriterien. Unzumutbarkeit und wirtschaftliche Kriterien sind allerdings dehnbare und politisch auslegbare Begriffe.

Auch die Formulierung „Dienstleistungen von allgemeinem wirtschaftlichen Interesse" stellt keine eindeutige Definition dar. Laut EU-Vertrag muss es sich um marktbezogene Tätigkeiten handeln, die im Interesse der Allgemeinheit erbracht und von den Mitgliedsstaaten mit besonderen Gemeinwohlverpflichtungen verbunden werden.[6] Der Europäische Gerichtshof hat festgelegt, dass die nationalen Regierungen selbst definieren können, was unter Allgemeininteresse zu verstehen ist. Die Regierungen haben somit einen weiten Beurteilungsspielraum. Aus wirtschaftspolitischer Sicht ist dieser weite Spielraum nur bedingt sinnvoll, denn er birgt die Gefahr, dass mehr Bereiche als erforderlich vom Wettbewerb ausge-

---

[6] Vgl. Kommission der Europäischen Gemeinschaften (2003), Artikel 17.

schlossen werden. Die Nationalstaaten könnten mit diesen Ausnahmeregelungen nationale Märkte gegen die internationale Konkurrenz abschirmen sowie öffentlich-rechtliche Institutionen erhalten, obwohl die Leistungen von privaten Unternehmen im Wettbewerb effizienter erbracht werden könnten.

Gerade die Qualitätssicherung im Gesundheitswesen, die flächendeckende Versorgung und die Versorgung aller Schichten der Bevölkerung werden als hochempfindlich und schutzbedürftig angesehen. Trotzdem ist immer die Frage zu stellen, ob nicht die Effizienz der Märkte mit Qualitätsvorgaben und Kontrollen kombiniert werden kann.

Der Ansatz, die Wettbewerbsregeln in der Europäischen Union auf wirtschaftliche Tätigkeiten anzuwenden, unabhängig davon, ob die Tätigkeit von einem privaten oder öffentlichen Unternehmen oder auch von einer anderen öffentlich-rechtlichen Institution erbracht wird, ist sinnvoll und sollte auch im Gesundheitswesen weiter verfolgt werden. Damit lässt sich einigermaßen deutlich unterscheiden zwischen wirtschaftlichen Tätigkeiten einerseits, die gegen Entgelt auf Märkten erbracht werden können – gegebenenfalls korrigiert um eine Förderung oder Abgabe im Fall externer Effekte – und staatlichen Tätigkeiten andererseits, die mit Umverteilungswirkungen verbunden sind und voraussetzen, dass Pflichtbeiträge oder steuerähnliche Abgaben erhoben werden können. Grundsätzlich ist diese Unterscheidung im EU-Vertrag und in den Entscheidungen des Europäischen Gerichtshofs angelegt. Die Sicherstellung des grenzüberschreitenden Wettbewerbs und die Wahrung der Freizügigkeitsregelungen sind eindeutig dem Kompetenzbereich der Europäischen Union zuzuordnen – auch im Gesundheitswesen.

II. Handlungsrahmen der Europäischen Union

In den europäischen Gesundheitssystemen schränken Regulierungen wie Festpreise, Werbeverbote oder Niederlassungsbestimmungen den Wettbewerb der Leistungserbringer deutlich ein. Gleichzeitig wird die Finanzierungsseite in den Umlageverfahren mit sozialpolitischen Aufgaben belastet. Privatwirtschaftliche Anbieter stoßen nahezu überall auf Beschränkungen. Daraus ergeben sich nicht nur nationale Wettbewerbshemmnisse – noch stärker sind international agierende Akteure in ihren grenzüberschreitenden Aktivitäten eingeengt.

1. Grenzüberschreitende Leistungsinanspruchnahme durch Patienten

Bezüglich der Inanspruchnahme medizinischer Dienstleistungen im europäischen Ausland ist die Rechtsprechung des Europäischen Gerichtshofs insofern eindeutig, als hier wiederholt auf den freien Verkehr von Dienstleistungen verwiesen und dabei für das Gesundheitswesen generell keine Ausnahmen akzeptiert wurden. Nach europäischer Rechtsprechung müssen die inländischen Finanzträger der Krankenversicherungen die Kosten der im Ausland in Anspruch genommenen Leistungen übernehmen – unabhängig davon, ob das Gesundheitssystem auf einem Kostenerstattungs- oder einem Sachleistungsprinzip beruht. Grundsätzlich erhalten die Versicherten im Ausland Sachleistungen im Umfang der dort üblichen Normalversorgung. Der Träger, der die Leistungen im Ausland bereitstellt und vorübergehend finanziert, hat den Versicherten so zu behandeln, als wäre dieser bei ihm versichert.[7] Der zuständige inländische Träger muss dem ausländischen die Kosten nachträglich erstatten.

Ambulante Leistungserbringung

Bereits 1998 entschied der Europäische Gerichtshof in den Urteilen Kohll und Decker[8], dass ambulante medizinische Leistungen vollständig unter die Regeln der Waren- und Dienstleistungsfreiheit fallen. Im Jahr 2003 folgte ein Urteil, das dies ebenso für Heilkuraufenthalte festschrieb.[9] Laut Europäischem Gerichtshof verletzt eine nationale Regelung, die die Kostenerstattung an eine vorherige Genehmigung knüpft, die Waren- und Dienstleistungsfreiheit. Allerdings haben Krankenversicherte keinen Anspruch auf die Kostenerstattung für eine Leistung, die nicht im Leistungskatalog des zuständigen inländischen Finanzträgers enthalten ist.[10] Die Versicherung des Versicherten muss die anfallenden Kosten vollständig übernehmen, soweit die Leistungen in ihrem Leistungskatalog enthalten sind, selbst wenn diese im Ausland höher sind. Umgekehrt hat der Versicherte bei ambulanten Leistungen kein Recht darauf, die Kostendifferenz ausgezahlt zu bekommen, falls die Leistungen im Ausland kostengünstiger sind.

Diese Regelungen eröffnen Patienten zusätzliche Wahlmöglichkeiten bezüglich der medizinischen Leistungserbringung. Sie stärken den grenzüberschreitenden Wettbewerb und könnten dadurch langfristig die Qualität medizinischer Leistungen verbessern und die Kosten senken. Deshalb müssen sie nicht nur beibehalten, sondern erweitert werden. Notwendig ist eine Änderung der gegenwärtigen Praxis, dass dem Versicherten die vollen Kosten einer Behandlung im Ausland erstattet werden. Vielmehr sollte hier die Regelung eingeführt werden, dass Patienten die Kosten nur in der Höhe erstattet bekommen, in der sie im Inland für diese Behandlung angefallen wären.

Ärztliche Leistungen und andere Gesundheitsdienstleistungen werden nach wie vor weit überwiegend in der Nähe des Wohnstandorts in Anspruch genom-

---

[7] Vgl. Tiemann (2007), S. 415.
[8] Vgl. EuGH, Rs. C-120/95 vom 28.4.1998 (Decker); EuGH, Rs. C-158/96 vom 28.4.1998 (Kohll).
[9] Vgl. EuGH, Rs. C-8/02 vom 10.7.2003 (Leichtle).
[10] Dies geht aus dem Urteil des EuGH im Fall Geraets-Smits/Peerbooms (Rs. C-157/99 vom 12.7.2001) hervor.

men. Aber mit dem Abbau der nationalen Grenzen nehmen mehr Versicherte das Angebot in anderen Ländern wahr, sei es weil die Kosten dort niedriger sind, sei es weil Spezialisten aufgesucht werden oder weil die Wartezeiten im eigenen Land zu lang erscheinen. Dafür ist es notwendig, dass Patienten Informationen über das Angebot der Leistungserbringer erhalten. Diese Informationen können – und sollten – von den Leistungsanbietern oder Versicherungen selbst oder von durch sie beauftragten und finanzierten Dritten bereitgestellt werden. Grenzen setzt das Werbeverbot für Ärzte, das beispielsweise in Deutschland existiert. Deshalb sollte geprüft werden, wie mehr Informationen über Ärzte zur Verfügung gestellt werden können und ob das existierende Werbeverbot gelockert werden sollte. Wichtig sind auch leicht zugängliche Informationen darüber, welche Leistungen im Leistungskatalog der inländischen Versicherung enthalten sind.

Stationäre Leistungserbringung

Hinsichtlich der stationären Leistungen sind die europarechtlichen Bedingungen für die Versicherten restriktiver. Im Fall Geraets-Smits/Peerbooms entschied der Europäische Gerichtshof, dass die bereits in der Verordnung 1408/71 kodifizierte Auflage der vorherigen Genehmigung seitens der Versicherung gilt, um „im Inland eine ständig ausreichende Zugänglichkeit eines ausgewogenen Angebots qualitativ hochwertiger Krankenhausversorgung zu gewährleisten."[11] Erteilt die Versicherung diese Vorabgenehmigung, muss sie die anfallenden Kosten tragen. Ist die Behandlung im Ausland kostengünstiger, muss dem Versicherten der Differenzbetrag ausbezahlt werden.

Dahinter steht die Befürchtung, dass die in einem Mitgliedsstaat vorgehaltene Gesundheitsinfrastruktur, insbesondere die Krankenhäuser, auf einen zu geringen Auslastungsgrad abgleiten könnten, um wirtschaftlich betrieben werden zu können, wenn die Versicherten sich in anderen Ländern stationär behandeln lassen. Angesichts der Zunahme privat betriebener Krankenhäuser in Deutschland kann man Zweifel haben, ob diese Befürchtungen berechtigt sind. Vorstellbar ist durchaus, dass es effizienter und kostengünstiger ist, die angemessene Krankenhauskapazität grenzüberschreitend im Wettbewerb zu bestimmen. Dann wäre die europaweite Inanspruchnahme stationärer Leistungen wie bei anderen Dienstleistungen ein ganz normaler Vorgang. Falls ein Mitgliedsstaat die sich ergebende Kapazität für zu gering hält, um für schwere Unglücksfälle und Katastrophen gerüstet zu sein, könnte eine gewisse Leerkapazität vorgehalten werden, die mit öffentlichen Mitteln finanziert wird.

Auch heute darf die Genehmigung einer stationären Behandlung im Ausland nur verwehrt werden, wenn die gleiche oder für den Patienten ebenso wirksame Behandlung rechtzeitig im Inland durchgeführt werden kann oder wenn die be-

---

[11] EuGH, Rs. C-157/99 vom 12. 7. 2001 (Geraets-Smits/Peerbooms).

treffende Behandlung im Ausland nicht hinreichend erprobt und anerkannt ist. Der zuständige Kostenträger muss nachträglich die Kosten erstatten, falls sich herausstellt, dass die Verweigerung einer Genehmigung nicht gerechtfertigt war.

Die Rechtsprechung lässt im Fall der stationären Versorgung allerdings wiederum Interpretationsspielräume. Beispielsweise sollte eine Engländerin ein Jahr auf das Einsetzen von zwei künstlichen Hüften warten. Der National Health Service interpretierte dies als rechtzeitige Behandlung. Aufgrund ihres Widerspruchs wurde sie nach drei Monaten erneut untersucht und sollte dann vier Monate warten. Sie ließ sich daraufhin ohne Genehmigung in Frankreich operieren und forderte eine Erstattung der Kosten. Angesichts des verschlechterten Gesundheitszustands gab ihr der Europäische Gerichtshof Recht und bezeichnete das Wartesystem des National Health Service als nicht mit dem europäischen Recht vereinbar.[12] Die Genehmigung wäre dagegen zu Recht verweigert worden, wenn die medizinische Leistung nicht im Leistungskatalog der Versicherung des Heimatlandes enthalten wäre.

Hier taucht ein Problem auf, das sich aus dem Zusammenwirken einer Behandlung im Ausland und der notwendigen Begrenzung der Gesundheitsaufwendungen in den nationalen Gesundheitssystemen ergibt. Erforderlich ist die Offenlegung der Leistungsbegrenzung, die jedoch höchst ungern vorgenommen wird. Als Ausweg werden den Bürgern prinzipiell vergleichsweise hohe Ansprüche eingeräumt, dann aber die Kapazitäten für Gesundheitsleistungen knapp gehalten, so dass es zu langen Wartezeiten kommt. Das ist durch die Entscheidung des Europäischen Gerichtshofes erschwert worden. Er hat den Versicherten die Option eingeräumt, bei unangemessenen Wartezeiten im Inland freie Kapazitäten im Ausland zu nutzen. Stellt man den Bürgern allerdings frei, wo sie sich behandeln lassen, werden die Wartezeiten als Ausgabenbremse wirkungslos. Das würde andere, offene Formen der Rationierung erzwingen, beispielsweise eine verstärkte Selbstbeteiligung der Patienten und eine Positivliste oder Negativliste für Medikamente. Eine individuelle Budgetierung von Arztleistungen und sonstigen Gesundheitsdienstleistungen im Inland oder kollektivvertragliche Leistungsbegrenzungen werden in ihrer Wirksamkeit hingegen ebenfalls stark beeinträchtigt, wenn die Inanspruchnahme medizinischer Dienstleistungen im Ausland uneingeschränkt zugelassen würde.

Da sich der Widerstand gegen eine Europäisierung und Internationalisierung der Leistungserstellung im Gesundheitsbereich am ehesten bei der stationären Behandlung begründen lässt, wird es dort besonders schwer sein, den internationalen Wettbewerb zu stärken, um eine qualitativ hochwertige Krankenhausversorgung zu gewährleisten. Eine Begründung besteht in dem so genannten Optionsnutzen von Krankenhauskapazitäten. Nach dieser These müssen Kapazitäten vorgehalten werden, die nur im Bedarfsfall oder gar Katastrophenfall genutzt

---

[12] Vgl. EuGH, Rs. C-372/04 vom 16. 5.2006 (Watts).

werden. Die Kosten der Kapazitätsvorhaltung würden nach dieser These von privaten Anbietern nicht aufgewendet, so dass es zu einer Unterversorgung im Krankenhausbereich käme. Zu dieser These ist anzumerken, dass im privaten Sektor viele Güter bereitgestellt werden, die das Vorhalten von Kapazitäten erfordern, etwa im Hotelgewerbe, bei Tankstellen und Reparaturwerkstätten. Außerdem gibt es zumindest in manchen Grenzregionen eine gute Zusammenarbeit der Krankenhäuser und Notdienste im Falle von Großunfällen. Hier kann die Europäische Union prüfen, ob es weiteren Handlungsbedarf gibt. Eine Einschränkung der Dienstleistungsfreiheit in diesem Bereich ist jedenfalls nicht mit dem Ausnahmetatbestand der Gefährdung einer „Dienstleistung von allgemeinem wirtschaftlichen Interesse" zu begründen. Im Gegenteil: Grenzüberschreitender Wettbewerb kann für Qualitätssteigerungen sorgen, die im Interesse aller europäischen Bürger liegen.

2. Niederlassungsfreiheit für medizinische Berufe weiter ausbauen

Für medizinische Berufe gelten prinzipiell das Recht der Freizügigkeit der Arbeitnehmer und das Niederlassungsrecht. Festgelegt ist dies unter anderem in den Anerkennungsrichtlinien für Ärzte[13], Zahnärzte[14] und entsprechenden Richtlinien für Tierärzte, Apotheker, Hebammen, Krankenschwestern und Krankenpflegern, in der Hochschuldiplomrichtlinie für Sozialberufe[15] sowie in der Richtlinie über die Anerkennung von Berufsqualifikationen [16].

Einer europaweit einheitlichen Ausbildung und Qualifikation von Leistungserbringern bedarf es nicht. Bei Dienstleistungsfreiheit und freier Wahl von Leistungserbringern durch Patienten ist es zwar notwendig, dass Informationen über die Qualifikation von Leistungserbringern frei zugänglich sind. Es sollte transparent werden, inwiefern Qualifikationen vergleichbar sind. Die Versicherer werden entscheiden müssen, inwiefern sie die Leistungen der unterschiedlichen Anbieter anerkennen und wertschätzen – also ob sie die Kosten erstatten und welche Preise sie zu zahlen bereit sind. Von nationalstaatlicher Seite ist allerdings dafür zu sorgen, dass die Mindestversicherungspflicht und damit ein Mindestmaß an Qualität nicht unterlaufen wird.

Der Wettbewerb der Bildungssysteme wird dafür sorgen, dass sich die effizientesten und besten Ausbildungen durchsetzen. Europaeinheitliche Regulierungen würden diesen Wettbewerb unnötig einschränken.

Nach der Richtlinie über die Anerkennung von Berufsqualifikationen ist eine dauerhafte grenzüberschreitende Dienstleistung im Aufnahmestaat anzumelden.

---

[13] z.B. Richtlinie 75/362/EWG.
[14] z.B. Richtlinie 78/686/EWG.
[15] Vgl. Richtlinie 89/48/EWG.
[16] Vgl. Richtlinie 2005/36/EWG.

Das Kontrollrecht liegt beim Aufnahmestaat. Das bedeutet, dass ein Dienstleistungserbringer den dortigen berufsständischen, berufsrechtlichen und verwaltungsrechtlichen Regeln unterliegt.

Diese Regelung entspricht dem Bestimmungslandprinzip. Dadurch kommt es in vielen europäischen Staaten de facto zu einer Einschränkung der oben genannten Rechte: Ärzte benötigen in vielen Fällen eine Genehmigung, um eine Praxis zu eröffnen, und können die Preise ihrer Dienstleistung oft nicht individuell festlegen. Sie unterliegen inländischen Kollektivverträgen und staatlich festgesetzten Preisen.

Möglich sind diese nationalen Einschränkungen des Wettbewerbs auf der Ebene der Leistungserbringer, weil bisher auf europäischer Ebene nicht eindeutig geklärt wurde, ob die Erbringung medizinischer Leistungen als „wirtschaftliche Tätigkeit" eingestuft werden kann und dem Wettbewerbsrecht unterliegt, oder ob es sich um „Dienstleistungen von allgemeinem wirtschaftlichen Interesse" handelt, bei denen Wettbewerbsbeschränkungen zulässig sind.

Die Erbringung medizinischer Leistungen unterscheidet sich vielfach nicht von anderen Dienstleistungen, die als unternehmerische Tätigkeit nach der oben genannten Definition angesehen werden. Eine Definition des Europäischen Gerichtshofes macht dies deutlich: Bezüglich der Dienstleistungsfreiheit und der Niederlassungsfreiheit wurde festgelegt, dass als Wirtschaftstätigkeit alle Leistungen gelten, die in der Regel gegen Entgelt erbracht werden. Dabei sei es nicht notwendig, dass die Dienstleistung von demjenigen bezahlt wird, dem sie zugute kommt.[17] Auch die Dreiecksbeziehung zwischen Patient, Leistungsanbieter und Kosten tragender Versicherung ändert somit nichts an der Klassifizierung der Dienstleistung.

Darüber hinaus führt der Wettbewerb zwischen Leistungserbringern nicht dazu, dass das Allgemeininteresse der Versorgung mit medizinischen Gütern und Dienstleistungen gefährdet wird. Ganz im Gegenteil: Durch den Wettbewerb sind Kosteneinsparungen sowie Qualitätssteigerungen zu erwarten. Beide Wirkungen verbessern die Versorgungsmöglichkeiten. Aus diesen Gründen sind nationale Einschränkungen der Niederlassungsfreiheit von Leistungserbringern nicht zu rechtfertigen.

Probleme kann der Wettbewerb mit sich bringen, wenn Beitragssätze und Preise staatlich reguliert sind und sich nicht an der Marktbewertung der Leistung orientieren können. Ein Beispiel dafür sind einheitlich Versicherungsbeiträge unabhängig vom zu versichernden Risiko. Unter diesen Bedingungen kann es bekanntlich zu Risikoselektion und letztlich zur Zerstörung der Versicherungen kommen.

---

[17] Vgl. EuGH, Rs C-352/85 vom 26. 4.1988 (Bond van Adverteerders).

F. Verzahnung der Gesundheitssysteme in der Europäischen Union

3. Wenige private Versicherungen: wenig Wettbewerb

Grundsätzlich können Versicherungsdienstleistungen in Europa grenzüberschreitend angeboten werden. Regelungen, die die Niederlassungs- und Dienstleistungsfreiheit auf Versicherungsmärkten einschränken, sind nach den Richtlinien für Schadensversicherungen[18] und Lebensversicherungen[19] unzulässig. Unter diese Versicherungen fallen allerdings nur die privaten Krankenversicherungen. In den Niederlanden, wo nach der jüngsten Gesundheitsreform ausschließlich private Versicherungen tätig sind, wurden ausländische Krankenversicherungen explizit als Anbieter zugelassen.

Das niederländische System ist jedoch europaweit eine Ausnahme. Die Einschränkungen des internationalen Wettbewerbs in den anderen Mitgliedsländern verstoßen nicht gegen Europarecht, da die Rechtsprechung des Europäischen Gerichtshofs die öffentlichen Finanzträger im Gesundheitssystem zu großen Teilen von den Wettbewerbsregeln ausgenommen hat:

– Gesetzliche Krankenkassen gelten nicht als Unternehmen, da sie als Anbieter von Sozialleistungen sozialen Zwecken dienen und ein System darstellen, das auf dem Grundsatz der Solidarität beruht.[20] Aus diesem Grund ist die deutsche Regelung, Versicherte innerhalb bestimmter Einkommensgrenzen einkommensabhängig der gesetzlichen Krankenversicherung zuzuordnen, nach gegenwärtiger europäischer Rechtsprechung zulässig: Versicherte können kein Recht auf freie Systemwahl einklagen.

– Gesetzliche Krankenkassen erfüllen nach Entscheidungen des Europäischen Gerichtshofs als Einkäufer medizinischer Leistungen die Kriterien für eine Freistellung vom Wettbewerb. Sie sind nach den entsprechenden Urteilen nicht als Unternehmen zu qualifizieren.[21]

Die Wettbewerbsregeln des EU-Vertrages gelten nur für Unternehmen bzw. unternehmerische Tätigkeiten. Zugrunde gelegt wird dabei ein „funktionaler Unternehmensbegriff"[22]: Als Unternehmen gilt „jede eine wirtschaftliche Tätigkeit ausübende Einheit, unabhängig von ihrer Rechtsform und der Art ihrer Finanzie-

---

[18] Vgl. Richtlinie 82/49/EWG.
[19] Vgl. Richtlinie 92/96/EWG.
[20] Vgl. EuGH, Rs C-159/91 und C-160/91 vom 17.2.1993 (Poucet).
[21] Vgl. EuGH, Rs T-319/99 vom 4.3.2003 (FENIN), sowie Entscheidungen zu den Arzneimittelfestbeträgen der deutschen Krankenversicherungsverbände EuGH, Rs C-264/01 (AOK Bundesverband, Bundesverband der Betriebskrankenkassen (BKK), Bundesverband der Innungskrankenkassen, Bundesverband der landwirtschaftlichen Krankenkassen, Verband der Angestelltenkrankenkassen e. V., Verband der Arbeiter-Ersatzkassen, Bundesknappschaft und See-Krankenkasse – Ichthyol-Gesellschaft Cordes, Hermani & Co.), Rs. C-306/01 (Mundipharma GmbH), Rs. C-354/01 (Gödecke GmbH) und Rs. C-355/01 (Intersan, Institut für pharmazeutische und klinische Forschung GmbH) vom 16.3.2004.
[22] EuGH, Rs. C-41/90 vom 23.4.1991 (Höfner und Elser).

rung". „Wirtschaftlich" definiert der Europäische Gerichtshof als „jede Tätigkeit, die darauf abzielt, Güter auf einem bestimmten Markt anzubieten".[23]

Offen ist, ob die staatlich organisierten Sozialversicherungssysteme nicht mit Teilen ihrer Aktivitäten unter diesen Unternehmensbegriff gefasst werden müssen. Die Auffassung, dass Krankenkassen als Einkäufer medizinischer Leistungen keine Unternehmenseigenschaften aufweisen, dürfte kaum zu halten sein. Es besteht faktisch kein Unterschied zu privaten Versicherungsunternehmen. Aus diesem Grund sollten die Wettbewerbsregeln auf diesen Bereich angewendet und seitens der Europäischen Union eingefordert werden. Die Bildung eines Einkaufskartells ist weder auf nationaler Ebene noch gegenüber ausländischen Anbietern zu rechtfertigen.

Anders verhält es sich bei der Finanzierung von Krankenversicherungen. Zwar ist das Angebot von Versicherungsleistungen zunächst durchaus eine unternehmerische Tätigkeit. Gleichzeitig wird in den umlage- und steuerfinanzierten Systemen aber ein Sozialausgleich angestrebt, der durch den Wechsel insbesondere einkommensstarker Versicherter zu privaten Versicherungen gefährdet würde.

Die beiden Aufgaben Versicherungsschutz gegen hohe Gesundheitsaufwendungen und Umverteilung zugunsten der Einkommensschwachen lassen sich im Rahmen des Gesundheitssystems nicht ohne erhebliche Effizienzverluste vermischen. Das Wettbewerbssystem, in dem für eine hohe Qualität der Gesundheitsleistungen zu möglichst geringen Kosten gesorgt wird, und die Umverteilung, bei der die Wohlhabenden zu Gunsten Bedürftiger mehr einbringen sollen als sie erhalten, behindern sich gegenseitig. Deshalb sollten diese beiden Funktionen getrennt werden.

Die Europäische Kommission kann Vergleiche zwischen verschiedenen Systemen anstellen und auf die Nachteile des fehlenden internationalen Wettbewerbs hinweisen. Sie kann Handlungsempfehlungen geben und Unterstützung bei Reformvorhaben anbieten, wenn sich aus ihnen ein Bedarf ergibt, die Ausgleichsregelungen zwischen den Gesundheitssystemen der Mitgliedsstaaten zu ändern. Unabhängig davon hat die Europäische Union darauf zu achten, dass der Wettbewerb zwischen privaten Versicherungen nicht verfälscht wird. Ein Beispiel für mögliche Wettbewerbsverzerrungen ist eine Quersubventionierung von Zusatzversicherungen durch Sozialversicherungsträger, die sich über Steuern und Zwangsbeiträge finanzieren. Einen Umbau der umlage- oder steuerfinanzierten Sozialsysteme vorzunehmen liegt aber nicht in der Kompetenz der Europäischen Union. Hier besteht nationaler Handlungsbedarf.

---

[23] EuGH, Rs. C-35/96 vom 18. 6. 1998 (CNDS).

III. Arbeitnehmerfreizügigkeit erleichtern

Im Folgenden sollen gesundheitsspezifische Regelungen für Arbeitnehmer diskutiert werden, die ihren Arbeits- und Wohnstandort in ein anderes Mitgliedsland der Europäischen Union verlegen. Obwohl es praktisch in allen Ländern der Europäischen Union umlagefinanzierte oder steuerfinanzierte Krankenversicherungen gibt, ist der Wechsel von Versicherten zwischen den Mitgliedsstaaten keinesfalls unproblematisch.

1. Wanderung zwischen den europäischen Umlagesystemen kann zu Problemen führen

Gegenwärtig besteht in den Mitgliedsstaaten der Europäischen Union eine eindeutige Vorherrschaft der umlagefinanzierten bzw. steuerfinanzierten Krankenversicherungen. In Ländern wie Deutschland, in denen mehrere umlagefinanzierte Versicherungen tätig sind, gibt es inzwischen Erfahrungen mit dem Wechsel von Versicherten und mit institutionellen Regelungen zur Sicherung der Funktionsfähigkeit des Gesamtsystems. Aus diesen Erfahrungen lässt sich ableiten, dass arbeitsplatzbedingte und autonome Wanderungen in Europa erhebliche Probleme in den nationalen Gesundheitssystemen auslösen können.

Da die umlagefinanzierten Systeme keinen Kapitalstock aufbauen sind sie darauf angewiesen, dass ausreichend junge, gesunde Versicherte in das System hineinwachsen und Beiträge zahlen, die höher sind als die von ihnen verursachten Gesundheitskosten. Mit diesen Überschüssen werden die Älteren und Kranken unterstützt. Falls aus einem Land insbesondere junge, gesunde Arbeitnehmer abwandern und kein Ausgleich durch eine entsprechende Zuwanderung stattfindet, müssen die Kosten der Älteren und der Kranken in umlage- und steuerfinanzierten Krankenversicherungssystemen auf weniger Beitragszahler verteilt werden. Die Beitrags- oder Steuersätze steigen. Das verstärkt tendenziell die Wanderungsbewegungen. Die Finanzierung des Umlagesystems wird gefährdet.

In einem kapitalgedeckten System hätten die zurückbleibenden Älteren und Kranken Altersrückstellungen gebildet und wären nicht davon abhängig, dass eine etwa gleich starke junge Generation in die Versicherung eintritt. Die Prämien müssten bei einer Nettoabwanderung junger, gesunder Menschen nicht erhöht werden.

Im Zuwanderungsland würden die jungen, gesunden Nettozahler ein Umlagesystem entlasten. Die Beitragssätze könnten verringert oder die Leistungen erhöht werden. In der Regel geschieht letzteres. Es ist aber ungewiss, ob die verbesserten Leistungen durchgehalten werden können, wenn die Zuwanderungsgeneration die erhöhten Leistungen im Alter in Anspruch nehmen möchte. Solche Unsicherheiten werden in einem kapitalgedeckten System vermieden, weil die jungen Zuwanderer einen Kapitalstock aufbauen, der dieser Generation im Alter zur Verfügung steht.

Durch Wanderungen ausgelöste Finanzierungsprobleme in den Umlagesystemen erfordern Anpassungen, die wiederum dazu führen, dass sich die Wanderungsanreize verstärken. Ein hoher Wanderungssaldo junger, gesunder Menschen kann das Finanzierungssystem im Abwanderungsland in eine Krise stürzen und die verbleibenden Bürger stark belasten. Umgekehrt wird das Zuwanderungsland durch hohe Beitragseinnahmen im Vergleich zu den Gesundheitsaufwendungen noch attraktiver. Es kommt zu Risikoselektion. Dass diese Selbstverstärkungsprozesse bislang noch nicht zu größeren Krisen geführt haben liegt vor allem daran, dass der Wechsel der Versicherung über die Landesgrenzen regelmäßig mit einem Umzug und einem Arbeitsplatzwechsel verbunden ist. Im Grunde besteht aber das gleiche Problem wie innerhalb Deutschlands, wo die gesetzlich Versicherten zwischen verschiedenen umlagefinanzierten Krankenkassen wechseln können.

Theoretisch können die unerwünschten Folgen eines Versicherungswechsels durch jährliche Ausgleichszahlungen zwischen den Umlagesystemen vermieden werden, die sich nach der Risikostruktur richten. Die Zahlungen müssten ähnlich berechnet werden wie im Rahmen des Risikostrukturausgleichs zwischen den gesetzlichen Krankenkassen in Deutschland. Im oben angeführten Beispiel würde das Gesundheitssystem des Abwanderungslandes jährliche Ausgleichszahlungen aus dem Gesundheitssystem des Zuwanderungslandes erhalten, so dass die Beiträge nicht aufgrund von Abwanderungen erhöht werden müssten. Aber abgesehen von internationalen Abstimmungsschwierigkeiten und unterschiedlichen Leistungskatalogen sind die Nachteile des Risikostrukturausgleichs so gravierend, dass dieser Weg nicht beschritten werden sollte.

Es bleibt aber dabei, dass Umlagesysteme sehr wanderungsempfindlich sind. Wenn es bislang zwischen den nationalen Versicherungssystemen nicht zu größeren Verwerfungen gekommen ist, heißt das nicht, dass die Probleme der Risikoselektion nicht sehr schnell auftreten können, sobald die Wanderungsintensität zunimmt. Richtig bleibt allerdings, dass der Wechsel zwischen nationalen Systemen wegen des damit verbundenen Standortwechsels erheblich aufwendiger ist als zwischen Krankenversicherungen innerhalb eines Landes.

Nicht nur aus Gründen der Effizienzsteigerung und der Qualitätsverbesserung im Gesundheitswesen erscheint es zweckmäßig, auf ein System mit privaten Krankenversicherungen und übertragbaren individuellen Altersrückstellungen überzugehen. Da diese beim Versicherungswechsel einen unmittelbaren Risikostrukturausgleich verwirklichen, werden die genannten Probleme bei einer grenzüberschreitenden Wanderungen und einem Systemwechsel vermieden. Dazu müssten beispielsweise die privaten Krankenversicherungen in Deutschland dazu übergehen, die Altersrückstellung im Falle des Wechsels eines Versicherten zu übertragen. Dann wird der Versicherungsanspruch eines Wechslers auf die Versicherung in dem anderen Land übertragen. Eine Gefährdung der Versicherungssysteme entsteht ebenso wenig wie eine Gefährdung des Kollektivs der abgebenden Versicherung beim Wechsel zwischen unterschiedlichen Versicherungen innerhalb eines nationalen Gesundheitssystems. Alternativ bieten die privaten Versicherungen gute Voraussetzungen für Lösungen mit einer europaweiten Geltung des Versicherungsschutzes. So könnten Arbeitnehmer eine bestehende Versicherung beibehalten, wenn sie Wohn- und Arbeitsstandort wechseln.

Realistischerweise muss davon ausgegangen werden, dass es noch über viele Jahre Umlagesysteme geben wird, die sich zudem zwischen den Mitgliedsstaaten deutlich unterscheiden. Eine der größten Schwierigkeiten ergibt sich neben der genannten Umverteilung zwischen den Generationen in Umlagesystemen aus der Umverteilung innerhalb einer Generation, die regelmäßig in Umlagesystemen eingebaut ist. Das erfordert noch komplexere Regelungen für den Wechsel von einem System in das andere, wenn sich möglichst keine Einschränkungen der Freizügigkeit ergeben und die nationalen Gesundheitssysteme nicht durch die Zu- oder Abwanderung von Versicherten in Schwierigkeiten geraten sollen.

Gegenwärtig gilt innerhalb der Europäischen Union, dass wandernde Arbeitnehmer sich in dem Land versichern müssen, in dem sie arbeiten.[24] Diese Regelung erscheint für den Status quo zunächst praktikabel, da die Beiträge zu den Sozialversicherungen bzw. die Steuerzahlungen in den meisten Fällen unmittelbar an das (Arbeits-)Einkommen bzw. die Steuerpflicht geknüpft sind. So erhalten Arbeitnehmer Leistungen aus dem System, in das sie – zumeist obligatorisch – einzahlen. Verrechnungssysteme zwischen den Versicherungssystemen der verschiedenen Länder scheinen angesichts der vergleichsweise geringen Nettowanderungen nicht erforderlich zu sein.

Unterschiedliche Mindestsicherungsniveaus in den Umlagesystemen der Mitgliedsstaaten sind ein permanenter destabilisierender Faktor. Da die Gesundheitssysteme gleichzeitig Sozial- bzw. Umverteilungsaufgaben wahrnehmen, die Beiträge also nicht dem übernommenen Gesundheitsrisiko und den zu erwartenden Gesundheitsleistungen entsprechen, kann es zu destabilisierenden Wanderungen kommen: Sozial schwache Bürger zieht es tendenziell in Mitgliedsstaaten mit starken Begünstigungen im Gesundheitssystem. Umgekehrt werden die mit den Kosten der Umverteilung Belasteten in Länder abwandern, in denen weniger umverteilt wird, in denen also weniger Sozialleistungen im Gesundheitssystem finanziert werden müssen.

In der Sozialpolitik wird von einem „race to the bottom" gesprochen. Gemeint ist damit die Neigung oder gar der Zwang, die Sozialleistungen zu verringern, weil andernfalls zu viele Menschen allein wegen der Sozialleistungen zuwandern und umgekehrt die Leistungsträger der Gesellschaft abwandern, weil sie zur Finanzierung der Sozialleistungen mit hohen Steuern belastet werden müssen.

---

[24] Ausgenommen sind Arbeitnehmer, die für weniger als zwei Jahre in einen anderen EU-Staat entsandt werden und nach Ablauf dieser Frist zurückkehren. Auch Grenzpendler sind in ihrem Arbeitsplatzland versichert, nicht in ihrem Wohnsitzland.

Für Bezieher *allgemeiner* sozialer Hilfen ist die Freizügigkeit in Europa aus diesen Gründen eingeschränkt. Arbeitnehmer und Selbständige dürfen wandern, nicht aber Empfänger sozialer Hilfen. Trotzdem lassen sich Wanderungen mit dem Ziel, günstigere allgemeine Sozialleistungen in anderen Mitgliedsstaaten zu nutzen, nicht völlig vermeiden. Der Arbeitnehmerstatus wird schon unterstellt, wenn jemand in einem anderen Land Arbeit sucht oder dort nur vorübergehend beschäftigt ist. Die Einschränkung der Freizügigkeit für Bezieher allgemeiner sozialer Hilfen dient auch dazu, die Mitgliedsstaaten daran zu hindern, die Aufwendungen (Beiträge und Steuern) für Sozialleistungen gering zu halten und darauf zu vertrauen, dass die bedürftigen Bürger gegebenenfalls in Länder mit besser ausgebauten Sozialsystemen abwandern.

Die bestehenden Einschränkungen der Freizügigkeit zielen auf die allgemeinen sozialen Hilfen, die in Deutschland überwiegend als Sozialhilfe und Arbeitslosengeld II gewährt werden. Im Fokus stehen Menschen, die ausschließlich von Sozialleistungen leben. Nicht im Blick sind die Sozialleistungen, die als Beitragsvergünstigungen in Umlagesystemen gewährt werden, die also auch Arbeitnehmern zugute kommen, wenn sie geringe Löhne erzielen. An dieser Stelle wird das Konzept durchbrochen, Wanderungen zu unterbinden, die den Zweck haben, günstigere Sozialleistungen in einem anderen Land zu nutzen. Über die Freizügigkeit der Arbeitnehmer können Sozialleistungen in umlage- bzw. steuerfinanzierten Versicherungssystemen genutzt werden. Umgekehrt können sich die Arbeitnehmer, die mit hohen Abgaben belastet werden, dieser Belastung durch Abwanderung entziehen.

Ist beispielsweise der Mindestleistungskatalog in einer umlagefinanzierten Krankenversicherung des Landes A wesentlich umfassender als der des Landes B, so sind prinzipiell auch die Beiträge in Land A entsprechend höher. Das ergibt keine Probleme, wenn die Versicherten nicht wandern. Können Versicherte dagegen ungehindert zwischen den Mitgliedsstaaten wandern und damit zwischen den Versicherungssystemen wechseln, gibt es zwei Gruppen von Menschen in Land B, die einen Anreiz haben, die höheren Leistungen in Land A in Anspruch zu nehmen. Zur ersten Gruppe gehören die Bürger, die den Beitrag ohnehin nicht zahlen können oder einen aus sozialen Gründen abgesenkten Beitrag leisten. Dieser Anreiz besteht unabhängig vom Alter des Versicherten. Zur zweiten Gruppe gehören grundsätzlich alle älteren Menschen. Sie haben in der Phase, als sie jung und gesund waren, in Land B vergleichsweise geringe Beiträge gezahlt. Wechseln sie in das System von Land A, erhalten sie erheblich höhere Gesundheitsleistungen, ohne diese Leistungen voll zu bezahlen und ohne Beiträge für die Vergangenheit nachzahlen zu müssen. Da sie in einer späteren Lebensphase in das Versicherungssystem des Landes A eintreten, zahlen sie zwar die dort üblichen höheren Beiträge. Aber sie haben in der ersten Versicherungsphase weder in Land B noch in Land A Beiträge für die höheren Leistungen gezahlt. Dieser Wanderungsanreiz in der Kranken- und Pflegeversicherung besteht auch für Arbeitnehmer, die keine Sozialhilfe in Anspruch nehmen.

Umgekehrt verlieren Arbeitnehmer aus Land A einen Teil ihrer Ansprüche, wenn sie in Land B abwandern und in das dortige Umlagesystem eintreten. Sie haben in der Anfangsphase der Versicherung für die höheren Leistungen in Land A mehr eingezahlt, als an Kosten für sie angefallen ist. In Land B entfällt aber die Möglichkeit, in der späteren Lebensphase hohe Gesundheitsleistungen zu einem vergleichsweise geringen Beitrag zu erhalten. Insoweit wird die Wanderung in solche Länder unattraktiv, die weniger umfangreiche Mindestleistungskataloge haben. Wenn beispielsweise ein Arbeitnehmer in Land B ein höheres Arbeitseinkommen erzielen kann muss er berücksichtigen, dass die gleichen Gesundheitsleistungen wie in Land A mehr kosten als bisher. Die geringeren Gesundheitsleistungen im Umlagesystem des Landes B müssten durch teure Zusatzversicherungen auf das Leistungsniveau im Land A aufgestockt werden.

Unterschiede in der Umverteilung innerhalb der umlagefinanzierten Versicherungssysteme verstärken die Wanderungsanreize der Umlagesysteme über die gesamte Laufzeit der Versicherung. Die Umverteilung bewirkt, dass die begünstigten Versicherten weniger zahlen als sie an Kosten verursachen und umgekehrt die belasteten Versicherten mehr einzahlen als für ihre Gesundheitsaufwendungen erforderlich. Die von der Umverteilung Begünstigten werden tendenziell in den Mitgliedsstaat wandern, in dem die Differenz zwischen den gewährten Ansprüchen und den dafür aufzuwendenden Beiträgen am größten ist, also in die Länder mit den höchsten Sozialleistungen. Umgekehrt haben die Versicherten, die zur Finanzierung der Sozialleistungen herangezogen werden einen Anreiz in ein Land abzuwandern, in dem diese Finanzierungsaufschläge gering sind bzw. das Umlagesystem auf niedrigem Niveau betrieben wird. Sie würden am liebsten vollständig aus dem Umlagesystem aussteigen und sich privat versichern, weil sie mehr zahlen als sie an Leistungen erwarten können.

Auch wenn es nicht gleich zu einem Wettlauf des Sozialabbaus zwischen den Mitgliedsstaaten kommt, also dem befürchteten race to the bottom, müssen die Wanderungsanreize beachtet werden, die von den Sozialkomponenten in den Umlagesystemen ausgehen. Aus diesem Blickwinkel erscheint die Begrenzung der Beiträge zur gesetzlichen Krankenversicherung in Deutschland durch die Beitragsbemessungsgrenze in einem etwas anderen Licht. Eine deutliche Erhöhung oder eine Aufhebung der Beitragsbemessungsgrenze würde den Abwanderungsdruck der Versicherten mit hohen Einkommen verstärken. Umgekehrt würde Spielraum für eine stärkere Umverteilung entstehen, mit der Folge, dass mehr Menschen angezogen werden, die davon profitieren können. Wegen der ohnehin zweifelhaften Treffsicherheit der Umverteilung im Rahmen der gesetzlichen Krankenversicherung würde eine solche Entwicklung in die falsche Richtung führen.

Unerwünschte Wanderungsanreize treten in einem System mit risikoäquivalenten Prämien und übertragbaren individuellen Altersrückstellungen nicht auf. Dies gilt erst recht, wenn die Versicherungen länderübergreifend tätig sein können und die Versicherten sich unabhängig von ihrem Wohn- und Arbeitsstandort für eine Versicherung entscheiden können. Damit ist aber noch nicht die Frage gelöst, auf welchem Niveau die Arbeitnehmer bzw. die Bürger insgesamt ihre Versicherungspflicht erfüllen sollten.

2. Herkunftsland- oder Bestimmungslandprinzip

Eine wichtige Frage ist, ob Wanderer nach den Bedingungen in ihrem Heimatland versichert bleiben können oder ob sie die Versicherungsbedingungen ihres Ziellandes erfüllen müssen. Damit unmittelbar verbunden ist die Frage, ob die bestehenden Regelungen geändert werden sollten. Zu beachten ist dabei, dass innerhalb Europas unterschiedliche nationale Sozialstandards und Mindestleistungskataloge in den Gesundheitssystemen gelten und bestehen bleiben sollten.

Gleichzeitig kann die Frage nach der zu erfüllenden Versicherungspflicht nicht unabhängig von der Frage der allgemeinen sozialen Sicherung gelöst werden. Die Entscheidung darüber, in welchem Land bzw. in welchem System der Wanderer versichert ist, hat also Einfluss darauf, welche Leistungen versichert sind und welche Sozialleistungen er in Anspruch nehmen kann.

a) Versicherung nach dem Herkunftslandprinzip

Betrachtet man die Staatsbürgerschaft eines Europäers als ausschlaggebend dafür, welcher nationalen Gemeinschaft er zuzurechnen ist, müsste ein Wanderer in seinem Herkunftsland sozialversichert bleiben. Für eine konsistente Umsetzung dieses Prinzips müssten dann aber auch die steuerlichen Regelungen angepasst werden: Der Teil der Steuern, die in das Transfersystem fließen, dürfte im Bestimmungsland nicht erhoben werden, sondern müsste weiterhin im Herkunftsland gezahlt werden. Würde der Wanderer arbeitslos und sozialhilfeabhängig, würde die Gemeinschaft des Herkunftslandes zuständig. Der Zugewanderte müsste gegebenenfalls in sein Herkunftsland zurückkehren. Durch einen Wechsel der Staatsbürgerschaft könnte ein Europäer sein Herkunftsland ändern.

Bei Geltung des Herkunftslandprinzips gäbe es keine Wanderungsanreize durch die sozialen Sicherungssysteme, denn es entfiele die Möglichkeit, günstigere Sozialleistungen im Versicherungssystem eines anderen Landes zu nutzen.

Nationale Unterschiede im Versicherungsumfang. Würde das Herkunftslandprinzip gelten, müssten wanderungswillige Versicherte keinen größeren Leistungsumfang versichern, wenn in dem Zuwanderungsland ein umfangreicherer Leistungskatalog gilt. Sie könnten den bisherigen Versicherungsvertrag unverändert fortsetzen. Dagegen wird der Einwand der Unterversicherung vorgebracht, also eines zu geringen Mindestsicherungsniveaus oder einer – nach der Definition des Bestimmungslandes – menschenunwürdigen Versorgung mit Gesundheitsleistungen. Doch wenn diese Menschen in ihrem Herkunftsland blieben, müssten sie sich ebenfalls mit diesem Leistungskatalog zufrieden geben. An ihrer Gesundheitsversorgung ändert sich also grundsätzlich nichts, sie erhalten aber die Chance auf bessere Arbeitsbedingungen und ein höheres Einkommen. Das kann auch bedeuten, dass sie sich im Bestimmungsland freiwillig und auf eigene Kosten höher versichern. Gleichzeitig haben sie die Möglichkeit, durch Stimmabgabe bei Wahlen in ihrem Herkunftsland über die Höhe des dortigen Mindestleistungskatalogs mit zu entscheiden.

Umgekehrt entstehen für wanderungswillige Arbeitnehmer keine Wanderungshemmnisse, wenn im Zuwanderungsland ein geringerer Leistungskatalog gilt, weil sie ihre bisherige Versicherung beibehalten können.

Das Herkunftslandprinzip ist problematisch. Eine konsequente Umsetzung des Herkunftslandprinzips ist aus verschiedenen Gründen problematisch. Zum einen werden die unterschiedlichen nationalen Mindestleistungsniveaus in Frage gestellt. Wie lässt sich in einem Land mit einem umfassenden Mindestleistungskatalog begründen, dass die Inländer sich daran zu halten haben, während zugewanderte Arbeitnehmer das geringere Mindestleistungsniveau ihres Herkunftslandes beibehalten können?

Wie soll beispielsweise ein Inländer behandelt werden, der vorübergehend mit seinen Eltern ins Ausland gezogen ist, dort eine Erwerbstätigkeit begonnen sowie eine Krankenversicherung mit dem dortigen Mindestleistungskatalog abgeschlossen hat und nach 20 Erwerbsjahren ins Inland zurückkehrt? Soll dieser „Rückkehrer" an die Bedingungen seines Geburtslandes gebunden sein, oder kann er den Mindestleistungskatalog aus dem Land beibehalten, in dem er mehr als 20 Jahre gelebt hat? Welche Bedingungen sollen gelten, wenn Grenzpendler ihren Wohnsitz in das Land verlegen, in dem sie arbeiten?

Die Mitgliedsstaaten mit höheren Mindestleistungskatalogen werden sich schwer tun, an der umfangreicheren Mindestversicherung festzuhalten, wenn Menschen zuwandern und sich nicht an die Mindestvorschriften halten müssen. Will man die Inländer nicht diskriminieren, ist mit dem Herkunftslandprinzip nur eine Regelung vereinbar, nach der jeder Bürger in jedem Land die Möglichkeit hat, sich nur im Umfang des niedrigsten Mindestleistungsniveaus zu versichern, das es in einem Mitgliedsstaat gibt. Selbstverständlich können auf freiwilliger Basis zusätzliche und bessere Leistungen für den Krankheitsfall versichert werden.

Diese Lösung bleibt unbefriedigend, weil sie letztlich die Zielsetzung eines Mitgliedsstaats aushöhlt, für alle Menschen einen vergleichsweise hohen Leistungsstandard zu gewährleisten. Dieser Staat könnte den eigenen Bürgern kaum erklären, warum sie vorzusorgen und sich zu versichern haben, um den in ihrem Land üblichen sozialen Mindeststandard über den Lebenszyklus selbst zu erwirtschaften, wenn Zuwanderer sich diesen Mindeststandards und der entsprechenden Versicherungspflicht nicht unterwerfen müssen. Noch problematischer wäre es, unterversicherten Zuwanderern, die in Not geraten, letztlich doch den gleichen Mindeststandard einzuräumen wie den Einheimischen.

Würde das Herkunftslandprinzip in den Gesundheitssystemen für Zuwanderer in Europa akzeptiert, müssten die Rückwirkungen für die soziale Mindestsicherung bedacht werden. Denn zunächst folgt aus dem Herkunftslandprinzip, dass Zuwanderer, die einen weniger umfangreichen Mindestleistungskatalog abgesichert haben als die Einheimischen, sich im Falle von Bedürftigkeit auch mit einer geringeren sozialen Unterstützung für Gesundheitsleistungen im Rahmen des Arbeitslosengeldes II und der Sozialhilfe zufrieden geben müssten. Denn es wäre nicht einzusehen, warum sie im Falle der Bedürftigkeit ein höheres Niveau an Gesundheitsleistungen erhalten sollten als im Falle normaler Erwerbstätigkeit, mit der sie ihren Lebensunterhalt selbst verdienen können.

Die Folge eines konsequent angewandten Herkunftslandprinzips nur im Gesundheitswesen wären unterschiedliche, nach Herkunftsland differenzierte Gesundheitsleistungen für die Hilfebedürftigen in jedem Mitgliedstaat der Europäischen Union. Parallel dazu gäbe es für die übrigen Versicherten unterschiedliche (Mindest-)Beiträge und unterschiedliche Versicherungsleistungen je nach Herkunftsland. Ein konsequent in allen Bereichen der sozialen Sicherung angewandtes Herkunftslandprinzip würde deshalb die Ausweisung eines bedürftig gewordenen EU-Bürgers in sein Herkunftsland erfordern. Auch hier stellt sich die Frage, ob eine Gesellschaft einen Mitbürger und seine Familie, die beispielsweise bereits 20 Jahre in diesem Land lebten, im Fall der Bedürftigkeit tatsächlich ausweisen möchten.

Es ist immer wieder diskutiert worden, ob die mit der Freizügigkeit verbundenen sozialen Probleme nicht durch eine Annäherung und letztlich eine Harmonisierung der Sozialstandards in Europa gelöst werden könnten. Wie in Kapitel F.I.1 erwähnt wurde in dieser Diskussion schnell deutlich, dass einer Harmonisierung der Sozialleistungen eine Vielzahl von Gründen entgegen steht. Schon aufgrund der großen Wohlstandsunterschiede in den Mitgliedsstaaten der Europäischen Union gehen die Vorstellungen über eine angemessene Mindestsicherung in den einzelnen Ländern weit auseinander. Allein der Streit darüber, ob die Sozialleistungen nach der Harmonisierung auf dem untersten, dem obersten oder einem mittleren Niveau liegen sollen, wäre nicht lösbar. Das spricht dafür, innerhalb der jeweiligen Mitgliedsstaaten auch für die Gesundheitssysteme für alle Bürger *einheitliche* soziale Mindeststandards vorzusehen, also grundsätzlich vom Bestimmungslandprinzip auszugehen.

Unterschiedliche nationale Preise für Gesundheitsleistungen. Bisher wurde unterstellt, dass die Gesundheitsleistungen in allen Mitgliedsstaaten gleich viel kosten. Das trifft auf international handelbare Güter wie medizinische Einrichtungen, Geräte und Hilfsmittel weitgehend zu. Prinzipiell müsste es auch für Arzneimittel gelten, die europaweit zugelassen sind. Hier gehen die Bestrebungen zu Recht dahin, die vielfältigen Sonderregelungen, Kartelle und Preisbindungen abzubauen, so dass sich die Arzneimittelpreise in den verschiedenen Ländern annähern.

Es gibt aber auch bei den Gesundheitsleistungen systematische Preisunterschiede, die auf lokalen Unterschieden beruhen. Zu den typischen lokalen Gütern gehören Dienstleistungen, die unmittelbar vor Ort erbracht und in Anspruch genommen werden und bei denen die unterschiedlichen lokalen Lohnniveaus sowie die lokalen Bodenrenten in die Preise und Gebühren eingehen. Welche Bedeutung lokale Güter selbst innerhalb eines Landes haben, wird an den Unterschieden der Bodenpreise in den einzelnen Kommunen deutlich. Der wichtigste Grund für unterschiedlich teure Sozialleistungen in Städten und Gemeinden sind die stark divergierenden Kosten des Wohnens. Auch das Gesundheitswesen ist darauf angewiesen, Grundstücke in den einzelnen Mitgliedsstaaten zu nutzen und Leistungen an Standorten zu erbringen, an denen die Löhne hoch sind. Innerhalb der Mitgliedsstaaten wird versucht, die regionalen und kommunalen Kostenunterschiede möglichst ohne Differenzierung der Beiträge innerhalb der Krankenversicherungen auszugleichen. Europaweit ist das nicht der Fall.

Das Herkunftslandprinzip würde die bestehenden Möglichkeiten einschränken, lokale Kosten- und Preisunterschiede zwischen den Mitgliedsstaaten zu berücksichtigen. Will man Zuwanderer nicht ausweisen, würden sie dennoch prinzipiell auf die geringere soziale Absicherung im Herkunftsland verwiesen. Sie müssten aber mit den höheren heimischen (lokalen) Kosten im Wohnland zurechtkommen und so gegebenenfalls mit geringeren Gesundheitsleistungen zufrieden sein als im Herkunftsland. Das reale Existenzminimum und die Mindestversorgung im Krankheitsfall wären unterschiedlich für Einheimische und Zugewanderte – auch wenn der Zugewanderte schon viele Jahre im gleichen Land lebt. Solche Unterschiede zwischen Zuwanderern und Einheimischen dürften kaum durchzuhalten sein.

b) Versicherung nach dem Bestimmungslandprinzip

Die Staaten der Europäischen Union haben sich gegen die Härte des Herkunftslandprinzips bei Wanderungen in ein Land mit höheren Sozialstandards und die Ungleichbehandlung der in einem Land lebenden Bürger entschieden und grundsätzlich das Bestimmungslandprinzip eingeführt.

Allerdings ist auch das Bestimmungslandprinzip mit Problemen verbunden und muss in seiner bestehenden Form modifiziert werden, um unerwünschte Wanderungsfolgen in den umlage- und steuerfinanzierten Systemen abzumildern oder zu vermeiden. Wanderungsanreize durch höhere Vergünstigungen oder stärkere Belastungen in Folge der Umverteilung sowie ihre destabilisierenden Wirkungen auf die Versicherungssysteme sollten verhindert werden.

Ein europaweiter Risikostrukturausgleich unter Einbeziehung aller umlagefinanzierten Versicherungssysteme einschließlich der steuerfinanzierten kann nicht in Betracht kommen. Wenn es überhaupt Ausgleichszahlungen geben sollte, müssten diese sehr viel einfacher und pauschaler sein. Im Falle erheblicher Wanderungsungleichgewichte könnte man sich eine einmalige pauschale Ausgleichszahlung vorstellen, mit der die Veränderung der Altersstruktur grob korrigiert wird. Viel wahrscheinlicher sind aber indirekte Eingriffe wie europäische Strukturprogramme für Mitgliedsländer und Regionen mit einer starken Abwanderung junger Menschen.

Eine andere wichtige Option, die Wanderungsanreize aufgrund unterschiedlicher Gesundheitssysteme zu verringern, besteht darin, die Umverteilung in das allgemeine Transfersystem auszugliedern und in dem jeweiligen Umlagesystem eine einheitliche Gesundheitspauschale als Beitrag zu verlangen. Mit der Konzentration der sozialen Absicherung im allgemeinen Transfersystem könnte die Beschränkung der Freizügigkeit für Bezieher von Sozialleistungen effektiver gestaltet werden, weil der Umweg über ein Arbeitsverhältnis weniger attraktiv wäre.

Wanderungen zwischen zwei Staaten mit kapitalgedeckten Systemen. Kapitalgedeckte Versicherungssysteme werden durch einen Wechsel der Versicherten zwischen den Mitgliedsstaaten ebenso wenig gefährdet wie durch den Wechsel zwischen einzelnen Versicherungen. Was für die Versicherungen unproblematisch ist, kann aber problematisch für die Versicherten sein: Werden Mindestleistungskataloge für kapitalgedeckte Systeme auf nationaler Ebene festgelegt und gilt das Bestimmungslandprinzip, muss der Mindestversicherungsumfang eines europäischen Bürgers bei Verlagerung seines Wohnsitzes in ein anderes europäisches Land dem Mindestleistungskatalog des neuen Landes entsprechen.

Dies ist unproblematisch, wenn ein Arbeitnehmer aus einem Land mit einem umfassenden Mindestleistungskatalog in ein Land mit einem weniger umfangreichen Mindestleistungskatalog wandert und individuelle Altersrückstellungen übertragen werden. Der Arbeitnehmer kann den umfangreicheren Versicherungsschutz beibehalten. Versichert sich der Arbeitnehmer dagegen nach dem Mindestleistungskatalog des Bestimmungslandes, kann ein Teil seiner individuellen Altersrückstellungen dazu verwendet werden, die Versicherungsprämie zu verringern oder die Versicherungsleistungen aufzustocken.

Schließt der Arbeitnehmer eine Versicherung mit der weniger umfangreichen Mindestleistung im Zuwanderungsland ab und möchte er später in das Herkunftsland zurückkehren, müsste er dort wegen des höheren Mindestleistungsumfangs eine höhere Prämie in Kauf nehmen als die Mitglieder seiner Kohorte.

Aufgrund der unterschiedlichen Leistungskataloge wären seine individuellen Altersrückstellungen nicht ausreichend, um zu derselben Prämie versichert werden zu können. Während seiner Abwesenheit hätte er zu geringe Altersrückstellungen aufgebaut oder bestehende zur Kompensation geringerer Prämien verbraucht.

Die überproportional hohe Prämie für den Rückkehrer ist gerechtfertigt: Der wandernde Arbeitnehmer hat im Vergleich zu den anderen Versicherten seines Herkunftslandes für einige Zeit eine niedrigere Prämie gezahlt. Aber die höhere Prämie, die sich aufgrund der Mindestleistungen nach dem Bestimmungslandprinzip ergibt, kann für den Rückkehrer ein Problem darstellen, wenn er dafür nicht vorgesorgt hat. Möglicherweise würde er lieber zu der geringeren Prämie des zwischenzeitlichen Wohnsitzlandes versichert bleiben – wenn auch mit geringeren Leistungsansprüchen. Denkbar ist auch, dass er die höhere Prämie gar nicht bzw. nur bei einer massiven Einschränkung seines Lebensstandards zahlen kann.

Die hier am Fall des Rückkehrers beschriebenen Probleme gelten generell für alle Arbeitnehmer, die in ein Land wandern wollen, in dem ein höherer Mindestleistungskatalog abzusichern ist als in ihrem Herkunftsland. Nach dem Bestimmungslandprinzip gibt es nicht die Option, es bei der geringeren Absicherung zu belassen. Darin kann man ein Wanderungshindernis sehen: Übertragbare individuelle Altersrückstellungen erlauben zwar einen problemlosen Wechsel bei gleichen Versicherungsleistungen. Eine Höherversicherung hingegen kann je nach Alter und Gesundheitszustand des Wandernden mit spürbar höheren Prämien verbunden sein. Die individuellen Altersrückstellungen decken das Risiko der zusätzlich zu versichernden Leistungen nicht ab. Für diesen Teil der Leistungen müsste der Wanderer gegebenenfalls sogar einen Risikozuschlag zahlen. Denkbar ist auch, dass sich die Struktur der Leistungskataloge unterscheidet und deshalb mit einem überproportionalen Anstieg der Gesundheitsaufwendungen und der Prämie zu rechnen ist.

Für die Versicherten können das Alter und das individuelle Krankheitsrisiko ein Wanderungshemmnis sein, wenn im Zielland ein höheres Leistungsniveau abzusichern ist. Die zusätzlich entstehenden Kosten für höhere Leistungen zugunsten der wanderungswilligen Versicherten werden nicht von den Versicherten im Bestimmungsland getragen. Allerdings stehen den zusätzlichen Kosten äquivalente zusätzliche Leistungen gegenüber. Wertet man diese Kosten als Wanderungshemmnis, müssten auch Unterschiede in allgemeinen Lebenshaltungskosten und Wohnkosten als Wanderungshemmnis für diejenigen betrachtet werden, die sich ein entsprechendes Kostenniveau nicht leisten können oder wollen.

Die höheren Prämien werden für Versicherte, die in ein Land mit höheren Mindestleistungsniveaus wandern, besser tragbar sein, wenn sie ein vergleichsweise hohes Einkommen oder einen kräftigen Einkommenszuwachs erzielen. Für die jungen Zuwanderer ergeben sich zudem geringere Schwierigkeiten, weil sie wie die Einheimischen frühzeitig Altersrückstellungen für die höheren, zusätzlich versicherten Leistungen aufbauen und bereits in jungen Jahren eine entsprechend höhere Prämie zahlen. Diese Kosten bei der Wanderungsentscheidung zu berücksichtigen, ist erwünscht.

Für ältere, risikobehaftete und einkommensschwache Menschen mit erheblichen Gesundheitsrisiken hingegen werden die zusätzlichen Kosten nur schwer tragbar sein. Dennoch ist es konsequent, sie mit den Kosten für die ihnen zustehenden Leistungen zu belasten, weil es keine Anreize geben soll, sich durch Wanderung günstigere Sozialleistungen zu verschaffen. Die genannte Gruppe von Versicherten wird nicht nur überdurchschnittlich umfangreichere Gesundheitsaufwendungen in Anspruch nehmen, sondern zugleich mit größerer Wahrscheinlichkeit auf allgemeine soziale Hilfen wie die Sozialhilfe oder das Arbeitslosengeld II angewiesen sein. Grundsätzlich soll es nicht möglich sein, durch Wanderung in ein anderes Land ein leistungsfähigeres Sozialsystem zu nutzen, in das der Wanderer nicht eingezahlt hat – auch nicht mittelbar über den Umweg der Wanderung als Arbeitnehmer.

Es ist einfacher, die Wanderungshemmnisse hinzunehmen, die sich aus dem Bestimmungslandprinzip ergeben, als auf das Herkunftslandprinzip mit sehr unterschiedlichen Mindestleistungsniveaus zurückzugreifen. Darüber hinaus lassen sich die anfallenden Kosten für die Wandernden rechtfertigen, weil sie überwiegend darin bestehen, dass ein Bürger, der in ein anderes Land umziehen oder dort arbeiten möchte, für dort zusätzlich erhaltene Leistungen weder Ansprüche zu Lasten des Bestimmungslandes noch zu Lasten seines Herkunftslandes geltend machen können soll. Schließlich werden unterschiedliche Kosten der Gesundheitsleistungen in den Mitgliedsstaaten einheitlich in den Prämien berücksichtigt.

Wechsel zwischen kapitalgedeckten Systemen und Umlagesystemen. Besteht in einem Land ein umlagefinanziertes[25] und in einem anderen Land ein kapitalgedecktes Versicherungssystem, ist unter dem Bestimmungslandprinzip jede Wanderung mit einem Wechsel des Systems verbunden. Diese Konstellation ist bei Wanderungen aus und nach Deutschland bereits heute relevant, weil rund ein Zehntel der Deutschen im Kapitaldeckungssystem der privaten Krankenversicherung versichert ist. Würde die gesamte deutsche Krankenversicherung als kapitalgedecktes System mit individualisierten übertragbaren Altersrückstellungen organisiert oder das hier dargestellte Referenzmodell in einem anderen Mitgliedsstaat der Europäischen Union realisiert, käme der Regelung eines Wechsels zwischen Umlagesystem und Kapitaldeckungssystem eine noch größere Bedeutung zu.

Auch wenn die Mindestleistungen der Versicherungen im Abwanderungs- und Zuwanderungsland gleich sind, ergeben sich erhebliche Probleme aus dem Systemwechsel. Das lässt sich anhand verschiedener Fallgestaltungen zeigen.

---

[25] Im Folgenden wird der Wechsel zu/aus einem Umlagesystem betrachtet, für steuerfinanzierte Systeme gelten diese Überlegungen äquivalent.

Wandert ein Arbeitnehmer aus Land A mit einem kapitalgedeckten System nach Land B mit einem umlagefinanzierten System, so zahlt er statt der bisherigen risikoabhängigen Prämie einen einkommensabhängigen Beitrag. War der Wechsler von Anfang an in der kapitalgedeckten Versicherung, hat er dort eine durchschnittliche Prämie ohne Risikozuschläge oder -abschläge gezahlt. Aufgrund des früheren Eintritts in die Versicherung orientierte sich seine Prämie an den durchschnittlichen Gesundheitskosten seiner Kohorte. Daran ändert sich grundsätzlich nichts, wenn er als Durchschnittsverdiener in das Umlagesystem des Landes B eintritt:

Aus der Sicht des Durchschnittsverdieners entsteht durch den Wechsel unter den gegenwärtigen Bedingungen weder ein Vorteil noch ein Nachteil, wenn die Versicherungsleistungen gleich sind. Wechsler mit unterdurchschnittlichem Einkommen zahlen dagegen im Umlageverfahren weniger als vorher, Wechsler mit überdurchschnittlichem Einkommen zahlen mehr. Mit dem kapitalgedeckten System im Herkunftsland wurde keine Umverteilung betrieben; im Umlagesystem des Bestimmungslandes wird dagegen nach Maßgabe der (Lohn)-Einkommen umverteilt. Das ist unproblematisch, wenn die Wanderer diese Umverteilung im Herkunftsland A über das allgemeine Steuer- und Transfersystem mitfinanziert haben und diese Belastung im Bestimmungsland B entfällt. Dann steht den höheren Beiträgen zur Sozialleistung im Gesundheitssystem in Land B eine entsprechend geringere Belastung im *allgemeinen* Umverteilungsverfahren gegenüber, Be- und Entlastung könnten sich annähernd ausgleichen. Streben also beide Länder die gleiche soziale Sicherung an, ist der Wechsel vom kapitalgedeckten System zum Umlagesystem für die Wanderer unproblematisch.

Für die Versicherungssysteme hingegen gilt das nicht ohne weiteres. Gibt es keinen Ausgleich zwischen den Systemen, kann im Kapitaldeckungssystem des Landes A ein Vorteil entstehen, weil ein Versicherter ausscheidet, für den die altersbedingten und gesundheitsbedingten Kostenrisiken höher sind als die noch zu erwartenden Prämien: Der Versicherte hat Altersrückstellungen gebildet. Sind diese Altersrückstellungen – wie im Status quo der privaten Krankenversicherung in Deutschland – nicht zu übertragen, können sie an die verbleibenden Versicherten vererbt werden. Die Umlageversicherung im aufnehmenden Land B hat spiegelbildlich den Schaden. Sie verlangt für einen Versicherten mit durchschnittlichem Einkommen einen Beitrag, der über den Lebenszyklus kostendeckend ist. Der Versicherte kommt aber erst, wenn er schon vergleichsweise hohe Kosten verursacht.[26]

Welche Wirkungen ergeben sich im umgekehrten Fall, wenn ein Versicherter nach mehreren Versicherungsjahren aus dem Umlagesystem in Land B ins Land

---

[26] Dieser Nachteil wird verstärkt, wenn Personen mit unterdurchschnittlichem Einkommen zuwandern. Umgekehrt wird diese Zusatzbelastung kompensiert oder überkompensiert durch Zuwanderer mit weit überdurchschnittlichen Einkommen.

A mit Kapitaldeckungssystem wandert? Der Durchschnittsverdiener muss in Land A eine höhere Prämie zahlen als im Herkunftsland B und als die Versicherten des Aufnahmelandes A im gleichen Alter und mit vergleichbarem Risiko. Der Grund liegt wiederum darin, dass Versicherte in späteren Lebensphasen regelmäßig mehr Gesundheitsaufwendungen verursachen als sie an Prämien zahlen. Die günstige Phase mit hohen Einzahlungen im Vergleich zu den Aufwendungen hat die aufnehmende Versicherung im Fall des Zuwanderers nicht für die Bildung prämienmindernder Altersrückstellungen nutzen können. Die Prämiensteigerung für Zuwanderer in Land A fällt besonders hoch aus für ältere Menschen, für Versicherte mit Erkrankungen und für Versicherte, die aufgrund ihres geringen Einkommens im Umlageverfahren im Land B nur geringe Beiträge gezahlt haben. Letztere können aber davon ausgehen, dass sie im Zuwanderungsland höhere *allgemeine* Sozialleistungen erhalten, die diesen Effekt kompensieren, denn es wird unterstellt, dass die soziale Absicherung in beiden Ländern gleich hoch ist: Die Sozialleistungen, die im Land B im Umlagesystem gewährt werden, sind im Land A auf das *allgemeine* Sozialsystem übertragen worden. Alle Zuwanderer in Land A, die aus einem Land mit einem Umlagesystem kommen, müssen entsprechend ihrem Lebensalter und dem inzwischen erkennbaren Risiko mit höheren Prämien rechnen. Die einkommensschwachen bzw. bedürftigen Versicherten erhalten aber eine höhere Unterstützung durch allgemeine Transferzahlungen.

Den Vorteil aus diesen Wanderungen zieht das Umlagesystem im Abwanderungsland. Die abwandernden Versicherten würden aufgrund ihres zunehmenden altersbedingten Krankheitsrisikos und möglicherweise sinkenden Einkommens nämlich in Zukunft vermutlich höhere Gesundheitsaufwendungen verursachen, als sie an Beiträgen gezahlt hätten.

Bisher wurde von gleichen Mindestleistungen der Versicherungen in beiden Ländern ausgegangen. Liegt das Mindestleistungsniveau im Zuwanderungsland A hingegen höher als in Land B, fallen die Prämienerhöhungen für Zuwanderer in das kapitalgedeckte System in Land A noch höher aus. Diesen zusätzlichen Prämien stehen zwar höhere Leistungen gegenüber, aber das Zahlungsproblem für ältere Versicherte verschärft sich. Bei Wanderungen in die umgekehrte Richtung können die Wechsler sich für das geringere Leistungsniveau in Land B entscheiden und eine Beitragsentlastung wahrnehmen. Sie können aber auch das alte Leistungsniveau beibehalten, indem sie private Zusatzversicherungen abschließen.

Liegen die Mindestleistungen im Umlagesystem des Landes B höher als im kapitalgedeckten System des Landes A, müssen Zuwanderer im Land B grundsätzlich höhere Beiträge zahlen als in Land A. Sie profitieren aber davon, dass die Beiträge nicht nach dem Alter und Gesundheitsrisiko differenziert werden, sie zahlen also selbst im weit fortgeschrittenen Alter und bei einem schlechten Gesundheitszustand keinen alters- und risikobedingten Zuschlag auf den Beitrag. Die Kosten tragen die übrigen Versicherten im Umlagesystem des Zuwanderungslandes B.

Aus der Sicht der Versicherten gilt es bei einem Wechsel zwischen Umlage- und Kapitaldeckungssystem zu vermeiden, beim Übergang in das kapitalgedeckte System höhere Prämien zu zahlen. Aus der Sicht der Versicherungen besteht das Interesse, die Nachteile für das Umlagesystem zu vermeiden, die dort durch zuwandernde ältere Menschen entstehen. Bei gleichen Sozialleistungsniveaus im Herkunftsland und Zuwanderungsland lassen sich diese Probleme grundsätzlich durch Ausgleichszahlungen zwischen den Versicherungssystemen lösen. Ist die Versicherungsleistung dagegen im Umlagesystem des Zuwanderungslandes höher als im Kapitaldeckungssystem des Herkunftslandes und wird dieser Vorteil nicht durch geringere Sozialleistungen im allgemeinen Transfersystem kompensiert, entsteht durch die Zuwanderung von einkommensschwachen Haushalten ein Nachteil für die Bürger im Zuwanderungsland, selbst wenn Ausgleichszahlungen zwischen den Versicherungen bezogen auf das geringere Leistungsniveau des Herkunftslandes gezahlt werden.

Ausgleichszahlungen sind bislang nicht üblich, auch nicht in Form einer Übertragung individueller Altersrückstellungen. Diese Idee für kapitalgedeckte Versicherungen ist der am weitesten gediehene Vorschlag für einen Ausgleich. Mit diesem Konzept lassen sich europaweite Wechsel von Versicherten zwischen kapitalgedeckten Versicherungen ohne systematische Nachteile für Versicherte und Versicherungen erreichen. Beim Wechsel zwischen Kapitaldeckungssystemen und Umlagesystemen ist das Verfahren nicht grundsätzlich ausgeschlossen, aber mit Schwierigkeiten bei der Ermittlung der mitzugebenden Altersrückstellung behaftet. Bisher gibt es praktisch noch keine konkreten Überlegungen, einen solchen Ausgleich zwischen den beiden Systemen zu organisieren.

Für die Versicherungen mit Kapitaldeckungssystem innerhalb eines Landes und für ein Land, das flächendeckend für alle Versicherten ein kapitalgedecktes Versicherungssystem hat, kann an eine Fondslösung gedacht werden. Dazu ist keine Verständigung mit anderen Ländern erforderlich, die am Umlagesystem festhalten wollen. Wechselt ein inländischer Versicherter aus einem kapitalgedeckten System in ein ausländisches Umlagesystem, könnte die individuelle Altersrückstellung in einen Fonds fließen. Kommt umgekehrt ein Versicherter aus einem ausländischen Umlagesystem ins Inland, wird aus dem Fonds eine individuelle Altersrückstellung an die aufnehmende Versicherung gezahlt. Bei einem Wechsel zwischen zwei kapitalgedeckten Systemen kann die individuelle Altersrückstellung im Wettbewerbsverfahren bestimmt und unmittelbar zwischen den beteiligten Versicherungen übertragen werden.

Für den Wechsel zwischen einem Kapitaldeckungs- und einem Umlagesystem sind Verfahren zu entwickeln, die dem Wettbewerbsverfahren nahe kommen. Beispielsweise könnte eine kapitalgedeckte Versicherung zwischengeschaltet werden, die sich bereit erklärt, den Versicherten mit einer ausgehandelten Altersrückstellung zu übernehmen. Es muss vermieden werden, dass für Abwanderer nur sehr geringe Altersrückstellungen in den Fonds eingezahlt und für Zuwanderer überhöhte Altersrückstellungen aus dem Fonds entnommen werden. Der zweite Fall lässt sich vermutlich verhindern, indem der Fonds unterschiedliche Versicherungen bittet, ein Angebot abzugeben – analog zum Verfahren bei der Ausstattung der bisher gesetzlich Versicherten bei einer Umstellung des Finanzierungsverfahrens in Deutschland.

Die Altersrückstellungen der Abwanderer verbleiben zwar nicht bei den die kapitalgedeckte Versicherung verlassenden Versicherten und werden nicht an das verlassene Kollektiv vererbt, sie bleiben aber doch im Land und im System. Sie werden dazu verwendet, eine Prämienerhöhung für Zuwanderer zu vermeiden oder erheblich zu verringern, so dass der Wechsel von einem ausländischen Umlagesystem in das inländische Kapitaldeckungssystem nicht zu einem Zuwanderungshindernis wird.

Falls die Zuwanderung in dem Staat mit dem Kapitaldeckungssystem größer ist als die Abwanderung (oder die Wanderungsstruktur ungünstig ausfällt), weist der Fonds eine negative Bilanz auf und bedarf des Ausgleichs durch Steuermittel. Die möglicherweise notwendige Steuererhöhung würde die Bürger des Landes stärker belasten und könnte inländische Arbeitnehmer zur Abwanderung veranlassen. Ausländische Arbeitnehmer hätten einen geringeren Anreiz zuzuwandern. Dadurch würden die Aufwendungen sinken.

Es bleibt aber das Problem, dass Versicherte aus einem Land A mit einem kapitalgedeckten System in ein Land B mit Umlageverfahren wechseln und dort höhere Kosten verursachen können als sie an Beiträgen zahlen. Theoretisch ließe sich das durch ein ähnliches Ausgleichsverfahren lösen. Dazu müsste von den zuwandernden Versicherten aus Land A eine Zahlung in Höhe einer angemessenen Altersrückstellung verlangt werden. Diese Zahlungen könnten in einen Fonds fließen und entsprechend der erwarteten Lebensdauer des Zugewanderten in das Umlageverfahren eingespeist werden.

Wechselt umgekehrt ein Versicherter aus dem Umlagesystem von Land B in das Kapitaldeckungssystem von Land A, könnte ihm aus dem Fonds eine sozial differenzierte Zahlung mitgegeben werden, die es ihm erlaubt, in einem Land mit kapitalgedeckten Versicherungen eine unveränderte Versicherungsleistung zu etwa gleichen Prämien zu erhalten. Finanziert werden müsste diese Zahlung aus dem Umlagesystem, das durch den Wechsel des voraussichtlichen Nettoleistungsempfängers entlastet wird. Die über alle Zu- und Abgänge saldierten Zuführungen aus dem Fonds an das Umlagesystem würden entsprechend verringert. Wenn das System insgesamt mehr netto entlastende als belastende Wechsel verzeichnet, müsste das Umlagesystem Zahlungen an den Fonds leisten. Die dem einzelnen Wechsler aus dem Umlagesystem bzw. aus dem Fonds mitgegebene Zahlung müsste dem Betrag entsprechen, der im Umlagesystem des abwandernden Versicherten in Land B eingespart wird, also den erwarteten Gesundheitsaufwendungen abzüglich der noch zu zahlenden Beiträge. Dieser Betrag kann in das Kapitaldeckungssystem des Landes A als Altersrückstellung eingebracht werden. Reicht der Betrag nicht aus, dem Versicherten eine Prämie für die in Land A abzuschließende Mindestversicherung zu bieten, die dem bisherigen Beitrag in Land B entspricht, muss der Versicherte einen Prämienzuschlag hinnehmen oder auf den Wechsel verzichten.

Wird am Bestimmungslandprinzip festgehalten – wofür viel spricht –, wäre eine Ausgleichslösung zwischen den unterschiedlichen Systemen ein Weg, Fehlanreize für Wanderungen und Finanzierungsprobleme in den Gesundheitssystemen abzumildern. Es wären keinerlei Verhandlungen mit anderen Staaten notwendig, sondern ein Land könnte sich innerhalb der Europäischen Union autark für die Umstellung auf ein kapitalgedecktes System entscheiden, ohne die Freizügigkeit einzuschränken. Allerdings bleibt es eine suboptimale Lösung, die den Systemunterschieden bei kapitalgedeckten und umlagefinanzierten Krankenversicherungen nicht gerecht wird. Anzustreben ist daher mittelfristig die Ausgliederung der Umverteilung aus den Versicherungssystemen und eine flächendeckende Umstellung auf das kapitalgedeckte Verfahren. Dann werden die Freizügigkeits- und Wechselprobleme von vornherein vermieden, sobald individuelle Altersrückstellungen zwischen den einzelnen Versicherungen innerhalb eines Landes und über die Landesgrenzen betriebswirtschaftlich ermittelt und unmittelbar von einer Versicherung auf die andere übertragen werden können. Zugleich könnte ein Versicherungswechsel ganz vermieden werden, wenn die Versicherung des Heimatlandes einen Tarif anbietet, der mindestens den Leistungsumfang des Bestimmungslandes vollständig absichert. Insoweit wäre eine Regelung erforderlich, die es den Versicherern erlaubt, grenzüberschreitend Verträge jeweils orientiert an dem dortigen Mindestleistungskatalog anzubieten und den Versicherten mit Nachweis eines entsprechenden Vertrages von der Versicherungspflicht im Bestimmungslandsystem zu entbinden.

IV. Ausblick: Ein Referenzmodell für Europa

Die wichtigsten Hindernisse für eine stärkere Nutzung des nationalen und internationalen Wettbewerbs zur Qualitätssteigerung und Kostensenkung liegen in dem Nebeneinander von Umverteilungs- und Leistungsaufgaben in den Gesundheitssystemen sowie in vielfältigen Interventionen, mit denen die Inanspruchnahme von Leistungen eingeschränkt werden soll. Im Ergebnis werden die Prämien und Preise verzerrt, so dass sie den Wert und die Kosten der erbrachten Leistungen nicht mehr anzeigen können.

Könnte man sich in Europa entschließen, die Krankenversicherung generell auf kapitalgedeckte Systeme umzustellen, würde eine für den Wettbewerb unabdingbare Voraussetzung geschaffen, nämlich eine klare Beziehung zwischen Prämien und Versicherungsleistungen.

Mit kapitalgedeckten Systemen werden die mit dem Herkunftsland verbundenen unterschiedlichen Mindestleistungen und unterschiedlichen Mindestprämien, die zur Erfüllung der Versicherungspflicht notwendig sind, nicht verändert. Soweit die Mindestleistungen im Bestimmungsland nicht erreicht werden, könnte eine Aufstockung oder Zusatzversicherung verlangt werden. Es wird eine effiziente Erstellung der Leistungen ermöglicht, denn die Prämien werden nicht durch Sozialleistungen innerhalb des Gesundheitssystems verzerrt. Die Frage unterschiedlicher Sozialstandards stellt sich dann ausschließlich bei den allgemeinen Sozialleistungen. Das hat den Vorteil, dass keine unberechtigten Sozialleistungen im Gesundheitssystem bezogen werden können und finanziert werden müssen. Wie oben ausgeführt lässt sich die Umverteilung innerhalb der Umlagesysteme nicht hinreichend genau an der Bedürftigkeit und Leistungsfähigkeit orientieren.

Bei Bürgern, die keine soziale Unterstützung brauchen, vermeidet das Kapitaldeckungssystem mit *übertragbaren* individuellen Altersrückstellungen eine Belastung des Zuwanderungslandes: Eine Nettozuwanderung alter und kranker Menschen in ein Land mit hohen Mindestleistungen im Gesundheitssystem hat keine erodierende Wirkung. Dies gilt auch wenn es nicht gelingt, die sozialen Leistungen im Gesundheitswesen rigoros nach Herkunftsländern zu differenzieren, so dass das Bestimmungslandprinzip angewendet würde: In Kapitaldeckungssystemen werden bei einer Zuwanderung alter und kranker Menschen überdurchschnittliche Altersrückstellungen vom alten in das neue System übertragen. Will man im Gesundheitswesen – also nicht zwingend im gesamten Sozialsystem – das Bestimmungslandprinzip anwenden, würde die Gesellschaft nur in dem Umfang in Anspruch genommen, in dem die Gesundheitsleistungen über die vertraglich abgesicherten Leistungen hinausgehen. Die Kosten für überdurchschnittliche Aufwendungen im Alter und bei schlechter Gesundheit im Rahmen des Versicherungsumfangs im Herkunftsland würden von der Versicherung im Herkunftsland getragen und dem Wechsler in der Form von Altersrückstellungen mitgegeben.

Ein erster Schritt in diese Richtung wäre es, die bestehenden Gesundheitssysteme von der Umverteilungsaufgabe zu entlasten und dafür das Steuer- und Transfersystem zu nutzen. Ein zweiter hilfreicher Schritt wäre es, die Gesundheitsaufwendungen nicht durch Interventionen in die Preise und Mengen bei den Leistungserbringern, sondern durch einen Leistungskatalog zu begrenzen. Unter diesen Voraussetzungen könnten sowohl ambulante als auch stationäre Gesundheitsleistungen in anderen Mitgliedsstaaten der Europäischen Union genutzt werden. Die Übergangsprobleme zwischen den verschiedenen Systemen würden erheblich vereinfacht.

Handlungsbedarf besteht im Gesundheitsbereich nicht nur in Deutschland sondern in allen europäischen Staaten. Im Status quo sind Dienstleistungsfreiheit und Wettbewerb stark eingeschränkt. Eine Stärkung des Wettbewerbs auf nationaler wie internationaler Ebene verspricht Effizienzgewinne. Mit einer Neuordnung der Gesundheitssysteme können zugleich ineffiziente Verteilungswirkungen in Folge der Vermischung des Ziels einer Absicherung des Krankheitskostenrisikos mit Umverteilungszielen beseitigt werden. Gleiches gilt für die Belastungsverlagerungen auf künftige Generationen durch die bestehenden Systeme. Dies sind Reformziele, die alle nationalen Regierungen anstreben sollten. Ausgehend von dem in Kapitel E entworfenen Modell für ein effizientes Gesundheitssystem lassen sich für Europa folgende Regeln ableiten:

1) Jeder europäische Bürger ist verpflichtet, eine Krankenversicherung – im Sinne einer Mindestversicherung – abzuschließen, damit alle Bürger, die dazu wirtschaftlich in der Lage sind, ausreichend für ihre Krankheitsrisiken vorsorgen. Die Mindeststandards und damit die Sozialstandards werden von den einzelnen Mitgliedsstaaten festgelegt.

2) Die Versicherungen können ihre Leistungen europaweit anbieten.

3) Die soziale Absicherung wird in allen Ländern außerhalb der Gesundheitssysteme und entsprechend den nationalen Standards gewährleistet.

4) Die Versicherungen können europaweit Verträge mit Ärzten und Krankenhäusern ihrer Wahl über eine Zusammenarbeit und über Leistungsvergütungen abschließen.

5) Für Leistungserbringer herrscht europaweit Niederlassungs- und Dienstleistungsfreiheit.

6) Die Versicherten können europaweit frei zwischen den Ärzten, Zahnärzten und Einrichtungen wählen und sich uneingeschränkt im europäischen Ausland behandeln lassen – mit der Einschränkung, dass sie sich entsprechend versichern oder die über die Mindestabsicherung hinausgehenden Kosten gegebenenfalls selbst tragen.

7) Europaweit gilt das Kostenerstattungs- bzw. Vergütungsprinzip.

Da in Zukunft mit einer weiter zunehmenden Wanderung von Arbeitnehmern zwischen unterschiedlichen Staaten der EU zu rechnen ist, sollten sich die Regierungen der Folgen des geltenden Bestimmungslandprinzips für die Krankenversicherung wandernder Arbeitnehmer bewusst sein und nach Lösungen suchen. Als Alternative wurde hier das Herkunftslandprinzip vorgestellt – dem jedoch erhebliche Bedenken entgegenstehen können. Hier gilt es abzuwägen.

G. Schlussfolgerungen

Das Gesamtkonzept der Bürgerprivatversicherung lässt sich nur mit größter Kraftanstrengung und unter Inkaufnahme erheblicher Risiken vollständig zu einem Zeitpunkt einführen. Aus verschiedenen Gründen erscheint es sinnvoll, in mehreren Schritten vorzugehen, wobei das Gesamtkonzept als Ziel und Orientierungspunkt dient. Eine zeitlich gestaffelte Realisierung bietet auch die Möglichkeit, die Details sorgfältig vorzubereiten und Erfahrungen aus vorangegangenen Schritten zu nutzen. Die Reihenfolge könnte wie folgt aussehen.

1. Altersrückstellungen der privaten Krankenversicherung übertragbar gestalten

Dieser Schritt wird an die erste Stelle gesetzt, weil damit nicht nur der Wechsel von Versicherten zwischen den privaten Krankenversicherungen wesentlich erleichtert und der Wettbewerb verstärkt werden, sondern weil damit auch wichtige Erkenntnisse für die angestrebten Veränderungen in der gesetzlichen Krankenversicherung gewonnen werden können.

Neben der Übertragung von Altersrückstellungen zwischen den kapitalgedeckten privaten Krankenversicherungen sollte eine Übergangslösung für den Wechsel zwischen privaten und gesetzlichen Krankenversicherungen geschaffen werden. Es erscheint zweckmäßig, für diese Übergangsphase einen Fonds zu bilden. In diesen Fonds müssten die Altersrückstellungen fließen, die den Versicherten mitgegeben werden, wenn sie von einer privaten Krankenversicherung zu einer gesetzlichen Krankenversicherung wechseln. Diese Mittel werden gegebenenfalls über einen längeren Zeitraum in die gesetzliche Krankenversicherung eingespeist. Umgekehrt können die Wechsler von der gesetzlichen in die private Versicherung aus den Mitteln des Fonds mit Altersrückstellungen ausgestattet werden. Falls dieser Wechslerstrom überwiegt, müssten die Fondsmittel von den gesetzlichen Krankenversicherungen aufgestockt werden, weil sich die Nettoaufwendungen in der gesetzlichen Krankenversicherung verringern. Da individuelle Altersrückstellungen übertragen werden, besteht zwischen den privaten Krankenversicherungen darüber hinaus kein Ausgleichsbedarf, wenn ein Versicherter wechselt. In der gesetzlichen Krankenversicherung werden die Zu- und Abwanderungen innerhalb des Systems weiterhin im Rahmen des Risikostrukturausgleichs berücksichtigt.

Die Regelungserfordernisse und die Folgen der Vorgabe, individuelle Altersrückstellungen zu übertragen, beschränken sich im Wesentlichen auf die private Krankenversicherung. Die Maßnahme ist inhaltlich und politisch schon gut vorbereitet. Sie war im Koalitionsvertrag vom 11. November 2005 bereits verabredet, ist aber in der Schlussphase der Reformgesetzgebung wieder fallen gelassen worden.

2. Umstellung der Beiträge zur gesetzlichen Krankenversicherung auf eine Gesundheitspauschale

Mit diesem Zwischenschritt soll die Leistungserstellung im Gesundheitswesen von der Umverteilung zugunsten der Einkommensschwachen getrennt werden. Gleichzeitig werden damit die nicht mehr vertretbaren Begünstigungen gesetzlich Versicherter vermieden, die aufgrund sonstiger Einkünfte, ihrer Vermögensverhältnisse oder der Gesamtsituation ihrer Familie nicht bedürftig sind. Darüber hinaus werden so die Verzerrungen an den Beitragsbemessungsgrenzen gegenstandslos. Die soziale Absicherung wird über erhöhte Regelsätze und Zuweisungen aus den allgemeinen Sozialsystemen sichergestellt, so dass jeder Bürger eine angemessene Krankenversicherung bezahlen kann.

Bei dieser Maßnahme handelt es sich um einen echten Zwischenschritt, weil die Gesundheitspauschale zwar für die meisten Versicherten bereits mit einer risikoäquivalenten Prämie vergleichbar ist, aber noch nicht den angestrebten Wettbewerb ermöglicht, und weil die Demografieanfälligkeit bestehen bleibt.

Auch diese Stufe ist durch den Vorschlag des Sachverständigenrats zur Begutachtung der gesamtwirtschaftlichen Entwicklung, der Herzog-Kommission und der CDU in verschiedenen Varianten diskutiert worden. Die einzelnen Argumente sind im Abschnitt D.II eingehend behandelt worden. Dass die Bürgerversicherung mit dem Ziel, alle Einkünfte in die Beitragsbemessungsgrundlage einzubeziehen, keine geeignete Alternative ist, wurde ausführlich begründet.

3. Europatauglichkeit des Gesundheitssystems verbessern

Die Trennung von Gesundheitsdienstleistungen und Umverteilung ist für eine bessere Koordinierung der Gesundheitssysteme in Europa ebenfalls ein entscheidender Schritt. Die einzelnen Mitgliedsstaaten der Europäischen Union bestehen zu Recht darauf, dass die sozialen Mindeststandards und die Art der Umverteilung in die nationale Kompetenz fallen. Solange die Gesundheitssysteme mit Umverteilungsaufgaben belastet sind, werden die national unterschiedlichen Umverteilungsziele in den Ländern jedoch gefährdet, wenn den Versicherten volle Freizügigkeit und eine freie Inanspruchnahme von Gesundheitsdienstleistungen in anderen Ländern gewährt wird. Freizügigkeit und Dienstleistungsfreiheit sind jedoch wichtige und wirtschaftspolitisch sinnvolle europapolitische Ziele. Die angesprochene Trennung von Dienstleistungen und Umverteilung ist ein großer Schritt zu ihrer Verwirklichung. Hinzukommen müssen Regelungen, die es den Krankenversicherungen erlauben, europaweit Versicherungsleistungen anzubieten.

4. Umstellung der gesetzlichen Krankenversicherung auf Kapitaldeckung

Der wirklich große Schritt im Rahmen der Bürgerprivatversicherung ist die Umstellung des Umlageverfahrens in der gesetzlichen Krankenversicherung auf das Kapitaldeckungssystem. Diese Umstellung ist verbunden mit der Einführung risikoäquivalenter Prämien, der Ausstattung der Versicherungen mit Altersrückstellungen für ihre Versicherten und der Übertragbarkeit individueller risikoäquivalenter Rückstellungen im Falle eines Versicherungswechsels. Dabei verändert sich bei den Prämien nicht mehr viel: Die risikoäquivalenten Prämien weichen für die Versicherten nicht wesentlich von den Gesundheitspauschalen ab, weil die Risikounterschiede durch individuelle Altersrückstellungen ausgeglichen werden. Mit der Umstellung wird quasi ein einmaliger Risikostrukturausgleich vorgenommen, so dass der jährliche Risikostrukturausgleich überflüssig wird.

Die Belastung der Versicherten wird sich gegenüber der Gesundheitspauschale grundsätzlich nicht verändern. Die Versicherungsunternehmen werden mit Altersrückstellungen ausgestattet, aus denen sie Zinserträge erzielen. Sie werden die Zinseinnahmen im Wettbewerb mit anderen Versicherungsunternehmen zur Senkung der Prämien einsetzen. Aber von den Versicherten muss seitens des Staates im gleichen Umfang ein prozentualer Zuschlag zu den Prämien erhoben werden, mit dem die anfallenden Zinsen auf die zur Finanzierung der Altersrückstellungen aufgenommenen Kredite gezahlt werden können.

Aus der Sicht der Versicherten verändert sich zunächst wenig. Aber es wird ein großer Fortschritt bei den Versicherungen erzielt: Die Versicherungen stehen im unmittelbaren Wettbewerb, wobei die unterschiedlichen Risiken der wechselnden Versicherten durch die Übertragung individueller risikoäquivalenter Altersrückstellungen unmittelbar zwischen den beteiligten Versicherungen ausgeglichen werden. Die effizienzsteigernden Wirkungen des Wettbewerbs werden nutzbar und Selektionsanreize entfallen.

Die Diskussion der Mechanik dieser Umstellung steht noch am Anfang. Deshalb haben wir das Schwergewicht in diesem Buch auf diese Frage gelegt. Die Grundidee ist vergleichsweise einfach. Trotzdem ist noch viel Detailarbeit zu leisten, um die Bedingungen des Übergangs zu präzisieren. Das gilt auch deshalb, weil mit der Offenlegung der impliziten Verschuldung des Umlagesystems (endlich) eine Diskussion darüber ausgelöst wird, ob es bei dem bisherigen Verfahren der Lastenverteilung zwischen den Generationen bleiben soll. Eine Entscheidung darüber muss allerdings nicht sofort zum Zeitpunkt der Umstellung gefällt werden. Man könnte zunächst die bisherige Lastenverteilung beibehalten und in Ruhe über sinnvolle Korrekturen nachdenken.

5. Demografische Risiken verringern

Das Offenlegen der impliziten Verschuldung hat zur Folge, dass nicht nur der Gesamtumfang der bereits bestehenden Verschuldung zu Lasten künftiger Generationen, sondern auch jede weitere Erhöhung – beispielsweise durch Leistungsausweitungen – sofort sichtbar werden. Das ist die notwendige Informationsgrundlage für die Beurteilung der demografischen Risiken und das Entwickeln von Strategien, wie diese Risiken verringert werden können.

Literaturverzeichnis

AOK-Bundesverband (2006): Die Wirkungen der Härteregelung beim Zusatzbeitrag im Fondskonzept der Bundesregierung – Eine statistische Simulationsanalyse, Bonn, 24. August 2006.

Bundesministerium für Gesundheit (2008): Zahl der Nichtversicherten mehr als halbiert – gemeinsame Initiative zur Rückkehr in die Krankenversicherung gestartet, Pressemitteilung vom 13. Februar 2008.

Burgtorf, U. (2006): Budgetary surveillance and long-term sustainability – How to account for implicit liabilities in the context of the Stability and Growth Pact and the underlying statistics?, in: Zeitschrift für Wirtschaftspolitik, 55. Jahrgang, 3/2006, S. 305–314.

Busse R., Drösler, S., Glaeske, G., Greiner W., Schäfer, T. und Schrappe M. (2007): Wissenschaftliches Gutachten für die Auswahl von 50 bis 80 Krankheiten zur Berücksichtigung im morbiditätsorientierten Risikostrukturausgleich (http://www.bva.de/Fachinformationen/Risikostrukturausgleich/weiterentwicklung/Gutachten_Beirat_Krankheitsauswahl_gesamt.pdf).

Buti, M. und Martins, J. N. (2006): Reducing Implicit Liabilities: The New Stability Pact will (Moderately) Help, in: Zeitschrift für Wirtschaftspolitik, 55. Jahrgang, 3/2006, S. 289–304.

Cutler, D. M. et al. (2004): The Role of Information in Medical Markets: An Analysis of Publicly Reported Outcomes in Cardiac Surgery, NBER Working Paper No. 10489, National Bureau of Economic Research, Cambridge, MA.

Depenheuer, O. (2006): Verfassungsrechtliche Grenzen einer Portabilität von Altersrückstellungen in der Krankenversicherung, Kurzgutachten, erstellt im Auftrag des Verbandes der Privaten Krankenversicherung e.V., 6. Oktober 2006.

Deutsche Krankenversicherung AG (DKV) (2006): Weiteres Rechtsgutachten zur PKV belegt: Geplante Umgestaltung ist verfassungswidrig, Pressmitteilung vom 1. Oktober 2006.

Donges, J. B., Eekhoff, J., Hamm, W., Möschel, W., Neumann, M. J. M., und Sievert, O. (Kronberger Kreis) (1996): Sozialunion für Europa?, Schriftenreihe der Stiftung Marktwirtschaft (Frankfurter Institut), Band 31, Berlin, Bad Homburg.

Donges, J. B., Eekhoff, J., Franz, W., Möschel, W., Neumann, M. J.M und Sievert, O. (Kronberger Kreis) (2002), Mehr Eigenverantwortung und Wettbewerb im Gesundheitswesen. Berlin.

Donges, J. B., Eekhoff, J., Franz, W., Fuest, C., Möschel, W., und Neumann, M. J. M. (Kronberger Kreis) (2007): Dienstleistungsmärkte in Europa weiter öffnen. Schriftenreihe der Stiftung Marktwirtschaft, Band 45, Berlin.

Dranove, D. et al. (2003): Is More Information Better? The Effects of „Report Cards" on Health Care Providers, in: Journal of Political Economy, Vol. 111, No. 3, S. 555–587.

Eekhoff, J. (2005): Übertragbare Altersrückstellungen in der privaten Krankenversicherung, in: Zeitschrift für Wirtschaftspolitik, 54. Jahrgang, 1/2005, S. 52–68.

Eekhoff, J. (2006): Vom Umlage- zum Kapitaldeckungsverfahren in der Krankenversicherung, in: Zeitschrift für Wirtschaftspolitik, 55. Jahrgang, 2/2006, S. 209–229.

Eekhoff, J., Raddatz G., und Zimmermann, A. (2005): Privatversicherung für alle, Otto-Wolff-Institut für Wirtschaftsordnung und Stiftung Marktwirtschaft, Argumente zur Marktwirtschaft und Politik, Nr. 92/ August 2005, Stiftung Marktwirtschaft (Hrsg.), Berlin.

Ford, G. und Klein, L. (2003): Consumer search for information in the digital age: An empirical study of prepurchase search for automobiles, in: Journal of Interactive Marketing, Vol. 17 (3), S. 29–49.

Fuest, C. (2006): Implizite Staatsverschuldung, Strukturreformen und Europäischer Stabilitäts- und Wachstumspakt, in: Zeitschrift für Wirtschaftspolitik, 55. Jahrgang, 3/2006, S. 315–323.

Hannan, E. L. et al. (1994): Improving the Outcomes of Coronary Artery Surgery in New York State, in: Journal of the American Medical Association, Vol. 271, No. 10, S. 761–766.

Henman, B. (2002): Familienpolitik im deutschen Steuer- und Transfersystem, Köln.

IGES, Lauterbach, K., und Wasem, J. (2004): Klassifikationsmodelle für Versicherte im Risikostrukturausgleich (http://www.bmg.bund.de/cln_041/nn_603380/SharedDocs/Publikationen/Forschungsberichte/f334,templateId=raw,property=publicationFile.pdf/f334.pdf).

Jankowski, M. (2006): Wettbewerb, Versicherungspflicht und Risikoanpassung, Köln.

Jankowski, M. und Zimmermann, A. (2004): Wettbewerb ohne Risikoselektion auf dem deutschen Krankenversicherungsmarkt, in: List Forum für Wirtschafts- und Finanzpolitik, Band 30, Heft 1, S. 1–19.

Jensen, J. (2004): The Ratings Game, in: Marketing Health Services, Vol. 24, No. 1, S. 40–45.

Kommission der Europäischen Gemeinschaften (2003): Grünbuch zu Dienstleistungen von allgemeinem Interesse, KOM(2003) 270, Brüssel

Kommission der Europäischen Gemeinschaften (2006): Geänderter Vorschlag für einen Beschluss des Europäischen Parlaments und des Rates über ein zweites Aktionsprogramm der Gemeinschaft im Bereich der Gesundheit (2007–2013), Brüssel, 24. 5. 2006, deutsche Fassung.

Kommission für die Nachhaltigkeit in der Finanzierung der sozialen Sicherungssysteme (Rürup-Kommission) (2003): Nachhaltigkeit in der Finanzierung der sozialen Sicherungssysteme, Bericht der Kommission, Berlin.

Kronberger Kreis siehe Donges et. al.

Lansky, D. (1998): Measuring What Matters To The Public, in: Health Affairs, Vol. 17, No. 4, S. 40–41.

Magee, H. et al. (2003): Public Views on Healthcare Performance Indicators and Patient Choice, in: Journal of the Royal Society of Medicine, Vol. 96, S. 338–342.

Marshall, M. N. et al. (2000): The Public Release of Performance Data, in: Journal of the American Medical Association, Vol. 283, No. 14, S. 1866–1874.

Marshall, M. N. et al. (2002): Attitudes to the public release of comparative information on the quality of general practice care: qualitative study, in: BMJ, Vol. 325.

Monopolkommission (1998): Marktöffnung umfassend verwirklichen, Hauptgutachten 1996/1997, Baden-Baden.

Moscucci, M. et al. (2005): Public Reporting and Case Selection for Percutaneous Coronary Interventions, in: Journal of the American College of Cardiology, Vol. 45, No. 11, S. 1759–1765.

Mukamel, D. B. und Mushlin, A. I. (1998): Quality of Care Information Makes a Difference: An Analysis of Market Share and Price Changes after Publication of the New York State Cardiac Surgery Mortality Reports, in: Medical Care, Vol. 36, No. 7, S. 945–954.

Mukamel, D. B., Weimer, D. L. und Zwanziger, J. (2005): Quality Report Cards, Selection of Cardiac Surgeons, and Racial Disparities: A Study of the Publication of the New York State Cardiac Surgery Reports, in: Inquiry, Vol. 41, No. 4, S. 435–446.

Narins, C. R. et al. (2005): The Influence of Public Reporting of Outcome Data on Medical Decision Making Physicians, in: Archives of Internal Medicine, Vol. 165, S. 83–87.

Newhouse, J. P. et al. (1987): Health Outcomes for Adults in Prepaid and Fee-for-Service Systems of Care: Results from the Health Insurance Experiment, RAND Corporation.

Peterson, E. D. et al. (1998): The Effects of New York's Bypass Surgery Provider Profiling on Access to Care and Patient Outcomes in the Elderly, in: Journal of the American College of Cardiology, Vol. 32, No. 4, S. 993–999.

Pimpertz, J. (2001): Marktwirtschaftliche Ordnung der sozialen Krankenversicherung, Köln.

Rürup, B. und Wille, E. (2004): Finanzierungsreform in der Krankenversicherung. Gutachten von Bert Rürup und Eberhard Wille, 15. Juli 2004.

Rürup-Kommission siehe Kommission für die Nachhaltigkeit in der Finanzierung der sozialen Sicherungssysteme.

Sachverständigenrat zur Begutachtung der gesamtwirtschaftlichen Entwicklung (2005): „Die Chance nutzen – Reformen mutig voranbringen", Jahresgutachten 2005/06, Wiesbaden.

Sachverständigenrat zur Begutachtung der Entwicklung im Gesundheitswesen (2003), Koordination und Qualität im Gesundheitswesen, Bonn.

Sachverständigenrat zur Begutachtung der Entwicklung im Gesundheitswesen (2006): Finanzierung, Nutzerorientierung und Qualität, Bonn.

Schneider, E. C. und Epstein, A. M. (1996): Influence of Cardic-Surgery Performance Reports on Referral Practices and Access to Care, in: New England J. Medicine 335, S. 251–256.

Schneider, Eric C. und Epstein, A. M. (1998): Use of Public Performance Reports: A Survey of Patients Undergoing Cardiac Surgery, in: Journal of the American Medical Association, Vol. 279, No. 20, S. 1638–1642.

Thüsing, G. und Kämmerer, J. A. (2006): Vertragsfreiheit und Wettbewerb in der privaten Krankenversicherung. Verfassungsrechtliche und europarechtliche Grenzen für die Umsetzung der Gesundheitsreform. Gutachterliche Stellungnahme im Auftrag des Verband der Privaten Krankenversicherung e.V., Bonn, Hamburg.

Tiemann, B. (2007): Das Vorhaben einer EU-Richtlinie für Gesundheitsdienstleistungen, in: Effizienz, Qualität und Nachhaltigkeit im Gesundheitswesen. Festschrift zum 65. Geburtstag von Eberhard Wille, Baden-Baden.

Wissenschaftlicher Beirat beim Bundesfinanzministerium (2005): Zur Reform der Gesetzlichen Krankenversicherung: Ein Konsensmodell, Stellungnahme des Wissenschaftlichen Beirats beim Bundesministerium der Finanzen, Berlin.

Zimmermann, A. (2007): Umverteilung in der Gesetzlichen Krankenversicherung, Köln.

Stichwortverzeichnis

adverse Selektion 28, 181
Altersrückstellung 57, 84, 105 ff., 148 ff., 207 ff.
–, durchschnittliche 59 ff., 87 ff., 131
–, individuelle 76, 89, 100, 105 ff., 220
Arbeitgeberanteil 72, 102
arztinduzierte Nachfrage 27, 180

Basistarif 49 ff., 57, 140
Beitragsbemessungsgrenze 45 ff., 210
Bestimmungslandprinzip 203, 214 ff., 223
Bürgerversicherung 44, 69

Doppelbelastung 145, 151, 157 ff., 170
duale Finanzierung 66

Einführungsgewinne 147, 157 ff., 170
externe Effekte 31, 197

Festbetragszuschuss 91
Freifahrerverhalten 31, 75, 84
Freizügigkeit 191, 202 ff., 206 ff., 213, 222

Gemeinsamer Bundesausschuss 63
gesetzliche Krankenversicherung 33 ff., 68 ff., 100 ff., 142, 144 ff.
Gesundheitsfonds 34, 43, 53 ff.
Gesundheitspauschale 45, 68, 71 ff., 81, 215

Herkunftslandprinzip 211 ff., 217, 224
Hold-up-Problem 118

Indemnitätstarif 91
Informationsasymmetrie 27 ff., 185

Kapitaldeckungssystem 153, 160, 215
Kapitaldeckungsverfahren 57, 144 ff.
Kartell 30
–, Einkaufskartell 30
kassenärztliche Vereinigung 63
Kollektivvertrag 203
Kontrahierungszwang 34, 36 ff., 52, 57, 69, 72, 112
Kostenerstattungsprinzip 57

Krankenhausfinanzierungsgesetz 66
Krankenhausplan 65
Krankenkassenverbände 63

Lastverschiebung 171

Marktmacht 30 ff., 178, 192
Meritorik 30
Mindestleistungskatalog 79, 195, 209, 215, 222
Moral hazard 26, 28, 80
–, ex ante Moral hazard 26, 28
–, ex post Moral hazard 28

Nettolohnpolitik 73
Niederlassungsfreiheit 64, 202
Nullkostenillusion 26, 64

paritätische Finanzierung 34
Pauschalprämiensystem 73
Pflichtversicherung 34
Prämie
–, risikoäquivalente Prämie 29, 80 ff.
Prämienänderungsrisiko 87, 122
Prämienanpassung 88, 106
Prämienkalkulation 59, 83, 163
Prämienregulierung 122, 128, 132
Praxisgebühr 96
Private Krankenversicherung 46, 57 ff., 139 ff.

Rationierung 80, 196, 201
Rendite 151 ff., 162 ff.
Risiko
–, gutes 29, 105
–, schlechtes 29, 105
Risikoselektion 28 ff., 36, 53, 59, 61, 73, 76, 82 ff., 109, 124 ff., 131, 203, 207
Risikostrukturausgleich 36 ff., 56, 69, 72, 149, 207, 215
–, morbiditätsorientierter 38 ff., 41
Risikozuschläge 49 ff., 83, 130, 140, 218

Sachleistungsprinzip 34, 77, 199
Selbstbeteiligung 51, 76, 89 ff.
Sondervermögen 148 ff., 159
Subsidiarität 192 ff.
Summenregel *117*, 150

Tertiärprävention 37

Übergang s. Umstellung
Umlageverfahren 33 ff., 68 ff., 73, 154, 160, 164, 198, 206, 217 ff.
Umstellung 100, 139 ff., *144 ff.*, 220 ff.
Umverteilung 24, 44 ff., 56, 72, 80, 100 ff., 191 ff., 205, 210, 215, 222

Vererbung 60, 140 ff.
Vergütung 39, 77, 175 ff., 224

Verschuldung
–, implizite 52, 146 ff.
Versicherungspflicht 31, 33, 57, 75, *76*, 175 ff., 211, 222 ff.
– -grenze 46
Versicherungswechsel 36, 59, 82, 105 ff., 207
Versorgung
– ambulante 63 ff.
– stationäre 65
Vertragsfreiheit 63 ff., 109, 119, *175 ff.*
Vertrauensschutz *142, 146 ff.*, 156 ff.

Wanderung 196, *206 ff.*

Zulassungsbeschränkung 30, *64*, 196
Zusatzleistungen 54
Zusatzversicherung 75, 168 ff., 223